安徽师范大学文学院学术文库（第二辑）

张煦侯文史论集

ZHANG XUHOU WENSHI LUNJI

张煦侯 著 杨柏岭 整理

安徽师范大学出版社
·芜湖·

图书在版编目（CIP）数据

张煦侯文史论集 / 张煦侯著；杨柏岭整理. — 芜湖：安徽师范大学出版社，2018.5
（安徽师范大学文学院学术文库. 第二辑）
ISBN 978-7-5676-3547-0

Ⅰ. ①张… Ⅱ. ①张… ②杨… Ⅲ. ①文史 - 中国 - 文集 Ⅳ. ①C52

中国版本图书馆CIP数据核字（2018）第084106号

本书由安徽高校省级学科建设重大项目资助出版

张煦侯文史论集　张煦侯　著　杨柏岭　整理

责任编辑：胡志恒
装帧设计：丁奕奕　欧阳显根
出版发行：安徽师范大学出版社
芜湖市九华南路189号安徽师范大学花津校区
网　址：http://www.ahnupress.com/
发 行 部：0553-3883578　5910327　5910310（传真）
印　刷：虎彩印艺股份有限公司
版　次：2018年5月第1版
印　次：2018年5月第1次印刷
规　格：700mm × 1000 mm　1/16
印　张：21
字　数：344千字
书　号：ISBN 978-7-5676-3547-0
定　价：62.00元

总　序

安徽师范大学文学院的前身是1928年建立的省立安徽大学中国文学系，是安徽省高校办学历史最悠久的四个院系之一。1945年9月更名为国立安徽大学中文系，1949年12月更名为安徽大学中文系，1954年2月更名为安徽师范学院中文系，1958年更名为合肥师范学院中文系，1972年12月更名为安徽师范大学中文系，1994年10月更名为安徽师范大学文学院。这里人才荟萃，刘文典、陈望道、郁达夫、朱湘、苏雪林、朱光潜、周予同、潘重规、宗志黄、张煦侯、卫仲璠、宛敏灏、张涤华、祖保泉、余恕诚等著名学者都曾在此工作过，他们高尚的师德、杰出的学术成就凝固成了我院的优良传统，培养出了一大批出类拔萃的各类人才。

文学院现设有汉语言文学、汉语言、秘书学、汉语国际教育等4个本科专业，文学研究所、语言研究所、古籍整理研究所、美育与审美文化研究所、艺术文化学研究中心等5个研究所（中心）。拥有中国语言文学博士后科研流动站，中国语言文学一级学科博士点，中国语言文学、艺术学理论两个一级学科硕士学位点；设有中国古代文学等10个硕士学位二级学科授权点和学科教学（语文）、汉语国际教育两个专业学位点；有1个安徽省A类重点学科（中国语言文学），3个安徽省B类重点学科（中国古代文学、汉语言文字学、中国现当代文学）；1个国家级特色专业建设点（汉语言文学专业），1个国家级教学团队（中国古代文学），两门国家级精品课程（文学理论、大学语文），1个省级刊物（《学语文》）。

文学院师资科研力量雄厚，现有在岗专任教师82人，其中教授28人，副教授35人，博士55人。2010年以来，本学科共主持省部级以上科研项目

100项，其中国家社科基金项目28项（含重大招标项目1项），获得省部级以上奖励9项。教师中，有国家首届教学名师1人，享受国务院特殊津贴12人，皖江学者3人，二级教授8人，5人入选省级学术和技术带头人，6人入选省级学术和技术带头人后备人选。

走过八十多年的风雨征程，目前中文学科方向齐全，拥有很多相对稳定、特色鲜明的研究领域。唐诗研究、古代文论研究、儿童语言习得研究、古典文献研究、宋辽金文学研究、词学研究、当代文学现象研究、古典诗歌接受史研究、梵汉对音研究、句法语义接口研究等在全国居于领先地位或在学术界有较大影响。特别是李商隐研究的系列成果已成为传世经典，国务院学位委员会委员、北京大学教授袁行霈先生说，本学科的李商隐研究，直接推动了《中国文学史》的改写。

经过几代人的薪火相传，中文学科养成了严谨扎实的学术传统，培育了开拓创新的学术精神，打造了精诚合作的学术团队，形成了理论研究与服务社会相结合、扎根传统与关注当下相结合、立足本位与学科交融相结合、历代书面文献与当代口传文献并重的学科特色。

21世纪以来，随着老一辈学者相继退休，中文学科逐渐进入了新老交替的时期，如何继承、弘扬老一辈学者的学术传统，如何开启中文学科的新篇章，成了摆在我们面前的迫切任务。基于这一初衷，我们特编选了这套丛书，名之为“安徽师范大学文学院学术文库”，计划做成开放式丛书，一直出版下去。我们认为，对过去的学术成果进行阶段性归纳汇集，很有必要，也很有意义，可以向学界整体推介我院的学术研究，展现学术影响力。

关心文学院发展的朋友常常问我们：“你们自己说师大文学院历史悠久，底蕴深厚，有什么可以证明呢？”是啊，校址几经变迁，由安庆至芜湖至合肥，最终落户芜湖；校园面貌日新月异，载有历史积淀的老建筑也已被悉数推倒重建，物化的记忆只能在发黄的老照片中去追寻。能证明我们悠久历史的，能说明我们深厚底蕴的，唯有前辈学者留下的字字珠玑的精彩华章。为此，我们特别编选了本辑文集，文集作者均是已退休的前辈学者，他们有的已驾鹤仙去；有的虽然年岁已高，但仍笔耕不辍。这些优秀成果，是他们留给我们的宝贵精神财富，是砥砺我们人格的源泉，是指引我们前行的明灯，是督促我们奋进的动力。

我们坚信，承载着八十多年的历史积淀，文学院必将向学界奉献更多的学术精品，文学院的各项事业必将走向更悠远的辉煌！

储泰松

二〇一五年八月

目　录

研究国学之途径

国学者，神州固有之学也。人情各实其土之所有。故家有敝帚，藏之千金，况于中夏，开化观世界各邦为独早。其所萌芽滋生之学术，又足以雄长东方文化而无愧。自西化输来，夏声沉歇。骛新之士，竟谓固有之学，如尘羹土饭，不足复观。而耳食之儒，则又谓西洋学问，皆我所久具。今赞西学，无异道失而求诸野。夫东海西海，心同理同，其失均矣。兵家之说："知此知彼，为百胜之根。"学问亦然。不知彼，则不免固陋自甘。不知己，则我之所有者，其较胜于人者几何？其不逮人而必须乞诸其邻者几何？举不能知，斯其缺憾为何如哉！

故国内知时之士有国学之研究，而中学以上，有国学一科，所以弭缺憾也。斯科之设，义盖有三：其一，新学小生，罕窥旧典。于西来学程外，设此一科，存十一于千百，可以知国学之常识，发思古之幽情。其二，大学之中，国学立有专门，先明其概，则可以循途听受而不惑。其三，整国故。今世所急，学者果于斯道通其门径，由浅及深，保存国粹，发扬国光，胥赖乎是。

虽然，国学繁浩，岂胜缕举。且既曰国学，则凡固有之学术，浅深高卑，皆宜述及，封域所包，不太泛滥耶！约而论之，当涵几事，曰是不难。但以前人类次书籍之法，求之可矣，夫《七略》变为《四部》，昔之史家，往往非之。然《经》《史》《子》三部，本先秦学术所已具。《集》部之立，诚非古法，然以章实诚之推崇刘《略》，犹谓为势不容已，则是之所述，但用《四部》之分类，而次辑之，斯可矣。庄子《天下篇》曰："其明而在数度者，旧法世传之史尚多有之。”此《史》部之始。又曰：“其在于《诗》《书》《礼》《乐》者，邹鲁之士，搢绅先生多能明之。”此《经》部之始。又曰：“其散于天下而设于中国者，百家之学时或称而道之。”此《子》部之始。三部之区域，庄子固已言之矣。而《七略》之诗赋类，又隐为《集》部之权舆。是四分之法，在昔已具其形模。居今日而讲国学，既不能援泰西律令，为之区分，而《七略》所陈，若兵书、数术、方技诸科，又繁碎而不周于用，则姑从习用而说明焉，研究之便事也。所当注意者，此四类中，名虽各殊，义实相涉。如以哲学言，《经》部之易，与诸子同科；以文学言，《经》部之诗，又与集部连类；而“六经皆史”一语，又合甲乙两部而共治。求如西洋学者之斩然各立，实不可能。吾辈既治国学，但以国学观之可也。

进论编辑之标准，则亦可得言。大抵今之谈国学者，不出二类：专语门径，不及内容。如“治经”之方法虽具，而“经学”之流别则未详。读《子》宜读何书，而诸子之宗趣则从省。其二，博论内容，不及门径。如，治《经》则详探王、郑之异，而五经之名或且未见。论诸子，则比《齐物》于《内典》，而九流之称，转未道及。前者若张孝达之《輶轩语》，后者若章太炎之《国故论衡》。虽语上语下，迥乎不同，窃谓皆未能当适当之途径。方今海内宗匠，竟言国故，新编日出，协用必多。顾述者之意，则谓是篇之立，本为无暇治国学者晓其宗风，兼为有志治国学者明其途术。由前之说，必须略及内容；由后之说，必须兼陈门径。述者守斯二者，不自揣度，思折中于前举二书之间。凡诸征引悉本通人，其有批判，必采定说，间为鄙见所及，亦粗有论列。斟量全书，不及十一。近今名彦，有以科学方法治国学者，述者不佞，罕尝致力，崭新之着，犹有待于后贤也。

今就国学全体，分为四部：一曰经学，二曰史学，三曰哲学，四曰文学，次第辑述于下方。

第一编　经学

第一章　经学之历史

（一）“六经”之名，何自昉乎？自秦以后，天下言“六经”者自孔氏，孔氏以前，果何若耶？龚自珍曰：“孔子之未生，天下有六经久矣。”盖古者治学者官，太史掌之，出政施教，咸本于是。庄子《天下篇》推道术之源曰：“古之人其备乎，六通四辟，小大精粗其运无乎不在，其在于《诗》《书》《礼》《乐》者。邹鲁之士、搢绅先生多能明之——《诗》以道志，《书》以通事，《礼》以道行，《乐》以道合，《易》以道阴阳，《春秋》以道名分。”其曰古之人，盖先王之世学术在官者也。曰邹鲁之士多能明之，则知孔孟以前，“六经”故在，惟孔孟能明其说而已。故“六经”者，先民学术之总略，官守其法，士遵其教，有“经世”“淑人”之二义焉。会稽章学诚追迹孔以前，谓：“《易》掌太卜，《书》掌外史，《礼》在宗伯，《乐》隶司乐，《诗》颂于太师，《春秋》存乎国史。”①使周官面非尽窜伪，则其说可采也。

（二）然后世之“六经”，则至孔氏而始定。庄子《天运篇》引孔子谓老聃之言，为孔氏专治之学始于此也。“六经”本以施治，亦以教民。其书藏于太史，而司徒掌教化之责。周室既东，天子失官。百家之言，焚然淆乱。孔子既不得其位，则旁求太史之遗书而代行司徒之职事。其修订“六经”之记载，惟《史记》为详：

> 《史记·孔子世家》曰：“孔子之时，周室微而礼乐废，《诗》《书》缺。追迹三代之礼，序《书传》，上纪唐虞之际，下至秦缪，编次其事……故《书传》《礼记》自孔氏。——以上《书》《礼》
>
> 吾自卫返鲁，然后乐正，《雅》《颂》各得其所。——以上《乐》
>
> 古者《诗》三千余篇，及至孔子，去其重，取可施于礼义，上采契、后稷，中述殷、周之盛，至幽、厉之缺，始于衽席。故曰“《关

①章学诚著，叶瑛校注：《文史通义校注》，中华书局1985年版，第951页。

雎》之乱以为《风》始，《鹿鸣》为《小雅》始，《文王》为《大雅》始，《清庙》为《颂》始”。三百五篇，孔子皆弦歌之，以求合《韶》《武》《雅》《颂》之音。——以上《诗》

孔子晚而喜《易》，序《彖》《系》《象》《说卦》《文言》。读《易》，韦编三绝。——以上《易》

国史纪以作《春秋》，上至隐公，下至哀公。据鲁，亲周，故殷，运之三代。——以上《春秋》

自是而后，古时之“六艺”，始经孔子之醇化，而别具一更新之意义。大抵《礼》《乐》，但以复古为止；《诗》《书》略有删订；《易》有赞述，而无减损；其笔削最精详者，惟在《春秋》。故太史公曰：“《春秋》长于治人。”盖隐寓褒贬之义焉。《论语》记孔子之言曰：“述而不作。”明“六经”非自孔子始有也。司马迁赞之曰：“中国言“六艺”者折中于夫子。”明“六经”为孔子手定之书也。

（三）据近儒所论，“经”，乃编丝缀属之辞，非有典常之义。然自孔子删订后，遂但以孔子所定者为《经》；弟子所释，则或谓之《传》，或谓之《记》；其辗转相授，则谓之《说》。诸经为孔子手定者，《诗》三百五篇，《书》百篇（及序），《礼》则十礼十七篇（今曰《仪礼》），《乐》“有声容，无篇籍”（龚自珍说），《易》则上下经及十翼，《春秋》则今三传所共之经文。凡五种，外此辅《经》而行。在孔子未没之时已有者，则有相传作自周公之《尔雅》。与孔子为曾子作之《孝经》。既没之后，又有弟子所记之《论语》。三书虽非《经》，然其价值非《传》《记》比，故后世配以六艺，为《经》之贰。《汉书·艺文志》云：“序六艺为九种。”即于六艺之外副以三书也。

（四）孔子之述“六艺”也，皆据旧典以制义法，而删定之旨，则别存口说，所谓微言大义是也。孔子既没，学者为诸经作传记者不少，或存其旧典，或明其义法。重遭秦火，诸儒各失本《经》。口以传说，“今文”“古文”之判由此起。“今文”者，西汉之儒，口耳相传，写以隶书，其说多明义法。“古文”者，汉末古籍纷出，上诸政府，其说多存旧典（略据近人张尔田说）。两家所攻之《经》，殊致本鲜，然作始虽简，其毕也乃巨。自东汉以后，两家相雠如水火焉。大抵秦火而后，除《乐经》久亡不计外，其余诸经，皆有今、古文之异。

《诗》——鲁申培公作训诂，齐（辕固生）、燕（韩太傅婴）二家作传，为“今文家”；毛苌自谓传自子夏作传，为“古文家”。

《书》——伏生作传，为“今文家”；孔安国作传，为“古文家”。

《礼》——高堂生所传之《士礼》，为“今文经”；鲁恭王所得《逸礼》，为“古文经”。传则《大戴》（德）、《小戴》（圣）之记为“今文”；别有周官，亦“古文经”。

《易》——遭秦火，以卜筮未焚。然田何所传称“今文”，费直所传称“古文”。

《春秋》——公羊、穀梁二家作传为“今文”，左氏作传为“古文”，邹氏无师，夹氏未有书，亦为“古文”。

以原理言，“今文”“古文”，特文字版本之殊。而实则除传说歧义外，并两家所传之经，亦多异同。斯诚国学上一大公案也。

（五）西汉之世，因武帝表章孔子，而“今文”之学大昌于时。《史记·儒林传》曰：“自是之后，言《诗》于鲁则申培公，于齐则辕固生，于燕则韩太傅。言《尚书》，则济南伏生。言《礼》自鲁高堂生。言《易》自菑川田生。言《春秋》于齐鲁自胡毋生，于赵自董仲舒。”皆“今文家”也。先是文帝时，申公、韩婴以《诗》为博士，于是鲁、韩二家之《诗》始列于学官。景帝复以辕固生为博士，而三家始全。待武帝置五经博士，他《经》亦次第设立。于是《书》有欧阳生、大夏侯胜、小夏侯建三家，《礼》有大戴、小戴二家，《易》有施雠、孟喜、梁丘贺、京房四家，《春秋公羊》，有严彭祖、颜安乐二家，合以齐、鲁、韩三家之诗，称“十四博士”。除《礼》尚有庆普一家未立，及《穀梁春秋》虽立而不在十四之列者外，当时显学已聚于是，实为“今文”极盛时代。然分“经”而外，又复广列多门，实非尊重师法之道。故虽崇尚今文如皮锡瑞，亦议其分立之未当云。

（六）当汉代哀平以前，博士所习，学官所重，皆为“今文”，无“古文”之名也。“古文”之立，盖始于刘歆。先是《五经》除十四家外，尚有毛公之《诗》。孔安国之古文《尚书》，鲁恭王所得之《逸礼》，及费氏《易》，《左氏春秋》，皆“古文”旧书。汉初有献之者，藏于秘府，伏而未废。歆奉成帝命，校理旧文，乃请立《毛诗》《古文尚书》《逸礼》《左氏春秋》于学官，诸博士不肯置对，遂不得立。东汉之世，韩歆、陈元又请立费氏《易》《左氏春秋》。范叔争之，《左氏》仅一立而旋废。当辩争极烈时，大廷奏对，论锋不少让。章帝大会诸儒于白虎观，考详同异，连月乃罢。当时说经之盛可想，然终于今古文，各守所闻，各尊师说，而止。而古文家自后汉贾逵、马融等递增说解，以行于世，治其学者乃日繁滋。故东汉之学，古文经传，虽颇屈太学，而转大伸于民间。今人论治经必宗汉学，其实汉学亦有别。盖前汉为今文说，专明大义微言；后汉多古文说，乃详章句训诂，非一揆也。虽郑玄兼治学经，著书百余万言，率兼采“今古文”为之。混乱家法，实自玄始，今文家尤有隐痛焉，是不可不知也。

（七）比及汉亡，国家多故。经学亦衰，及王肃出，而郑康成之学又一变。肃为晋武帝外祖，亦兼治今古文，然不善郑说，窜臆攻击之。又不足，则伪造孔安国《尚书传》《论语》《孝经注》《孔子家语》《孔丛子》五书，托其说于圣人之后以短康成。于是郑氏之学，为其所乱，家法亦难复旧。自晋以后，治《经》者非申王驳郑，即主郑攻王。两汉专门，无人过问矣。重以永嘉之乱，《易》亡梁丘施氏，《书》亡大小夏侯，《齐诗》在魏已亡，《鲁诗》不过江东，《韩诗》及孟京、费《易》亦无传人，《公羊》《穀梁》虽存若亡。厥后南北乖分，学者亦复异尚。《北史·儒林传·序》曰：“其在江左：《周易》则王辅嗣，《尚书》则孔安国（即王肃伪作），《左传》则杜元凯。其在河洛：《左传》则服子慎，《尚书》《周易》则郑康成，《诗》则并主于毛公，《礼》则同遵于郑氏。”盖今古文学说，不绝如缕矣。然即古文言，伪孔、王、杜诸家行。郑学半废，比较言之，河洛尚益于江左也。

（八）隋平江左，天下一统，北学竟为南学所并。唐太宗以儒学多门，章句繁琐，乃诏国子祭酒孔颖达与诸儒撰定《五经》义疏，凡百七十卷，名曰《五经正义》。《诗》主毛传，《书》主伪孔传，《礼记》主郑玄注，《易》主王弼注，《春秋左传》主杜预注。永徽中，颁行天下，命每年明经依此考试。于是，《经学》统一于一尊。郑注《易》《书》，服注《左传》，遂归亡灭。未几，贾公彦又益以《周礼》《仪礼》，皆为作疏（并用郑注），是为《七经》。后附以何休《公羊解诂》，范宁《穀梁集解》，是为唐人通称之《九经》。天下士子谨守其说，莫敢异议。又帖经法行，学者专务记诵，不求义理。《周礼》《仪礼》《公》《穀》四经，以文句法繁，学者厌观，殆同绝废，经学陵夷，于斯为甚。

（九）人情不能久于锢蔽，于是，北宋学者始树反对之帜。王应麟曰：“自汉儒至于庆历间，谈经者宗训故而不凿。《七经小传》出，而稍尚新奇矣，至《三经义》行，视汉儒之学若土梗。”[①]《七经小传》刘敞作，《三经新义》王安石作，皆不泥于古，自张其说者。厥后元祐诸贤，排斥王学，而程颢《易传》专明义理，苏轼《书传》横生议论，标新立异，亦殊唐人。思想既放，于是，有疑经改经者，就中朱子疑古文《尚书》，欧阳修、苏轼疑《周礼》，尤为后世思想所导源。然以经义取士之故，蹈空之习益胜前代。南宋绍熙时，有将《诗》《书》《易》《三礼》《三传》《孝经》《论语》《尔雅》诸经注疏，益以《孟子》，合刊成帙者，是为《十三经》注疏之始，而终无补于经学之积衰。自朱子兼治六经，偏重义理，又为《论语》《大学》《中庸》作集注，号为“四书”。汉宋异途，旗帜大明。理宗以后，程朱之学大行。元仁宗定科举法，《易》用朱子《本义》，《书》用蔡沈《集传》，《诗》用朱子《集传》，《春秋》用胡安国《传》，皆宋人说，惟《礼记》犹用郑《注》。明成祖更命胡广等修《四书五经大全》，谫陋益甚。《五经》中并郑注《礼记》亦去之，而代之以陈浩《集说》。其空疏固陋，殆同《兔园册子》（《经义考》云）。于是，明代士子不知有汉唐人之学，并不复读宋元人之书。斯诚经学之大厄也。

（一〇）清兴承元、明人之故，学者不通古今，甚于前代。于是顾炎武、阎若璩等起而矫之，顾尤大唱“舍经学无理学”之说相与兼治汉宋，惟善之从，已开清代考订之源。毛奇龄亦注申汉，而微病偏悍。盖开山未久，不无小疵。迨乾隆之世，惠栋、戴震相继穷经，各标汉帜。其徒若孔广森、段玉裁、王念孙父子，皆研精许郑，不空说义理，于是汉学完全成立。嘉道以后，常州派崛兴，庄存与、刘逢禄辈，更越东汉训诂之窠臼而上探“今”

①王应麟：《困学纪闻》，上海古籍出版社2015年版，第291页。

学。《易》宗虞氏以求孟《易》，《书》宗伏生、欧阳、夏侯，《诗》宗鲁、齐、韩三家，《春秋》宗《公》《榖》二传。今文经学遂复兴于时，其中“公羊”学尤为斯派正宗。康有为《孔子改制考》，其关系时代思想甚巨，至今学者尤重“今文”，“古文家”惟浙中俞樾、孙诒让、章炳麟相继有著述，然章氏而后遂无嗣者。

第二章　诸经之源流

（十一）欲明群“经”源流，宜讲“六经”之次第，此事因今古文而不同。“今文”之次，为《诗》《书》《礼》《乐》《春秋》；“古文”之次，则为《易》《书》《诗》《礼》《乐》《春秋》。前者为《史记·儒林传》叙汉初诸儒是，后者如《汉书·艺文志略》是。据学者所论，则“今文家”次第，系以“六经”义理之浅深为主；“古文家”次第，则以孔子作“六经”所据原书时代先后为主。盖“今文家”以垂教训世之眼光视孔子，“古文家”却以宣究前言之眼光视孔子也。窃谓方今两家诸论，布在简册，学者欲宗何家，无妨自择。故对于上列两种观察法，可无事其批评。惟本章次第，则窃踵事今文。盖《诗》《书》《礼》《乐》，本于王制之“四术”，古代学校，即以为教。《史记》叙孔子订《经》，先言四者及《易》，又隔数事乃述《春秋》。且其言曰：“孔子以《诗》《书》《礼》《乐》教弟子。”则犹是古者乐正四术之遗，断然可从。又“六经”之名，最初见于《庄子》。庄子述孔子自道之言，即以《诗》《书》《礼》《乐》《易》《春秋》为况。先秦旧籍言“六经”，无早于是者，是以从之而不疑也。

（十二）首言《诗经》。《汉书·艺文志》云：“《书》曰：‘诗言志，歌咏言。’故哀乐之心感，而歌咏之声发。诵其言谓之诗，咏其声谓之歌。故古有采诗之官，王者所以观风俗，知得失，自考正也。孔子纯取周诗，上采殷，下取鲁，凡三百五篇，遭秦火而全者，以其讽诵，不独在竹帛故也。汉兴，鲁申公为《诗》训故，而齐辕固、燕韩生皆为之传。或取《春秋》，采杂说，咸非其本义。与不得已，鲁最为近之。三家皆列于学官。又有毛公之学，自谓子夏所传，而河间献王好之，未得立。”盖三家皆“今文”，毛诗则“古文”也。以《三百篇》本文言，“今文”“古文”皆无问题，惟齐、韩、鲁三家皆有传授可言，而毛诗授受不甚明，故其说颇绌于西汉。然据近人所研究，则今文家说诗大抵本古人赋诗缘起，以推明孔子删诗之所以然。古文家则言太史采诗之义（张尔田《史微内篇》一）。其说盖仅就三家遗说辜较言之，未必即然。要之，诗有今、古文，争点盖最少矣。自郑玄依毛作笺，其后郑学大行，三家渐废。《隋书·经籍志》云："齐诗魏代已亡，鲁诗亡于西晋。韩诗虽存，无传之者。惟毛诗郑笺，至今独存。"按韩诗至唐宋亦亡，今所存者，独《韩诗外传》耳。

（十三）今本《诗经》，自《毛传》外，又有《诗序》以释其义。旧谓为子夏、毛公所作。自宋以来，治《诗》之儒，皆集矢焉。欧阳修、苏轼疑之最早，厥后郑樵作《诗传辨妄》，更大肆抨击。朱子作《诗集传》，亦不守《诗序》之说。自《集传》行后，毛、郑之学暂隐，至清而复兴。于是，姚际恒、魏源等，又倡攻《序》之论。盖《诗序》在《史·儒林传》《汉·儒林传》及《汉书·艺文志》中，皆未言及，则子夏、毛公无作《序》之事甚明。且《雅》《颂》或有本事可指，《风》诗并无主名，安有本义可得？宜先儒之疑而辟之也。《后汉书·卫宏传》明言："宏从谢曼卿受学，因作《毛诗序》，善得风雅之旨。"故清儒据是论定焉。又按：《诗序》有《小序》，有《大序》。《小序》分列诸诗前，《大序》即缀于《关雎》序下者也。

（十四）清人治诗，门径亦别，有专释名物训诂者，有专讨赋诗旨趣者。前者最为清学正宗，其功亦甚巨。陈启源著《毛诗稽古篇》，多驳宋人之说，开清人治学之端绪；陈奂以段王裁高弟著《毛诗传疏》，为新疏极精博之本；此专释名物训诂者也。方玉润作《诗经原始》，专论诗旨，为文学上之观察，"今文"学兴。魏源有《诗古微》，诋毛、郑，以申三家。陈寿祺更搜罗佚亡，著《三家诗遗说考》。其子乔枞又著《四家诗异文考》，则皆从赋诗旨趣着眼者也。

（十五）次言《尚书》。相传孔子求《书》，得皇帝玄孙帝魁之《书》，迄于秦穆公，凡三千二百四十篇，断远取近，定为百篇（《尚书纬》及《论衡》说）。其事渺矣。然即汉学言，此经亦多疑案。经清儒左右探讨，始少解决焉。盖汉世《尚书》有二：一为今文，伏生所传也；一为古文，孔安国所传也。伏生，秦博士，遭秦禁学，伏生壁藏之。汉兴亡失，求得二十九篇，以教齐、鲁之间（本二十八篇，《秦誓》后得，为二十九篇），此“今文”也。武帝末，鲁恭王坏孔宅，得古文《尚书》。孔安国以“今文”读之，多十六篇，献于朝，未立学官，此“古文”也。“今文”有欧阳、大小夏侯三家，至西晋亡佚，无问题。古文《尚书》则安国传之，杜林、贾逵递受其学，而马、郑为作传注，其学颇盛。然滋多之十六篇，马、郑以其无师说，遂亦不作注，称曰《逸书》。及永嘉之乱，并归灭失。迨东晋时，豫章内史梅赜乃献所谓《安国传》五十八篇，增多二十五篇，是为后世所谓《伪孔传》。齐时又有姚方兴者，自云于大航头得《舜典》，奏于朝，比马、郑所注多二十八字。于是分《尧典》之半为《舜典》，列于国学。是时《伪孔》与《郑注》并行，而郑氏甚微。至唐孔颖达作《正义》，于《尚书》取《伪孔传》，并取姚方兴之说。马、郑寖亡，即今所传《十三经注疏》中五十八篇之本也。

（十六）自孔氏《正义》行，《伪孔传》立于学官者千余年，至清而伪迹始败。先是宋吴棫、朱子皆疑孔书平近，与伏生所传不类，然迄未能决。故朱门弟子蔡沈作传，仍用孔书。至元之吴澄、明之梅鷟，始决然剔去孔书，并兼辟姚方兴二十八字之伪。迨入清代，阎若璩更严搜佐证，伪迹益明。晚有丁晏，谓《汉志》未尝为安国所传，言之者，独有《家语》。《家语》本王肃伪作，则《孔传》亦必出自肃手。于是，并其弥缝之迹，亦全然彰露。故今日治《尚书》者，当知其中惟“今文”二十八篇为真本，余皆采辑群籍，巧为聊缀以欺世者也。其次，《书·序》亦为疑案。《汉志》谓孔子作，而扬雄非之。今之治“今文”者，多主“无序”之说，信否尚未决也。

（十七）次言《三礼》。《汉书·艺文志》云：“‘周礼经三百，威仪三千。’……自孔子时而不具，至秦大坏。汉兴，鲁高堂生传《士礼》十七篇。讫孝宣世，后仓最明。戴德、戴圣、庆普皆其弟子，三家立于学官。《礼古经》者，出于鲁淹中及孔氏，与七十篇（刘敞谓当作十七篇，即上文高堂生所传者也）文相似，多三十九篇。及《明堂阴阳》《王史氏记》，所见多天子、诸侯、卿大夫之制，虽不能备，犹愈仓等推《士礼》而致于天子之说。”所谓《士礼》，即今《仪礼》十七篇。两汉所传，盖“今文经”也。淹中所得，凡五十六卷，为“古文经”。其中十七篇与“今文”同，而所多三十九篇，则与今文之详言《士礼》者不同。盖一为孔子所修之《礼》，一为旧史相传之《礼》也（据张尔田说）。今淹中书已逸，惟“今文”十七篇存，至为之作记者。汉初，河间献王尝得仲尼弟子及后学者所记百三十一篇献之。刘向校书，得百三十篇，又得《明堂阴阳记》（三十三篇）、《孔子三朝记》（七篇）、《王氏史氏记》（二十一篇）、《乐记》（二十三篇）凡五种，合百十四篇。戴德删其烦重，合而记之，为八十五篇，谓之《大戴记》。戴圣又删《大戴》之书，为四十六篇，谓之《小戴记》。汉时马融传《小戴》之学，又足三篇（《月令》《明堂位》《乐记》），合为四十九篇，郑玄为之注，今所传《礼记》是也（《大戴》虽存而甚微）。

（一八）据上所云，则今之《仪礼》经也，《礼记》则传也。又有《周礼》旧本曰《周官》，相传为周公所制官政之法。汉时河间献王得之，缺《冬官》一篇，遂取《考工记》以补其处，合成六篇上之。王莽时，刘歆始置博士。东汉时，马融作传以授郑玄，玄又为之作注。按《汉书·儒林传》，述西汉经学，未及《周官》，则是书非孔子手定甚明。故汉武谓其凛乱不验，何休以为六国阴谋之书，至宋而王安石表章之，朱子《郑注》皆主刘歆说，深致推服。及入清以后，方苞首抨击之，谓为刘歆所窜造。康有为著《新学伪经考》，益昌其说。是《周礼》一书，遂有真伪问题。然其书体大思精，具有经纬，必谓歆所伪造，殆未必然。今所可决者，一曰孔子删定《礼》经，本与此书性质不同，原不必与“六艺”并列。二曰后世既有拟而未行之书（如《会典》），则此书殆亦如是，不必以与周制不验，遂谓此书非古。三曰后世书籍托之古圣者多有，此书谓周公作亦不过此类；四曰刘歆谄事王莽，好以经义文饰其奸，则窜乱之说未必即诬。且此书与《仪礼》《礼记》皆有郑注，在今日所存诸经中，实较完整，故清代诸儒传习称盛焉。

（一九）次言《周易》。《易》当秦世以卜筮书不焚，汉兴，田何传之，讫于宣元，有施、孟、梁丘、京氏四家，列于学官。前既言之矣。其民间则有费直、高相二家，为古文《易》。东汉时，费氏之学极盛。马融、郑玄、荀爽皆治之，为作传注。今文诸家，惟虞翻传孟、京之学，然其传不盛。大抵郑玄长于爻辰，虞翻长于消息，而皆与卜筮之初义为近。迨魏王弼作《易传》，其面目乃大变。弼学亦出费氏，然为注专明人事，而以虚无参之，以哲理治《易》者自弼始。其后梁丘、施氏、高氏，亡于两晋。孟氏、京氏，有书无师。惟郑、王二家，行于南北朝之间，至隋而王注盛行。唐修《正义》，专用王氏，郑《易》遂亡。今《十三经注疏》，用王说者也。至宋而“易学”面目又变，初华山道士陈抟作《太极图》及《河图》《洛书》，明修炼之理，邵雍宗之。程、朱治《易》，主义理，而不主邵说。然朱子《易本义》，乃以诸图冠首，于是《易》学颇杂。直至清初，黄宗羲兄弟首诋《图》《书》之妄，毛奇龄继之，至胡渭《易图明辨》出，而《图》《书》出自道家乃大明。厥后朴学大兴，精《易》学者有惠、张、焦三家：惠栋善搜辑，而汉学出；张慧言能别择，而家法明；焦循精勘究，有推陷廓清之功焉，皆清学之雄也。

（二〇）次言《春秋》。《春秋》当汉世，除邹、夹无传外，凡公、穀、左氏三家。《公羊》《穀梁》为“今文”，《左氏》则“古文”也。《公羊》有严氏、颜氏二家，皆出董仲舒，西汉与《穀梁》并立博士。《左氏》出于张苍之家，本无传者，刘歆表彰之，欲立学官而未得。东汉何休治《公羊》，作《解诂》。郑玄兼学《公羊》《左氏》，其注《春秋》则用《左氏》。其后贾逵、服虔皆训《左氏》，晋杜预又作《左氏释例》而注之，于是《左传》大昌。及唐颁《正义》，于《公羊》用何休，《穀梁》用范宁，《左氏》则用杜预，而汉注浸亡，是为《十三经注疏》所本。厥后啖助等不言三传。历宋至清，皆舍传治经，且纷然自起作传，疏陋颇甚。清人学宗汉代，自庄存与、刘逢禄以后，言《公羊》者辈出，与实新思想之发生有力。《左氏》则仪征刘氏、余杭张氏，皆有研究，顾不如《公羊》之盛。《穀梁》师说本微，清世亦未甚振。

（二一）《春秋》一经，为孔子托文见意之书，故治其书者义例最严。《汉志》谓凡褒贬损挹之词，不可以书见。口授弟子，弟子退而异言。左丘明恐失其真，乃论本事而作传。遭秦灭学，口说尚存，乃有公、穀二家之学。据此，则《左氏》专为《春秋》本事而作，《公羊》则为《春秋》口说而作。《太史公自序》盛道孔子作《春秋》之功，谓“拨乱世反之正，莫近于《春秋》”，又曰“《春秋》文成数万，其指数千”。可知治《春秋》者，贵通大义。若专重事实，是乃治史非治经也，而能言《春秋》之例者实莫精于《公羊》，而《穀梁》次之。若夫左氏之世，乃据鲁国旧史，详其本事，以明孔子不空言说《经》，有史书之价值，而不可以语于口说，故汉人不重之，且谓丘明不传《春秋》（见《刘歆传》），盖谓此也。近人吕思勉谓：“《左传》为史，《春秋》为经；《春秋》之义，不存于《左氏》；《左氏》之事，足以考《春秋》。”[①]斯可谓确论矣。

（二二）《五经》之外，又有《论语》《孟子》《孝经》《尔雅》四书，后世亦附于《经》。《论语》者，孔子弟子所记。汉兴，“今文学”有齐、鲁二家，别有鲁恭王得诸孔壁之本，曰《古论语》，皆有传授。东汉郑玄始就鲁论篇章，考之齐古为之注，于是二家皆废，惟鲁论存。魏何晏又为作《集解》，唐代采用之，郑注遂亡。《孟子》本列于《子》部，与荀卿书为伯仲。汉时有赵歧注，至宋始尊之。朱子取《礼记》中之《大学》《中庸》自为章句，以《论语》《孟子》配称为“四书”。《孝经》鲜甚精义，故后人疑非出孔子，然大概为先秦古籍。汉时亦有古、今文之别。郑玄注“今文”，今《十三经注疏》本是也。《尔雅》乃古时训诂书，相传为周公作，然后世增益者不少。晋郭璞注而序之，谓为“六艺”之钤键，《尔雅》亦得附于经者以此。

第三章　治经之方法

（二三）治《经》方法，视学者之目的何如而定。有取备常识者，有志在深究者。何谓取备常识？盖我国旧时，《经》为士人必读之书，相沿既久，即形成社会意识。其文句既为社会所习熟，其义理亦为群众所共喻。一国人民，于其先哲思想之结晶，本有领受传嬗之责任，况其在社会中，又具有强大之潜势力者哉！基此理由，虽无意国学者，亦应会读重要经籍数种，方无愧为中国学人。若乃近儒入门要义，如通家法、别伪书……一切有关门径之语，学者能知之诚快，不知亦无碍也。重要经籍，以一般必读者为标准，大都有七，即《毛诗》《尚书》《小戴礼记》《周易》《春秋左传》《论语》《孟子》是也。前五者《相台五经》本皆古注，最可读。坊间通行之程颐《易传》、朱熹《诗集传》，亦可备览。蔡沈《尚书集传》、陈澔《礼记集说》踳驳不可从，后二者古注难抽买，且在注疏中并非名注，即读《朱熹集注》可也。

（二四）若志在深究，则又有两种用意。其一欲以通经，其二欲以治学。通《经》者即以全经为对象，继清儒而努力者也。治学者以《经》为先民思想及制度渊薮，欲整理之以成吾一家之学者也。二者之中，以后项为急。盖

①吕思勉：《经子解题》，上海文艺出版社1999年版，第67页。

《经》为先王之陈迹，圣贤之糟粕，其思想及制度，既不可尽施之于今，而一《经》之中，由训诂名物之至粗，以达创通大义之至精。诸所涉及，又实繁博。且前人已成之工作，无可赓为。其未成者，必甚劬艰。以是三因，故理论与事实方面，皆有不甚适用之象。特《经》为中夏最古之书，远在诸子以前，欲考先民生活之状况，及政治学术已臻何境，舍群经外无可根据者。学者果于所攻之学问，而思上溯其原于三代，则群经固在所必治也。以是理由，故治学实视通《经》为有用。

（二五）要之，无论读《经》之意向如何，苟志在深究，则必当先知治《经》之方法。治《经》方法不可不知者七端：一曰知纲领，二曰明家法，三曰熟文法，四曰通小学，五曰求真本，六曰宗汉学，七曰求旁证，今以次论述之。何谓知纲领？凡百学问，皆有纲领。经学植根悠绵历千祀，不明前人传授之迹，及诸经要略所在，则必有建章千门，罔知所出之叹。此犹学诗者，必先略治《诗话》也。我国谈经传纲领之书，官书如《汉书·艺文志》、《六艺略》、隋唐《经籍志》经部，清《四库全书提要》经部，皆有总分序以明其源流。私家著述，则有唐陆德明之《经典释文叙录》，清江藩之《国朝经师经义目录》，亦至详备。近人皮锡瑞所著《经学历史》，尤简而易阅，雅而耐观。学者得此数籍，旬月之顷，可以知简要门径矣。

（二六）何谓明家法？《后汉书·左雄传》曰："诸生试家法。"注曰："儒有一家之学，故称家法。"盖师传有目，不失其真，乃为贵也。家法之琐琐者，不可胜言矣。其最茫昧不可知者，莫如"今文""古文"之别。夫《经》一而已，安有古、今？然圣人既没，传者多门。或存其旧典，或昌其口说，各安所习，乃生乖异。乖异既生，则不唯所治之本有殊，即所言之事实及制度亦缘是而各有不同。故学者第一要义，在先明经传之中孰者为今文，孰者为古文。今、古既分，则欲明古代之学术政治，即须各事搜剔，两还其真，慎无牵引，以致混淆。今、古文异同之点，近人廖平所著《今古文学考》，辨证最悉，可备观览。大抵《五经》之中，《易》《诗》有古文无今文，《书》则今文与伪古文相杂。前者本无与对，后者经清儒发露，伪迹已明，故均无甚问题。其辨争犹烈者，惟《礼》与《春秋》二经。古文家以《周礼》为主，而与《礼记·王制》争。今文家以《公羊》为主，而与《左氏春秋》争。学者必须对勘其异，庶考古不生障惑。此不独治《经》应然，即治史亦须知之，乃不致东西杂采，徒劳无益也。

（二七）何谓熟文法？读古书字义可依训诂而明，文法必由比勘而得。不明古人造句之例，则虽字字习见，其文理仍扞格而难通。故古代文、法之学，必须兼治。今人本西文律令，作我国文典书。若《马氏文通》之属，可谓详矣。然旨在便人学文，不在专明古代特殊之句例。故但治马氏之书，犹不可以治经籍。其专供治经籍之助者，当推王引之《经传释词》，及俞樾《古书疑义》二书。前者专搜《古经传》中助语之文，分字编次，明其用例。后书除赓续发见古人用字行文之例而外，兼纠后人钞改失真之讹，用力皆精，辨正亦确，必宜流览。又二书不惟读经宜然，凡先秦古籍，其字例句例皆不能外是也。

（二八）何谓通小学？小学今称文字学，通小学即所谓识字是也。字有形、声、义三端，先秦之科斗大义，与今形殊；先秦之古音，与今音殊；先秦文字之本义，与今引申义殊。故欲治古书，必于《说文》识其形，于《广韵》及后人研究古韵识其音，于《尔雅》诸书识其义。三者既明，而后古书可得而治也。然此中音韵之学，视形义为尤急。盖古人有不用本字而假诸同音字之例，欲考得本字以求本义，则古音必宜知晓。清人治斯学者，著作如林，可以见知音尤急矣。清以后小学书最切要者，如段玉裁《说文解字注》、章炳麟《文始》、王念孙《广韵疏证》三书。段书主形，章书主声，王书主义。小学门径，无捷于斯。

（二九）何谓求其本？学问以实事求是为主。故真伪之辨，不容不严。若其所凭借者为伪书，则结论必随而俱伪。而学者之心力，即等虚耗。我国学术界，自宋儒开疑问之风，入清以后，诸学者以缜密之方法检别之。于是前人伪制之书，次第发露。其著书专论伪书者，有姚际恒之《古文伪书考》。其官撰之书间附辨伪疑伪之语者，则《四库全书总目提要》。大概今存诸经中者，《诗序》、古文《尚书》、孔安国《尚传》、子夏《易传》、古文《孝经》、孔安国《孝经传》，已确定为伪作。《尚书百篇序》《周礼》《孝经》，则伪否尚未确定。而据今文家所论，则存经籍中，泰半为刘歆所窜乱。康氏《新学伪经考》，即讨论此项问题，最详辨之书也。

（三〇）何谓宗汉学？此义张孝达《𬨎轩语》发之最善。其略曰："汉学者何？汉人注经讲经之说，是也。经是汉人所传，注是汉人创作。义有师承，语有根据。去古最近，多见古书，能识古字，通古语。故必须以汉学为本而推阐之，乃能有合……宋人皆熟读注疏之人，故能推阐发明。倘不知本源，即读宋儒书，亦不解也。方今学官所颁《十三经注疏》，虽不皆为汉人所作，然注疏所言，即汉学也。"[1]愚按："汉学"二字，有时代及方法两义。以时代言，去古未远；以方法言，实事求是。故无论所治为何经，所学为何派，而汉学皆在所必宗。至后儒能用汉人方法治经者，莫如清儒。故阮元之《经籍籑诂》，及阮元、王先谦之《皇清经解》正续编，必宜兼览。江藩注《经解入门》，列举治经要义：如通训诂、明假借、知音韵、审句读、明家法，与解经不尚新奇、不可虚造、不可望文生训、不可妄诋古训、不可剽窃旧说、不可穿凿无理、不可有骑墙之见、不可作固执之谈、门径不可不清、体例不可不熟、不可增字解经、不可妄改经文、方音异同不可不晓、制度沿革不可不知凡二十条，皆治汉学之金针也。

（三一）何谓重旁证？凡研究群经，遇有疑滞，当求诸本经以决定之，次求诸同家法之他经，次求诸《史》《汉》，次求诸他籍。凡一经有一经之义例，浅之字句，深之义旨，皆与他经不同。故疏通证明，最可据引。其次若《三传》[2]《礼记》所引《易》《书》《诗》，《尔雅》所释《诂》《言》《训》，皆别具诠释，有裨经旨。学者若于今、古文又有所抉择，无防视家法为弃取。其次若司马迁从孔安国问故，故《史记》多采古文《尚书》，班固尝撰《白虎通义》，故《汉书》诸志为今文说。其间一言片句，治经者资援据焉。若乃《说文》多解《古文经》，《纬书》多西汉遗说。荀子于《礼乐》，董子于《春秋》，《水经注》之于古地理，《经典释文》之于古训诂，兼收并蓄，皆有阐助之益。而《五经异义》之于古学，《白虎通义》之于今学，尤博证者所取资也。旁证之益有三：一曰通大义，二曰明解故，三曰别讹伪。试观清人治经，每立一证援引勘数十条，所引愈多，辨订愈确，其精力虽注于一经，而绝无但一以经为限者，为旁证也。

---

①张之洞：《书目答问二种》，朱维铮校，中西书局2012年版，第249页。

②编者按："三传"，原文为"已传"。

（三二）以上所陈，皆清儒治经之要诀。苟欲深究，无他途也。然所以若是者，为何事乎？则发明大义不可少矣。班孟坚曰：“古之学者耕且养，三年而通一艺，存其大体，玩经文而已，是故用日少而畜德多……后世经传既已乖离，博学者又不思多闻阙疑之义，而务碎义逃难，便辞巧说，破坏形体，说五字之文，至于二三万言。后进弥以驰逐，故幼童而守一艺，白首而后能言……此学者之大患也。”[①]盖治学之道，通伦类为尚，而度数为末，考订训故，又其末耳。一经之中，皆有大义若干条。立言宗起，于是乎在。若沉溺于技巧之考据，而于前圣学术思想所在，转忽视之，虽字句毕通，竟何所得？此清代学者所以有破碎之讥也。吾侪今日，幸生群经训诂大明之后，必当深思孟坚之戒。凡一经制度及思想，务求于至繁浩中，立为条贯，以成秩然有统，完一家之说。庶不致徒历日力而无所获也。

第二编　史学

第一章　史学之源流

（三三）史之先盖与经同源。凡一种学问当其未分类前，大抵重重相涉，而经、史两部，在古代为尤甚。后世史籍踵事《春秋》，而《春秋》即六经之一无论矣。即他五经亦具有史之价值。盖国家社会初肇造时，其间第一部著作，必为记载先民功德勇烈之书。凡官之训典，民之谣俗[②]，其体虽不尽为史，而其实皆得以史目之。执今之史体而谓古经非史籍，甚非然矣。故章学诚曰：“六经皆史也。”其后龚自珍祖述其说，近人江瑔更引申之曰：“《尚书》记言，为唐虞三代之史。《春秋》记事，为春秋列国之史。《易》为上古羲农之史，《诗》为商周十五国之史。”[③]《三礼》亦为史中制度，若后世之《通志》。说似辩创，理无以易焉。然前人有史之实，而不别出。史部之名，《七略》所录。若世本《楚汉春秋》，太史公书之属，悉隶《春秋》之条。迨

①班固著，颜师古注：《汉书·艺文志》，商务印书馆1955年版，第20—21页。

②编者按：“谣俗”，原文为“傜俗”。

③江瑔：《新体师范讲义》第1期，商务印书馆1917年版，第7页。

晋荀勖作《中经簿》，始变向、歆[1]之旧，分群书为四部。以经入甲部，史入丙部。齐王俭作《七志》，当列史、地、杂传入经典志，《七略》之意暂复。至梁而阮孝绪《七录》出，经史终于分离。隋唐而后，遂永分为经、史、子、集四部矣。盖史籍日繁，又不尽师《春秋》遗法。强隶其下，终不能附庸之，蔚为大国，亦势而已。

（三四）史学发达之早，盖莫早于我国矣。世传黄帝已有史馆，仓颉始制文字，后世赖之。夏殷之世，多有闻人。周则太史、小史、外史、内史之官，见于记载，不一而足。乃至诸侯亦各有国史以掌其事，故《汉书·艺文志》云："古之王者世有史官，君举必书，所以慎言行，昭法式也。左史记言，右史记事。事为《春秋》，言为《尚书》，帝王靡不同之。"虽不必即然，其盛可知也。《尚书》《春秋》二家，其源最古。而公之百姓，则自孔子删定《经》始，前编已略言之矣。后此录二家以蜕变者，又有若《春秋左氏传》、若《国语》、若《史记》、若《汉书》，并前二者刘知几总谓之六家史之流品，略备于是。试从而简释之，则记政典者为《尚书》家，编年而以书法为主者为《春秋》家，编年而以叙事为主者为《左传》家，分国纂记杂事者为《国语》家，纪传而通彻古今者为《史记》家，纪传而断代为书者《汉书》家。就中《尚书》开专门史之祖，《国语》启国别史之源，而后世为之者益鲜，其余四家则纪传与编年二体而已。

（三五）编年之书，古多有之，而存于今者，惟《春秋》与《左传》。然二者之中，惟《左氏》有史之价值。盖孔子作《春秋》，原以书法为重。其所系于法戒者诚巨，而弗涉于史学可知。至左氏作传，而事之颠末具详矣。凡异地同时，悉能备载其事，形于目前，理尽一言，而语无重出，此本编年体之特长（见《史通》）。而左氏又能目营八表，无所偏畸，以摹述其事。故史迹之明备，遂为空前之作。然其书本以为释经，既囿于时代，未能通古今内外于一部分之中，又为体所限，朝章民风，高才隽德，皆以不可系年而见弃，于史之全景，犹为有缺。故刘知几憾之曰："论其细也，则纤芥无遗；语其粗也，则丘山是弃。此其所以为短也。"[2]至竹书记年，亦为古代之编年

①编者按："歆"，原文为"歆"。

②刘知几撰，浦起龙通释：《史通》，上海古籍出版社2015年版，第25页。

史。然文句简短，其体盖仿佛《春秋》。又断烂之余，所裨于史事者有限，故无讥焉。

（三六）自司马迁作《史记》，创纪传之体，而编年之所知者乃尽弭。他诸体之长，复能尽采，遂为正史之祖。《史记》者，上起黄帝，讫于炎汉，合十二本记、十八表、八书、二十世家、七十列传以成书。《本记》编年，以序帝王为《春秋》；《表》通并世诸国编年，以系时事，兼师《国语》意；《书》别类以纪政事，如《尚书》；《世家》传代，以叙公侯[①]，如《国语》；《列传》著人，以志士庶，则迁所自创，以矫编年之失者，一书而备五体。又亘黄帝以来三千余年而备述之，盖史之众体，总会于兹。故后世无以名之，名之曰正史。益谓为纪传，犹遗表志。唯正史二字，为无所遗也。故郑樵《通志·总序》称之曰："百代而下史官不能易其法，学者不能舍其书。六经之后，唯有此作。"然迁书至太初而讫，不主一代。迨后汉班固乃因迁书补孝武以后六朝之事，断自高祖，尽于王莽为十二纪、十志、八表、七十列传，勒成一史，目为《汉书》。以体例言，尽有密于《史记》者。然创作之旨，会通之义，逊司马氏远矣。自后每易朝姓，皆仿班固断代为书，并称正史。自范晔《后汉书》，陈寿《三国志》而下，以讫清代官修之《明史》，合之《史》《汉》为部二十有四（合《新元史》则为二十五），与《十三经》兹为学者必读之书焉。

（三七）兹就前修所评骘于诸正史者，芟烦补缺，用志其概。大抵自《史记》以至《三国志》，皆出自为。《史记》系创体，多特识。虽疏舛间见，而有奇伟不常之观。《汉书》善因袭，又从而整齐之，故体例精严，过于马书。《十志》尤宏赡，言典制者必稽焉。《后汉书》籍谢承、华峤诸家已成之史，删纂而成，于列传增《文苑》《方术》《列女》《宦者》诸目，可谓因时。然但为《记》《传》，而无《表》《志》，又自叙其文，欲以方驾兰台，益才士之所为，非可语于作史也。《三国志》亦全为纪传叙笔，但求高简，复多回护，使无裴松之作注，则脱漏失真者多矣。惟文学质直，差胜范史之浪逞才华耳。《晋书》而下，诸正史率由官修，求如前史。所谓成一家言者，益为难睹。先是臧荣绪而下，作《晋史》者十八家，唐太宗始诏史官房乔等重加撰定。今

①编者按："侯"。原文为"候"。

观其书，体例尚备（但无《表》）而创立“载记”以叙诸胡，尤见特哉。然文尚骈俪，事杂小说，未见其足为史法也。沈约《宋书》，亦尚浮华，《符瑞志》尤诞妄。惟诸志兼溯三国，为能补前史之缺。萧子显《南齐书》，与沈书并多曲笔，诸志又率略，殆无可称。魏收《魏书》，任情低昂，世称秽史。然增《释老志》，却有史识。自余贞观官修之史，则有姚思廉《梁》《陈》二书，李百药《北齐书》，令狐德棻等之《周书》，魏征等之《隋书》，凡五史，并剪叙有法，无华腴之习（惟《齐》《周》二书残缺甚多），而《隋书》尤有名。自梁以来，并无著《志》。《隋书》则上总梁、陈、齐、周之事，作《十志》以配班书，郑樵称其有伦理焉。李延寿《南史》《北史》总序八代，师仿龙门，惟多采小说，故词章家重之（延寿书为私史，系当时例外）。

（三八）自唐太宗逞其侈心，广开史局，举前人已成之书而删纂之。官定之风，于斯为盛。终唐之代，综前举诸书，除《南北史》谓之《十三史》焉，自后石晋、刘昫等撰《旧唐书》，主于详明，而繁芜纰缪或不免。宋初诏命重修，于是欧阳修为《记》《志》，宋祁为《列传》，成《新唐书》，以矫其失。事增文省，超胜原制，惟《本纪》过法《春秋》，《列传》又喜为涩体，独有《表》《志》称详密焉。《五代史》，有薛居正等官撰之旧史，与欧阳修私撰之新史二种，其得失与新旧《唐书》略同。薛史本于实录，叙事该备，惟文笔劣弱。欧史一削其芜，创《伶官》《义儿》诸传，立《十国世家》之体。又博采群言，以正前史，不为无功。特笔法过求谨严，叙事遂病疏略。又于五代制度未能详核，仅成《司天》《职方》二考，亦其阙也。元顺帝命脱脱等修宋、辽、金三史，《宋史》有《道学传》，辽、金二史立新表最多，及有《国语解》，皆其特色。然《宋史》太繁，《辽史》太简，惟《金史》详核严整，有“良史”之誉。明宋濂修《元史》，资料不充，成书草率，疏舛最多。近人柯劭忞始参考拉施特诸外籍，更撰《新元史》以订补其失，该传过于前著。《明史》虽张廷玉等尸其名，然万斯同之力为多。故叙事详实，体例严整，中如《历志》增图，《艺文志》不载明以前著作，皆新例之胜于昔者也。先是宋英宗时，始于《十三史》外加《南北史》，及《新唐书》《新五代史》，定正史为十有七。明刊监板，合宋、辽、金、元四史为二十有一。清乾隆间《明史》告成，又诏增《旧唐书》，寻四库馆又辑补薛氏《旧五代史》为完书。于是《二十四史》之名以立。民国八年徐世昌总统又以命令增柯氏《新元史》，合为《二十五史》云。

（三九）正史尚矣。然核而论之，亦有缺点。刘知几云："同为一事，分在数篇，断续相离，前后屡出，于《高纪》则云语在《项传》，于《项传》则云事具《高纪》。又编次同类，不求年月，后生而擢居首帙，先辈而抑归末章，遂使汉之贾谊将楚屈原同列，鲁之曹沫与燕荆轲并编。此其所以为短也。"[①]于是编年家，复起以救其弊。先是东汉荀悦尝奉献帝诏，就《汉书》比事系年为《汉纪》，以备帝览，辞约事详，时称"嘉史"。晋袁宏更赓作《后汉纪》，亦号"精密"。然皆限于一朝，且袁氏以后，即无嗣音。梁武帝有志于斯，命吴均作《通史》，上自太初下终齐室，未成书而均卒。迨宋之司马光出，乃因丘明之体，抽众史之要，上起战国，下终五代，举千三百六十二年行事，次为《资治通鉴》，二百九十四卷。正史而外，采杂史至三百余种，别裁猥说，著《考异》以定其是。体大思精，经纬卓然，自有编年史以来，莫能及也。后世踵光书而为之者有宋李焘之《续资治通鉴长编》，有明陈桱之《通鉴续编》，有清徐乾学之《资治通鉴后编》。迨毕沅《续资治通鉴》成，以上诸书俱不行。又《通鉴》书出后，朱熹病其无关法戒，更作《通鉴纲目》以法《春秋》。以今观之，益于史学无甚裨补，不多叙焉。

（四〇）宋人贡献于史界者，既有温公编年之巨著，又有纪事本末之创作。伊古史籍，虽有因年之种别，然因事立项者，舍《尚书·金縢》数篇外，罕见通古今于一书者。《资治通鉴》，诚便观览矣。而一年之中，众事分列，学者欲知一事起讫，非通查前后数年、十数年不能尽。宋袁枢病之，乃删采涑水旧文，摘事为题，备其起讫，自"三家分晋"起，至"世宗征淮南"止，凡二百三十九事，颜曰《通鉴纪事本末》。于是，温公之书，有相辅并行之本。章学诚亟称之，谓其："文省于纪传，事豁于编年，决断去取，体圆用神，斯真《尚书》之遗。"[②]盖与今之新史厥体最近焉。自后仿为之者，有陈邦瞻之《宋史纪事本末》《元史纪事本末》，有谷应泰之《明史纪事本末》，有高士奇之《左传纪事本末》，他若辽、金、西夏及明末之藩，并有

①刘知几：《史通》，中州古籍出版社2012年版，第39页。
②章学诚：《文史通义》，上海古籍出版社2015年版，第16页。

作者。

（四一）政典之书，古之《尚书·周官》尚已。司马子长法其言，作《八书》，班孟坚因之作《十志》，典章文物，略可睹晓。然有一蔽焉，盖礼乐政刑，世世有之，必连续而绝，乃可卒览。诸史之中，或此有而彼无，或实同而名异，或作者但为纪传而表、志缺如，或其事本无沿革而相承勿改。凡此之类，考订文献者，病之。唐杜佑出，始采《五经》群史，起黄帝以迄天宝之末，为《通典》一书。凡食、货、选举、职官、礼乐、刑法、州郡、边防八者，各以类例，举其终始，原原本本，载于一书。于是治典章者，始得所会通。断代史之弊赖以补救不少，诚史部博洽之名著也。自后宋郑樵作《通志二十略》，亦仿杜书，有特识而逊其精。元马端临又继之而作《文献通考》，分类视杜氏为详，而简严殊不及，所谓整齐故事而已。此三书者，杜、马通载政典，郑书兼及于纪传，后世并称为“三通”。自有“三通”而后，治史学者，乃极纵横活动之致矣。清乾隆中，又命儒臣就三书各为续纂，皆截至明代为一书，清代自为一书，凡六种，合为“九通”云。

（四二）我国史书发源最早。然在唐以前，修史者类为文士，罕知史学。正史虽连续相承，但墨守马、班成法而已。唐史家刘知几伤当时载笔之士，义例不纯，乃发愤而作《史通》，分内外篇。内篇论史家体例，外篇述史籍源流，与古人得失，谓史官必具才、学、识三长，然后可以为史，于是我国始有评论史法之书。清章学诚嗣知几之业，谓史家不仅贵乎整齐搜讨，端在有别识心裁，憾“知几得史法而不得史意”①，爰著《文史通义》一书，辨古史之源流，定述作之标的。其“六经皆史”一语，后世言学术者尤翕然从之而不远。盖刘书局于史例，章书则于学术本原有会通之见解。天下新理，后出者胜，固当然之事也。郑樵《通志序》抨击班固，推服史迁。其史识亦多前人所未及，然非为刘、章之专笃，故不耳。

第二章　治史之方法

（四三）治史方法，亦有常识与深究二事。志在常识者，《四史》《通鉴》

①章学诚：《和州志·志隅自叙》，章学诚著，仓修良编《文史通义新编》，上海古籍出版社1993年版，第750页。

如能毕业，则已足以厕身学林而无愧。今所论者，但为深究之事耳。大抵欲专治史学者，门径书与工具书，必当储胥。门径书者，刘知几《史通》，章学诚《文史通义》，皆论史法、史意独详，必当先读以知斯学之太凡。近人梁启超所为《中国历史研究法》，于搜集及审查史料之法，言之甚精，并宜一览。工具书者，顾祖禹《读史方舆纪要》，详地理之沿革；钱大昕《廿一史考[①]异》、赵翼《廿二史劄记》等书，备正史之考证；王耀祖《史姓韵编》，可检列传人名；李兆洛《五种》[②]，可寻地名及年号（《辞源》亦可代用）；而近出之沿革地图，尤当购致，以收左图右史之益。

（四四）至于下手工夫，则当以正史为主。其当读之故有三：一曰诸史率为官修之书，根据宏确，体裁美备，非野史猥说可比。二曰后世《三通》及《通鉴》诸书，悉从此出。不读正史是不识本原，未免固陋。三曰人必详其本末，法必详其制度，较然具陈，最为综博。故宗庙之美，百官之富，悉存于正史之中，有心史学者所宜稽览也。诸正史之中，据前修所论，大率以《四史》为尤妥。盖纪传之体为龙门所自创，史才史识，只立千古。班史断代为书，后世莫能外，故溯往知原，二书为急。范、陈才识俱下于《史》《汉》，然步趋得失，亦正可言。况百家作于周秦，学术隆于二汉。凡属震旦学子，固有不容不知者，虽无意史学，尚须一读，矧乃专治者耶。《四史》以降，以史科言，本无轩轾，然卷帙既富，重叠多有。故读者于列传，但以择其有关政学之人物而加披览。《表》《志》虽史中重心所在，然如《天文志》《律历志》《礼乐志》之类，苟非有志专门，尽可弗观。惟《百官》《地理》《食贷》《艺文》诸志，不观则不明政教疆城之大端，是宜特加精究。列传如《儒林》《道学》《货殖》等，其价值不下于诸志，亦不可忽。《表》之为用，能使繁浩不同之史迹，粲然具呈，亦当知其义例，以便订检。

（四五）正史而外，《通鉴》亦当兼读。盖治正史有三难焉：一、史帙繁浩，欲通历书大势，未易卒览。二、纪传体之缺点，厥在同为一事，分在数篇，兼览为难。三、列传编次同类，不求年月，使人不能了然于时代观念。

①编者按："考"，原文为"奇"。

②编者按：《李氏五种合刊》含《历代地理韵编今释》二十卷，《皇朝舆地韵编》二卷增补一卷，《纪元编》三卷，《历代地理沿革图》一卷、《舆地图》一卷。

自《资治通鉴》出，而三难始免。盖正史三千余卷，《通鉴》并正续而计之，不过五六百卷，择精而语详，易购而易读，此其一。列传以人为主，《通鉴》则年为经，而事为纬。凡一事经过，悉剌取正史有关本事各卷，汇集连缀，自具炉铲，而成一更新之纂录，此其二。既以编年为体，则前后不紊，于时代观念最清楚，此其三。且其书不专资正史，官牍野录莫不博取，多至三百二十二种。当纲罗之顷，颇有折中，有时兼摭小事，亦富文趣。是以吾辈不读正史且胜读正史为倍，若恐事实悬隔，未能贯串，则可读《通鉴纪事本末》《宋元明史纪事本末》二书。

（四六）能将《通鉴》读毕，普通史已得其概。斯时学者如有志专力，最宜从事专门史，以求深造。专门史除正史各《志》外，《三通》最能纲罗政典。其中，精核推《通典》，特识推《通志》。然吾侪为详博起见，宁置二书而读《通考》。《通考》又有节本，为严虞惇之《文献通考详节》，亦可先一浏览，略得端绪，然后问津焉。书凡二十四门，学者宜视性所耽悦者而注意之。如有志教育史，则读《学校考》《选举考》，宜加详。有志经济或财政史，则读《田赋》《钱币》《户口》《职役》《市籴》《国用》诸考，宜加详，他类准是。但其中亦有数类，不妨勿读，如《郊社》《宗庙》《王礼》《象纬》《物异》，诸考是也。若夫胜朝敕撰之《续通考》，采摭稍俭。《皇朝通考》，纯为官书，特粗备学者之翻检而已。“三通”之外，可为专门史之参考者亦多。正史二十四种，单词片句，有时足为证发之资，其可供专家之搜讨无论矣。善治史者，苟能明乎钩考之法，殆无在而非史料也。我国今日史学既鲜专家，专门史尤为俭薄。苟有好学深思之士，择一以求，乃大佳事。若懒治群书，但就坊间选译之日本人著作，略事观览，便诩专家，异吾所闻。

（四七）专门史之中，尤有待于今人研究为上古史。昔清人马骕著《绎史》，以罗三代史迹，至为博赡，时人号曰“马三代”，其事伟矣。然荀卿有言：“文久而灭，节族久而绝。”（《荀子·非相》）百家之称黄帝，自史迁已谓其难言。若漫无分别，凡诸子所称述者，寓言神话，一切俱采，以为实录，岂考信之道哉。故治上古史，以详察事实为第一义。知此义者，首如孟轲，次则王充，次则刘知几。而崔述著《考信录》，始极审慎之致，述之言曰：“《易传》仅溯至伏羲，《春秋传》仅溯至黄帝，不应后人所知反详于古人。凡纬书所言‘十纪’，《史记》所云天皇、地皇，皆妄也。”又，“龙马负图出纬书，乃方士之言”，“谓庖羲非太皞，神农非炎帝，以五行配五帝乃阴阳家言”，“谓杨、墨欲高于儒者，故称述上古，以求加于唐、虞、三代之上。凡称引上古，多异端假托之言，不可以为实事”。[①]其疑古精神，询治古史者所宜取法也。惟过信儒书，谓“六艺”外，皆无可信，则须兼览《论衡》诸书，以救之耳。大抵古史难治，厥有三端：一曰百家称道非皆事实，二曰伪书纬学，依托乱真，三曰今文古文说相违戾，而抉剔之云则今胜于古。故《东壁遗书》而外，近人著作，及新发见之史料，必须置意。盖考古之学，必咨于古器物而后明也。近二三十年，古物出世者不知凡几，其大者若殷墟之骨文字，敦煌及西域诸城之汉晋木简，敦煌千佛洞之六朝唐人所书古籍，皆稀世珍宝。学者相继考索，于殷周史事，多所补正。甚有汉以后人所未尝闻见者，苟有志考古，斯宜一览其书。[②]

（四八）史学之难，莫难于考古，而以有用言，则记述现代亦为最要。王充有言：“知古不知今，谓之陆沉。”[③]盖近史之重，厥有二因。就读史言，有史年代邈远，记载阔略，其思想制度在今又多不相因袭，当裘而语葛，关系既疏，兴味自薄。反之近代史事，闻见多真，上下相越，不出百年，其种种公案，多与现代有因果关系。甚有至今犹未了结者，此类即非有志史学，且不容不知，况于专治者乎？就作史言，史官诚有记载之责，而私家史料，亦足珍贵。昔司马温公修《资治通鉴》，正史而外，所资于野乘者綦多。盖目击亲闻，固殊剽窃，而藏之私家，又复无所顾忌。言其价值，且有优于官书者。学者果具史之天才，则记载片段之事实，以诒后人，以重信史，固当然之责任也。此类著作之佳者，如王闿运之《湘军志》，载名世之子遗录；近人罗惇曧之《中日兵事本末》《中法兵事本末》等，皆信今传后之作，可取参焉。

（四九）要之，无论所究者为史中何部分，皆必专攻一端，乃能成学。其

①崔述著，顾颉刚编订：《崔东壁遗书》（下），上海古籍出版社2013年版，第1066—1067页。

②原注：参《学衡》第四十五期王国维论文。该文为《最近二三十年中国新发现之学问》，《论衡》第45期，1925年9月。

③王充《论衡·谢短》。编者按：原文书扬雄云，误。

始，必须具专门史之素养。如研究教育史，不容不知教育，其它各科亦复如是。其次，则须知钩贯史事之法。司马温公《通鉴》，其先左右鳞次，汇为长编，然后着手。吾辈治史，亦当取法。我国古书中，史科极丰。虽蚕丛满目，不见蹊径。学者欲知钩贯之道，宜取赵翼《廿二史劄记》为法。新会梁氏云：赵书“‘大半论古今风会之递变，政事之屡更，有关于治乱兴衰之故者’（自序语），但……彼不喜专论一人之贤否，一事之是非，惟捉住一时代之特别重要问题，罗列其资料而比论之，古人所谓‘属词此事’也。”[①]其详述瓯北研究方术，可谓知言。学者试一读之，必能有所启发也。方今史部新制佳本不多，即以通史言，以民众为中心之新史，犹未出世；专门史中，如经济现象、社会制度、国际沿革、学术思想，可从事者，尤多。断宜根据科学方法为之搜集资料，截伪存真，勒成一书，以彰我国文明之悠远。而吃紧一语，尤在详文所略，果有精深之研究，则问题虽最小亦足为史学界辟一新境。其搜集史料及审查史料之法，梁氏《中国历史研究法》语之最悉，此不能详也。若夫前人治史，亦有专就一书为之订补校勘者。此则清儒从事甚深，著述相望，可赓为者也，苦无多矣。

（五十）张孝达《辅轩语》，论读史当忌者两条，最中俗学之病，爰附之：一曰“忌妄议论古人贤否、古事得失。事实详确，善恶自分；首尾贯通，得失乃见。若不详年月，不考地理，不明制度，不揣时势，妄论苛求，横生褒贬，则舛误颠倒，徒供后人讪笑耳。读史者贵能详考事迹、古人作用言论，推求盛衰之倚伏、政治之沿革、时势之轻重、风气之变迁，为其可以益人神智，遇事见诸设施耳。（按此专主致用说，读者当分别之。）古人往矣，岂劳后人为之谳狱注考哉。”二曰：“忌批评文章。明人恶习，不惟《史》《汉》，但论其文，即《周礼》、‘三传’、《孟子》，亦以评点时文之法批之，鄙陋侮经，莫甚于此，切宜痛戒。《史》《汉》之文法、文笔，原当讨究效法，然以后生俗士管见俚语，公然标之简端，大不可也（卷端止可著校勘、考证语，若有讨论文法处，止可别纸记之）。”[②]孝达之言为此吾谓通俗流行之《纲鉴》诸书，斤斤于书法之褒贬。王统之正闰其议论亦极乖谬而不

①梁启超：《中国近三百年学术史》，上海古籍出版社2014年版，第283页。

②苑书义等主编：《张之洞全集》第11册，河北人民出版社1998年版，第9786页。

情，陋儒恶习，良足误人，读史者尤当视为邪说，勿使寓目可也。

第三编　哲学

第一章 哲学之源流

（五一）我国之有哲学自诸子始。诸子未出以前，一切政学，存乎“六艺”，吾前已发其凡矣。当是时也，私门无著述文字。迨周道陵夷，官失其守，于是各引一端，崇其所善。以此驰说，取合诸侯，诸子百家之言，纷然并出矣。子贡曰：“文武之道，未坠于地，在人。贤者识其大者，不贤者识其小者。”（《论语·子张》）今异家各推其所长，合其要归，亦“六艺”之支与流裔。盖诸子之学其流虽殊，其源则未始有异。更观司马谈之言，诸家“皆务为治”。可以见以其宗趣无不同矣。序诸子之要略，且能辨其为先王官守之遗者，莫备于《汉书·艺文志》。其说实本于刘歆凡分十家，今据其说而表列如左。

十家	其学所出	特色	流弊
儒家	司徒之官	助人君、顺阴阳、明教化	哗众取宠
道家	史官	秉要执本，此君人南面之术	绝礼学，弃仁义
阴阳家	羲和之官	敬顺昊天，历象日月星辰，敬授民时	舍人事而任鬼神
法家	理官	信赏必罚，以辅礼制	残害至亲，伤恩薄厚
名家	礼官	古者名位不同，礼亦异教，必也正名	钩釽析乱
墨家	清庙之守	贵俭，兼爱，上贤，右鬼，非命，上同	非礼，不别亲疏
纵横家	行人之官	权事制宜，受命而不受辞	上诈谖而弃忠信
杂家	议官	兼儒墨，合名法，见王治之无不贯	漫羡而无所归心
农家	农稷之官	播百谷，劝耕桑，以足衣食	以为无所事圣王
小说家	稗官	闾里小知所及亦刍荛狂夫之议	

十家去小说一家，一称九流，谓之流者，盖有源同流别之意也。

（五二）然诸家之分，虽各欲以其学易天下。而道有精粗，故其学亦缘是而有显晦。《汉志》虽别十家，而庄周《天下篇》所评及者，乃仅道、墨、名、法四家。太史谈《论六家要旨》，增儒家、阴阳家，而外此诸家无齿及之者。盖苏、张之纵横，止讲外交；农家虽托之炎帝，无非树艺；小说家所记，率为街谈巷语；杂家兼收并蓄，宗旨不纯；更下于纵横诸家（近人有谓其不得称家者），宜其不见称于学者也。又，阴阳家虽为太史谈所称述，然邹子“五德终始”之类，无非方士迂诞之说。由今观之，亦与哲学无涉。故兹编所评述，以道、儒、墨、名、法五家为断。杂家虽非专门，然今有传书，亦附及焉。此数家者，主张坚实，职志鲜明，亦有时互通兼及之处，实为我国哲学思想极盛之世。其互相尊攘之迹，见于孟、荀、庄之书者，往往而在，读书可自参之。

（五三）道家之祖曰老聃，周守藏室之史也。周衰去之，著书上下篇，言道德之意。庄子称其学，谓“以濡弱谦下为表，以空虚不毁万物为实”，故曰：“知其雄，守其雌，为天下溪。知其白，守其辱，为天下谷。”又曰：“人皆取先，己独其后。”曰：“受天下之垢，人皆取实，己独取虚，无藏也故有余。”[①]其论治也，主于无为。凡世间一切文为制度，皆摧灭之，以返于太古，勿逞私智以滋罪恶。如是则国大治，其深远处，实冠绝百家。盖对于人世为怀疑者，老子其最先者矣，然非史家不能也。故《汉志》于道家云：“历记成败存亡祸福古今之道，然后知秉要执本，清虚以自守，卑弱以自持。此君人南面之术也。”[②]可谓知老子之全者矣。道家自老子外，其著者有列御寇、杨朱、庄周。《列子》今传世者非真本，杨朱之说难备见，惟《庄子》书具存。其说于政治主在宥，于人生观则一死生，齐万物，益之以荒唐之言，无端厓之辞，颓率处，视老子为甚。

（五四）儒家之祖孔子。虽尝师事老聃，而不肯抹杀一切。少好礼，其讲学也，亦主礼治。见末世之虚伪，特揭一“仁”字，以救其失。故曰：“人而不仁，如礼何？人而不仁，如乐何？”（《论语·八佾》）何谓仁？含生之类，莫不有情，能克己复礼，私欲尽去，则仁至矣。能立其本而善推之，则己立立人，己达达人，而天下治矣。所谓力行近乎仁也。（按：此与程朱异处）治道之极使“人不独亲其亲，不独子其子。使老有所终，壮有所用，幼

①参见《庄子·天下篇》。

②《汉书》卷三〇《艺文志》第6册，中华书局1962年版，第1732页。

有所长。鳏、寡、孤、独、废、疾者，皆有所养……货恶其弃于地也，不必藏于己；力恶其不出于身也，不必为己”（《礼记·礼运》），夫是之谓大同。若但务礼治，以秩序宁人，则小康而已，非第一义也。孔子没后，其徒散游诸侯，大者为师傅卿相，小者友教士大夫。战国之世，天下并争，儒术乃绌，然齐、鲁之间，学者独不废也。《汉志·诸子略》儒家之著者，首推荀、孟。孟轲受业子思之门人，荀子后孟子百余年，所著书曰《孟子》《荀子》。孟子道性善，主倡仁义以抑功利；荀子道性恶，主隆礼乐以劝夫学，盖皆得孔学之一体。钱大昕曰：“孟言性善，欲人之尽性而乐于善；荀言性恶，欲人之化性而勉于善。立言虽殊，其教人以善则一。”①其说是也。

（五五）墨家之祖曰墨翟，春秋时人，为宋大夫，在孔子后（据注中考定）。昔鲁惠公请郊庙之礼于天子，桓王使史角往，惠公止之，其后在于鲁，墨子学焉，盖亦渊源于史家也。《淮南子·要略》谓“墨子学儒者之业，受孔子之术，以其礼烦扰……故背周道而用夏政”。墨子既为鲁人，其说当亦可据。大抵墨学主兼爱，能苦其身以先天下之急，恶礼治文胜之弊，则揭实用主义以矫革之。故虽宗尧舜，而取舍不同乎儒。尤诵法大禹，强本节用，欲以尚俭，毁古之礼乐。生不歌，死不服，桐棺三寸而无椁，以为法式。谓天下皆当自食其力，余力相劳，余财相分，摩顶放踵，利天下为之。惟其兼爱是以反对国家主义，而倡非攻；惟其重实行，是以反对命定之说，而倡非命。他如尚贤尚同，则政治上之主张。“天志”“明鬼”，则有宗教之色彩焉。墨子死后，其徒盈天下，皆能赴汤蹈火，死不旋踵。其著者独禽滑厘，馀不能详。

（五六）名家之祖，难言矣。《汉志》谓其出于礼官。余按：老子非礼故不言名，孔子倡礼治，故主正名。名也者，明贵贱，辨上下，定是非之事也。荀子有《正名》篇，盖深得儒家重名之意。其余各家，墨子有《经》上下，《经说》上下及《大取》《小取》篇，则墨家有名。邓析子主循名责实，按贤定名。尹文子形以定名，名以定事。韩非子主形名参同，则法家与名家相表里，故曰“难言也”。《汉志》列邓析、尹文于名家，然二人乃兼治名、法者。韩非则原在法家，尤不能专系乎此。必求专家，则惟公孙龙可为开

①钱大昕：《潜研堂集》（上），上海古籍出版社2009年版，第475页。

山。龙，战国时赵人，造“白马”“坚石”诸论，深究形名异同之际，不参他学，大畅名旨。宋人惠施，其学多方，其书五车。庄子述其“历物之意”，而笑其无术。然以今世哲学家眼光观之，其辨析同异乃最精妙。[①]所谓苛察缴绕者，乃外道相非之词，实则未容轻议焉。

（五七）法家之祖则道家也。今《管子》书，《汉志》列于道家，其为同源，固有征矣。即本于法家之慎到、申、韩诸家，太史公亦设其归黄老，原于道德之意。善道家主“不尚贤，不使能”（《庄子·天地》），所以能致无为之治者，恃法术以为绳墨。特道家引而不发，专言其体，未明其用耳。今所传者，《管子》书《明法》最早。然不主一家，颇博而杂。其专言之者，厥为《慎子》《韩非子》二书。《慎子》非完书，惟《韩非子》书具存，实集战国言法之大成，谓申不害、商鞅论法皆有所偏，乃令法与术而兼言之，其《定法篇》曰：“申不害言术，而公孙鞅为法。术者，因任而授官，循名而责实，操杀生之柄，课群臣之能者也，此人主之所执也。法者，宪令著于官府，刑罚必于民心，赏存乎慎法，而罚加乎奸令者也，此臣之所师也。君无术则弊于上，臣无法则乱于下，此不可一无，皆帝王之具也。”《申子》书今但存残本，商君书又有真伪问题，故不具录其书真而说备者。

（五八）道、儒、墨、名、法五家，皆纯乎哲学家言也。其余诸家，多与哲理不涉。前既言之矣，然农家如许行之并耕，小说家如宋钘之寝兵，阴阳家如邹衍之深观消息而创“五德终始”之说。虽大小不伦，亦各有其思想可言。惟既世无其书，则亦不必论矣。其既有完书，而又可藉观九流绪说者，莫如杂家之《吕氏春秋》。其书为秦相吕不韦使其客人著所闻，会集而成。故不能名一家，而其中道家、儒家之言最多，墨、兵、法、农诸家之说，赖此编以存者，亦有之。故治古代哲学者，终必一读是书。高诱《吕览序》曰：“此书所尚，以道德为标的，以无为为纲纪，以忠义为品式，以公方为检格，与孟轲、孙卿、淮南、扬雄相表里。”[②]其说是也。

（五九）以上所言，皆周秦学术、思想之所寄，于我国哲学史上为黄金时代，是名诸子哲学。及秦皇御世，病处士横议之梗治也，乃烧诗书百家语，

①原注：“参胡氏《哲学史大纲》”。

②高诱注：《吕氏春秋》，上海书店1986年版，第2页。

又令偶语诗书者弃市，是古非今者诛。于是，言论壅阏，哲学顿衰。是时，名、墨已先绝；道家正传亦失，秦时乃与阴阳家并流为方士迂诞之说；儒家亦有方士色彩。秦时官博士者七十，皆备员弗用，始皇所遵信者，惟在法家。焚书而后，下令欲学法令者，以吏为师。盖李斯营国，且法家主尊君权，有可利用在也。汉除《挟书律》，群书稍出，然武帝既从赵绾，董仲舒之言，黜百家而尊孔氏。于是儒家以“六艺”主学术之坛坫者数千年，而百家之学果不复振作矣。自汉以后，有著书而不可列于诸子，惟儒家最多，如贾谊《新书》、刘向《新序》《说苑》、扬雄《法言》、王符《潜夫论》、徐幹《中论》、王通《中说》皆是。此外，道家有葛洪《抱朴子》，杂家有刘安《淮南子》。而王充《论衡》、扬雄《古今》，甄微砭谬，尤议官之遗法也。自时厥后，学者多为译注之业，罕有独辟之虑。故思想涸塞，诸子之体遂绝。

（六〇）继诸子而兴者，为老佛哲学。自晋至唐，此派最盛。先是永平求法以降，国人信者不多。魏黄初中，始有剃发为沙门者，而其名不著。是时天下大乱，廉耻道丧。才智之士，怀疑世法，欲栖心于周孔以外之学。而印度思想，适默启之。于魏正始中，何晏、王弼等始祖述老庄，不治世务，“以为天地万物，皆以无为本……阴阳恃以化生，万物恃以成形，贤者恃以成德，不肖者恃以免身。”[①]一时名士，皆以放达为高，以谈辩相尚。“六经”中除《周易》外，书皆束阁，谈玄有得者则有王弼之于《老》《易》，郭象、向秀之于《庄》，张湛之于《列》。虽未能自树一帜，而玄学之名竟立于是时。《抱朴子》主无君，尤此前未有之思想也。后世论其弊者，谓：“学者以老庄为宗，而黜‘六经’；谈者以虚荡为辩，而贱名检；行身者以放浊为通，而狭节信。”（干宝《晋纪·总论》）盖是儒家一偏之论，而老庄末流，入于披昌，殆亦自然之结果。及佛法大兴，昔之玄士，翕然归之，遂为中世哲学放一异彩[②]。

（六一）初佛学自三国而后，信者日众，然自《白马驮经》外，皆由月支、安息诸国沙门辗转齐译，不无乖舛。且所译为小乘，鲜大名部。逮东晋季年，天竺僧鸠摩罗什入长安译出《智度》《中百》《十二门》等论，于是大

①房玄龄等：《晋书》卷四十三《王衍传》，中华书局1999年版，第814页。

②编者按：“异彩”，原文为“易彩”。

乘教始入中国。北魏菩提流支继之，唐之玄奘又继之。译述之盛，后逾于前。智灯既耀，大法益弘。其教又智信圆通，空有并摄。值中国儒学衰微之际，贤智之士，罔可措心，闻斯胜义，遂如百川之赴壑。此唐代佛学，所以极腾跃之观也。据治内学者言，中土佛学，诸宗皆有，除成实、俱舍二宗外，皆为大乘。自昙柯迦罗，以魏嘉平立羯磨法于洛阳，中土始有律宗。鸠摩罗什为姚秦译三论，中土始有性空宗。晋慧远结白莲社于庐山，念佛修行，中土始有净土宗。梁达摩卓锡嵩山，心心相付，中土始有禅宗。北齐智者大师宗法华以启教，中土始有天台宗。唐则杜顺宗华严以说法，中土始有华严宗。奘师译《瑜伽师地论》，成唯识宗，中土始有法相宗。善无畏、不空等浮海东来，倡灌顶法，密授真言，中土始有密宗。此八宗者，唐时除性宗式微外，余则律宗有道宣，净土宗有善导，禅宗有慧能，天台宗有荆溪，皆龙象之选。华严以下三宗，本自唐始，更无论矣，分道扬镳，于斯为盛。

（六二）以上诸宗，其特色所在，非精于内典者不能言，兹故从缺，而宗近人之说略言中国之佛学特色如下：梁启超云："中国之佛学，其特色有四：第一，自唐以后，印度五佛学，其传皆在中国……佛灭度后数百年间，五印所传，但有小乘……至六世纪末而有马鸣，七世纪而有龙树、提婆，九世纪而有无著、世亲，十一世纪而有清辨、护法，十二三世纪而有戒贤、智光。"其所称真佛教者此耳。"自玄奘西游，遍礼戒、智诸论师，受法而归，于千余年之心传，尽归于中国……印度……至十五世纪……已无复一佛迹……中国则有唐以来，数百年间，大师踵起……其余波复披靡以开日本……中间虽衰息……今又骎骎有复兴之势。"第二，"诸国所传佛学皆小乘，惟中国独传大乘……佛教之行……凡亚洲中大小百数十国，无不遍被……皆小乘耳……即如今日西藏、蒙古号称佛法最盛之地，问其于《华严》《法华》之旨，有一领受者乎？无有也。独我中夏，虽魏、晋以前，象法萌芽，未达精蕴。迨罗什以后……三家齐兴（天台、法相、华严），别传崛起（禅宗）。隋、唐之交，小乘……几全绝矣。""第三，中国之诸宗派，多由中国自创，非袭印度之唾余者……十宗之中，惟律宗、法相宗、真言宗，净土宗，尝盛于印度，而余皆中国所产物也。""我国之最有功德有势力于佛学界者，莫如教下三家之天台、法相、华严与教外别传之禅宗……而此四派者，惟其一曾盛于天竺（法相），其三皆创自支那……盖大乘教义，萌芽于印度，而大成于支那，故求大法者，当不于彼而于我。此非吾之夸言也。”“第四，中国之佛学，以宗教兼有哲学之长……佛说本有宗教与哲学之两方面，其证道之究竟也在觉悟。其入道之法门也在智慧。其修道之得力也在自力。佛教者，实不能与寻常宗教同视者也……中国之哲学，多属于人事上，国家上，而于天地万物原理之学，穷究之者盖少焉。自佛学入震旦，与之相备，然后中国哲学乃放一异彩。宋、明后，学问复兴，实食隋、唐间诸古德之赐也。”①

（六三）当此时也，印度思想，磅礴于我国学术界。一时爱智之士，惟在缁徒，若韩愈之论道，柳宗元、刘禹锡之论天，李翱之论性，虽有可观，精义苦鲜。及晚唐以降，佛教诸大乘妙谛，苦性空、法相等宗皆衰微，渐成绝响。自宋而后，惟禅宗盛行此土，其教不立文字，以衣钵相付，明心见性，号为顿门。一时惮法相诸宗奥博难治者，皆归焉。老学自魏晋清言而外，在汉末即已裂为符箓、炼养诸派，变道家而为道教。符箓倡自张道陵，而盛于元魏，无关哲学，不足论。炼养之术，则与老子“长生久视”之说相近。汉末魏伯阳著《周易参同契》，颇兼《易》《老》《阴符》之旨，学者多好之。自魏晋迄唐，老、佛更夺孔席者几千余岁。至东晋而玄学衰，至唐末而佛学衰。洎乎北宋，乃有本释教之禅宗。窃道之易学，援二氏之说以为儒家言者，斯宋明哲学之出发点也。

（六四）宋明哲学，自北宗周敦颐启其绪。先是东汉以后训诂昌而大义微，经师人师，始判为二，以性道之学为士流倡者无人焉。敦颐与浮屠寿涯交，又从种（放）、（穆）修得道士陈抟《太极图》之传，于是作《太极图说》，演为“无极太极”之说。更著《通书》，发挥圣学，谓诚为圣人之本，乃五常百行所自出。其最精之语曰：“诚无为，几善恶。”（《通书·诚几德第三》）故君子慎乎动。谓圣人之道可学，其要端在无欲，君子乾乾不息于诚。然必惩忿窒欲，迁善改过而后至。宋学之规模气象，敦颐实始开之。其学盖以《易》为枢纽，而兼采《中庸》论“诚”之旨。儒家论“道”，多明人事，惟二书兼贯天人，敦颐遂取于斯，以开濂溪学焉，而不悟无极本非

①梁启超撰，夏晓虹导读：《论中国学术思想变迁之大势》，上海古籍出版社2001年版，第94—98页。

《易》说，《中庸》亦非若《论语》，为孔子立说之真派也。

（六五）北宋传濂溪学者，有二程之洛学。其别派又有张载之闽学。二程者程颢及弟颐，皆濂溪门人。程颢亦好观佛老书，质性高明，最近颜子。濂学主静，颢更著《定性书》以发挥之，谓“所谓定者，动亦定，静亦定，无将迎，无内外”“君子之学，莫若廓然而大公，物来而顺应”“与其非外而是内，不若内外之两忘”[①]；又以“静”字稍偏，复易之以“敬”。程颐笃性谨守，规模亚于其兄，然见解极亲切，以“敬”字有未尽，则益之曰：“涵养须用敬，进学则在致知。”又曰：“未有致知而不在敬者。”[②]盖内外之道言之，闽学解格物穷理，其说自颐发之也。旧谓二程虽师濂溪，实未尝传其学。然濂洛之学，其高皆多孔孟所未言。自周子已揭《中庸》为立说之根，明道兄弟更表章之，谓其书“为孔门传授心法，子思笔之于书，以授孟子”,又谓“《大学》为孔氏之遗书，乃孔子之言而曾子述之”[③],故《大学》为入德之门，《中庸》为圣学之极致，皆前此致学所未有也。明道卒，伊川表其墓曰：“孟子以后一人而已，道统之说，实起于此。”闽中张载，初治释老，反求之“六经”。其学以《易》《中庸》为主，而气象博大，著《西铭》以阐爱物之仁，著《正蒙》以通物我之全。二程之学偏于修己，载则以继绝学开太平自任，而济物之意为多焉。

（六六）南宋则有闽学，而朱熹为宗。熹从李侗受程颐之学，而讲学于建阳之考亭。其为学也，主敬以立其本，穷理以致其知，反躬以践其实。尤博极群书，穷其事物之理，于学问思辨之际；于群经注疏，考订极殷勤，删其繁琐，而通蕴奥。于《大学》《中庸》致力尤深，为之更定章句，《论》《孟》亦各有集注，《四书》之称始此。其教人以《大学》《中庸》《论》《孟》为入道之序而后及诸经，谓不先乎《大学》，无以提纲挈领；不参以《论》《孟》，无以融会贯通；不极于《中庸》，无以建立大本。经纶大经，而读天下之书，论天下大事。盖伊洛之学，至是而始集大成，而工夫之切实过之，外内本

①朱熹、吕祖谦编著：《近思录》卷二，江苏古籍出版社2001年版，第33—34页。

②程颢、程颐：《河南程氏遗书》卷十八，《二程集》，中华书局1981年版，第188、66页。

③程颢、程颐：《河南程氏遗书》卷十八，《二程集》，中华书局1981年版，第411、325页。

末，无偏无漏，诚问世之巨儒也。熹殁后，当道目为伪学，理宗始表章之。诏以张、周、二程及熹从祀孔庙，元仁宗定科举法，初试以《四书》设问，并用朱注，悬为令甲，而五经次之，亦兼用朱义，于是宋学列为功令者，六百余年。

（六七）朱子教人以穷理为始事，其说与今所谓归纳为近。同时，有著论反之而以演绎为主者，是为陆九渊之学。九渊天资高明，于学无所师承。少读伊川书，谓与孔、孟言不类，尝曰："宇宙便是吾心，吾心即是宇宙。"[①]又曰："学苟知本，即'六经'皆我注脚。"[②]其学主先立乎其大者，本乎孟子，以尊德性为宗。朱子主格物穷理，则以道问学为宗，盖截然两端也。由朱子之说，人必穷理然后有得，乃入圣之阶梯。由陆子之说，则必发明本心，然后可以应天地万物之变。吕祖谦尝约九渊及其兄九龄会朱熹于鹅湖，赋诗见志。九龄倡诗云："留情传注翻榛塞，着意精微转陆沉。"九渊和诗云："易简工夫终久大，支离事业竟浮沉。"皆与朱学有微词，遂不合而罢。于是宗朱者诋陆为狂禅，宗陆者以朱为俗学。两宋子弟，遂成冰炭焉。黄宗羲曰："考之生平，先生之尊德性，何尝不加功于学古笃行？紫阳之道问学，何尝不致力于反身修德？特以示学者之入门各有先后，此其所异耳。"全祖望曰："其从入之途，各有所重，至于圣学之全，则未尝得其一而遗其一也。"[③]斯可谓持平之论矣。

（六八）元代以理学显者，如金履祥、吴澄诸人，皆宗程朱，然无甚发明。明永乐中，颁《性理大全》于学宫，咸采宋人之说，亦无所鉴别。一代之儒，首推薛瑄、胡居正，咸恪守程朱，注重实践，世称河东派。然非一代学风所系，最有关系者，乃为姚江派[④]。其初祖为王守仁，守仁初泛滥于词章，继而遍读朱子书，循序格物。憾物、心之终判为二也，倡心外无物之说，谓圣人之道。吾性自足，不须外求，求诸心而有得，是谓良知。为学之方，即在"致良知"三字。而其道端在于谨独，其工夫尤重在力行，故倡知

①陆九渊：《陆九渊集》卷三十六《年谱》，中华书局1980年版，第483页。

②陆九渊：《陆九渊集》卷三十四《语录上》，中华书局1980年版，第395页。

③沈善洪主编：《黄宗羲全集》第5册《宋元学案》（3），浙江古籍出版社1992年版，第280页。

④编者按："姚江派"，原文为"桃江派"。

行合一之说。谓："行之明觉精察处，便是知；知之真切笃实处，便是行。"又曰："知而不行，只是未知。"[①]其学盖与象山同源，故后称陆王云，合两派而观之。大抵程朱尚外索，陆王重自证，一拘一放，思想殊焉。然役心性理，不甚以读书为事，则两派之所同也。

（六九）宋明哲学，为我国思想界极有精采之时代。中国纯正哲学之建立，实在此时。清代三百余年，哲学非其特色所在，然其略可言也。初明代学者，自王学盛行之后，末流尊崇个性太甚，乃至披猖无行，士习以坏。顾炎武为清代儒宗，首主程朱，又倡治经之学以矫空疏之失。于是朴学盛兴，完然为一王法。其研究训诂，精事校勘，虽似与哲学无关，然古义既明，圣言益显，实间接有助于思想界。其始如黄宗羲、王夫之、颜元、李塨等皆清经世，尚与宋学有其渊源。迨中叶戴震、焦循之治《孟子》，阮元之讲性命，乃以训诂而谈哲学。而戴氏所为《孟子字义疏证》尤精辟，实为一家思想所存。惟清代哲学甚微，终不若考据之盛耳。

第二章　治哲学之方法

（七〇）治中国之哲学，亦有常识与深究二事。以常识言，中国哲学上下数千年，搜讨整理，原非易事。学者能将重要子略致数种，使胸次廓然开朗，受用已多。重要子书之名，绩演胡氏《最低国学书目》，将二十二子悉数列入，尽为专门之业。新会梁氏《最低书目》，惟举《老》《墨》《庄》《荀》《韩非》五书斯得之矣。外此老佛哲学，及宋明哲学，虽缺而不治，无害也。至于有志深究者，诸门经书决当先读，《四库提要》子部而外，姚际恒《古今伪书考》辨众籍之赝制，俞樾《古书疑义》举例明异样之文法。近人江瑔《读子卮言》列百家之流别，此三书者，断为子部先河之导。若夫亘古今哲学而列其纲领，梁氏《先秦政治思想史》、胡氏《哲学史大纲》上卷，皆可读。然二书仅限于诸子哲学，欲窥其全，尚无精当之著述也。

（七一）治中国哲学，当先从周秦诸子入手，更无疑义。吾且先言读子之益，以启众信。《文心雕龙》曰："诸子者，入道见志之书。"盖文之所司，曰

①王守仁：《王阳明全集》上，吴光、钱明、董平编校，上海古籍出版社2015年版，第176、3页。

理与事，兼之者为经，主于事者为史，主于理者为子。子贡曰："文武之道，未坠于地，在人。贤者识其大者，不贤者识其小者。"（《论语·子张》）故大者诚炳如日星，小者亦不识为一家之说。昔时文集未兴，学未当有意为文，其有所作，必寓道于言，因言见志，思想界之渊薮也。吾人为学，识解贵乎宏通。若囿于一家之见，将是丹非素，妄生主奴；以此自守，固拘墟已甚；以此施事，亦无所折衷。天地间无限妙理，固有群经所不能曲包，诸史所不能遍见，而子书则瓦石糠秕，无非至道。其人既持之有故，其书亦言之成理。今人论学，独立儒家，此汉定一尊之结果。当战国之世，道家、墨家，皆与儒家并驱中原。以哲学眼光观之，任主何家，皆偏见之。故欲知古代思想之全，必读诸子。欲知《汉志》相反相成，及"六经"支与流裔之说作何解，必读诸子。

（七二）诸子部帙浩侈，真伪凌杂，坊间丛刻之本，其最多者乃有百种。今欲治之从何着手耶？昔人有主张多买丛书之法，谓"购得一书，即具数种，或数十种"[①]。以今观之，此法虽甚方便，已难独任。盖方刻如《百子全书》，只有白文未列笺注，其不足供学人读解甚明。《二十二子》简要完备，诚为佳本，然所采仍为旧注，亦不适于今日学者之用。在力能多购者，备之诚善，而重要单行新注本，仍非别购不可也。诸子中当以何书为必读，近贤言者大同小异。吾前于述诸子源流中，以道、儒、墨、名、法、杂六家为断。故兹举要籍，颇主近人吕思勉氏之说，以《老》《庄》《管》《韩》《墨》《荀》《吕览》《淮南》八书为精。要之，选氏并详陈其故，谓：儒家存于子部者，惟《荀子》而通儒法之邮。墨家除《墨子》外无传书。名家《经》及《经说》见《墨子》，其余绪论，散见《庄》《荀》及法家书中。法家精义，不出《管》《韩》之外。道家分二派，一明欲取姑与，知雄守雌之术，老子为之宗；一阐万物一体，乘化待尽之旨，其说具于《庄子》。杂家之《吕览》《淮南》，兼总九流，实为子部瑰宝。[②]熟此八书，则其余子部之书，皆可迎刃而解，而判别其是非真伪，亦昭然若黑白分矣。

①张之洞：《辅轩语》，苑书义等主编《张之洞全集》，河北人民出版社1998年版，第9787页。

②参见吕思勉《读子之法》，《经子解题》，上海文艺出版社1999年版，第85页。

（七三）要籍既具，则必宜求训故明大义。治经之儒，东汉务训故，西京明大义，读子亦兼重之。然不明训故则大义难知，故当先求好注本。我国子书，前人虽有注而讹缺颇多。至清代讲求朴学，学者始以余事校读诸子。其甚者治古经同其精深，最博者如王念孙《读书杂志》、俞樾《诸子平议》考订精确，足裨研究。其专精一家者，如郭庆藩、章炳麟之《庄子》，谢墉、王先谦之《荀子》，毕沅、孙诒让之《墨子》，顾广圻、王先慎之《韩非子》，毕沅之《吕氏春秋》，戴望、章炳麟之《管子》，严复之《老子》，与近人刘文典之《淮南子》。或详加校注，或通言义理，皆视旧本遥为精核。诸子书旧病难读，至是乃渐多可读矣。不读善注精校之本，不知清人用功之勤也。至训故能明，则又非通知一家之大义不可。诸子所论，非人生哲学，即政治哲学。其精意及旨归何在，必博贯，而沟通之乃得晓诸家之面目，此读子最终目的，而不容稍忽者也。俗本以讲章文评之法治诸子，穿凿支离，又甚繁衍，最为可厌。此类书决不可读，读之则入于歧途，终身不识学问作何解矣。

（七四）自魏晋至隋唐之老佛精学，其研究之法，殊不如诸子之易为。在前半期之老学时代，学者多以老庄为对象。其时思想多在笺注中，如王弼、郭象、张湛等所注道家言，实玄理之结晶。《列子》或谓为魏晋伪书，更足为思想之代表。其余自为之书，惟葛洪《抱朴子》，有具体之论撰。他诸玄士，则与方内之争辨为多，如崇无崇有之论，神灭神不灭之说，畸零分散，罕有系统。待佛教渐昌，释子玄流，并兼治佛老，或以玄言释经，或以佛法读玄，外道相非，亦有驳辨。然佛教真谛，实未道出，老乎佛乎，终于两失真旨而已。是时思想以《弘明集》为其代表，然其价值，又远逊郭象、王弼诸人之纯一。齐有张融者，尝以调和。儒道佛三教自任，临死左手取《孝经》《老子》，右手执《小品华严经》，一时之思想矛盾不纯，可以观矣。故三国六朝之哲学，最为难理，而亦最无价值。

（七五）至于隋唐佛学，则纯然印度思想，与前半期之杂糅老庄者不同。然经论繁论繁富，教别多途，学者欲从何者问津殊堪研究，请摭拾近人论斯学者之绪论以实本节。初世尊说法，因语上语下之不同，判大小二乘。大乘宗旨曰出一切苦，得究竟乐。其说以为诸有为法，皆待缘生。一切含识，不能了知诸法虚妄，乃起我法二执。我执生烦恼障，法执[1]生所知障，流转死生，受种种苦。大乘教义，即在明空以破执，破执以遣障。实证诸有为法之自性本空，转述开悟，得大涅槃，证大菩提，所谓真如（一曰无百法）是也。东土十宗，大乘有其八。然性空、法相，愿宏斯旨。斯二宗者，是二非二，以诸法之自性本空，因而直下明空，曰“性空宗”；以诸法之自性虽空，而缘生凡无，因教人分别幻有，曰“法相宗”。双轮并运，同归无为，是为印度哲学之渊海。前者以三论（《中论》《百论》《十二门论》）为主，属《般若》部。后者以《瑜伽师地论》《成唯识论》为主，属《解深密》部。佛教经论虽繁，惟此二宗，乃入道之门。法相宗又有玄奘、窥基诸大师译布疏解。晚近尤为显学，有志佛学者可览观焉。

（七六）宋明哲学，以程朱、陆王为两大支别。学者寻讨，较老佛哲学为易。共专明心性，汉学家或议其空疏。然我国纯正哲学，实成立于斯时。学者能用科学方法，为之爬梳使成系统固善。即不能，亦可借儒先之学说，使内在生活得所存养。此学者真正享受处，未可轻弃也。此时期中，有最完备之哲学史，视诸子、老佛两期皆有伦脊。其书为何，一曰黄宗羲、全祖望之《宋元学案》，二曰黄宗羲之《明儒学案》，皆纲罗宏富。后者尤精审，能浏览一过，虽不他求，已甚通博。若苦卷帙繁重，则又有二书，约其梗概。一为《朱子近思录》，言约而达，理深而切。清江永复搜朱说为作集注，实为宋五子哲学之门径书。再广以《二程遗书》《朱子语录》，则程朱之学略备矣。一为徐爱《传习录》，为姚江语录性质，王学精华在焉。再广以《象山集》《王文成公全书》，则陆王之学略备矣。清代哲学，本不若其朴学之盛，程朱一派尤无精彩。唐鉴《国朝学案小识》以此立脚，最为狭陋，可不必读。今《清儒学案》犹未出世，江藩《宋学渊源记》，略能备要。学者欲通知其全，宜自取顾炎武、黄宗羲、王夫之、颜元四先生遗书。及中叶戴震、焦循、章学诚、袁枚、彭绍升，末叶康有为、谭嗣同、章炳麟、王国维诸集求之。专恃一书，无能偿此目的者。

（七七）研究哲学，第一当知西洋哲学之大凡，然后可用其门类条理，以整中国思想。哲学范围至广，有形而上之部（宇宙论），有知识之部（知识

①编者按：“法执”，原文为“法知”。

论），有人生之部（人生哲学）。三者而外，又有宗教之部（宗教哲学），亦在广义哲学之中。学者于各类理论，端须参阅，庶有伦类。惟应注意者，东西根本思想，并不全同。今虽接触，而能融合脱化与否，仍是一问题。治斯学者，万勿以为人所有者，我皆具足，牵引比附，致两失真相。近人梁漱溟曾就东、西及印度三方思想异同之处，比较观察，列为表解[1]。其说颇能各还本真，兹并录之，以资参验。

目别		西洋方面	中国方面	印度方面
宗教		初于思想甚有势力，后遭批评失势，自身逐渐变化以应时需。	素淡于此，后模仿他方，关系亦泛。	占思想之全部，势力且始终不坠，亦无变化。
哲学	形而上之部	初盛后遭批评，几至路绝，今犹在失势觅路中。	自成一种，与西洋、印度者全非一物，势力甚普，且一成不变	与西洋为同物，但研究之动机不同，随着宗教甚盛，且不变动
	知识之部	当其盛时，掩盖一切，为哲学之中心问题	绝少注意，几可说没有。	有研究，且颇细，但不盛。
	人生之部	不及前二部之盛，又粗浅。	最盛且微妙，与形而上学相连，占中国哲学之全部。	归入宗教，几舍宗教别无人生思想，因此伦理念薄

学者观于此表，则知我国哲学立世界哲学之地位矣。

（七八）研究哲学，第二当求能直观自证，然后乃可深入有得。盖哲学属于思想，所以观道。道之深者，非语言文字所能该摄。爱智之士，静观自得，如人入[2]海，一入一深。虽贤父兄，无能悉举以示子弟。即言之，听者既未见证，仍是莫名其妙也。故学者治学，得之于书者，仅十之二三，而求诸心者乃须十之八九。迷悟关头，端系于是。宋明诸老，皆于此中用功至深，观《学案》诸书可知也。佛家禅宗标此义独精，曰："言语道断，心行处

①梁漱溟：《东西文化及其哲学》，禹裔，齐豫生主编《现代名著宝库》第19辑，延边人民出版社1999年版，第69页。

②编者按：原文"如海"，兹校为"入海"。

灭。”始有稍分相应，故以不立文字为教。然顿悟者稀，往往未证云证，邻于学舌。观大乘诸经论所言佛学次第，既有戒、定、慧之三学，又有问、思、修之三事。其注重思维，以期如实证真，何等精苦！若但知读诵，人云亦云，则所谓精神生活者作何解耶？

（七九）研究哲学，第三当注重个人操行，然后乃有实践之益。中国哲学，特重人生。孔子以孝悌为仁之本，曾子以忠恕为道，皆从践履上见道之深。有不守礼法者，谓之得罪名教，为士流所不齿。虽不无束缚个性之失，然实践道德，于修己对人，终有实益。孔门哲学，能支持数千年而不坠者以此。反之若治老庄者，狂放任达，谓礼法岂为我辈设，卒有清谈之祸，无补于世。理论虽高，无足尚矣。佛家五戒六度，特重修持，而成佛根，基，尤在起大悲心，利乐有情，实较高于老庄。然其宗旨，乃在以世法为迷妄，而勤求出离、出间法，究与入世不同。而禅宗主于超悟，一悟之后，可以呵佛骂祖。阳明弟子从此入，末流遂多披昌无行，为世诟病。净土宗主于普被，虽十恶五逆，临终称佛，即得往生，其流弊尤不可胜言。旷观诸家哲学，惟儒家注重行为，虽至阳明稍趋不同，而即知即行，仍重实践。故治斯学者必当先读儒家之书，以植其根本，庶几内外交治，不至见异宗而思退转也。

（八〇）研究哲学，第四当扫除成见，平观诸家之书，识其宗趣，然后再自择所尚，于中着力。中国学问，汉、宋分途，宋学又有朱、陆之异。浅人未知学问，浮光掠影，妄分门户。其实诸家真际犹尚未窥，君子耻之。故学者欲深治斯学，务打扫胸次俗见，于诸家之书，细心理会。有相异处，各还其真。黄梨洲曰：“天下之义理无穷，苟非定以一二字。如何约之使其在我。”所谓一二字者，即其人立说宗趣所在，乃深有得之结果，鲁莽者不能定也。梨洲作《明儒学案》，深恨抄语录者荟撮数条，不知去取之意，谓“其人一生之精神未尝透露，如何见其学术”？[①]今人未有深究，动造学案，闻斯言可以止矣。若真个理会，有所宗主，一以贯之，则证发蜕变，便可自成一家哲学。

①黄宗羲：《发凡》，《明儒学案》，中华书局1985年版，第17页。

第四编　文学

第一章　文学之源流

（八一）今叙论文学，宜首明界说，而后源流可得而言也。我国百家悉无界说，文学尤甚。考之古义，错画为文，物相杂谓之文。此谓文华而言，以求别于朴野也。《论语·泰伯》称尧曰："焕乎其有文章。"子贡谓："夫子之文章可得而闻。"（《论语·公冶长》）是又有文化、文德之义，不专限于言语词章。其以"文学"连用者，若孔门游夏之科。邢昺《论语注疏》曰："文章博学，则子游、子夏。"则诗书六艺，威仪文辞，皆包括焉。凡此之类，皆为广义。充其义之所至，一国学术，将皆隶其中，盖非今兹之所谓文学矣。此外又有专以词章当之者，其范围盖自萧统而定，统撰《文选》而序其意，屏经史子于文外，而专辑情采美富之制，事出沉思而义归翰藻者以入选。于是广义之后又有狭义，准其所立，惟今所谓纯文学者足以当之。唐宋八家，虽世谓文宗弗能与焉，亦非今兹所谓文学矣。今所谓文学者，乃与广义中去其典章、德化诸涵义，于狭义中增入说理、叙事诸涵义，即隋唐以后谓集部是也。

（八二）辩集部之由来，莫善于章学诚《文史通义》之《文集》篇。今撮录之明其概，曰："集之兴也，其当文章升降之交乎？……自治学分途，百家风起……已病道术之裂矣。然专门传家之业……未尝有参差庞杂之文也。两汉文章渐富，为著作之始衰……建安、黄初之间，文章繁矣……而文集之名犹未立也……自挚虞创为《文章流别》，学者便之。于是别聚古人之作，标为'别集'，则文集之名，实仿于晋代。而后世应酬牵率之作，决科俳优之文，亦泛滥横裂而争附别集之名，是诚刘《略》所不得收，班《志》所无可附……班《志》而后，纷纷著录者，或合或离，不知宗要……荀勖《中经》有四部，诗赋图赞与汲冢之书归丁部，王俭《七志》以诗赋为《文翰志》，而介于诸子军书之间，则集部之渐日开，而尚未居然列专目也。至阮孝绪撰《七录》，惟技术、佛、道分三类，而经典、纪传、子兵、文集之四录，已全为唐人经、史、子、集之权舆。是集部著录，实昉于萧梁，而古学源流，至此为一变，亦其时势为之也。”[①]按章氏所言，集部之立，诚无当于学术。然诗赋之特为一类，自《七略》而已然，惟未标准之名耳。凡百学艺，后起者繁，又无可甚贬哉。

（八三）集部诚为文学之总合矣。然未有文集以前，即无文字乎？曰：厥初生民，虽无文字，然情志既具，吟咏斯有。西洋文学，最初为叙事诗，次为抒情诗，次为剧诗。我国《书》缺有间，今所存者如《吕览》所属，《葛天》八阕，正书契未兴之风谣。惟于三者之中，究属何种，不可考耳。迨书契既作，史官已立，斯时抒情之用，犹在《康衢》《击壤》，则主于赞美；《三百篇》所录，则风雅颂兼具。惟史官既立，其记事记言有非诗歌所能为役。于是散文以作，《尚书》《春秋》其选也（或谓即是叙事诗之散文化）。又立说明道，以启人思，非以增人感，诗歌拘乎声律，亦有未宜。于是史体而外，又有哲理一派之散文。在春秋之世，经典诸子其选也（或谓即是抒情诗之蜕变物）。然斯二者虽为散文，能用韵处犹有之。与后纯然散行者有异，盖未脱诗歌之遗音焉。

（八四）迨乎战国，文体繁备。诸子百家，各有专门之著述。自其有得于道体之一端言，固无非“六艺”所该。而“六艺”之中，尤多出于诗教，此其文，章学诚发之最详。盖孔子所云：“不学《诗》，无以言。”古者行人之官，交接邻国，揖让之时，必称《诗》以论其志。至战而行令官，衍成纵横之学。昔之微言相感者，今则益以恢廓而权奇。于是言情达志之士，视昔之拘于声韵者，为用益广焉。章氏之说，无以夺也。其诸子百家而外，与诗尤有直接渊源者则为赋。诸子之文，恢廓处本有赋意[②]，而屈宋之赋，其业尤专。赋本诗之一体，其事主于铺陈，故班固曰：“赋者，古诗之流。”战国贤士荀卿首为之，屈原更本诗意以作《离骚》，宋玉效其体，隐约其词。其致其幽忧之思，讽谏之旨。后世以屈为楚人，因号屈赋之属为楚词。《文心雕龙·诠赋》云：“赋者受命于诗人，拓宇于楚词。”此之谓也。

---

①章学诚：《文史通义》，上海古籍出版社2015年版，第90—92页。

②原注：“参章氏《校雠通义》。”章学诚著，叶瑛校注：《文史通义校注》，中华书局1985年版，第1064页。

（八五）我国古代文学，本无骈散之界。大都奇偶交用，文质相宜。自屈宋作赋，以“六艺”附庸，蔚为大国。汉兴，司马相如、扬雄辈皆能为之，遂卓然为文学正宗。虽有史家如司马迁，奋其散行之记事文与诗赋抗。然西汉武帝、东汉灵帝，并倡辞章。魏之三祖，更崇文华。于是散文日衰，而偶体日盛，非唯辞章之学为然。即著书立说，亦尚华腴。如《淮南》《抱朴》《金楼》之属，体从诸子，而其笔势皆与先秦迥殊。而诸子之支别，若王褒、李康、韦昭、陆机诸所著论，其尚偶去奇，更不待言。浸假而史家记载之文，亦趋整赡。读范《史》、《晋书》可知也，抒情、说理、记事三类，既悉趋于骈偶化。于是抒情者，文胜乎情；说理者，词胜于理；记事者，亦华而不实，溢其本事。《文选》一书，可为代表。至六朝之末，文章全成形式，不适厥用，而声病对仗，讲究既精，为文益难随心舒卷，是皆此时期中现象也。

（八六）骈体既有以辞害意诸弊，于是厘正文体，乃为时代之要求。先是周文帝，患士习浮靡，命苏绰作《大诰》，为公牍程序。隋文帝亦尝降“黜华崇实”之诏。至唐初陈子昂好为古文，李华、独孤及师弟，并加倡导。韩愈氏学文与独孤及遂弃六代之丰腴，法《史》《汉》之气骨，作为文章句奇语重。于是骈体以衰，而散文又偏盛。同时柳宗元和之，两家文字，犹尚奥博。至宋而欧阳修，即以昌黎为法，三苏、曾、王，起而则效，皆主于汪洋冲澹，骈体之意味益减。于是说理者复先秦之旧态，记事者复左史之遗法，抒情之文亦改趋于散行化。试取韩愈之《原道》与《文心雕龙·原道篇》相较，更取欧阳修之《五代史》与李延寿之《南北史》相较，同一说理，同一记事而骈散敻不侔矣。而抒情之制，若词赋之变律而为文，哀祭之变整而为散，又皆为散文之产物。而为前此所未有，矫枉者必过其正，此之谓欤。

（八七）唐文毗于刚，宋文毗于柔，并称八家，为后世古文正宗。明之茅坤，实始表章之。是时李梦阳、王世贞等，皆不满于八家之卑恭，锐志复古，导源秦汉[①]，然学力不称，摹拟之迹未化。甚此勾章棘句，至不可句读。归有光则奋起与抗，原本经术，熟精《史》《汉》，学欧、曾二家，冲融而有风致。八家好言养气学道，不甚言法，有光则讲求极精。然归氏夙精制艺，其求古文也多直格调，不免开后描摹浅陋之习。入清以后，桐城方苞，首宗

①编者按：“秦汉”，原文为“秦谟”。

归氏，为文谨严，标“义法”二字以教人，著《古文约选》，专以汉文散文，及唐宋八家专集为法，绳尺之严如此。嗣是同里刘大櫆、姚鼐，相继祖述。姚氏尤渊雅，桐城派之名以立。武进张惠言受法于大櫆弟子王灼，归与乡人恽敬等亦治古文，博雅过于桐城，称阳湖派焉。桐城以法胜，阳湖以才胜。阳湖传授未容可勿论，其学桐城者，末流益卑隘而纤巧，万首出同，羌无实际。故清之末造，能者皆不喜桐城。如龚自珍则祖周、秦，章炳麟则倡魏晋，谭嗣同、梁启超则汪洋自恣，略无检束。用是义法解放，遂开“文学革命”之源。

（八八）上所陈者，皆无韵文之源流也。兹更述有韵文，厥初文学但有诗歌，其抒情者既旁合于文而成赋（赋有“散文诗”之称）。其直系之演进，则仍为诗，特已与《三百篇》大异。古诗无不入乐，周衰诗亡乐废，汉兴五言最盛。《十九首》之属，情真语淡[①]，为古诗之极致，然不与乐合。其协律所采，用之郊祀。若“房中歌”之属则为乐府，与古诗截然两途，久之愈趋愈远。魏晋以后，古体大盛，即称乐府者亦出模拟，非可合乐。至齐梁而乐府全亡，是为诗歌独立之始。总八代之中，建安以风力胜，元亮以淡泊胜，颜、谢以下，浸[②]伤刻镂。永明而后，益拘声律。至唐初沈佺期、宋之问，遂讲求音节对仗，而律诗亡。陈子昂则力矫浮靡，以淡古雄健振一代之势，复古之功为大矣。自后盛唐最殊绝，众体备于一时。李白逞性灵，能为长句，浪漫有《离骚》意。杜甫深于情，善道时事，有风人之旨，能兼古律，而律法尤细，沉郁独绝。斯两人者，为诗正宗，然学杜者多。中唐之韩愈失之奇崛，晚唐之温、李，失之靡曼。虽曰名家，然凿饰求工，殆非诗意矣。惟盛唐之王维、孟浩然，中唐之韦应物、柳宗元，晚唐之元稹、白居易皆尚平淡，颇宗陶潜。元、白尤通俗，善风论，有《小雅》之遗焉。宋初有矫温、李之失者，然不能成家。元祐间，苏轼、黄庭坚，并师李、杜，为诗大家。庭坚徒党极盛，为“江西诗派”之祖，大抵思路巉刻，句律清峻。学之不善，或不免务煅炼而远性情。然承唐诗肤廓之后，避熟求新，固是健者，下暨陆游，又类香山矣。元明清三代，诸为师者，鲜能出唐宋之蹊径，故从

①编者按：“语淡”，原文为“语谈”。

②编者按：“浸伤”，原文为“侵伤”。

略焉。

（八九）自《三百篇》亡而诗多不可入乐，自乐府亡而诗全不可入乐。唐人以七言绝句度曲，于是诗与音乐又生关系。然绝句少婉转，诗人李白等复采乐府之音以制新律，谓之词。晚唐之世，温庭筠最为婉丽。五代孟氏、李氏君臣相谑，新词益繁，要皆限于小令。宋之世，张先、柳永更增衍小令以为慢词，局势益为恢拓，实为抒情一大进步。而能手极多，多自制腔。苏轼、秦观、周邦彦、辛弃疾之流，标映一时。然辗转流变，又生异趣。一曰古词，以一阕为率，宋词渐多，数叠以便铺陈。二曰自柳元辈以俚语入词，渐变为民间之艺术。三曰能手制词，有不甚讲求音律者，于是词又脱离音乐之倾向。坐是三者，重以金元入中国所用胡乐，词不能按。于是北曲，代词而兴。其用于杂句者，实可西洋剧诗性质。元人制曲最精，关汉卿[①]诸人，所著曲都不可胜计。其后北曲以不合南音，于是明初更创为南曲，谓之“传奇”。待昆曲代兴，南北曲俱失其唱法。后人作曲，与填词同用于抒情而已，厌束缚而喜自由，其殆文学之特质欤。

（九〇）自战国而后爰及六代，文体日繁。于是有分类之学，而梁代为盛。任昉作《文章原起》，条别诸体之始，凡八十五种。昭明太子统作《文选》，广集词章，区为三十七目。今总集言文体者，讬始于萧《选》等。昉所举最细碎无分类之价值，可勿论。《文选》则为总集之祖，分类得失，所系殊巨。其不收子、史，未取群经。虽于著作之源未能窥见，使人不晓古人流别，然昭明眼光，本以词章为重，其得与失，又是一事。惟分类太琐，致启后人讥议。姚永朴《文学研究法》尝论其失云：“文有名异而实同者，此种只当括而归之一类中。如骚、七、难、对、问、设论、辞之类，皆辞赋也；表、上书、弹事，皆奏议也；笺、启、奏记、书，皆书牍也；诏、册、令、教、檄、移，皆诏令也；序及诸史论赞，皆序跋也；颂、赞、符命，同出褒扬；诔、哀、祭、吊，并归伤悼。此等昭明皆一一分之，徒乱学者之耳目。”[②]其说[③]良是，盖论文而滞于名迹，其蔽必至于此也。

①编者按：“卿”，原文为“柳”。

②姚永朴著，许振轩校点：《文学研究法》，黄山书社1989年版，第29页。

③编者按：“说”，原文为“总”。

（九一）《文选》而后，选本分类者，以姚鼐、曾国藩两家为最有名。姚氏曰诏令、曰传状、曰碑志、曰杂记，曰箴铭、曰赞颂、曰词赋、曰哀祭。曾氏《经史百家杂抄》，约之为三门，以论著、词赋、序跋之类入著述门，以诏令、奏议、书牍、哀祭四类入告语门，以传志、叙记、典志、杂记四类入记载门。两家之特长，在辨别异同，具有伦类。其缺点在摈诗歌而不收，无以得文字之大全。盖犹是古文家之分类，非统观一切文艺而为分类也。若就两家比较言之，姚氏知文章出于经史，而选则不及。曾氏则经史百家悉以入选，且增叙记、典志二类，视姚氏实为容雅，而诸类之上又冠以三门尤简单也。近人吴曾祺辑涵芬楼《古今文钞》，更宗姚氏十三类别为二百十三目，确乏新能而特详备，亦可观览。要之犹未能得文学之全，即以集部言，至少当涵诗、文、词、曲四项，每项皆可分若干体。而以今日纯文学眼光论，则诸家分类，必须除去总理记事之文，而加入诗、词、戏曲、小说、弹词、民歌等，乃为确当。反之特广义文学观念者，则又主张立集外之目同以与集内文相对。凡经、史、子三部及一切数典之文、习艺之文，悉隶其下（章太炎说）。若是者，殆可谓广博无伦。惟争辩虽多，今尚未有精当之分类也。

（九二）至若文言、白话之分，于古亦有可言者。在昔“周诰殷盘，佶屈聱牙”[①]，后世苦其难治，然其实当时白话即如此。《盘庚》诸篇，犹令告示，意取喻民，必无艰深之句。今人不能解，乃由语法变迁，抑兼有当时方隅殊语故耳。《七略》有曰：“《尚书》直言也。”[②]其未加文饰可知，厥后语言变化，曰远其初，而文字犹滞于形，犹是旧时之语法。于是文言渐离，至春秋而寖甚。孔子曰“言之无文，行之不远”，明笔之于书，当用文言，乃能使九州共解也（据近人钱基博言）。然若用太古之文言，则解者仍不可晓。故《史记》述《尚书》中语，皆去其甚异于古者。如《尚书》“允釐百工”，则作“信饬百官”；《尚书》“庶绩咸熙”，《史记》则作“众工皆兴”是也。其它古时特殊语法，非后世所能览者，历经简汰卒皆不行。自马、班，以至韩、柳，名虽同为古文，其实宅词位句，已不知经若干次之修正。今人谓之文言一成不变，盖未察耳。

①编者按：韩愈《进学解》称《尚书》语。

②严可均辑，任雪芳审订：《全汉文》，商务印书馆1999年版，第421页。

（九三）然文言虽迭有修正，而与变化甚速之白话较，二者之间终愈趋而愈远。于是六朝隋唐以降，乃有参用白话之势。胡适之曰："自佛书之输入，译者以文言不足以达意，故以浅近之文译之，其体已近白话。其后佛氏讲义语录，尤多用白话为之者，是为语录体之原始。及宋人讲学……此体遂为讲学正体（明人因之）。当是时，白话已久入韵文，观唐宋白话之诗词可见也。及至元时，中国北部已在异族下三百余年矣（辽、金、元）。此三百年中，中国乃发生一种通俗行远之文学……戏曲则尤不可胜计。"[①]按胡氏所言，于中古以降白话演进之历史，略见梗概。近自"文学革命"论兴，白话高潮磅礴全国，而胡氏实先驱。盖古文末流，虚枵[②]矫揉，陈陈相因，形态仅存，其势已穷，必不可以不变。胡氏当标"四义"以倡新文学：一曰要有话说，方才说话；二曰有什么话说什么话，话怎说，就怎么说；三曰要说我自己的话，别说别人的话；四曰是什么时代的人，说什么时代的话。[③]然虚枵、矫揉、因袭诸弊，易以白话，亦难尽除。自斯论出世以来，白话作手仍不多见。但此前文言末流之弊，已浸革其七八，几与白话无异，仅所用介字助之，数略见不同而已。

第二章　治文学之方法

（九四）治中国文学，除通常教科所列者外，概为专究之事。凡百学问，入门最难，诗文亦然，必有渊源最正之师承，然后可知孰正就变，而不至误用聪明，有买椟还珠之悔。然得师又不易，则惟有就名家评骘之书，择尤观览，以资求法。《四库全书》于集部特立一门曰"诗文评类"，诚有旨哉。《提要》于本类序云："文章莫盛于两汉。浑浑灏灏，文成法立，无格律之可拘。建安、黄初，体裁渐备。故论文之说出焉，《典论》其首也。其勒为一书，传于今者，则断自刘勰、钟嵘。"[④]其说是也。按刘著《文心雕龙》，究文体之源

①胡适：《文学改良刍议》，夏晓虹选编《胡适论文学》，安徽教育出版社2010年版，第10页。

②编者按："枵"，原文为"枵"。

③胡适：《建设的文学革命论》，夏晓虹选编《胡适论文学》，安徽教育出版社2010年版，第14页。

④纪昀总纂：《四库全书总目提要》，河北人民出版社2000年版，第5362页。

流而评工拙；钟著《诗品》，第作者之甲乙，而溯厥师承。虽刘书侧重骈文，钟书评量欠当，然终为研究斯文之专书。外此言骈体者有孙梅之《四六丛话》，言散文者有姚永朴之《文学研究法》，并斯学之门径书也。

（九五）门径既明，则当纵读经、史、子三部之书以端其本。集与文之重要，前章已言之矣。而三者之中，经尤可宝，故《文心雕龙》首揭《宗经》。小儒昧于方术，谓宗之者以宗其道，非悦其文词。不知与文原为二事，方面不同，而皆研精。我国集部未立以前，最初文学总汇于经。后世文体，皆从此出。《文心雕龙·宗经》云："论说辞序，则《易》统其首；诏策章奏，则《书》发其源；赋颂歌赞，则《诗》立其本；铭诔箴祝，则《礼》总其端；记传铭檄，则《春秋》为根。"实至当不易之论。盖经既为古代文学之渊海，后世文体，尽其繁变，而由流溯源，终不能外也。清曾文正辑《经史百家杂钞》，各类之首皆冠以经文，又从而序之曰："近世一二知文之士，纂录古文，不复上及六经，以云尊经也。然溯古文所以立名之始，乃由屏弃六朝骈俪之文，而返之于三代两汉。今舍经而降以相求，是犹言孝者敬其父祖而忘其高曾……将可乎哉？"[1]其识解宏通，盖在方、姚诸选家之上。以下更逐类指出导源于经者何在，皆探原之论，可取观焉。

（九六）六经而外，读史亦为学文基础。《尚书》庄雅，《左氏》整腴，其为典、志、叙、记之祖无论矣。外此专以史名者，厥推马、班、陈、范"四书"必读之本。《史记》雄奇疏宕，无体不备。《汉书》整齐严肃，高文典册，悉萃具中。《后汉书》文词优赡，《三国志》叙次简洁，其价值亦足次马、班。故"四书"不唯治史宜先读，即文学亦可读。古来词章，无论骈散，凡雅词丽藻，泰半皆出其中。而"四书"之中，《史》《汉》尤重要。古文家自韩昌黎以降，于《史记》莫熟读：韩得其雄，欧阳、曾、归得其逸，遂为古文大家。《汉书》虽亚于《史记》，然典赡处为文章设色所资。曾太傅稍致力于期，而恢弘已踰于桐城诸子。吴挚父所谓"以汉赋之气运之"是也。自余古文家所为史，欧公《五代史》最有名，文辞和雅，笔法整齐。语史法虽多疵，言文章则可学。要之，文体虽每变愈繁，其实终不出说理、叙事、言情三端。曾氏标揭三门，而次曰记载学者于说理求诸经子，于言情求

①曾国藩：《曾国藩全书》，中国文史出版社2014年版，第206页。

之诗骚，而叙事一端，惟史为大。仅读散文中诸传状，未足语记载之能事也。

（九七）次则读子，亦学文基础所在。张孝达有言："今人学古文以为古文，唐宋巨公学诸子以为古文。此古文家秘奥。"[①]余按诸子之文，千姿万貌，各极其致，其美富足以继经，其恢弘乃更侈于经，实文苑之奇观。《文心雕龙·诸子》云："孟、荀所述，理懿而辞雅；管、晏属篇，事核而言练。列御寇之书，气伟而采奇；邹子之说，心奢而辞壮。墨翟、随巢，意显而语质；尸佼、尉缭，术通而文钝。《鹖冠》绵绵，亟发深言；《鬼谷》渺渺，每环奥义。情辨以泽，文子擅其能；辞约而精，尹文得其要。慎到析密理之巧，韩非著博喻之富；《吕氏》鉴远而体周，《淮南》泛采而文丽。"其评量诸子之文，间甚简当。清恽敬更推诸大家所自出，谓："贾生自名家、纵横家入，故其言浩汗而断制；晁错自法家、名家入，故其言峭实；董仲舒、刘子政自儒家、道家、阴阳家入，故其言和而多端；韩退之自儒家、法家、名家入，故其言峻而能达；曾子固、苏子由自儒家、杂家入，故其言温而定；柳子厚、欧阳永叔自儒家、杂家、词赋家入，故其言详雅有度；杜牧之、苏明允自兵家、纵横家入，故其言纵厉；苏子瞻自纵横家、道家、小说家入，故其言逍遥而震动。"[②]斯文可谓古文家论法诸子之注脚。欲求理趣之超深，文章之华妙诚不可不亟从事也。

（九八）然经、史、子三部，卷帙繁矣。约而论之，孰者最要？吾请举复古大家韩、柳二氏之说以实之。韩之言曰："上规姚姒，浑浑无涯；周《诰》殷《盘》，佶屈聱牙；《春秋》谨严，《左氏》浮夸，《易》奇而法，《诗》正而葩；下逮《庄》《骚》，太史所录，子云、相如，同工异曲。"[③]柳之言曰："博如庄周，哀如屈原，奥如孟轲，壮如李斯，峻如马迁，富如相如，明如贾

①张之洞：《輶轩语》卷一，苑书义等主编：《张之洞全集》第11册，河北人民出版社1998年版，第9787页。

②恽敬：《大云山房文稿二集自序》，见庄适、费师洪选注《恽敬文》，商务印书馆1931年版，第6页。

③韩愈：《进学解》，马其昶校注，马茂元整理《韩昌黎文集校注》，上海古籍出版社2014年版，第51页。

谊，专如扬雄。”[①]据此则“六经”而外，《孟》《庄》《骚》《史》、扬、马诸家，最须熟读矣。近世曾文正公又广其说，谓群经之外，子若《庄子》，词若《离骚》，集若《文选》，史若两司马氏、班氏，小学若许氏，典章若杜氏、马氏，诗文若子美杜氏、昌黎韩氏，所谓旷代命世大才。黎庶昌因本其说，倡议立《十书》于学官。以《庄子》次《孟子》《楚词》《文选》，杜诗、韩文次《毛诗》，《史记》《汉书》次《尚书》，《通鉴》次《左氏》，《通典》《文献通考》次三礼，《说文》次《尔雅》，谓之亚经。厥旨实最宏美，欲植中国文学之根柢。以上所陈，皆必读之书也。

（九九）凡有意纯文学者，宜导源《诗》《骚》，兼治《文选》。文集之类虽晓，然刘氏之《七略》，独标诗赋。《诗序》谓“在心为志，发言为诗”，故朱子曰“诗以言性情”，且其教主于温柔敦厚，神州之国民性系焉。赋本诗之一体，战国之世，流为屈、宋之《楚辞》，太史公以比《国风》《小雅》。夫情蕴于中，人所同具。然表诸于外，则忌迫露而贵含蓄。叔季词人，不明《离骚》《国风》之旨，粗知抗坠，便欲为诗，浅鄙宜也。《法言》有云：“诗人之赋丽以则。”则也者，发情止义，不失《风骚》之旨之谓耳。自汉魏以讫齐梁，总集之较古而仅存者，惟梁萧统《文选》最有名，沉思翰藻之文，斯为巨观。唐代有专精此书者，谓之选学。张孝达释之曰：“选学有征实、课虚两义。考典实，求训诂，校古书，此为学计；摹高格，猎奇采，此为文计。”[②]前者无论矣。其发挥后一义者，惟曾涤生最精。曾氏家训曰：“汉魏文人，有二端最不可及：一曰训诂精确，二曰声调铿锵。《说文》训诂之学，自中唐以后人多不讲，宋以后说经尤不明故训，及至我朝巨儒始通小学，段茂堂、王怀祖两家，遂精研乎古人文字声音之本，乃知《文选》中古赋所用之字，无不典雅精当。”[③]孝达所谓摹高格，独奇采者，其精处而正为此，非深知其故者不能言也。

（一〇一）诗文词曲选本，既如上列，然有尚须辅翼者。其书太繁，不胜

①柳宗元：《与杨京兆凭书》，易新鼎点校《柳宗元集》，中国书店2000年版，第413页。

②张之洞：《书目答问二种》，三联书店1998年版，第302页。

③曾国藩：《曾国藩家书》（上），中国三峡出版社2004年版，第164页。

枚指矣，必约举之，则诗如沈德潜之《古诗源》，清代敕选之《全唐诗》，吴之振之《宋诗抄》；骈文如张溥之《汉魏六朝百三家集》；词如徐釚之《词苑丛谈》，朱祖谋之《彊村丛书》，刻词集近二百种，皆可备览。散文一种，学者在所必治，搜采尤当宏博。姚选虽存典型，然一家之言，不免自隘。所选上不及经史，既失其源，故学其文者，但能得其气体清洁之长，而少雄奇瑰丽之境。曾涤生作《经史百家杂钞》，悉以入选。姚氏偏重格调，曾氏则扩姚氏而大之。其体制实视诸选家为宏雅，又于序目下附识所宗。如论著宗孟、庄、韩、苏，词赋宗《诗》、《骚》、扬、马、班、张、潘、庾（下编宗扬、班、郭、韩），序跋宗迁、固、柳、欧、曾、马，诏令宗《尚书》、汉诏、陆贽、欧阳，奏议宗西汉奏疏、陆贽、苏轼，书牍宗曹、王、韩、柳，哀祭宗潘、韩、欧、王，传志宗马、班、陈、范、蔡、韩、欧、王，叙记宗《左传》《通鉴》，典志宗《礼经》、马、班、欧、史，杂记宗韩、柳、欧阳，择精守约，渊源亦正。后之选家可与方并者，独黎庶昌《续古文辞类纂》，有文正风轨，黎文正弟子也。

（一〇二）总集而外，宜择治专集数种，以资玩习。专集部帙太巨，不能一一精美，故初学以读总集为宜。然欲治诸家面目之全，及素性有特嗜者则择治专集，亦不可缺。吾子细忖度证以名家所论，大抵文如唐宋八大家及归、方、姚、恽、曾诸家，及骈文之汪、洪、胡、李诸家；诗如曾涤生所选之十八家，及王安石、虞集、李梦阳、吴梅村、王渔洋、郑珍诸家；词如苏轼、柳永、周邦彦、辛弃疾、姜夔、王沂孙、吴文英诸家，及清之朱彝尊、纳兰性德、张惠言诸家；曲如王实甫、高东美、阮大铖、洪升、孔尚任诸家。其所为者卓然可学，学者师法固当正大，而浏览要义不可不广。总集之精约，原自无数之别集得来。不观别集是为选家所蔽，不复知有文章之富者也。善夫张孝达之言曰："诗文一道，各有面目，各有意境。大家者气体较大，所造较深，所能较多耳。若谓大家兼古今之长，此目未见，众集之谬说也。虽杜与韩，岂能尽诗文之能事哉？"[①]

（一〇三）自来谈诗文者，多不甚提倡读书。严羽所谓"诗有别才，不关

①张之洞：《輶轩语》卷一，苑书义等主编：《张之洞全集》第11册，河北人民出版社1998年版，第9788—9789页。

书”[①]，吴汝纶所谓“说道说经，不易成佳文”[②]，是也。然文学范围，本有广狭，抒写性情者，取于书集者寡，发挥义理者，则不可不从事于蓄积。文章之道，义法兼重，有法而无义，则等于虚车，依腔学舌，亦何贵于作？苏东坡送张琥之言曰：“博观而约取，厚积而薄发。”[③]魏叔子答施愚山之言曰：“为文之道，欲卓然自立于天下。在于积理而练识。”[④]二公之语，学文者所当服膺者也。桐城末流，不知务此，而但借法以自文义之不足，又虚言性道以张其军，遂致无物而貌为有物之言，为世诟病。潘稼堂《朴学斋稿序》曰：“五十年来，家诵欧、曾，人说归、王……惟求波澜意度，仿佛古人，而按其中，枵然无有。”[⑤]此不务积理之故也。理具于书，故欲积理莫如读书。读书既多，临文乃有左右逢源之乐。此不惟义理之文惟然，即今日所谓纯文学，如诗歌、小说之属，其抒写性灵，虽在一心，而描写处则以社会为对象，蕴蓄不富，安能曲体而入微。而自魏叔子之所阐发，不惟读书可以积理，凡生平耳目所闻，身所经历，虽市侩优倡大猾逆贼之情状，灶婢丐夫米盐凌杂鄙亵之故，亦必皆深思而谨识之。此其说更与今日之写实派文学相吻合，可参观也。

（一〇四）凡学诗文，皆必经历三重程序：一曰讽诵，二曰摹仿，三曰脱化。讽诵者，所以求古人之声调。凡文章，贵乎宣朗，不贵蹇吃。古文运以气，其间疾徐抗坠之妙，唯读可知，亦唯读可得。诗则声调尤为首务，欲使佳篇为吾同化，不读无能臻此。若既熟之后则自能生巧，欧阳公所谓“变化姿态，从熟出”是也。摹仿者，所以求古今法度。文章法度，本不可泥指。章学诚见归氏评点《史记》而著论非之，恶其开后人描摹浅陋之习也。然为初学言未当不可以启发人意，学者宜略观名家评点之本。初学为文，亦不妨略加取法。特当从间架体段处学，未可句摹字拟，或标袭门面语，致诒拘伪之诮耳。脱化者，所以见作者之面目。凡学古人，当弃其痕迹而得其神理。

①郭绍虞：《沧浪诗话校释》，人民文学出版社1983年版，第26页。

②吴汝纶：《与姚仲实》，《吴汝纶全集》(3)，黄山书社2002年版，第52页。

③苏轼：《苏轼文集》卷十，中华书局1986年版，第339页。

④魏禧：《魏叔子文集》卷六，中华书局2003年版，第289页。

⑤潘耒：《朴学斋稿序》，吴翌凤编《清朝文征》，吉林人民出版社1998年版，第500页。

尤当镕铸所学，自成家数，乃不失其所以为我。姚惜抱论昌黎学杜，东坡学李之妙，“谓学杜但贵得其雄浑处，沉着处，兀傲不测处；学李但贵得其豪纵处，丽脱自在处，飘逸处。又须将我之性情、识解、学问运入。当其下笔，若不知有李、杜然。”[①]寥寥数语，而脱化之真解毕得。凡学诗文者，此三程序，不可一缺也。

（原载《国光杂志》1935年第九、十、十一、十二期；1936年第十三、十四、十五、十六期；署名有文昂子、支昂子、支昂）

①姚鼐：《题怀宁江七峰（尔雅）诗卷》，转引自姚永朴撰、许振轩校点：《文学研究法》，黄山书社2011年版，第108页。

通鉴学

司马光以十九年之久，合三四人之力，撰成《资治通鉴》及《目录》《考异》三百五十四卷，为编年一体之空前巨制。自谓“臣之精力，尽于此书”，非夸语也。后世史家，虽或毛举其牴牾，或病其为人君教科用书，但于司马氏用力之勤，网罗之富，抉择之密，叙事之有条不紊，终无间焉。张君是书虽以《通鉴学》名，实不限于讨论司马氏一家之书，而旁及《通鉴》之先驱，兼论《通鉴》之后继，溯源析流，谓之为编年史学，未始不可。是书系通论之作，非考订《通鉴》所叙史实。

书分上下两卷，共七章。首章回溯《通鉴》以前之编年史体，以明司马氏书之并非创格。张君谓司马迁所见谍记，容未可信，竹书纪年、殷墟卜辞、诸侯史记，则为三代之编年史体。左丘明出，乃集大成。次章述《通鉴》编集始末，于助修诸人及编集之程法，分别说明。第三章论《通鉴》之史料及其鉴别，以《通鉴·考异》所见书名为主，探索司马氏取材之书，得三百零一种，厘为正史，编年、别史、杂史、霸史、传记、奏议、地理、小说、诸子，凡十类，以见司马氏当时所据之广，且略述此三百余种书在今日之存佚。司马氏鉴别史料之标准，张君约为六类，且各举一二事以示例，曰参取众书而从长，两存，两弃，两疑而节取其要，存疑，乃兼存或说于《考异》。宋人不以考证鸣，而司马氏在在用考证方法，又不流于猥琐，卓然成一家之言；惜乎及身而绝，必待千载而后，再见实事求是之精神，由清代朴学而表见也。第四章论《通鉴》史学，大意谓（一）《通鉴》秉《春秋》之意，发挥名分之义；（二）师《左传》之法，记事系年月日，据事直书以见义，人物、重要文字、政制及杂事皆附载；（三）守儒家之宗旨，是非不谬于圣人；（四）寓北宋当时之背景，不独案论处而然；（五）具著者之特见，如不别正闰，不信虚诞，不书奇节，不载文人。第五章论《通鉴》书法，大意谓（一）关于年者五事：一事分两年记其始终，岁阳、岁阴纪年，岁首以建寅之月为主，天文现象不备书，年号以后来者为定；（二）关于人者五事：非统一时代之帝王用列国法，国名、人名同者增文示别，人名不避讳改字，插记人之邑里世系，变文以示褒贬；（三）关于事者五事：叙事先提纲而后详原，先溯由而次及本事，书一事而连类及它事，书一事而备载同时谋议，书初见事以谨始。以上两章所论各点，张君各举例说明，两章允为全书最重要之部分。第六章论《通鉴》之枝属与后继，所举书三十余种，各评其得失。末章论《通鉴》之得失与编年史之改造，大意谓《通鉴》之得有三：合《纪》《传》《表》《志》为一编，合独断考索为一手，合史学文学为一家；其失亦有三：系年方式之过整，文化史料之太略，作者感情之或偏。张君于卷末提出改造编年史之方案十九事，复多语中肯綮，可供修编年长编者之参考。

（原载《图书季刊》1948年第1–2期）

（编者按：煦侯先生《通鉴学》，可谓其成名著，惜未见其在“通鉴学”方面的专门学术文章，故录民国三十七年二月上海开明书店出版的《通鉴学》简介，以飨读者。）

春秋之笔

凡说话写文章，语句简单，而意义辛辣，往往比长篇大文还来得厉害，世称“春秋之笔”。

广东新会县的厓山，在大海中，本是南宋灭亡前的一个最后据点。1279年，幼帝赵昺被元将张弘范逼到无路可走，结局是投海。张弘范为异族卖力，立下平宋的大功，为了关心身后之名，就在厓山立座石碑，题曰：“张弘范灭宋于此。”谁知到了明朝，新会县有个理学家陈献章，却叫石匠在碑首添刻一个“宋”字，那就变为“宋张弘范灭宋于此”。这个“宋”字添得真好，无异于向后来的游客表示：张弘范不是好人，而是汉奸。陈献章此外还有两句诗：“奇勋伟烈张弘范，不是胡儿是汉奸。”这诗固然也好，可是并不能比这改镌的八字碑更好。因为那是诗人之笔，这是春秋之笔。

在北宋快结束时，民间也有过比得上《春秋》的妙语。那时候，金人入寇，汴京被围，宋帝赵恒仓下诏“求直言”。其实，这已经不止一次了。事急了，就下求言之诏；兵退了，又暗中压抑百姓，不让他们真能尽言。当时有十二个字概括这个矛盾事实，那就是“城门闭，言路开；城门开，言路闭”。这十二个字的好处，固然在于用“开、闭”两个字做为整个的纽带用，既巧妙，又稳成；更在于讽刺之意毫不露骨，而读者却能十分明白。正如孔子把秦灭梁的这件事写作“梁亡”二字，不言而喻，梁国是自取灭亡的，是活该亡的，此其所以为“春秋之笔”。周亮功《书影》载一个人对坏文章的评语：“他人说得少，愈多；你说得多，愈少了”。“说得少”却能“愈多”，只有春秋之笔才能是这样。

当北洋军阀混战时期，某一部队初驻某地，往往用三句话夸张他的兵士有纪律：一是不抓伕，二是不要钱，三是不住民房。驻得久了，老百姓觉得这些话跟事实完全不符合，就在每句话之下各添二字，那就是“不抓伕——嫌老”；“不要钱——嫌少”；“不住民房——嫌小”。请看，这新加的六个字，简直抵得上六颗炸弹，因为有三个“嫌”字直刺着军阀的心窝，也揭去了他们伪善的面幕。人民的语言竟有这么大的表现力啊！

故事中有个太守，自命清官，冬旱了，他上庙烧香，为民求雪，可是求来求去，连雪片的影子也没有。一日，有客求见，说会做十七字诗，太守就请他做一首看，果然立刻做成。诗曰：“太守去求雪，万民求欢悦，昨夜推窗看，见月。”前三句语意平静，并且略带歌颂，太守是不会动情绪的，直到“见月”二字，才使这位“清官”感到一阵刺得忒尖锐，然而从表面看，它不过是“见月”两字而已，春秋之笔，往往是这样。

（选自安徽人民出版社1980年版《秋怀室杂文》）

释《史记》中“论”字

《史记》中“论”字多不可作议论字解。作议论字解者，此后世之常解，虽曰本诸《说文》，然其去初义已远，必不可以读先秦、两汉之书。注家习而不察，于此等处漫无训纂；学者望文生义，遇“论”字皆读如常解，岂惟难通，又害实焉。即如下列《史记》中有“论”字之文句，若概以议论为训，则有万万不可通者：

故西观周室，“论”史记旧闻，兴于鲁而次《春秋》。（《十二诸侯年表序》）

鲁君子左邱明惧弟子人人异端，各安其意，失其真，故因孔子史记，具“论”其语，成《左氏春秋》。（同上）

春歌青阳，夏歌朱明，秋歌西皞，冬歌玄冥。世多有，故不“论”。（《乐书》）

吾读[①]管氏《牧民》《山高》《乘马》《轻重》《九府》，及《晏子春秋》，详哉其言之也。既见其著书，欲观其行事，故次其传。至其书，世多有之，是以不“论”，“论”其轶[②]事。（《管、晏列传》）

齐威王使大夫追“论”古者《司马兵法》，而附穰苴于其中，因号曰《司马穰苴兵法》。太史公曰：“余读《司马兵法》，闳廓深远……世既多《司马兵法》，以故不‘论’，著穰苴之列传焉。”（《司马穰苴列传》）

太史公曰：“世俗所称师旅，皆道《孙子》十三篇、《吴起兵法》，世

①编者按：“读”，原文为“观”。
②编者按：“轶”，原文为“行”。

多有，故弗‘论’，‘论’其行事。”（《孙子、吴起列传》）

而田骈、接子，皆有所“论”焉。（《孟子、荀卿列传》）

自如孟子至于吁子，世多有其书，故不“论”其传焉。（同上）

孔子修旧起废，“论”《诗》《书》、作《春秋》。（《太史公自序》）

夫子所“论”，欲以何明。（同上）

孙子膑脚而“论”《兵法》。（同上）

此诸“论”字，皆不可以常解读之。史公生西汉之初，年十岁即诵古文，尝自道之。知其用字必颇循初义，如明其初义所在，则“论”字不难解矣。

吾考《史记》中“论”字，而知其有合于语原。盖“论”字本由“仑”字得声与义者也。刘熙《释名》以“伦”释“论”，当为最先，而段茂堂更于《说文》注中抽引厥绪。段氏以为《说文》仑部曰：“仑，思也。”思如鰓理在中之“鰓”。故凡言语循其理得其宜，谓之“论”。其说允矣。请更得而推言之曰：思者存于心者也，言者宣于口者也。思有条理，故语有伦次；语有伦次，则谓之“论”矣。古人用字，声相近则义相近。当其存于心也，“论”之涵义盖与“虑”相同，“论”“虑”固双声也。且“论”既本“条理”及“伦次”之义，则不唯其出言有章，亦必兼有“叙次”及“记载”诸涵义。作“叙次”用者，与“列”双声而义亦如“列”；作“记载”用者，与“录”双声而用亦如“录”。凡读《史记》者，遇句中“论”字，或不得其解，若以吾说求之，则知史公所用“论”字，通共不越数义：其一，如上举“田骈、接子皆有所论”句，此“论”字乃“著论”之义，亦即“出言有章”之义。“论兵法”亦然，“夫子所论，欲以何明”亦然。此即不加训说，亦自分晓。其二，如《酷吏列传》“与张汤论定诸律令”句（前例所不及），其义乃谓赵禹与汤议定诸律令。此“论”字作“议论”解，益与常训同符，诸史中多有之。此两者可置不论。其三，若《管、晏列传》：“其书世多有之，是以不论，论其行事。”此“论”字则当作“列”字观，犹言“是以不列，而但列其行事”也。《苏秦列传》“吾故列其行事”，正作“列”字，互证而义益明矣。司马穰苴、孙、吴诸传，亦有类是之句，句中“论”字，并当作“列”字解。《太史公自序》：“孔子论《诗》、《书》、作《春秋》。”此“论”字亦当训“列”，其义亦犹他篇之序《诗》、《书》也。”其四，如《十二诸侯年表序》：“西观周室，论史记旧闻。”此“论”字又当作“录”字解。“具论其语”句亦然。《乐书》：“春歌青阳，夏歌朱明，秋歌西皞，冬歌玄冥，世多有，故不论。”亦然。读史公书者，值此三例，最病格塞。而《十二诸侯年表序》之数语，尤为难通。“史记旧闻”如何可“论”？读者于此殆鲜不致疑，而注家于此不著一字。此事为史书一大公案，“论”字无解，则孔子所根据者难明。“具论其语”句所系尤钜。缘“其语”二字，即指周室所观之“史记旧闻”而言。此而无解，则左氏之工作限度亦不可确知。今若以吾说通之，则知“论史记旧闻”者，即“录史记旧闻”也；“具论其语”，即“具录其语”也。“故不论”，即“故不录”也。不须委曲，而旨趣已昭，史事益明，且符同纽相假之义，故有以知其必然也。此两者，乃今所欲究详者也。

复次，《史记》中“论”字之有“叙次”及“记载”二义，又可借本书连用之语以为旁证，所谓“连文”是也。《史记》中之连文，有曰“论次”者，有曰“论考”者，有曰“论载”者，有曰“论著”者。前二者足明“论”字有“叙次”义；易言之，即足证“论”字可作“列”字解者也。后二者足明“论”字有“记载”义；易言之，即足证“论”字可作“录”字解者也。今亦各举数例如左：

> 余并“论次”，择其言尤雅者。（《五帝本纪》）
>
> 于是退而“论次”，自古以来用事于鬼神者，具见其表里。（《封禅书》）
>
> 夫子之弗“论次”其年月，岂虚哉？（《三代世表》）
>
> 于是“论次”《诗》《书》。（《儒林传》）
>
> “论考”之行事，略推三代，录秦、汉。（《太史公自序》）

以上“论次”、“论考”，皆作叙次解，与“列”字同义。

> 余为大史而弗“论载”，废天下之史文，余甚惧焉。（《自序》）
>
> 非有异也，故弗“论著”也。（《三王世家》）

以上“论载”、“论著”，皆作记载解，与“录”字同义。察诸字例而声相近，验之连文而义可通，然后读史公书者，可由是而得其真解。今之恒言，动曰“论列”，斯亦古义之犹存者也。

是故“论”也，“虑”也，“列”也，“录”也，此四者在今日，诚若大有径庭，而在古初，则音既相邻，义复相近，虽谓为一字可也。《史记》“论其行事”，他篇又作“列其行事”，论、列通假，固已信而可征矣。至于“论”与“录”与“虑”，在史籍中亦显见展转通假之迹。汉法谓决罪曰“论”，《班书》“已论而复有笞罪者皆弃市”，是也。又“论囚”“论死”之类，更为汉人记载中所习见。惟《隽不疑传》有“录囚徒”之语，则汉时“论”亦作“录”。颜师古注：“今云虑囚。”唐大理寺，凡系囚五日一虑。是唐时用语，又易“录”为“虑”。三语推迁，而义并同，此非偶然之事。且即此可以证彼，足知《史记》中所用“论”字，除却常解二外，有当作“列”字解者，有当作“虑”字解者，有当作“录”字解者。循乎音训相假之例，则可迎刃而解矣。崔氏东壁，史学大师，然其治《论语》，于阳货、阳虎是否为一人，竟不能辨。而在今日，则稍明音学者，皆能断其必为一人。何者？虎、货双声，本无疑义，含毫莫断，不已过乎！且也，即就“论语”二字言，明乎吾说，亦可得一确解。段玉裁曰：“凡言语循其理得其宜谓之‘论’。故孔门师弟子之言，谓之《论语》。”观于段说，孰谓不宜？若用吾说，则此二字初无赞颂之意。盖“论”犹“录”也；《论语》者，谓“录其语”也。换言之，所谓《论语》，即“语录”耳。《傅子》：“昔仲尼既没，仲弓之徒追论夫子之言，谓之《论语》。”刘诗楠《正义》引之，谓此当本郑序。所谓“追论”，即“追录”耳。人但知“语录”之始于禅宗，而不知《论语》之命名，即已有“语录”之义。因诠《史记》，爰并及之。

（民国）二十六年八月二十日稿，十月十二日补正

（原载《国文月刊》1948第64期。署名张须）

张巡之精神生活

一

士之所贵者，在其一身所自具之精神生活，苟无精神生活，则物质之奴隶而已。孔子曰：“一箪食，一瓢饮，在陋巷，人不堪其忧，回也不改其乐。”（《论语·雍也》）孟子曰：“富贵不能淫，贫贱不能移，威武不能屈，此之谓大丈夫。”（《孟子·滕文公下》）庄子曰：“其嗜欲深者其天机浅。”（《庄子·大宗师》）又曰：“轩冕在身，非性命也，物之傥来，寄也。”（《庄子·缮性》）若此者，皆独行君子之精神生活，虽历百世，而闻风可悦者也。然今世国民道德，尤重为群。彼耿介自守，志轻王侯，此消极之精神生活，其事既圣哲所常言，其人尤史传所习见。今欲振民族之壮气，扬大汉之威灵，则积极之精神生活，即孔子之所谓“杀身成仁”（《论语·卫灵公》），所谓“临难毋苟免”（《礼记·曲礼上》），曾子所谓“寄百里之命，临大节而不可夺也者”（《论语·泰伯》），其人其事，不诚较夫逢掖之士，岩栖而谷饮者，为尤足以模范人伦，作吾侪国难期中之标准人物也哉！爰本斯义，作《张巡之精神生活》。

二

张巡，字巡，唐之邓州南阳人也。开元进士。天宝十四载，安禄山反，巡以真源令起兵讨贼，屡败令狐潮于雍丘。是时明皇幸蜀未回，河北、山东皆陷，安庆绪使尹子奇南犯睢阳。睢阳太守许远邀巡同守，许之。自至德二载正月以至十日，内修战具，外抗贼围，其间战阵筹画，一出于巡，远但居中应接而已。既而城中粮尽，杂食茶纸树皮，士卒消耗，饥病不堪。时许叔冀在淮郡，尚衡在彭城，贺兰进明在临淮，皆拥兵不救。巡命南霁云犯围告急于贺兰，贺兰不应。而贼围益急，或议弃城东走，巡、远谋曰："睢阳，江淮之保障，若弃之去，贼必乘胜长驱，是无江淮也。且我众饥羸，走必不达。古者战国诸侯，尚相救恤，况密迩群帅乎，不如坚守以待之。"茶纸既尽，遂食马；马尽，罗雀掘鼠；鼠又尽，巡出爱妾，杀以食士。然后括城中妇人食之既尽，继以男子老弱；人知必死，莫有叛者，所余才四百人。至十月，城遂陷。巡与南霁云、雷万春等三十六人皆被害。贼生执许远送洛阳，远至偃师，不屈死。城陷三日，而张镐之援军至，江淮卒全。又十日而贼亡，肃宗迎上皇至咸阳，唐室再安。寻下诏，赠巡扬州大都督，官其子孙，与远等皆立庙睢阳，岁时致祭。

时议者，或谓：巡始守睢阳，众六万，既粮尽，不持满按队，出再生之路，与夫食人，宁[①]若全人？于是张澹、李纾、董南史、张建封、樊晁、朱巨川、李翰，咸谓巡蔽遮江淮，沮贼势，天下不亡，其功也。翰等既有名士，由是天下无异言。翰又作《张巡传》表上之。表文有云："巡退军睢阳，扼东南咽领……若无巡则无睢阳，无睢阳则无江淮，有如贼因江淮之资，兵广而财积，根结盘踞，西向以拒，虽终歼灭，其旷日持久必矣。今陕、鄢一战，犬羊骇北，王师震其西，巡扼其东，此天使巡举江淮亦待陛下，师至而巡死，不谓功乎？（以上论死守之为当，以下论食人之不当非）。古者列国侵伐，犹分灾救患，诸将同受国恩，奉辞伐罪，巡固守以待外援，援不至而食尽，食尽而及人，则巡之情可求矣。假巡守城之初，已计食人，损数百众以全天下，臣尚谓功过相掩，况非素志乎？"[②]传上，肃宗感悟，巡之大节遂白于世。其传今不存，韩愈作后序，称其详密。宋祁为《新唐书》作《张巡传》，司马光作《资治通鉴》，皆取资焉。

---

①编者按："宁"，原文为"孰"。

②见欧阳修、宋祁撰：《新唐书》，岳麓书社1997年版，第2750—2751页。

三

《唐书》列张巡于忠义传中，称之曰“烈丈夫”。其死守孤城以全江淮，能使人知必死而无叛志，死三日而援军大集，唐室再安。此在古今名将城守事迹中，殆可谓绝无仅有。虽其杀人享士，当时议之，后世如王船山之流亦非之。然原其用心，要为万不得已。巡起家甲科，读书迈群流，宁不知食人之为大恶，而卒以不免于食人，则其痛心为何如？此种道德上之责任，巡亦甘负之矣；历史家之非短，巡已逆知之矣。吾辈关于此点，原之可也，责之亦可也；要其奇功伟烈，彪炳史册，则无论何人，断不容有所非议；而当此外氛肆恶之际，封疆大员城守更天经地义，以一眚而掩大德，则将帅何以激发而景从乎？故张巡之守睢阳，乃今日守土军人之模范也。

吾辈既认定张巡为一至可崇拜之模范军人，则其平日精神生活，足以成仁取义而无愧者，不可不一为研究。今请分数项而研究之。

第一，张巡之为人。《旧唐书》曰：“巡聪悟有才干；重义，尚气节；人以危窘告者，必倾财以恤之。”[①]《新唐书》曰：“气志高迈，略细节，所交必大人长者，不与庸俗合，时人叵知也。负节义，或以困厄归者，倾赀振护无吝。”[②]此为张巡禀赋过人之处。惟其重气节，故临难不苟免；惟其急困厄，故视国家之事如分内事。巡他日伏节死义之征，早见于此。

第二，张巡之国家观念。巡志存家国，首倡大义，初以真源令起兵拒逆，继与单父尉贾贲同为义举，皆非有期会，敦迫使然。《旧唐书》称：“巡神气慷慨，每与贼战，大呼誓师，眥裂血流，齿牙皆碎。”又称城陷后，尹奇子谓巡曰：“闻君每战眥裂，嚼齿皆碎，何至此耶？”巡曰：“吾欲气吞逆贼，但力不遂耳。”子奇以大刀剔巡口，视其齿，存者不过三数。[③]

第三，张巡之沉着应敌。《传》称“持其志，毋暴其气”，古今名将，类

①刘昫等撰，陈焕良、文华点校：《旧唐书》第4册，岳麓书社1997年版，第3095页。

②欧阳修、宋祁：《新唐书》第12部，岳麓书社1997年版，第2581页。

③刘昫等撰，陈焕良、文华点校：《旧唐书》第4册，岳麓书社1997年版，第3096—3097页。

能如是。史载巡先在雍丘拒令狐潮，后守睢阳拒尹子奇，大小四百战，斩将三百，卒十余万。其应敌之从容有方，屡设奇计，《新唐书》本传中屡记其事。《新书·本传》谓巡："博通群书，晓战阵法。"此固为大将者所恒有。然《传》末又谓："其用兵未尝依古法，勒大将教战各出其意。"又曰："每战必亲临行阵，有退者，巡已立其所，谓曰：'我不去此，为我决战。'士感其诚，皆一当百。"[①]《通鉴》载巡语，亦谓："吾使兵识将意，将识士情。"[②]然后，知巡之用兵，真李广后一人也！

第四，张巡之文学素养。韩愈《张中丞传后序》云："为文章，操纸笔立书，未尝起草。"[③]今《全唐文》中录其遗文，有《谢加金吾将军表》《对字诂判》《对西陆》《朝觐判》，皆隶事精切，不愧书判之才。诗亦仅存二首，曰《守睢阳诗》，曰《闻笛》。其《闻笛》诗曰："岧峣试一临，虏骑附城阴。不辨风尘色，安知天地心！门开边月近，战苦阵云深。旦夕更楼上，遥闻横笛音。"沈德潜评曰："三四言不识风尘之愁惨，并不知天意之向背，非一开一合语也。宋贤谓伯夷、叔齐欲与天意违拗，正复相合。"[④]古来忠义之士，每工文学，片言数首之征，往往感动千古。岳少保，史阁部，与巡为三矣。且当虏骑凭陵之际，登陴拒敌，闻笛赋诗，固已视战阵如无物，置死生于度外，其襟怀之洒落又何如也。

四

张巡事迹，史传、《通鉴》外无可见，士生千载之后，欲研究当时之精神生活，以为吾侪慕效之资，其事殊难得预期之结果。然观上文所举，大约精明，磊落，重气节，富情感，知国家大义，用兵得士卒心，又深得书史浸灌之益，故至死而不渝其操，巡之为巡，固大略可观已。藉使张巡去其诸德，而独具军学常识，则一寻常之武人耳，其恣睢暴戾，或且寻常武人之不若。

---

①欧阳修、宋祁：《新唐书》第12部，岳麓书社1997年版，第2580—2583页。

②司马光：《资治通鉴》第3册，岳麓书社1990年版，第903页。

③卞孝萱、张清华编选：《韩愈集》，凤凰出版社2014年版，第258页。

④沈德潜选编、刘福元等点校：《唐诗别裁集》，河北人民出版社1997年版，第162页。

故知士之精神生活为可贵矣。今附抄文文山题双庙《沁园春》词一首以当送神之曲。

沁园春·题张、许庙

文天祥

为子死孝，为臣死忠，死又何妨？自光岳气分，士无全节，君臣义缺，谁负刚肠？骂贼睢阳，爱君许远，留得声名万古香。后来者，无二公之操，百炼之钢。 人生翕欻云亡。好烈烈轰轰做一场。使当时卖国，甘心降虏，受人唾骂，安得流芳。古庙幽沉，仪容俨雅，枯木寒鸦几夕阳。邮亭下，有奸雄过此，仔细思量！

（原载《江苏教育》1936年第9期）

郑樵著作考

渔仲东南巨儒，著述繁富。其《上宰相书》，自谓三十年著书，十年搜访图籍。盖专且笃如是。余览《宋史·艺文志》，病其著录不逮三十种，又多重沓歧误之处。王应麟《玉海》，陈振孙《书录解题》，并宋人著作，而所录悉减于《宋志》。以郑君绍兴《献皇帝书》相覆校，仅居其半而已。岂当时进御之书，不皆行世欤？今即以《艺文略》分类为次，凡郑著之见于诸书者，列记其目，得如干种。同者归一，异者折中，有序说者，并录其下。庶于郑君一家之学，稍存梗概云。淮阴张须并识。

《诗传》二十卷

《诗辨妄》六卷

二书载《宋史》《书录解题》，又见郑君《上皇帝书》中，今俱佚。郑君论诗，主攻大小《序》及毛、郑。其《寄方礼部书》曰："学者所以不识《诗》，以大小《序》与毛、郑为之蔽障也。"[①]其说如是，故作《诗传》以易毛、郑，作《辨妄》以诋《诗序》。今《传》与《辨妄》，皆不可见。然《昆虫草木略》云："已得鸟兽草木之意，然后传诗。"又云："臣之释《诗》，深究鸟兽草木之名，欲以明仲尼教小子之意。"[②]则知郑君《诗传》，考订名物其长也。《诗辨妄》，一名《辨诗序妄》，凡百二十七篇（见《寄方礼部书》）。《艺文略》云："《毛诗》自郑氏既笺之后，

①郑樵著，吴怀祺校补：《郑樵文集》，书目文献出版社1992年版，第29页。

②郑樵：《通志二十略》（下），中华书局1995年版，第1980页。

而学者笃信郑玄，故此《诗》专行，三家遂废。《齐诗》亡于魏晋，《鲁诗》亡于西晋……迨五代之后，《韩诗》亦亡。致今学者只凭毛氏。且以序为子夏所作，更不敢拟议。盖事无两造之辞，则狱有偏听之惑。臣为作《诗辨妄》六卷，可以见其得失。”朱子早年说诗，亦主毛、郑。后见此书，乃将大小序别为一编而辨之，名《诗序辨说》。其始疑终信之故，详《朱子语类》八十二。《辨妄》今虽不可见，然南宋有济南周孚，尝陈四十二事以攻之，在所著《蠹斋铅刀编》中。见《四库总目》百五十九。周予同云：“近人顾颉刚曾有辑佚本，未付印。”[①]意周孚所举各条，皆在其中矣。郑君《辨妄》，非唯攻《序》，又自作序。陈振孙云：“《辨妄》者，专指毛、郑之妄。谓《小序》非子夏所作，可也。尽削去之，而以己意为之《序》，可乎?”（《直斋书录解题》卷二）数语可证。又按《昆虫草木略》云：“臣之序诗，专为声歌，欲以明孔子之正乐。”此又自道作序之义例也。郑序之仅见于《通志》中者，如于《风》《雅》《颂》云：“风士之音曰风，朝廷之音曰雅，宗庙之音曰颂。”于二《南》云：“周为河洛，召为岐雍。河洛之南濒江，岐雍之南濒汉。江汉之间，二南之地，诗之所起在于此。屈、宋以来，骚人墨客，多生在汉，故仲尼以二南之地为作诗之始。”于《王·黍离》，《豳·七月》云：“王为王，城东周之地。豳为豳丰，西周之地。《七月》者，西周之风。《黍离》者，东周之风。”（俱见《昆虫之草木略》序）之数者，并见一斑焉。（元盛如梓甚推服是书，见“书辨讹”条）

《诗名物志》

史志及私家书目俱不载，仅见郑君《献皇帝书》及《上宰相书》中。今佚。观其《尔雅注》诸书连类而及，盖夹漈虫鱼草木之学也。

《书考》六卷

《书辨讹》七卷

《书考》，《宋史》著录。《书辨讹》，见《直斋解题》。又并见郑君

①皮锡瑞著，周予同注释：《经学历史》，中华书局2004年版，第175页。

《献皇帝书》中，今俱佚。《艺文略》云："按，《易》《诗》《书》《春秋》，皆有古文。自汉以来，尽易以今文。惟孔安国得屋壁之书，依古文而隶之。安国授都尉朝，朝授胶东庸生，谓之《尚书》古文之学。郑玄为之注，亦不废古文，使天下后学于此一书而得古意。不幸遭明皇，更以今文，其不合开元文字者，谓之'野书'。然易以今文，虽失古意，但参之古书，于理无碍，亦足矣。明皇之时，去隶书既远，不通变古之义。所用今文违于古义尤多。臣于是考今书之文，无妨于义者从今，有妨于义者从古，庶古今文、义两不相违，曰《书考》。迨《武成》而未及终编，又有《书辨讹》七卷，皆可见矣。"（《通志》卷六十九）《书考》本末，备见于此。王应麟曰："郑樵《书考》六卷，考证今古文同异。"（《玉海》三十七）得其说矣。《书辨讹》一书，直斋会举其目，凡纠谬四，阙疑一，复古二。盛如梓云："郑夹漈著《书辨讹》《诗辨妄》二书详悉，有益学者。"（《庶斋老学丛谈》卷一）则是书与《诗辨妄》至元时尚存。（《宋志》以《书考》入小学类，未见《书》之过）

《春秋传》十二卷
《春秋考》十二卷

二书，《宋志》《解题》《玉海》皆著录，今具佚。《艺文略》云："按，《春秋》之经，则鲁史记也。初无同异之文，亦无彼此之说。良由三家所传之书有异同，故是非从此起。臣作《春秋考》，所以是正经文，以凡有异同者，皆是讹误。古者简编艰繁，学者希见亲书，惟以口相授。左氏世为楚史，亲见官书，其讹差少，然有所讹从文起。公、穀，汉之经生，惟是口传，其讹差多，然有所讹从音起。以此辨之，了无滞碍。又有《春秋传》十二卷，以明经之旨，备见周之宪章。"（《通志》卷六十九）《谥略》云："臣恐褒贬之说不已，则《春秋》或几乎息矣，于是作《春秋考》《春秋传》。"《灾祥略》云："凡说《春秋》者，皆谓孔子寓褒贬于一字之间，以阴中时人，使人不可晓解。三《传》唱之于前，诸儒从之于后，尽推己意而诬以圣人之意，此之谓欺人之学。臣旧作《春秋传》。专以明王道，削去三家褒贬之说，所以杜其妄。"盖

《传》以明经旨，《考》以订经文，而削去褒贬，不信灾祥，又二书之所同也。皆十二卷者，盖十二公各为一卷。《寄方礼部书》所云卷数，与《宋史》同。

《春秋地名谱》十卷

书名从《宋志》，《直斋书录解题》及《夹漈遗稿》并无谱字，今佚。其《献皇帝书》云："五六年为天文地理之学，以所得者作《春秋地名》。"（《夹漈遗稿》卷二）《寄方礼部书》云："虽曰《春秋地名》，其实地理之家无不该贯，最有条理也。"《上宰相书》云："观《春秋地名》，则知樵之地理志，异乎诸史之地理。"郑君之自信其书，盖可想见。又，《寄方礼部书》亦作十卷，知《宋志》卷数不误。

《春秋列传》

此书官私书目不载，仅见《献皇帝书》中，次于《春秋地名》《百川原委图》之后。须案，《通志》卷八十九至九十二，所传春秋贤士大夫，若（周）富辰、（鲁）众仲、（晋）师服之流，凡百三十一人。其中除伍员、范蠡已见《史记》外，皆郑君新立之传。盖郑君作《通志》时，即采旧著以入之者也。则是书似佚而非佚矣。

《尔雅注》三卷

《宋志》《解题》《玉海》皆著录，卷数并同，今存。见《四库总目》卷四十，又毛晋刊入《津逮秘书》第一集中。郑君之学，邃于名物。结茅山中，又得目验。故《诗》与《尔雅》，独造之处为多。尝谓："人情事理，可即己意而求。草木虫鱼鸟兽之名，不学问虽读千回万复，亦无由识。"（《寄方礼部书》）又谓："已得鸟兽草木之真，然后传《诗》。已得诗人之兴，然后释《尔雅》。"（《昆虫草木略》）其注释义例，备详于自序中。大约释《尔雅》，不释笺注；释名物，不释义理。其《寄方礼部书》又谓："书生所辨，容有是非者。樵于所释者，亦不可专守云尔。故有此讹误者，则正之；有阙者，则补之。自补之外，或恐人不能尽识其状，故又有画图。《尔雅》之学既了，《六经》注疏皆长物也。”斯亦郑君自明义例之语，可与自序合观者。直斋陈氏好讥短郑君，于《诗辨妄》诋为不知而作。于《春秋传》《春秋考》则曰：“其学大抵工于考究，而义理多迂僻。”于《书辨讹》亦然。惟于此书，独推自序所论注释之害为名言。《四库提要》亦谓：“是书通其所可通，缺其所不可通，文似简略，而绝无穿凿附会之失，于说《尔雅》家为善本。”则是书之见重后世可知已。

《诸经序》

仅见《献皇帝书》中，盖通论经旨之作，今佚。明黎温刊《六经奥论》六卷，题郑樵撰。《通志堂经解》收之。朱彝尊谓其议论与《通志略》不合（《曝书亭集》四十二）。全祖望摘其称朱文公条，断为宁宗之后人之书（《鲒埼亭集》外编三十四）。盖俗士依托，与此为二。

《刊谬正俗跋正》八卷

书名从《宋志》，《玉海》同。《献皇帝书》但作《刊谬正俗跋》，无“正”字，疑有缺文。今佚。《匡谬正俗》为唐颜师古考论经训之书，宋人避太祖讳，以“刊”易“匡”。“跋正”者，王应麟谓“辨其差舛”（《玉海》四十四）是也。是书《宋史》列子部儒家类。按《通志·艺文略》，以颜著入经解。其《校雠略》“见名不见书”条，亦深识《崇文总目》不以《刊缪正俗》入经解之误。兹故不从《宋志》，而列之于此。

《谥法》三卷

《宋志》及《解题》《玉海》皆著录。其著作之意，具见《通志》《谥略序》。《解题》尝列其目，上卷《序》五篇，中卷《谥》三篇，下卷后《论》四篇。今按《谥略》之序，正与此同。则是书非佚。

右经类十三种，除三种无卷数，凡八十七卷。

《乡饮礼》七卷
《乡饮礼》三卷、《乡饮礼图》三卷
《乡饮驳议》

《乡饮礼》二种，《宋志》以七卷本入经部礼类，以三卷本及图入史部仪注类。按《通志·艺文略》，凡三礼经传注疏及义注，皆聚为一目，名曰《礼类》，今从之。《乡饮驳议》，见郑君《献皇帝书》中。今与《乡饮礼》《乡饮礼图》并佚。《通志·礼略》云："乡饮酒者，王道之始也……自汉历唐，未尝废也。惟国家①以淳化中讲究未备，遂尔因循。近日缘明州举行其事，朝廷遂下明州会例而颁之天下，未几而废……乡饮礼者，惟《仪礼》详明……明州之行，不知本《仪礼》，但取《礼记·乡饮义》，不本全经，何以行事？臣为是作《乡饮礼》三种书，盖本《仪礼》于古，而参《开元礼》于今，复取于历代而损益之。"郑君著书之意，可见者惟此。所谓三种书者，殆即谓《乡饮礼》《乡饮礼图》与《乡饮驳议》之三书也。

衣服图

郑君《献皇帝书》云："其未成之书，在礼乐则有《衣服图》。"又云："二三年间，可以就绪。"诸家俱不载，未知他日果成书否？《图谱略》云："为衣服者，则有弁冕之制，有衣裳之制，有履舄之制，有笄总之制，有襚含之制，有杖绖之制，非图何以明制度？"此郑君作图之意也。

《运祀仪》

见郑君上皇帝、宰相二书，厥义未详，今佚。或仪注之书关于群祀者。

右礼类五种，除三种无卷数，凡十三卷。

①编者按："惟国家"，原文为"宋家"。

《系声乐府》二十四卷

《宋志》作《系声乐谱》，《通志·总序》及《夹漈遗稿》皆作《系声乐府》。今题曰《乐府》，从郑君自述之名也。是书惟《宋史》著录，私家无道及之者，盖亡佚已久。其著作之旨，《通志·总序》言之至悉。其篇目盖有五，曰乐府正声，曰祀享正声，曰琴操，曰遗声，曰文武舞。余以《乐略》按之，自先后次第稍异外，无不合者。盖《乐略》之第一卷，即《系声乐府》之节本也。谓之系声者，《乐略》总序云："声失则义起……乐府之道，或几乎息矣。臣今取而系之，千载之下，庶无绝纽。"

右乐类一种，二十四卷。

《象类书》十一卷

《宋志》著录，王氏《玉海》，马氏《经籍考》皆载是书。《玉海》云："《象类书》十一卷，论文字象类。谓独体为文，合体为字。文有八象，字有六类。八象不至，则有假借之文。六类不及，则有假借之字。"(卷四十五)《经籍考》转引《中兴艺文志》之语，泛及六书，而不见要领。今本书久佚，惟赖王氏所云，稍识厓略。《六书略》云："臣旧有象类之书，极深研几，尽制作之妙义。奈何小学不传已久，见者不无疑骇。今取象类之义，约而归于六书。"是《六书略》即由《象类书》而生。然《玉海》所称八象六类之说，求之《六书略》中，竟不得其目。岂早年著作，后亦不尽从耶?《六书略》又云："臣旧作《象类书》，总三百三十母，为形之主。八百四十子，为声之主。合千二百文，而成无穷之字。"是子母之说，亦始于此书。

《六书证篇》

诸书不载，仅见《通志·六书略》。今虽亡佚，而《六书略》存，犹赖以识其梗概。其自道是书之特色云："臣《六书证篇》，实本《说文》

而作。凡许氏是者从之；非者，违之。其同乎许氏者，因画成文，文必有说，因文成字，字必有解。其异乎许氏者，每篇总文字之成，而证以六书之义，故曰《六书证篇》。然许氏多虚言，《证篇》惟实义。许氏所说，多滞于死。《证篇》所说，独得其生。盖许氏之义，著于简书而不能离简书，故谓之死。《证篇》之义，舍简书之陈迹，能飞行走动，不滞一隅，故谓之生。”（《六书略》五）其释一云：“一，数也，又象地之形，又象贯物之状。在上为一，故生天、生百。在中为贯，故生毌（音贯）生[illegible]车（古文车）在下为地，故生旦生丕。为贯为地者，无音。以无所丽，则复为一矣，是以无音。”（同上）大抵说一字而不滞于一字，必旁及于子母相生之理。此《六书证篇》之所长也。他篇又有引作《六书证伪》者（《六书略》三），伪当为篇字之误。

《字始连环》二卷

《宋志》《解题》《玉海》并同。今佚。《上宰相书》谓是书非沈约之徒所得而闻，盖韵书也。陈振孙曰：“大略谓六书惟类声之生无穷。音切之学，自西域流入中国，而古人取音制字，乃与《韵图》吻合。”[①]今按其说，与《七音略》中论古人制字通七音之妙为近。连环者，无穷之义。《六书略》谓五书有穷，谐声无穷，是也。《韵图》即谐声制字六图，今具载《七音略》中者是。

诸家不载，仅见《献皇帝书》中。《汗简》八卷，郭忠恕撰，分部从《说文》，而征引古文，最为宏博。郑君此书以续为名，其体例可知。今佚。

《石鼓文考》三卷

《宋志》作一卷，此从《直斋书录解题》。以陈氏仕于莆田，当传录其书也（周密《癸辛杂识》）。《金石略》云：“臣有《石鼓辨》，明为秦篆。”《解题》则曰：“其说以为石鼓出于秦，其文有与秦斤、秦权合

①陈振孙撰，徐小蛮、顾美华点校：《直斋书录解题》（上），上海古籍出版社2015年版，第93页。

者。”视《金石略》所云为稍详矣。今按：原书虽久佚，然郑君音释，为金石家所不废。南宋绍定间，临安章樵注《古文苑》，卷首《石鼓文》下，即备引郑说。知郑君定为秦篆，以甲鼓殹字见《诅楚》及秦斤，丞字见秦权，故归之于秦耳。后世驳难纷纷，兹不赘列，而但明郑君考定之意于此。

《论梵书》三卷

《宋志》《解题》《玉海》并同，《献皇帝书》作《梵书编》。今不全佚，其说附见《七音略》中，题曰《论华梵》，恰亦三篇，盖其节本。

《分音类韵》

仅见《夹漈遗稿》（《献皇帝》《上宰相》二书）。而《献皇帝书》无类韵字。今佚。按《寄方礼部书》云：“樵为韵书，每韵分宫、商、角、徵、羽、半徵、半宫，是为七音，纵横成文，盖本浮屠之家作也。故曰《分音》。”疑亦《七音略》中韵图之类。

《字书》
《音韵之书》

二书乃郑君《献皇帝书》所列未成之书，属于文字者。大约书名亦未拟定，仅辜校言之耳。须案：绍兴上书时，郑君文字之学已具。其列此二种，殆欲合《象类书》《六书证篇》等字书为一种，合《字始连环》《分音类韵》等韵书为一种，此亦整齐裒合之盛心也。二书殆未必成编，然有《六书》《七音》两略，实已粗见一斑。

右小学类九种，除五种无卷数，凡十九卷。

《通志》二百卷

《宋志》入别史类。又经部有《通志·六书略》五卷，集部有《通志·叙论》二卷，盖宋时故多裁篇别行者，今不析举。《通考》引《中兴四朝艺文志》云："中兴初，郑樵采历代史及他书，为书曰《通志》。仿迁、固为纪传，而改表为谱，志为略。"（卷二百一）是为《通志》见于著录之始。《玉海》四十七卷，略与此同。须案：二百卷之本，今时随地可得，然在宋时，惟二十略通行于世。虽博学如马端临，亦未睹全书。《通考·郑夹漈<通志略>》下云："《中兴四朝艺文志》别史类，载《通志》二百卷，其后叙述云（见上引），则其为书，似是节钞删正历代之正史，如高峻之《小史》，苏子由之《古史》，而非此二十略之书也。但二十略序文……亦略言作书之意。岂彼二百卷者自为一书，亦名之曰《通志》，而于此序附言其意耶？或并二十略共为一书耶？当俟续考。"（见《通考》卷二百一）是贵与[1]当时所见，仅为裁篇别行之二十略。至二百卷之本，其中果包二十略否，尚待续考也。元时虽有大德间福州刊本，而行世最易得者仍为二十略。刘埙《隐居通议》卷三十一："余自少闻闽中有大书一部，名曰《通志》……思见其书而无繇。近大德岁间，东宫有令下福州，刊《通志》，于是益思见……游宦剑津，始获见《通志二十略》，乃兴化旧刊本，近三十册。或曰，此《通志》之节略者尔。或曰，此说非也。《通志》凡二百卷为全书，而二十略者，特传志中之一……今福州所刊《通志》，凡万几千板，装背成凡百十册。视兴化之三十册，则福为全志明矣。"[2]是起潜[3]亦未睹全书，然能确知二十略在全志之内，则辨洽优于贵与也。《通志》进御之书，不知宋时已镂板否？今藏书家有元刊本，乃至治初福州路总管吴绎就大德刊本摹印颁行者。丁氏《善本书室藏书志》考订甚详（卷七）。孙星衍《祠堂书目》所题至治元年刊本，亦即此书。清代诸槧，有内府刻本、崇仁谢氏刻本、广州刻本、杭州局刻本。又有图书集成局活字版本，贯吾斋景印本。二十略单行者，当推刘埙坊所见兴化旧刊本为最古，马端临所见，当亦是此本。察刘氏所引郑君《总序》，文句视今本或有小异。如序《都邑略》云："南阳者，中

①编者按：马端临，字贵与。

②刘埙：《隐居通议》1—4册，中华书局1985年版，第321页。

③编者按：刘埙，字起潜。

原新宅，宜为无疆之基。”（《隐居通义》引，又《玉海》所引亦同）今本则曰：“南阳者，疑若可为中原之新宅。”是其例也。二十略凡五十一卷，《祠堂书目》载卷数正同。张之洞《书目答问》作二十卷，殆未检其书，录二十略而误。明有陈宗夔本，清有金坛于氏重刻本，近又有中华书局《四部备要》本。

《百川原委图》

见《献皇帝书》。《地理略》首列诸川原委，常取于此，而图亡矣。

《郡县迁革书》
《动植志》

二书并见《献皇帝书》。云未成。

《氏族志》五十七卷
《氏族源》
《氏族韵》

《氏族志》在《献皇帝书》为未成之书，《氏族源》则为已成之书，然《通志·氏族略》云：“臣旧为《氏族志》五十七卷，又有《氏族源》《氏族韵》等，凡七十卷。”（《玉海》引并同）是三书后俱撰成也。书并佚，而《氏族略》存其大概。

《群书会记》三十六卷

《宋志》及《玉海》皆作《群玉会记》，盖传刻之伪。《直斋解题》不误，且与《夹漈遗稿》自述者合，今从之。《校雠略》云：“臣今所作《群书会纪》，不惟简别类例，亦所以广古今而无遗也。”盖校雠之学，寓于是书。《玉海》谓其“总天下古今书籍分类”[1]，得其要矣。陈振孙

①王应麟：《玉海》1—5册，江苏古籍出版社；上海书店，1987年版，第998页。

曰："大略记世间所有之书，非必其家皆有之也。"[①]殊不得夹漈之意。须案，《上宰相书》云："观《群书会记》，则知樵之《艺文志》，异乎诸史之艺文。"则是书为《通志·艺文略》之前身，似佚实未尝佚也。

《图书志》一卷

《宋志》不载。《献皇帝书》云："以图谱之所得者作《图书志》《图谱有无记》。"知是书与《图谱有无记》，共为今《通志·图谱略》之前身。书又名《图谱志》。《天文略》云："臣旧作《图谱志》，谓天下之大学术，皆在图谱。"今二语见《图谱略·明用篇》中。陈振孙乃云："志者，盖述其著作之意。"[②]其说甚疏。

《图谱有无记》二卷

《宋志》著录。《夹漈遗稿》同。今《图谱略》《记有》《记无》两篇，取于是书。

《集古系时录》十卷
《集古系地录》十一卷

《宋志》但有《系时录》，又古下衍今字，十卷误作一卷。今从《直斋书录解题》。陈氏云："大抵因《集古》之旧，详考其时与地，而系之二书，相为表里。"《集古》，谓欧阳修《集古录》也。须案：其书当如赵均《寒山金石时地考》之类。《通志》《金石略》，殆取于是。

《求书缺记》七卷
《求书外记》十卷

《宋志》著录。《玉海》五十二："绍兴十七年，郑樵按秘省所颁缺书

①陈振孙撰，徐小蛮、顾美华点校：《直斋书录解题》（上），上海古籍出版社2015年版，第234页。

②陈振孙撰，徐小蛮、顾美华点校：《直斋书录解题》（上），上海古籍出版社2015年版，第235页。

目录，集为《求书缺记》七卷，《外记》十卷。”是也。二书并佚。丁氏《善本书室》藏有秘书省续编到《四库缺书》二卷，《藏书志》谓即郑氏所据之本云。

《亡书备载》

见《献皇帝书》，为郑君未成之书。《求书缺记》以秘省《缺书目录》为蓝本，此则通古今书籍，纪其亡缺也。

《校雠备论》

诸书不载，仅见《夹漈遗稿》中。今其说具见《通志·校雠略》。

《书目正伪》

见《献皇帝书》，又见《校雠略·编次之讹论》。所正者隋唐二志为多，然其要略耳。原书既佚，其详遂不可得闻。

《夹漈书目》一卷

见《直斋解题》。陈氏曰：“郑樵记其平生所自著之书。”[1]今虽久佚，而须为此考，掇拾丛残，差具补亡之用。

右史类十八种，除八种无卷数，凡三百三十五卷。

《十说》二卷

见《宋志》子部杂家类。今佚。

右诸子类一种，二卷。

《天文志》

①陈振孙撰，徐小蛮、顾美华点校：《直斋书录解题》（上），上海古籍出版社2015年版，第235页。

诸家书目不载。《献皇帝书》列未成书中。《寄方礼部书》则曰："樵于《尔雅》之外，又为《天文志》。以自司马迁《天官书》以来，诸史各有其志。奈何历官能识星而不能为志，史官能为志而不识星。不过采诸家之说而合集之耳。樵《天文志》，略于灾福之说，传记其实，而图状其形也。"则献书以后，终撰成之矣。今《通志》有《天文略》，可谓志存而图佚。

《分野记》
《大象略》

二书见《夹漈遗稿》。今并佚，稍见《天文略》中。

右天文类三种，无卷数。

《本草成书》二十四卷
《本草外类》五卷

《外类》载《宋志》，《成书》见《夹漈遗稿》。《寄方礼部书》曰："《本草成书》者，为自旧注外，《陶弘景集》《名医别录》，……为之注释，最为明白。自景祐以来，诸家补注，纷然无纪。樵于是集二十家《本草》，及诸方家……诸物名书，一一纂附经文，为之注释。凡《草经》……《异录》，备于一家书，故曰《成书》。《草经》有三品，合三百六十五种，以法天三百六十五度，日星经纬以成一岁也。弘景以为未备，乃取《名医别录》，以应岁之数而两之。樵又别摭诸家以应成岁而三之。自纂《成书》外，其隐微之物，留之不足取，去之犹可惜也。纂三百八十八种，曰《外类》。"《昆虫草木略》所序略同。今二书并佚。

《鹤顶方》二十四卷
《食鑑》四卷
《采治录》
《畏恶录》

四书俱见《献皇帝书》。前两书《宋志》著录。今并佚。

右医方类六种，除二种无卷数，凡五十七卷。

《夹漈遗稿》三卷

宋时诸家书目不载。《四库》所收者为汪如藻家藏本。《提要》谓前后无序跋，不知何人所编。上卷古近体诗五十六首。中卷记一篇，论一篇，书二篇。下卷书三篇。丁氏善本书室有旧抄本，与《提要》同，今归南京国学图书馆。愚尝倩馆人录副藏之。其中如《献皇帝》等三书，多足考见生平论学宗旨，及著作厓略，为研究郑学开一蹊径。惜此本伪脱过甚，又别无善本可校，独以私意为之点勘。虽时有可喜处，然缺疑甚多，未敢以为信也。

右文类一种，三卷。

大凡郑君所著书，九类五十七种，除二十七种无卷数，凡五百四十卷。

（原名《郑君著作考》,《通志总序笺》附录二，商务印书馆1933年出版，第80—100页）

万季野与明史

一

《明史》三百三十六卷，观其题名，保和殿大学士张廷玉，褎然居首。而抑知其所据者，乃华亭王鸿绪（俨斋）之《明史稿》也。《四库提要》固明言因鸿绪之本而增损成帙矣，而抑知其所据者，又鄞人万斯同季野之《明史稿》也。此事在清代官书，类弗言及，而私家记载，则辩证殊多。若黄百家、刘坊、方苞、全祖望、钱大昕诸人所为之碑传，礼王昭梿及陶澍、魏源诸人所加之论列，或明季野之学，或析华亭之非。是清时士林，固有公议。钱大昕《万先生传》云："乾隆初，大学士张公廷玉等奉诏刊定《明史》，以王公鸿绪《史稿》为本而增损之。王氏稿大半出先生手也。"[①]钱氏之言，诚学者之公言也。

民国以来，新会梁氏最善言史学，其所著书，常盛推季野。如《清代学术概论》有云："黄宗羲、万斯同以一代文献自任，实为史学嫡派。"[②]其撰《清代学者整理旧学之总成绩》亦云："清代史学，开拓于黄梨洲、万季野，而昌明于章实斋。"[③]其论《明史之述作》，有一节专推季野修史之功，而深叹其横遭攘夺之不幸。《清代学者整理旧书之总成绩》第六章：

---

①钱大昕：《嘉定钱大昕全集》之《潜研堂文集》，江苏古籍出版社1997年版，第647页。

②梁启超：《清代学术概论》，岳麓书社2010年版，第50页。

③梁启超：《中国近三百年学术史》，崇文书局2015年版，第232页。

（季野）为今本《明史》关系最深之人，学者类能知之。但吾以为，《明史》长处，季野实尸其功；《明史》短处，季野不任其咎。季野主要工作，在考证事实以求真是，对于当时史馆原稿，既随时纠正，复自撰《史稿》五百卷（须按：卷数有问题，详下），自言："吾所取者或有可损，而所不取者必非其事与言之真，而不可益。"故《明史》叙事翔实，不能不谓季野诒谋之善。虽然，《史稿》为王鸿绪所攘，窜改不知凡几。后此采王稿成书，已不能谓为万氏之旧。且季野最反对官局分条制度，而史馆沿旧制卒不可革。季野虽负重望，岂能令分纂者悉如其意？况季野卒于康熙四十一年，《明史》成于乾隆四年，相距几四十年，中间史馆废弛已久；张廷玉草草奏进时，馆中几无一知名之士，则其笔削失当之处，亦概可想。故季野虽视潘、戴为幸，然仍不幸也。最不幸者是《明史稿》不传。然《明史》能有相当价值，微季野之力固不及此也。①

其言允矣。然新会此篇，非专论季野，《碑传》虽伙颐，又繁琐不中通览，甚有抵牾害实之处。欲明季野师承所自，学问大端，与其在燕编纂本末，以及并世朋游讲肄之盛。其苦心勤力，奇词卓论，足以见其以修史为性命者；乃至《史稿》之面目，暨身后遗书之所归，凡此种种，非参合群言，勒成专篇，不足以别同异而见始末。爰以诸家《碑传》为经，更取清国史馆列传综其生平，而以梨洲、晒园、谢山、恕谷、堇浦、姜坞、敬孚诸家所论述者，比物丑类，上下洽通；其近人所得万氏黑迹，亦附见焉。非敢曰季野修史本末备见于是，亦庶乎稍有端绪可寻而已。

二

季氏幼时之不驯，与喜读史籍，酷似刘知几。《史通·自叙》：

予幼奉庭训，早游文学。年在纨绮，便受《古文尚书》。每苦其辞艰琐，难为讽诵。虽屡逢捶挞，而其业不成。尝闻家君为诸兄讲《春秋左氏传》，每废《书》而听。逮讲毕，即为诸兄说之。因窃叹曰："若使书

①梁启超：《中国近三百年学术史》，崇文书局2015年版，第234页。

皆如此，吾不复怠矣！”先君奇其意，于是始授以《左氏》，期年而讲诵都毕。于时年甫十有二矣。①

全祖望《万贞文先生传》：

少不驯，弗肯帖括，随诸兄，所过多残灭，诸兄亦忽之。户部（季野父泰，官户部郎）思寄之僧舍，已而以其顽，闭之空室中。先生窥视架上有明史料数十册，读之甚喜，数日而毕。②

长而问学于余姚黄宗羲，遂传其史学。宗羲有《明史案》二百四十四卷，钱林《文献征存录》载之，而世鲜传本。《清史列传》曰：“其《明史》有三例：一、国史，取详年月；二、野史，取当是非；三、家史，备官爵世系。”又曰：“《明史稿》出于万斯同，斯同之学出于宗羲也。”③斯言为得之矣。盖梨洲有三大书，皆以案为名。一曰《明文案》，二百七十卷（后改纂为《明文海》，凡四百八十二卷。），文章之林薮也。二曰《明儒学案》六十二卷，义理之总汇也。（《宋元学案》未成，全祖望续成之，凡百卷。）三即《明史案》，又一代事迹之长编也。《史案》虽无传书，然当康熙开馆修史之初，已有“下浙江巡抚就家钞所著书有关史事者付史馆”之诏，则史局所据依，季野所遵循，殆不外是矣。其精论宏识，为史局所咨决者，全谢山尝列举之。全祖望《梨洲先生神道碑》文：

公虽不赴征书，而史局大案必咨于公。本经则削去诚意伯撤座之说，以太祖实奉韩氏者也。《历志》出于吴检讨任臣之手，总裁千里贻书，乞公审正而后定。其论《宋史》别立《道学传》，为元儒之陋。《明史》不当仍其例，时朱检讨彝尊方有此议……遂去之。其于讲学诸公，辨康斋无与弟讼田之事，白沙无张盖出都之事，一洗昔人之诬。党祸则谓郑鄤杖母之非真，寇祸则谓洪承畴杀贼之多诞，至于死忠之籍，尤多

①刘知几著，张三夕，李程注评：《史通》，凤凰出版社2013年版，第151页。
②全祖望著，黄云眉选注：《鲒亭文集选注》，齐鲁书社1982年版，第296—297页。
③王钟翰点校：《清史列传》第17册卷65至卷68，中华书局1987年版，第5439页。

确核……史局依次资笔削焉。①

此皆尤大彰明较著者也。

然季野学无常师，实多自得其诣。当请业梨洲以后，入参史局之前，其孜孜力学，尤颛于史，诸家固常言之。其尤得力者，在明《列朝实录》。黄百家《万季野先生墓志铭》：

顺治岁己亥，先生初谒先遗献于化安山……迨后康熙丙午、丁未间，余与先生读书于鄞县外之海会寺，见先生从人借读二十一史，两目为肿。己酉以后数年，又与先生读书于越城姜定庵先生家。发其所藏，有明《列朝实录》，废寝观之……向晚缕缕，必为余详说一日所观，某事之颠末，某人之是非。

又：

于有明十五朝之《实录》，几能成诵。其外邸报、野史、家乘，无不遍览熟悉。②

方苞《万季野墓表》：

吾少馆于某氏，其家有《列朝实录》，吾默识暗诵，未敢有一言一事之遗也。长游四方，就故家长老求遗书考问往事，旁及郡志、邑乘、杂家、志传之文，靡不网罗参伍，而要以《实录》为指归。③

钱大昕《万先生传》：

尤熟明代掌故，至洪武至天启《实录》，皆能闇诵。④

其生平持论，大抵以《实录》裁他书之异闻，以他书证《实录》所未

①全祖望著，黄云眉选注：《鲒亭文集选注》，齐鲁书社1982年版，第108页。

②朱端强：《万斯同与〈明史〉修纂纪年》，中华书局2004年版，第380页。

③方苞著；刘季高注：《方苞文选》，黄山书社1987年版，第141页。

④钱大昕：《嘉定钱大昕全集》之《潜研堂文集》，江苏古籍出版社1997年版，第645页。

悉。方苞《万季野墓表》：

> 盖《实录》者，直载其事与言而无可增饰者也。因其世以考其事，核其言而平心以察之，则其人之本末可八九得矣。然言之发或有所由，事之端或有所起，而其流或有所激，则非他书不能具也。凡《实录》之难详者，吾以他书证之；他书之诬且滥者，吾以所得于《实录》者裁之，虽不敢具谓可信，而是非之枉于人者，盖鲜矣！[①]

故虽博取而有所折中。其后参与史局，于建文书法，即凭《成祖实录》以为推求之资。然又非专据《实录》，如于逊国之说，则断之曰："紫禁城无水关，无可出之理，鬼门亦无此地。"（详钱大昕《万先生传》）此非入都之前久所蕴蓄，岂易片言而定。大抵修史之要，全在事实，事实既具，则尚折中。建文书法之论，在季野为碎金，然与梨洲之与史局商论之言，其精核固无以异也。

先是康熙十八年己未，有博学鸿词之开科。三月丙申，召试彭孙遹等五十人，皆入史馆，纂修《明史》。当时号称得人，其不得者至挟怨作诗，以致其羡妒之情。蒋良骐《东华录》载，是年五月，诏内阁学士徐元文，翰林院掌院学士叶方蔼，右庶子张玉书等修《明史》。当召试前一年，梨洲、季野，有力辞鸿博之举。至是元文又以为荐。梨洲又辞。乃延梨洲子百家，及季野参订史事。梨洲《戏答元文书》曰："昔闻首阳山二老托孤于尚父，遂得三年食薇，颜色不坏。今吾遣子从公，可以置我矣。"又季野兄子言，字贞一，是时亦与偕往。梨洲《南雷诗历》，有《己未送万季野、贞一北上》诗三首，可当赠序看。诗云：

> 史局新开上苑中，一时名士走空同。是非难下[②]神宗后，底本谁搜烈庙终（按：谓崇祯一朝无《实录》）。此世文章推婺女（按谓徐元文、叶方蔼皆昆山人，以比修《元史》之宋濂、王祎皆金华人也），定知忠义

①方苞著；刘季高注：《方苞文选》，黄山书社1987年版，第141页。
②编者按："下"，原文为"定"。

及[1]韩通。凭君寄语书成日，纠谬须防在下风。

管村（贞一号管村）彩笔挂晴霓，季野观书决海堤。卅载绳床穿皂帽，一篷长水泊蓝溪（自注：余所居地）。猗兰幽谷真难闭，人物京师谁与齐？不放河汾身价倒，太平有策莫轻题。

堂堂盛笔尽能人，物色何缘到负薪？且莫一诗比老妇（自注：杨铁厓有《老妇行》上太祖），应怜九秩有萱亲。重阳君渡泸沟水，双瀑吾被折角巾。莫道等闲今夜月，他年共忆此良辰。

其后季野在燕二十余年，而梨洲当季野入燕后十七年卒，殆见其出而不见其人矣（季野中间亦曾南归，未知得见否）。然季野作《历代史表》，梨洲曾为作序，其间声气固不隔也。

三

季野当未入史局，曾辞鸿博之征。及参史事，不愿著作郎，不食七品俸。而必忍寒苦，弃妻孥以为之，其中必有大不得已之故。方望溪曰："季野自志学，即以明史自任。其至京师，盖以群书有不能自致者，必资有力者以成之，欲竟其事然后归。"[2]说似之矣，而未得先生之心事也。惟《鄞志稿·儒林传》云："斯同先世，自明初受三等之封，世袭指挥佥事，迄于国亡。故不轻出仕，而独有意于故国之史。"此其说盖得诸刘坊所为之《行状》。刘坊《季野先生行状》：

先生……告予曰：……仆所以濡忍于此，念先世九代胜国世勋，至先人中崇祯丙子乡试，于是旧业顿隳……念先人辞世禄，勉思以文德易武功。今鼎迁社改，无可为力者……昔吾先世四代死王事，今此非王事乎？祖不难以身殉，其曾玄乃不能尽心网罗以备残略，死尚可以见吾先人地下乎？[3]

①编者按："及"，原文为"属"。

②方苞：《万季野墓表》，见刘季高注《方苞文选》，黄山书社1987年版，第142页。

③朱端强：《万斯同与〈明史〉修纂纪年》，中华书局2004年版，第367—369页。

之数语者，其悲壮与《太史公自序》何异？古之人凡有所就，动有所忍。季野无心于仕清，而隐忍二十年，欲以著作自遂其志，事之可伤，孰胜于此？其后遗书为王鸿绪所攘窜，志终未能竟遂，益可伤矣。

季野之初入都也，盖主徐元文家。《清史列传》云："元文欲荐斯同入馆局，斯同辞，乃延主其家，以刊修委之。元文罢，继之者大学士张玉书、陈廷敬，尚书王鸿绪，皆延之。"大抵自康熙己未初开史馆，至庚午元文南还，此十二年间，季野意兴最发舒，当事者亦最礼重。黄百家《季野先生墓志铭》：

> 己未岁，今上有修《明史》之诏，监修徐立斋先生（按元文也）以币聘先生至京任其事。司寇健庵先生、宫詹果亭先生，以及京朝诸大老，无不敬礼雅重。凡有古典、故事未谙出处者，质询于先生，先生以条纸答之，曰：在某书某卷某叶。检书查阅，不爽锱铢。盖不能使人不心服也。昔余在京时，见立斋先生论一事，曰："万先生之言如此。"一朝士问曰："万先生何人？"答曰："季野。"又问："季野何人？"立斋先生怫然他顾，曰："恶！焉有为荐绅可不识万季野者？"[①]

是时同在昆山相国京邸者，有黄百家[②]、刘继庄[③]、及兄子言（言字贞

①朱端强：《万斯同与〈明史〉修纂纪年》，中华书局2004年版，第379—380页。

②黄百家《万季野先生墓志铭》："丁卯以后，则与先生同修《明史》于立斋先生京邸。"朱端强：《万斯同与〈明史〉修纂纪年》，中华书局2004年版，第380页。

③刘坊《万季野先生行状》："忆坊己巳冬得交万季野先生于昆山相国京邸，同晤者为刘子继庄。其时京师骛名之士风传二先生博闻尔雅，学无所不窥。刘则喜游，每旦兴必出，或夕不返，每欲访者则必托万先生致意，然后留身以待……明年，昆山归里，继庄以馆俸之得钞史馆祕书无算，持归苏之洞庭，将约同志为一代不朽之业。既归吴，不久身殁，其书散失于门人交友处。"朱端强：《万斯同与〈明史〉修纂纪年》，中华书局2004年版，第367页。全祖望《刘继庄传》："万隐君季野，于书无所不读，乃最心折于继庄，引参《明史》馆事……及其归也，万先生尤惜之……予又尝闻之：万先生与继庄共在徐尚书邸中。万先生终朝危坐观书，或瞑目静坐。而继庄好游，每日必出，或兼旬不返。归而以其所历告之万先生，万先生亦以其所读书证之，语毕复出。故都下求见此二人者，得侍万先生为多。而继庄以游罕所接。时万先生与继庄，各以馆脯所入，钞史馆祕书，连甍接架。尚书既去官，继庄亦返吴。而万先生为明史馆所留。继庄谓曰：不如与我归，共成所欲著之书。万先生诺之，然不果。"全祖望著，黄云眉选注：《鲒亭文集选注》，齐鲁书社1982年版，第302—303页。

一，季野兄斯年子，与季野同被召，见前）。

元文南归时，万言早就外任（言之康熙二十七年官五河知县）。刘继庄与元文同返吴。惟季野与黄百家，为主者所留，未几而百家又归去。而季野遂终老京师。大抵当张玉书、陈廷敬总裁时，季野居江南会馆。黄百家《万季野先生墓志铭》：“庚午夏仲，立斋先生南还。余亦为监修张素存先生及诸总裁所留，又与先生同修《明史》于江南会馆。时余以先遗献年老不能久留，遂任史志数种，归家成之。”[①]刘坊《万季野先生行状》：“久之，先生遂为京江、泽州所留，移置江南馆。”[②]及康熙三十三年八月起王鸿绪总裁《明史》（张伯行撰《墓志铭》），季野复主其家，而其卒也即在史馆中。姚范《援鹑堂笔记》：“馆华亭王司农弘绪家。”[③]刘坊《万季野先生行状》：“卒……王司空俨斋《明史》馆中。”[④]是时季野意气已不如前矣。刘坊撰《行状》：

> 中间二年，先生不自得，抑抑思归，索予诗为赠。已而未果，告予曰：“吾之衷惟君知之。往岁继庄之言不践，仆所以濡忍于此。念……涂山二百九十三年之得失，竟无成书……故自己未以来迄今廿年间隐忍史局，弃妻子兄弟不顾，诚欲有所冀也。[⑤]

季野对于史法之主张，以方苞所为《墓表》中记其语最精。方氏文章之士，史学非其专门。然《墓表》中数语，全谢山所未之及。及钱辛楣作传，乃备书之。其注重《实录》一节，前既具言之矣。其次即痛言众手修史之弊。二者皆足明万氏史学之一斑。方苞《万季野墓表》：

> 昔迁、固才既杰出，又承父学，故事信而言文。其后专家之书，才虽不逮，犹未至如官修者之杂乱也。譬如入人之室，始而周其堂寝匽湢焉，继而知其蓄产礼俗焉。久之，其男女少长性质刚柔轻重贤愚无不习察，然后可制其家之事也。官修之史，仓卒而成于众人，不暇择其材之

①朱端强：《万斯同与〈明史〉修纂纪年》，中华书局2004年版，第380页。

②朱端强：《万斯同与〈明史〉修纂纪年》，中华书局2004年版，第367页。

③姚范：《援鹑堂笔记》卷四三《万季野墓志铭》，道光十六年重刻本。

④朱端强：《万斯同与〈明史〉修纂纪年》，中华书局2004年版，第370页。

⑤朱端强：《万斯同与〈明史〉修纂纪年》，中华书局2004年版，第367—368页。

宜与事之习，是犹招市人而与谋室中之事耳。[①]

又徐元文领史局时，所发之议论，亦多即季野先生之议论。韩菼《徐元文行状》：

> 积年成纪传十之六七，寻缮呈纪七卷，传十五卷。公疏:请如唐太宗序《晋史》例，称制论断。并出《三朝实录》以便参稽。明祚讫于愍皇，福、唐、桂三王大命已倾，覆亡之迹，不可以不著；请从《宋史》益卫二王，《辽史》耶律大石之例，以愍帝终本纪之篇，三王从附传之列。至明末之臣，尽忠所事，考之史例，均当采摭，皆报可。[②]

又尝与温睿临论野史之重要。《国粹学报》第三十九期温哂园睿临《南疆绎史原例》："昔吾友万子季野方辑《明史》，语余曰：'鼎革之际，事变烦多。金陵、闽、粤播迁三所，历年三十，遗事零落，子盍辑而志之？'"余曰："此《明史》之所该也。余何事焉。"万子曰："不然！《明史》以福、唐、鲁、桂附入怀宗，记载寥寥，遗缺者多。倘专取三朝，成一外史。及今故老犹存，遗文尚在，可网罗也。逡巡数十年，遗老尽矣。野史无刊本，日渐零落，后之人有举隆、永之号，而茫然者矣。我侪可听之乎？"

又尝撰《历代史表》，并与人盛道其为用之大。钱大昕《万先生传》："马、班史皆有表，而《后汉》《三国》以下无之。刘知几谓得之不为益，失之不为损。先生则曰：史之有表，所以通纪、传之穷。有其人已入纪、传而表之者，有未入纪、传而牵连以表之者。表立而后纪、传之文可省，故表不可废。读史而不读表，非深于史者也。"[③]

一鳞半爪，皆碎金也。

其在京邸二十余年，所以裁成后学，尤推"讲会"。盖以修史余力为之，而从游最盛。大约一月两三会，所讲则经史礼制，不拘一格，若今人自由讲

---

①方苞著；刘季高注：《方苞文选》，黄山书社1987年版，第141—142页。

②李桓等编纂：《近代中国史料丛刊三编》第1辑《国朝耆献类征选编》卷6—10，文海出版社1985年版，第621页。

③钱大昕：《嘉定钱大昕全集》之《潜研堂文集》，江苏古籍出版社1997年版，第647页。

座之例，而实事求是则过之。黄百家、方苞、杨无咎诸家表志，皆尝言及。黄百家《万季野先生墓志铭》：

后主讲会于京师，每月两会。至期，舆马骈集。先生布衣蔽屣，从容就席，辨析历代制度，若《通考》《通志》诸书，脱口成文，执笔者手不停录。诸王闻先生名，亦愿交请见。[①]

方苞《万季野墓表》：

士之游学京师者，争相从问古仪法。月再三会，录所闻共讲肄。[②]

杨无咎《万季野先生墓志铭》：

而其有功后学，则在讲会。家居月再举，北游月三举。[③]

其讲所，据戴望《颜氏学记》，盖多在绍宁会馆。李恕谷自撰《年谱》，述讲会盛况尤悉。李塨《恕谷年谱》：

当是时，朝廷平三藩后，尚辞学，公卿从风靡。读书名士竞会都门，而季野以博淹强记为之首。开讲会，皆显官主供张。翰林、部郎、处士率四五十人环坐，听季野讲宫阙、地理、仓库、河渠、水利、选举、赋役、朝仪、兵刑诸项。不翻书，每讲一事，口如瓶注。温睿临《札记》："何代、何地、何人、年月日、事起讫，毫厘不失也。"后闻先生学，笃服焉，深相结。[④]

《年谱》中于庚辰辛巳两年，数记季野讲会事。如庚辰九月云："季野言禘及宗庙制甚析。又言隶即楷书，非八分也。"十月云："过季野讲会，以其屡邀也。讲三代及元明制度，如选举、赋税各项，并漕运及二洪，迦河水

①朱端强：《万斯同与〈明史〉修纂纪年》，中华书局2004年版，第380页。
②方苞著；刘季高注：《方苞文选》，黄山书社1987年版，第140页。
③杨天咎：《万季野先生墓志铭》，《石园文集》卷首。
④李塨：《李塨文集》下，河北教育出版社2011年版，第759页。

道。”[①]辛巳四月，又记讲郊社及于恕谷论经韵事。语虽散见，弥觉可珍。明年壬午，而季野客死矣。

四

季野以康熙十八年己未北上，至四十一年病卒，先后客燕凡二十四年。方望溪《万季野墓表》，全谢山《贞文先生传》，皆不书季野卒于何岁，与得年几何。望溪文中有“戊戌追志”之语，又曰：“距其没二十一年。”以此推求，可知其卒于康熙四十一年，而生年不详。钱大昕《万先生传》谓年六十，而清国史馆《列传》及吴荣光《历代名人年谱》并沿钱传之说。按近人王驾吾君所作《万履安年谱》，则季野生明崇祯十一年，卒康熙四十一年，年六十五。王君所据者为《万氏家谱世传》，信而有征。与黄百家诸人墓志亦合。知卒年六十之说，乃据方氏“年近六十”一语，为臆决之辞，弗考之甚也。

季野在史局中编摩之役，及其成书卷数，与遗稿所归，皆关事迹，并宜考究。观诸家所载，季野与万言、黄百家、方苞诸人之语，大约淹贯为长，而文笔则逊。钱林《文献征存录》述季野语：“使我有汝笔，班、马不难企也。”汝谓万言。

黄百家撰《墓志》：“戊寅春，先生南还过余，谓曰：‘吾学博于汝而笔不及汝，《明史》之事，乐得子助。’致司空王俨斋先生之意，约余秋间同入都。余以先遗献、遗命、宋元儒学案、宋元文案四书未成辞之。”[②]方苞撰《墓表》：“子诚欲以古文为事，则愿一意于斯，就吾所述，约以义法而经纬其文。他日书成，记其后曰：‘此四明万氏所草创也，则吾死不恨矣’……‘子若不能，则他日为吾更择能者而授之’。”[③]

故小家散记，或谓尝委陶元淳以文事，陈康琪《燕下乡脞录》：“陶紫笥进士元淳，昆山、常熟两尚书之乡里也。年少入都，能文章，尚志节，季

①李塨：《李塨文集》下，河北教育出版社2011年版，第750页。

②朱端强：《万斯同与〈明史〉修纂纪年》，中华书局2004年版，第380页。

③方苞著；刘季高注：《方苞文选》，黄山书社1987年版，第141页。

野、百诗皆忘年交之。昆山领史局，季野为之任考索，而颇委紫笥以文。已而为忌者所排，与昆山绝。”①

或谓晚年之稿，皆钱名世所为。姚范《援鹑堂笔记》：“往闻四明万处士馆于华亭王司农弘绪家，撰《明史稿》。后目眵昏，不能自书。王乃客钱编修名世于家，佽助之。钱时在举场未遇，颇竞竿牍，报谒投刺无虚日。抵暮归，食罢，抵万榻前。万时卧病，口授颠末，令书之。既就，王持稿藏去，不留本也。”②

余按，万世标谓：“《横云山人集》所刻史稿，止得十分之一，皆系钱亮功改本。”③则季野固自有其手纂之稿，且其稿至繁富。望溪述季野语，亦云：“就吾所述……而经纬其文”④，“所述”谓手稿也。辛巳三月《恕谷年谱》云：“阅《明史·鲁郑卿传》，谓阳明一念之差，皆始于周子主静一语，叹其卓见。”是时《明史》未出，所见者季野之手稿也。《援鹑堂笔记》所云：“钱亮功笔受之事，度亦不诬。徐乾学《送季野南还》诗云：‘惯对卷编常病眼’。”是季野目昏之证。惟不得据此谓季野无手写之稿耳。

至季野史稿究成几许？方望溪述季野之言曰：“昔人于《宋史》已病其繁芜，而吾所述将倍焉。”姚氏《援鹑堂笔记》驳之曰：“横云山人《明史稿》初出仅列传，今余阅本，已具表纪志，然卷帙亦不倍于《宋史》也。王氏于康熙五十三年三月，所上史稿，仅列传，共二百八卷。”⑤余按，万世标“十分之一”之语，知“所述将倍”之语为不谬。王氏之稿，系钱亮功故本，不得便指为季野之稿也。当徐立斋为监修时，会秦王上纪七卷，传十五卷（见前），殆为季野初稿之一部分。但截至临殁之前，所成卷数，则刘坊、全祖望、方苞三人所言各异。刘坊撰《行状》：“《明史》列传三百卷，存史馆中。”⑥全祖望撰《传》：“《明史稿》五百卷，皆先生手定。虽其后不尽仍先

①陈康祺《郎潜纪闻二笔》卷十三，清光绪刻本。

②姚范：《援鹑堂笔记》卷四三《万季野墓志铭》，道光十六年重刻本。

③张寿镛：《约园杂著续编》卷二，上海书店1992年版，第587页。

④方苞著；刘季高注：《方苞文选》，黄山书社1987年版，第141页。

⑤姚范：《援鹑堂笔记》卷四三《万季野墓志铭》，道光十六年重刻本。

⑥朱端强：《万斯同与〈明史〉修纂纪年》，中华书局2004年版，第380页。

生之旧，而要其底本，足以自为一书者也。”[①]方苞撰《墓表》：“季野所撰《本纪列传》，凡四百六十卷，惟诸志未就。”[②]

余按，刘坊二百卷之说，乃专就《列传》言，未得其全。且王鸿绪删定之本，列传尚二百八卷，则即以《列传》言，恐万氏稿本亦不止二百卷。至全、方两家所云，似当以望溪之言为近核。盖方氏明言《本纪》《列传》两类。温晒园《南疆绎史》序列云：“万子溘然先逝，《明史·列传》甫脱稿，尚未订正。”（《国粹学报》第三十九期）《李恕谷年谱》于辛巳十月亦云：“时季野修《明史》，《纪》《传》成，《表》《志》未竣。”[③]辛巳为季野卒前一年。由两家之言，可见季野所成者仅为纪、传两类。五百卷之说，可以举大数而言。今日四百六十，必有据也。且万世标所列（见下），亦不越纪、传两类，可以知其核矣。惟刘坊《行状》中所列季野著作；又有《明史表》十三卷，是当在四百六十卷之外。今按《明史》中之表，正十三卷。是核实计之，季野所未作者，志一种而已。而遗书中又有《明史河渠考》十二卷。使更假数年，志亦必可脱手矣。

季野原稿归藏何所，方望溪曰：“季野竟客死，无子弟在侧。其史稿及群书，遂不知所归。”[④]史稿者，四百六十卷之稿也。群书者，四十年来所收集之书也。今按季野客邸收藏各书，皆为钱名世取去，见谢山所为《传》，万世标亦云然（见下）。至于《史稿》，则方氏既云“不知所归”，其篇末又云：“其书具存华亭王氏，淮阴刘永祯录之过半而未全。”[⑤]姚姜坞笔记讥其失检，良是。然其谓具存王鸿绪家则不误。刘永祯手抄《史稿》三百卷，亦具载《山阳县志》。《山阳县志》：

（刘）永祯，字紫涵，拔贡生，刻意为诗，笃行穷经，不为俗学。师事鄞人万斯同。尝手钞斯同所著《明史稿》三百卷藏于家。[⑥]

①全祖望著，黄云眉选注：《鲒亭文集选注》，齐鲁书社1982年版，第297页。

②方苞著；刘季高注：《方苞文选》，黄山书社1987年版，第142页。

③李塨：《李塨文集》下，河北教育出版社2011年版，第756页。

④方苞著；刘季高注：《方苞文选》，黄山书社1987年版，第142页。

⑤方苞著；刘季高注：《方苞文选》，黄山书社1987年版，第142页。

⑥孙云锦修，吴昆田、高延第纂，荀德麟、周平点校：《光绪淮安府志》，方志出版社2010年版，第869页。

原稿四百六十卷，永祯所钞，累三百卷，“过半”之语，亦致核也。至季野卒后，其家所尚存者，及不存而流散人间者，则季野长子世标曾手书《流散目录》一纸，载之备详。前修未能言，而今人马廉字隅卿者，乃得诸旧书肆万氏《谱》中。《国风》四卷六期据而载之。兹移录于左，以补方氏之未备。

先君子《明史》原稿家间所有者：

本纪四本（外缺）泰昌、天启、崇祯一本（陈泽州家有）

后妃诸王列传有　公主传无

《名臣列传》自韩林儿起至田尔耕止全无（陈实斋、许时庵、蔡瞻岷三家有钞本）

内存万历中年以后原稿四十本　启祯以后原稿半存　循吏传无

儒林文苑传有　忠义传（存两卷，余缺）　孝义传有　隐逸传无　列女传有　方伎传有　外戚传无　佞幸奸臣传有　流贼传无　土司传无　外国传稿半存。

其原稿皆在俨斋先生家。至《横云山人集》所刻史稿，止得十分之一，皆系钱亮工改本。如后妃、诸王、外国诸传不涉忌讳者，又仍先君原本。熊中堂进呈之史，又倩人改过。另是一册进呈，在壬午年二月初二日。先君卒于史馆，在壬午年四月初八日，遗书尽为亮功取去，无一好本寄回家者，都门士大夫皆知其事也。

雍正三年乙巳七月，四明万世标据事直书。①

此目录中所云“原稿皆在俨斋先生家”，与望溪“其书具存华亭王氏”之说合。“遗书尽为亮功取去”与谢山“钱翰林名世以弟子故，衰绖为丧主，取其书去”之说。合其列举篇目之有无，可以藉见鸿绪改窜之用心所在。又可以知今通行之横云山人《明史稿》，乃取材于万而属稿于钱。此皆研究万氏史学之贵重史料也。又《国粹学报》第七十期载萧敬孚穆语云：

余既与缪筱珊太史论《永乐大典》原委，又以前闻万季野《明史》

①张寿镛：《约园杂著续编》卷二，上海书店1992年版，第587页。

原稿，尚在故镇江知府王可庄太史家。惜不得借与王氏横云山人刊本校其同异。筱珊云："诚然，盖王氏尝与兴化李清相友善。李所交多明季魏党一流人物（原注：李为阉党李思诚之子），所言多回护阉。万氏则无此矣。"云云。记以俟考。

王可庄即王仁堪。果如萧氏所闻，则季野史稿，今未必不在人间。倘得重为流布，万氏之心血固已不泯。而三百年之史迹，必有崭新之发现。真一快也！至横云攘窜之非，前修固多论及之者。窃谓季野之书既不易得见，则诸家单词，亦不足录。且近人讨论王、万异同考，亦已有之。余故不论，而专就季野修史之本末，取已得之资料，辑为是篇，以存梗概。

（民国）二十四年三月十一日草成

（原刊于《东方杂志》1936年第33卷第14号）

泗口考

淮阴旧镇，以大河口为最富历史价值。自古南北用兵，裹粮坐甲，出奇制胜，往往以此地系全局之成败，关天下之安危。今河道湮夷，旧迹泯灭，读史者骇纸上之输赢，吊古者迷眼前之陵谷，惟赖里书粮册，稍得推知旧镇村域之所包，而镇基终不能确指。夫形势迁改，何地蔑有？昭昭默默本如转轮。新兴都会，既不必悉有自来；则伊古名区，竟亦何妨付诸沦废，然君子惧焉。盖神州立国悠久，非载籍无稽之后进小邦所能并论。生于中土，不容不读史书；生于淮阴，更不容不知一邑之重要掌故。彼夫韩亭枚里，尚有标题；吴城丹山，犹存饰说。况乎据显守要，在惜曾为夷夏之巨防，数万里山河所托命；其价值之巨，岂伊一人一事之流传与品题者所可比拟。是知淮阴名籍，无过于泗口一隅者。幸故书雅记，考述非难，爰著斯篇，即以《泗口考》为名。传曰："山川能说……可以为大夫。"（《诗·鄘风·定之方中》毛《传》）深愁固陋，未副此言，博闻君子，幸有以启旃。

一

泗口，一名清口，又名淮口，又名清泗口，明清以后谓之大河口。凡一水入于他水，例有口名，故运河入江，则曰瓜州口；江水入海，则曰吴淞口。然以泗口为名，则泗水入淮之口也。《水经·淮水》注云："淮水又东北至下邳淮阴县西，泗水从西北来流注之。"《泗水》注云："泗水又东径角城北，而东南流注于淮。”[①]所记虽简，而最分明。视《禹贡》“导淮至桐柏，东会于泗、沂，东入于海”[②]之句，明白多矣。盖古之淮阴县，在楚州西四十里，即今马头镇附近。淮水自盱眙来，经淮阴县西，而纳西北来之泗水也。所谓“泗水又东径角城北，而东南流注于淮”者，角城今为泗阳之李义口，地在泗阳城东二十里（据《新编泗阳县志》）。过城而东南行，自古淮阴城西北而注淮也。泗水在境内所行之道，即今顺清河以上之旧黄河。宋以前河未南行，自此以上直至徐州皆古泗水。泗流甚清，故曰清泗口，亦称清口。然则今马头直北，即古时泗口所在之地矣。唐崔国辅《漂母岸》诗曰：“泗水入淮处，南边古岸存；秦时有漂母，于此饭王孙。”韩侯钓于淮阴城下而遇漂母，崔诗谓为泗水入淮处之南岸，可知今马头直北，即为泗口也。胡三省《通鉴注》引《南北对境图》云：“淮阴县距淮五十步，北对清河口十里。”距淮五十步，即《水经注》所谓“淮阴故城北临淮水”[③]；北对清河口十里，又即《（咸丰）清河县志》既叙马头镇之后，又曰“其北十里大河口旧镇”也。合观诸书所云，道理方位，真如指掌矣。

二

泗口之见于记载，盖始见于《吴王濞列传》。传称吴楚七国反，周亚夫击之，使弓高侯等将轻骑兵出淮泗口，绝吴楚兵后，塞其饷道。注曰：“泗水南入淮，故谓之淮泗口。”[④]盖自南而北，必出泗口，千里馈粮，一凡塞之，其饥可立而待也。其后泗口兵事之繁，则始晋时。《通典》百七十一云：“（祖）逖死，北境渐蹙……以合肥、淮阴、寿阳、泗口、角城为重镇。”[⑤]盖分立之朝，各据要害。泗口悬在淮北，在诸镇中，可谓晋之北门也。《明帝纪》曰：“太宁二年春，石勒将石季龙部寇兖州，刺史刘遐自彭城退保泗

①郦道元著；谭属春、陈爱平点校：《水经注》，岳麓书社1995年版，第456、386页。

②樊东译注：《尚书译注》，上海三联书店2013年版，第37页。

③郦道元著；谭属春、陈爱平点校：《水经注》，岳麓书社1995年版，第456页。

④胡三省注语，参见班固撰，王先谦补注，上海师范大学古籍研究所整理：《汉书补注》7，上海古籍出版社2012年版，第3239页。

⑤杜佑：《通典》（下），岳麓书社1995年版，第2335页。

口。”[①]是为护捍北境之始。以今语译之，则自是以后，泗口为第一道防线矣。自后褚裒伐赵，直指泗口，径赴彭城；殷浩北伐，进屯泗口；谢玄救彭城，军于泗口。此皆晋家用兵故事，而王应麟《通鉴地理通释》引之以证一时之形势者。宋太始三年，始失淮北地，然明帝犹敕李安民戍泗口，领舟军缘淮游防（《南齐书·李安民传》）。其后魏人攻朐山、连口、角城，安民屯泗口，分军应赴，魏卒未克大逞（同上）。盖襟要之地。宋齐虽失淮北，而泗口并未放弃也。魏人亦深知之，故尉元曰：“宋人图淮北，必自清泗趋下邳。”叔孙建曰：“到彦之军在泗口，发马戒严，必有举斧之志。”高闾表曰：“欲修渠通漕，路必由于泗口。”[②]其言允矣。梁氏盛时，淮北尽复，泗口无战事。陈氏失淮泗，以江为界，故泗口也鲜战事。及太建北伐，而吴明彻有清口之败。迄于南宋，凡有四役，最为史书所重视，他虽有小役，弗能比也。

一曰吴明彻之役。明彻兵挫身掳，互见陈书本传及《周书·王轨传》，而《王轨传》最详。盖明彻围周彭城，堰清水（即泗水）以灌之，列船舰于城下以图攻取。诏以轨为行军总管，率诸军赴救。轨潜于清水入淮处，多竖大木，以铁锁贯车轮，横截水流以断其路。方欲密决其堰以毙之。明彻知其惧，乃破堰遽退。乘决水之势，乃得入淮，比至清口，川流已阔，水势亦衰。船舰并碍于车轮，不复得过，轨因率兵围而蹙之。明彻即将士三万余人，并器械辎重，并就俘获。是为陈太建十年，为周之建德七年，自是清口无复为陈有。樊毅尝一守之，五日而城不守焉。庾子山哀之曰：“毛修之埋于塞表，流落不存；陆平原败于河桥，而生惭恨。”[③]谓清口之败也。今境内有吴城镇，系明彻所筑，在旧县西。

二曰庞勋之役。唐懿宗时，庞勋引徐泗戍卒自桂州还，咸通九年陷徐州，又遣将围泗州。淮南节度使令狐绹虑失泗口，为贼奔冲，乃令其将李湘将五千人援之。湘受绹戒，但谨戍泗口，无庸战。贼将李圆焚淮口（即泗口），昼夜战不息。时辛谠自广陵趋泗州，赴刺史杜慆之难。泗围既急，谠突围渡淮而南，行三十里，至洪泽，求救于监军郭厚本。厚本分五百人往，一

①房玄龄等撰：《晋书》，吉林人民出版社1995年版，第87页。

②魏收：《魏书》，吉林人民出版社1995年版，第737页。

③严可均辑，史建桥审订：《全后周文》，商务印书馆1999年版，第259页。

时泗州获宁。然李湘在泗口，竟为李圆所败杀。《通鉴·考异》引《续宝运录》云："十一月二十九日……贼遂围淮口镇。有淮南都押衙李湘、镇将袁公弁，领马步三千人被围，从十一月三十日至十二月五日，李湘束甲出军；被袭逐杀尽。却入镇者，使竖降旗。镇内兵士老小一万余人，被劫驱送濠州，郭厚本比时遇害。"《彭门纪乱》云："贼遂据有淮口，断绝驿路。"[①]然则泗口之得失，关系东南漕驿至巨。令狐绹在扬州，视泗口一隅，真不啻北门锁钥也。

三曰杨行密之役。《新唐书·昭宗纪》云："乾宁四年十一月癸酉，杨行密及朱全忠战于清口，败之。"[②]《通鉴》纪之曰：朱全忠既得兖郓，乃大举击杨行密。遣庞师古以兵七万壁清口，躬趋扬州。"杨行密与朱瑾将兵三万，拒汴军于楚州。别将张训自涟水引兵会之，行密以为前锋。庞师古营于清口，或曰：'营地污下，不可久处。'不听。师古恃众轻敌，居常弈棋。朱瑾壅淮上流，欲灌之。或告师古，师古以为惑众，斩之。十一月癸酉，瑾与淮南将侯瓒，将五千骑潜渡淮，用汴人旗帜，自北来趋其中军，张训逾而入，士卒仓皇拒战。淮水大至，汴军骇乱。行密引大军济淮，与瑾等夹攻之。汴军大败，斩师古及将士首万余级。"[③]《玉堂闲话》云："所屯之地，兵书谓之绝地。"[④]其卑下可知，宜其遭灌而败也。《地理通释》引刘季裴曰："清口之役，杨行密以三万人，当朱全忠八万之师，众寡殊绝，而卒以胜者，扼淮以拒敌，而不延敌以入淮也。"[⑤]然则兹役在兵书上之价值，从可知已。

四曰刘锜之役。时至南宋，兹地益为淮东之要害。刘锜之为镇江都统制也，楚州通制徐宗堰遗刘锜书曰："今欲保长江，必先守淮……清河口去本州五十里，地名八里庄，相望咫尺，若不遣精锐控扼，万一有缓急，顷刻可至城下。"[⑥]八里庄在清河口对岸，非即清河口，余别有考。宗堰倡议守淮，在

①参见司马光《资治通鉴》，吉林人民出版社1997年版，第5688页。

②欧阳修、宋祁撰，陈焕良、文华点校：《新唐书》第1册，岳麓书社1997年版，第160页。

③司马光《资治通鉴》，吉林人民出版社1997年版，第5951页。

④蒲向明：《玉堂闲话评注》，中国社会出版社2007年版，第49页。

⑤王应麟：《通鉴地理通释》1—2册，商务印书馆1937年版，第193页。

⑥毕沅：《续资治通鉴》(3)，岳麓书社2008年版，第291页。

绍兴三十一年。是岁十月，锜自盱眙次淮阴，与金人相持数十日，后以王权败乃退师。《中兴御侮录》记之最详。虏尝犯清河口、大黑口，皆为击退。又别选精骑万余，乘战舸从十八里河入，亦为锜败，丧其辎械，后虽引还，要为差强人意之事。自后宋隆兴二年，金徒单克宁自清河口入，而魏胜战死；开禧二年，金纥石烈执中再入清河口，而楚州不守；其事皆为北胜而南输。盖众人不能真如徐宗堰之计，置重戍于兹土。其间有识之士，如张浚，如真德秀，皆知清河口为敌人粮道所出，宜乎设备。然誓书明定以淮为界，和议既成，则虽淮南缘边州城，亦不得屯军守戍（见《金史·魏子平传》），更无论乎淮北之泗口。且当时主张坚守楚州之说，亦至有力。如陈敏有言："金兵每出清河，必遣人马先自上流潜渡，今宜修楚州城池……长淮二千余里，河道通北方者五：清、汴、涡、颍、蔡是也；通南方以入江者，惟楚州运河耳。"[①]故淮阴无兵，而山阳建闸。迨未造金亡，始建县清口，为补苴之计。然版筑尚新，而蒙古已南下矣。

三

泗口筑城置县之由来，与夫历代疆理之所属，然有可以考按不知者。秦汉悠远，地志独略，弗可意矣。《魏志·刘晔传》，记黄初五年，文帝南行，始有"幸广陵泗口"之明文，而未详何县，故萧枚生著《清河疆域沿革表》缺而不书。今按洪亮吉补三国疆域志。海西淮浦二县实属广陵。而洪氏所以断归广陵，则根诸《魏志·徐宣传》。传称"宣，广陵人，为郡纲纪，海西淮浦二县作乱"云云，是二县属广陵，可谓信而有征。至泗口一区，究属海西，抑属淮浦，则吾意当以淮浦为合。盖海西在涟、沭之间，其境不得濒淮，淮浦故城在今涟水县西，乃正为滨淮之县，其境可以西及泗口，而淮浦又广陵属县，故魏志曰"广陵泗口"也。由魏而晋，据《晋书·地理志》，广陵郡八县，惟淮浦县在淮北，则晋时泗口属淮浦，又可断言。东晋末，置角城县。与泗口并为重镇，而泗口仍属淮浦与否，史无明文。齐建武三年，省淮浦县，遂计泗口改属角城，当在是时。自后角城更名者屡，隋开皇三年，省入淮阳；唐贞观元年，省淮阳入宿预；宝应三年又改宿预曰宿迁。于是泗

①毕沅：《续资治通鉴》(3)，岳麓书社2008年版，第418页。

口辗转改隶，至唐以后，遂为宿迁之极南境。故杜佑《通典》于宿迁县云："晋太宁中，兖州刺史刘遐自彭城退屯泗口，即此。"[①]又州郡序目上云："泗口，即今临淮郡宿迁县界；角城，亦在宿迁县界。"[②]唐时宿迁之大，以可知已。《方舆纪要》云："乾符中，高骈置淮宁军于泗口。"僭窃之举，故史书地理志不载。《通鉴》纪：骈将毕师铎以兵就淮宁军，使郑汉璋于清口，胡三省注："按：新书高骈传，骈置淮宁军于淮口。"[③]今检《新唐书》无之，盖官本有脱文，然其设置则不误也。

至宋而有筑城置县之事。宋时宿迁境少蹙，其南界或不得至泗口。《元丰九域志》："宿迁有泗水，无淮水。"与唐《元和郡县志》于宿迁县下，谓淮水入县境，南与楚州山阳县分中流为界者不同。至泗口当属何县，吾意当取史文平决之。《宋史·地理志》曰："清河军，咸淳九年置县一，清河。"《元史·地理志》曰："本泗州之清河口，宋立清河军。至元十五年，为县。"咸淳立县，实当泗口，当时一名大清河口。元史能言其旧属泗州，而不译其为州之何县。余谓此必临淮县属也。《宋史》泗州领县三：临淮、虹、淮平。以今地核之，惟临淮属州之东境。则成淳所置之清河县，乃分临淮地无疑矣。《方舆纪要》"清河县"云："唐为临淮县地。"则至确也。清《通考》云："宋以淮阳县地置清河县。"宋无淮阳县，又不待辨而有以自知其误也。

然泗口有城不自咸淳始。《南齐书·刘怀珍传》："大明二年，虏围泗口城。"是刘宋时已有城也。《陈书·樊毅传》："率众渡淮，对清口筑城，与周人抗。霖雨城坏，毅全军自拔。"《隋书·杨素传》则曰："素击走之，夷毅所筑。"虽小有不同，而筑城则事实也。（《通鉴》且译为甲子）其后金人以清口、桃源并列重戍，桃源设淮滨县，未知清口曾筑城否？金亡，地入于元。《通鉴》淳祐十二年，谓"（蒙古）西起穰、邓，东连清口、桃源，列障守之"[④]。"障"即坞堡之属，易言之，即土城也。殆咸淳九年，四川制置司言："刘整故吏罗鉴自北还，上整书稿一帙，内有取江南二策：……其二言清口、桃源，河、淮要冲，宜先城其地，屯山东军以图进取。"[⑤]帝亟诏淮东制

①杜佑：《通典》（下），岳麓书社1995年版，第2508页。
②杜佑：《通典》（下），岳麓书社1995年版，第2335页。
③司马光《资治通鉴》，吉林人民出版社1997年版，第5840页。
④毕沅：《续资治通鉴》（3），岳麓书社2008年版，第399页。
⑤毕沅：《续资治通鉴》（3），岳麓书社2008年版，第216页。

置司往清口，择地利筑城备之。十年，李庭芝以图来上，诏进一级。于是泗口有县有城。然明年即德佑元年。清河即降元。《元史》：博罗欢至下邳，召将佐谋曰："清河城小而固，与昭信、淮安、泗州为犄角，猝未易拔。"[①]盖新筑之城，又当襟要，故博罗欢云然。然是年卒入于元。《元史》：庆端戍清口，宋兵来攻，守将战死，城欲陷，庆端拔刀誓众，裹创力战，城得以全。此事未知究在何年，然庆端所全之城，必即宋人所筑之城，则无疑也。清口虽入元而县不废。至泰定初，河决，县尹耶律不花始迁治河南岸之甘罗城。天历元年，虽仍移治河北，然改治小清口，非泗口矣。尔后，泗口故地遂称大河口镇。《乾隆清河县志》曰："大河口旧镇，治东北十里。原为县旧治所。治迁后，居民恋土成聚，犹数百家为镇。后骎骎乌散，仅存小庄数处，星缀河干而已。"康熙时，知县管钜勘丈通邑田亩，大河口分五垢，实跨今日淮阴县第三第四区之地。闻四区人言："大河口头垢，在桂家塘北，今桂家塘干家渡红土地庙等所属之。"今按其地，与马头镇正南北相望。泗口旧区殆在是矣。

四

泗口既为兵家要害，亦为商旅漕驿驿之经途。武先生曰："禹贡沿于江海，达于淮泗。吴子寿梦会诸侯于木且。夫差城邗沟，通江淮，又掘深沟于商、鲁之间，以会晋公于黄池，皆由淮泗口。"先生之说审矣。尔后亚夫用兵，魏文南幸，祖逖避难，刘裕伐秦，乃至前节所举之数大役，皆以泗口为津途为枢纽。晋元帝为安东将军，督运军储，设邸开于宿预，则知粮道必出泗口。其缘泗而上，之徐州汴泗交流，乃溯汴而入河。隋以前，由东南而之西北皆出此道。隋大业元年，开通济渠，流自汴渠引汴水，至盱眙对岸与淮通。于是泗口以外，别开新道。《苏氏书传》曰："自唐以前，汴、泗会于彭城之东北，然后东南入淮。近岁汴水直达于淮，不复入泗矣。"[②]盖谓此也。唐开元间，江淮漕运，即由此道。裴耀卿主之。详唐书《食货志》及《唐会

①宋濂等撰：《元史》，中华书局1976年版，第2989页。

②曾枣庄、舒大刚主编：《三苏全书》第1册，语文出版社2001年版，第501页。

要》等书。其后安史之乱，漕运改由江汉，汴渠湮废，代宗命刘晏领东都河南江淮转运使。晏自按行，浮淮泗，达汴入河，考得利病，晏以为江汴河渭，水力不同，各随便宜，造运船，教漕卒，江船达扬州，汴船达河阴，河船达渭口，渭船达大仓。其间延水置仓，转相受给。胡三省注曰："江船达扬州入淮，汴船自清口达河阴。"①可知是时漕运又由泗口。在理事时亦必置仓，而惜哉无考矣。及德宗时，李希烈攻逼汴郑，江淮之路又绝，朝贡复由荆襄，乱出始移旧。而泗口在岁时商旅辐辏其途。《旧唐书·王智兴传》称智兴为武宁军节度，徐泗濠观察使。"智兴务积财贿，以赂权势，贾其声誉，用度不足，税泗口以裒益之。"②事在唐穆宗时。至文宗开成二年，始奏罢之。《通考·征榷考》云："开成二年十二月，武宁军节度使薛元赏奏：泗口税场，应是经过衣冠商客金银、羊马、斛斗、见钱、茶盐、绫绢等，一物以上并税。今商量，其杂税物请停绝。"敕旨："淮泗通津，向来京国自有率税，颇闻愁讟。今依元赏所奏并停。次所置官司，所由表罢。"③可知当时泗口商税，已为徐州节度一种重要收入。其往来之殷繁可想也。其后庞勋据泗口，则史书"漕驿路绝"，泗口之关系天下大计如是。宋都汴京，漕运亦重，然至道间尚行淮泗。皇祐而后，东南漕运乃悉出泗州，由汴渠以西上。惟行旅尚出此途。如宋晁无咎、元袁桷，皆有大清口诗。是时，泗为黄河所夺，故泗口一称大清河口。宋宁宗时，汴渠又湮，元人乃开会通运河，自徐州以下用泗水故道。直至明嘉靖之初，黄河改道出小清口，大清口垫为陆，于是泗口废，故道夷灭，不可复指矣。然思古幽情，人所共有。愚为此编虽未甚详密，而兹地故实，搜采不敢不勤。编排既毕。又见《酉阳杂俎》云："扬州淮口出夏梨。"是亦泗口之珍产，附书于此，以存其塈焉。

（民国）二十四年一月三日稿

（原载《江苏研究》1935年第5期）

①司马光《资治通鉴》，吉林人民出版社1997年版，第5097页。

②刘昫等撰，陈焕良、文华点校：《旧唐书》第4册，岳麓书社1997年版，第2601页。

③马端临：《文献通考》（1），浙江古籍出版社1988年版，第144页。

论诗教

孔门诗教，论者众矣。余尝观于《论语》而知其重要，观于《左传》而益知其所以重要之由。今请就二《经》而推明之。

《论语·述而》："子以四教：文、行、忠、信。""文"者，《诗》《书》也；"行"者，礼也；"忠、信"，则礼之本，《记》所谓"忠信之人可以学礼"者也。"文"中虽包《诗》《书》，而《诗》为尤急。观《论语》记弟子问难多矣，其以《书》为问者，仅子张问"高宗谅阴"一事。盖古文艰奥，读者宜稀。试观孔子偶为弟子道尧、舜咨命之言，汤、武誓师之意，以及武王施政大端，其弟子便笔而识之，缀于《论语》之末。使皆通习，何待笔存？而《诗》则大不侔矣。何也？《诗》主讽诵，原不专以竹帛为限，又非必悉待训解而后知。孔子有言："小子何莫学乎《诗》？"斯语也，固见孔子普遍提倡，初无中人上下之分。而"何莫"二字，更见孔子但居倡导之地。孔子教人：不愤不启，不悱不发。故敷陈其端，引而不发，以促其自学，则有之耳。定非若今学校之排定课业、刻期讲授也。《论语·季氏》又记陈亢问伯鱼有无异闻。伯鱼对曰："尝独立，鲤趋而过庭，曰：'学《诗》乎？'对曰：'未也。''不学《诗》，无以言。'鲤退而学《诗》。他日，又独立。鲤趋而过庭，曰：'学《礼》乎？'对曰：'未也。''不学《礼》，无以立。'鲤退而学《礼》。"斯既见孔门通习，惟斯二者；又可见《诗》之为经，本可自习，玩"退而学《诗》"之语而可知也。

若问"不学《诗》无以言"之语当作何解？此则朱子曾注之矣："事理通

达，而心气平和。”[①]故能言。吾谓朱子所云，是乃能言之本，所谓“有德者必有言”也。孔子尝恶巧言，尝恶佞者，知其所谓“言”自非如簧如流之谓。然必谓事理通达而心气平和然后能言，则又是据德依仁之事，而不可尽责之于《诗》，窃谓孔子斯语仍当于言语本身求之。盖《诗》者，孔子所雅言也，“雅言”云者，郑玄谓“读先王典法，必正其音，然后义全，故不可有所讳”[②]。清刘台拱谓：“夫子生长于鲁，不能不鲁语，惟诵《诗》、读《书》、执礼，必正言其音，所以重先王之训典，谨末学之流失。”[③]须按，古者于《诗》皆曰“诵”、曰“咏”，则正音之事，重要可想。岂有读音不正而发言近雅者乎？不宁惟是。《论语》又记孔子诏伯鱼之语曰：“女为《周南》《召南》矣乎？人而不为《周南》《召南》，其犹正墙面而立也与？”（《论语·阳货》）《二南》乃周王业所起，《诗》之正《风》，弦歌莫先焉。其合乐也，用之乡人，用之邦国，在参与者固不容不知。其或不歌而诵，微言相感，要亦宴会之常。我不知诗，则不能赋诗；其音不正，则赋诗而人不喻。又因己不知诗，则他人赋诗，己亦不喻，则于交际为有缺憾；岂惟有憾，窘莫甚焉。《颜氏家训·勉学》篇，所谓“蒙然张口，如坐云雾”[④]，即孔子所谓“正墙面而立”之实写矣。如是应对之际，岂足厕于士君子之林？故曰“不学《诗》无以言”也。春秋“君子”，犹后世所谓绅士。聘问交接之间，威仪言辞，居极重要之地位。虽至交友，亦复如是。曾子曰：“君子以文会友。”（《论语·颜渊）此所谓“文”，即《诗》是矣。会集朋友，称《诗》见意，此其所以为“君子”之行。其父曾皙，因孔子问其所志，固已自道暮春会友之乐，而终之以“咏而归”矣。曾子学礼最深，尤重威仪文辞之事。虽至病而在床，而其对孟敬子之言，犹殷殷以君子所贵三事相语。即其内容，则“动容貌斯远暴慢”，一也；“正颜色斯近信”，二也；“出辞气斯远鄙俗”，三也。此三事乃当时贵族在容止方面之必要条件。无之则召藐，有之则生畏。曾子以孟孙为鲁卿，故将死而切言之，即孔子所谓“临之以庄则敬”（《论

①陈文新主编：《四书大全校注》（上），武汉大学出版社2009年版，第670页。

②何晏、皇侃等注：《论语》（中），中华书局1998年版，第1531页。

③刘宝楠《论语骈枝》，转引自杨树达《论语疏证》，江西人民出版社2007年版，第107页。

④刘开举译注：《颜氏家训译注》，上海三联书店2014年版，第111页。

语·为政》）者也。就中“出辞气”之何以能不“鄙俗”，则非学《诗》能为“雅言”，莫由致此。一般读书人每将曾子口中之“君子”滑过，而不知其乃正针对孟孙而发也。故在春秋之季，诗教为贵族及求仕者必习之科，此中极富阶级意味。

孔子于《诗》既重读音，即以同一理由而有正乐之事。《论语·子罕》：“子自卫反鲁，然后乐正，‘雅’、‘颂’各得其所。”《诗》皆入乐，故正乐即以编《诗》。世传孔子删《诗》，实乃不考之言。《论语·为政》又云：“《诗》三百，一言以蔽之，曰：思无邪。”斯言也，一可见当时之《诗》原存三百，一可见孔子皆许其无邪，故孔子未尝删。世儒徒见孔子曾言“放郑声……郑声淫”，因疑其与“无邪”之语有所触碍。不知“淫”与“邪”不同。“淫”者指乐音而言，“邪”则指诗意而言。《郑风》虽存《溱洧》之诗，要亦谣俗之常，自孔子观之而非“邪”也。所不取者，乃在其声之“淫”，淫则与雅乐相乱。《左传》所谓“五降之后，不容弹矣。于是有烦手淫声，慆堙心耳，乃忘平和，君子弗听”者也。如谓“淫”为媟渎之事，则“桑中”之诗，明有淫行，孔子何以不云“鄘声淫”乎？是知孔门诗教，用之应对为最急，而雅言与正乐二者又复相为表里。《论语》记：“子之武城，闻弦歌之声。”此由子游本在文学之科，又当孔子正乐之后，故能以弦歌行其诗教也。又记：“孺悲欲见孔子，孔子辞以疾，将命者出户，取瑟而歌，使知闻之。”（《论语·阳货》）窃谓此所歌之诗篇，必孺悲所曾习之者。孔子此举，不惟使之无疾而已，又必使之闻歌而知其取义所在，然后教诲之旨因乐而传。孺悲曾学士丧礼于孔子，故知孺悲必能解孔子之歌诗也。

至于孔子之于弟子，何为而必置重诗教如是？是当明白当时之背景。盖春秋者，一国际相竞之局也，而鲁又其弱小者也。弱小之国，政事为先，辞令亦切。孔门列德行、言语、政事、文学为四科，此四者皆具有绝大之实际性。“文学”所包，诗教为大，他三事亦皆为诗教之一环。子曰：“《诗》可以兴，可以观，可以群，可以怨。”（《论语·阳货》）又曰：“诵《诗》三百，授之以政不达；使于四方，不能专对。虽多，亦奚以为？”（《论语·子路》）所谓“观”事，政事上事，盖能观列国之政治而知其得失，则可授之以政而能达矣。今之政治学，有专门著述；古人论政，惟资训典，而《诗》

固王迹之所存也。所谓“兴”，所谓“群”与“怨”，则德行上事“温柔敦厚”“发情止义”，是成教之大者。至于“使于四方”云云，斯又与“言语”相通。如会稽章氏说：诗教在战国，即为纵横之家，相需之切，不难想见。此义章氏已备言之，不复缕缕。鲁既为弱小之邦，德行政事，固不容忽。而言语尤以讲求为急。观于郑国为命，乃至需裨谌、世叔、子羽、子产四人之力。子羽仕郑，本为行人。传称“公孙挥能知四国之为”，故为命必参加焉。郑尚辞命，鲁亦宜然。孔子非为弟子言之，为鲁国言之也。《左传》襄二十五年，郑子产献捷于晋。士庄伯诘难多端，子产侃侃不穷，至庄伯不能诘，复于赵文子。文子曰：“其辞顺，犯顺不详。”乃受之。仲尼曰：“志有之：言以足志、文以足言。不言，谁知其志？言之无文，行而不远。晋为伯，郑人陈，非文辞不为功，慎辞哉！”孔子之赞子产，非为史家言之，为鲁国言之也。又襄二十七年向戌弭兵之会，诸侯之使皆彬彬有礼。“仲尼使举是礼也，以为多文辞。”注家或不得孔子之意。愚谓仲尼观世，既重文辞，则于此会或亦有取乎尔也。吾观春秋士大夫，每有宴集，其间称引诗句，殆已习之若流，不啻若自其口出矣。而引《书》则相形见少，此必当时诵《诗》者多之故。因知孔门未设教前，诗教之入人心耳，已成一般现象。既成一般现象，即为士夫应对所必需。况鲁之立国，交邻为急，称《诗》一语，胜于徒说千万。此皆先民“法语之言”，当之者谁不折服乎？而引《诗》而外，又有赋《诗》之事。赋《诗》有二：一为自赋。如闵二年书许穆夫人赋《载驰》，郑人为高克赋《清人》，此乃记二《诗》所自始者也。一为赋昔人之《诗》以见意者。此在襄公之世，为者最多，可谓一时风气所在。赋者断章取义以施诸人，受施者亦必断章以为答赋。脱非所安，又须有辞，设竟不知，直同笑柄。如左襄八年，士匄聘鲁，赋《摽有梅》，季武子曰：“谁敢哉？”此即武子解士匄赋诗之意，而谓有所不敢承也。继则武子答赋《角弓》，又赋《彤弓》，士匄亦援城濮受弓于王之故事以为对。又襄十六年叔孙豹如晋，见中行献子赋《圻父》，献子即曰“偃知罪矣，见范宣子，赋《鸿雁》之卒章，宣子即以援鲁自任。此等可见当时赋《诗》，矢口而发，其为用几无异于代言，而又不伤于直致。《春秋》所称“微而婉”者，窃于赋《诗》乎见之。其或未尝学问，不解所谓，有类伧荒者，史亦往往摭存其事。如襄二十八年齐庆封奔鲁，叔孙穆子食庆封，庆封汜祭。穆子不说，使工为之赋《茅鸱》，亦不知。夫当春秋赋《诗》高潮方盛之时，有此笑柄，真有彼何人斯之叹矣。鲁弱小之国，幸为诗礼旧邦，讲求尚易。孔子既许郑国之有文辞，而又曰“不学《诗》无以言”，岂惟鄙俗是远，实乃交邻所资。然若不观左氏所存诸例，则又岂能深知学《诗》之真可代言，有足为折冲樽俎之助者乎？

赋《诗》高潮既在襄公之世，是乃孔子童年时代有此背景，则其重诗教也固宜。迨昭十八年，左氏始书“原伯鲁不说学”事。伯鲁周人而乃有此，则他国为可知。是故春秋襄、昭之世，实为诗教绝续之交。襄公之时，能赋《诗》及答赋者，惟晋、郑、鲁、卫二三世卿耳。昭公之世，老成既逝，新贵族又或多起微贱，不闲典籍，故能者颇稀。即有能者，而坐多庆封，则亦宁以不赋为是。故昭公之世，引《诗》、赋《诗》遂皆绝少。定公更少，至哀公直不见一例。仅哀二十一年记齐人之歌曰：“惟其儒书，以为二国忧。”斯又其时轻儒之征也。特诗教终为儒家本务，故孟子犹善说《诗》；荀卿著书，于《诗》亦动有称引。战国诸子，斯为仅见。若乃国际相与，但凭辞说，更无赋《诗》之事。魏文侯贤者，犹且厌闻古乐，则下焉者可知。礼坏乐崩，《诗》亦无用。昔也《诗》为贵族子弟所共习，朝聘宴享，《诗》以代言；今也布衣可取卿相，储能之事，但在揣摩形势而已。况乎骚、赋代兴，四言诗直无创作之事，夫惟不诵，是以不习为。其间纵有谲谏，亦以隐语或辞赋代之。《国策》载温人之周，自谓非客。有诘之者，则曰：“臣少而诵《诗》……普天之下，莫非王土。”纵览《国策》全书，亦仅见此温人曾诵《诗》耳。余以古诗流而为赋，在文学史上要为一大变动。而孔门之置重诗教，其文学一科，几于诗外无事，在当时已伏“崇极而圮”之机。其间设教之由，自应有其时代需要。孔子重视实用之学，凡其所教，多切人事，比勘之功，所不容忽。故援《论语》为经，以《左氏传》所存事例为纬，为综合之论究如上。

（原刊《国文月刊》第69期，1948年7月）

“风格”考原

本文根据汉语书面语中的材料打算来考察“风格”一词的语源和语义的变迁。

迩遥同志在《文体与风格》(《中国语文》1961年5月号)一文中，曾经举过《抱朴子》中的一例。《抱朴子》是晋朝葛洪所著。葛洪生于孙吴，死于东晋成帝咸和年间，是公元四世纪初期的作者。他在这部书《外篇》的《疾谬》篇中是这样说的：

> 于是嘲族以叙欢交，极黩以结情款，以倾倚伸脚者为妖妍标秀，以风格端严者为田舍朴骙……。[1]

以后的书面材料，在刘义庆的《世说新语》和刘孝标的《注》上，《晋书》《宋书》《梁书》上，在唐代文人的笔记上，“风格”这个词都常见：

> 李元礼风格秀整，高自标持。(《世说新语·德行》)
>
> (王)坦之雅贵有[2]识量，风格峻整。(《世说新语·品藻》注引宋檀道鸾《续晋阳秋》)
>
> (陆)机清厉有风格。(《世说新语·赏誉》注引梁张隲《文士传》)
>
> 风格峻整，动由礼节。(《晋书·庾亮传》)
>
> 少有风格，慕舅夏侯玄之为人。(《晋书·和峤传》)

①葛洪著；庞月光译：《抱朴子外篇全译》(下)，贵州人民出版社1997年版，第545页。

②编者按：“有”，原文为“者”。

混，风格高峻，少所交纳。（《宋书·谢弘微传》）

颖胄风格峻远，器寓深邵。（《梁书·萧颖达传》）

蒨方雅有风格。（《梁书·江蒨传》）

子承，性简贵，有风格。（《梁书·宗懔传》）

器宇凝深，风格详远。（《梁书·王僧辩传》）

余虽不及见，每闻长老说其风格容仪，真神仙也。（赵璘《因话录》）

珏风格端肃，属词[1]敏赡，恩倾一时。（裴庭裕《东观奏记》）

根据以上不完全的举例：从晋到唐，就它所联系的形容词来看，像“端严、清厉、峻整、端肃”等等，大都是有关一个人的威仪矩范的词。“详远”是指气度说的，类型上也很接近。总之，这一时期的“风格”一词，一般都是用来作为士大夫们的样子和架子的概括手段，是指人的，而不是指作品的。

“风格”一词由指人进而兼指作品，在刘勰的《文心雕龙》中，可以看到一些变迁的迹象。例如：

汉世善驳，则应劭为首；晋代能议，则傅咸为宗。然仲瑗（按：谓应劭）博古，而铨贯有叙；长虞（按：谓傅咸）识治，而属辞枝繁。及陆机断议，亦有锋颖，而腴辞弗剪，颇累文骨：亦各有美，风格存焉。（《文心雕龙·议对》）

虽诗书雅言，风格训世，事必宜广，文亦过焉。（《文心雕龙·夸饰》）

刘勰的用法，标志着“风格”在语义上正在分化。《议对篇》所谓“风格存焉”，是说应劭、傅咸、陆机这三位作家的个性特点，分别体现在他们的文章里。这儿的“风格”，就不能拿上举的“秀整、清厉、峻远”等词来测定它的属性，应该扩大为个人一切特性的综合。所谓“亦各有美”，是说美在各人的作品上，可是照“存焉”的“存”字看，这不同的美，恰正是各人个性特点所寄托、所形成。刘勰已经十分清晰地看到和指出个人风格和作品风格有

①编者按：“词”，原文为“祠”。

不可分割的关系。在《夸饰篇》的“风格”，更明显地就是指“诗书雅言”而言。诗书是雅言，出于《论语》。这儿的“风格”就是诗书的文风和文格。这儿的“训世”，是说诗书的文章风格（譬如本篇所引诗书上的“夸饰”）对后世有典范性。后来校勘家有的把这儿的“风格”改作“风俗”，那是不足为据的。因此，在没有看到新的材料前，我们不妨作这样的推论：“风格”词义的分化始于齐梁，用“风格”兼指作品则始于刘勰，其分化时期约在公元五世纪的末期。

从齐梁以后，“风格”用来指作品的可就多了。下面也是不完全的举例，说明从北周起，历唐宋到明清，都有这样的用法：

古人之文，宏材、逸气、体度、风格，去今实远，但缉缀疏朴，未为密致耳。（《颜氏家训·文章》）

座中薛华善醉歌，歌辞自作风格老。（杜甫《苏端、薛复筵简薛华醉歌》诗）

前仲人久在江湖，早工篇什，研机甚苦，搜象颇深，辈流所推，风格罕及。（令狐楚《荐张祜表》）

及老大，稍窥建安风格。（皮日休《论张祜》）

潘阆，字逍遥，诗有唐人风格。（刘攽《中山诗话》）

李公年……善画山水，运笔立意，风格不下于前辈。（《宣和画谱》）

皇甫湜、李翱，虽为韩门弟子，而皆不能诗。浯溪石间有湜一诗，为元结而作……味此诗，乃论唐人文章耳，风格殊无可采也。（洪迈《容斋随笔》）

古诗浩繁，作者至众，虽风格体裁，人以代异，支流原委，谱系具存。（胡应麟《诗薮》）

令狐楚乐府，大有盛唐风格。（同上）

中唐《水调》等歌，不甚类六朝语，而风格高华，似远而实近。（同上）

子厚贬斥后，乃尽变少壮风格，力追秦汉，与退之相轧。（包世臣

《书韩文后》）

颜之推拿“宏材、逸气、体度、风格”四者用在“古人之文”下面，正说明风格是“文”的风格。从前用“风格”指人：“风”是风姿、风神，“格”是标格、格调；现在指作品，“风”是文风、诗风，“格”是文格、诗格。这是两个不同的概念，可是书写形式却完全一样，都叫“风格”。颜之推这样的用法，是从刘勰在《文心雕龙·夸饰篇》中的用法继承下来的。以后唐宋明清，“风格”屡见：有指歌辞的，有指篇什的，有指画法的；唐人皮日休、宋人刘攽、明人胡应麟，更扩大了表达的范围，用来概括文章的时代风格。这些都是指作品，不是指人。

另一方面，指人的用法似乎减少，但还可以偶然见到。看下面几个例句：

> 南华去世千载余，状儿风格知何如？（丘处机《题节使刘侯所藏显宗御画庄子》诗）
>
> 世目许九曰：“天才隽拔，风格雄峭。”（王晫《今世说》）
>
> 李杲堂论其（按：指万泰）风格，比之东汉郭有道、黄征君云。（同上）

丘处机是元朝人，王晫、李鄴嗣（杲堂）都是清初人，他们都用风格来指人，而不是指作品。再看下面的例子：

> （范当世）标格清峻，惟天际孤云，绝岭乔松，差足拟之。（费行简《近代名人小传》

费行简这书，是辛亥革命后写出来的。

（原载《中国语文》1961年第10–11期合刊）

先秦两汉文论

我国各体文字，咸由经典演化而来，刘氏《文心雕龙》论之审矣。若溯厥原始，则经典皆为古代口语，又皆为简短之口语。文学莫古于诗，诗本民间歌谣，太师采而诵之，其口语初型，未尝变也；莫尊于史，史体有《尚书》，有《春秋》。《书》者，古之号令，以今言之，即官府文书，虽由撰拟，其去口语必无几；故曰书者直言也。《春秋》不始于孔子，墨子有《百国春秋》之名，其记事简质，自《竹书纪年》已然，《竹书》记夏以来，彼固有所承也。而《礼》与《周易》，史实掌之。今《仪礼》最为古书，其言尤质，此犹今人行礼节目，不能文也。《周易》卜筮之书，上下经文，皆以简语明卦爻之德，百姓与知，又不能文也。古人不能为空文，固曰未暇，亦由文学技能使然。郁郁丕变，其在成周之世乎？《三百篇》中，《三颂》皆周时所作，用以事神，视民间歌谣，远为壮美。周公作《无逸》，辞甚郁纡，即非《盘庚》作者所能为，而又不似《伊训》之艰深（指孟子所引，非今《伊训》），是皆周人之言也。然是时文章颇伤硬化，而官书尤甚，故《尚书》《春秋》，遂成定体。其径用当时语法而为书者，著论则老、孔、墨（孔子有《系辞》，又有弟子所写之《论语》。《论语》即语录之义，语字最为可玩），纪事则左氏（此体虽远绍《金滕》，而自是东周文字）。篇幅浸以繁多，而皆视前此为平易。独有孔子作《春秋》，体仍《竹书》，而《左传》所载誓命之辞，亦犹祖《尚书》之艰奥（明郑瑗《井观琐言》有曰：《尚书》辞语聱牙，盖当时宗庙朝廷著述之体，用此一种奥古文字。其余记录答问之辞，其文体又自循常。如《左氏内外传》，文虽记西周时谏诤之辞，亦皆不甚艰深。至载襄王命管仲受飨与命晋文公之辞，灵王命齐灵公、景王追命卫襄公，敬王使单平公对卫庄公使者之言，鲁哀公诔孔子辞，其文便佶屈如《书》体。《礼记》文亦不艰深，至载《卫孔悝鼎铭》便佶屈。凡古器物诸款识之类，其体皆如此。又如《左氏》记秦穆公语，皆明白如常辞，及观《书·秦誓》文，便自奥古。至汉齐王闳、燕王旦、广陵王胥诸封策，尚用此体，他文却不然。如今人作文辞，自是一样，语录之类是一样，官府文移又自是一样，不容紊杂。[①]按：仲璧此论，诚为读书得间之言。)。此吾所谓硬化也。有硬化而后言文离，离之既甚，而后诸大家之解放运动出焉。

凡一种文体，当夷之初旦，明而未融，此际不必尽堪诵读；而行之既久，其末流亦不必尽推作者。惟中间鼎盛之时，其元气未失亦未竭。其开拓前人之堂宇，卓立后代之楷模，乃最堪诵玩者也。以论说言，《孟子》《韩非》，其曲尽事理，善为剖析，远胜《老》《墨》。《老子》微而不畅，《墨子》畅而无法，必如《孟》《韩》，方成文字。是何也？老、墨之时，元气浑沦，文体庄简；孟、韩之世，辨才相尚，辞说方滋也。以叙事言，《尚书》《春秋》，不如《左传》《国策》。前者如节略，如帐簿，览者知其事端，而不能明其所以。至《左传》《国策》，虽一事有千头万绪，而昭晰有余。盖人事既繁，载笔者之技术亦与之俱进，其后胜于前，亦有以也。然八家以降，论说拘于篇幅，限于格调，束于先王之法言，不能如前人之自成一家，畅其宗趣矣。叙事有一定绳尺，动有窒碍，往往过求得体而真象转隐，过务雅洁而个性不彰，不能如《左》《史》诸家之据事直书，无所拘忌矣。故学为古文者，因有唐、宋八家而格调乃定，然八家而后，无第一等文字矣。

诸子之文，《老》《庄》《孟》《荀》为著。太史公谓老子书微妙难识，谓《庄子》洸洋自恣以适己。余观《老子》，真有德者之言。传曰："吉人之辞寡。"若老子书可谓寡矣。其辞多用韵，与《系辞》同，二书年代亦略相等也（《论语》为弟子所记，书出又后于《系辞》）。《庄子》多寓言，犹今人所用象征诗。盖理之极致，言语道断，舍譬喻无可形容。而当时说理文字之文学能力，又尚未有高度之发展。其外观虽似吊诡，其实当谅作者之苦心。即如《逍遥游》篇所称藐姑射神人之生活，与其作用之神妙不测，看似河汉无极，实则为无为而治者写照而已。然《老子》简实而费人寻索，《庄子》又反

①郑奠、谭全基编：《古汉语修辞学资料汇编》，商务印书馆1980年版，第354页。

复终始不知端倪，故唐、宋以降，多好《列子》。盖其书虽伪，而文美义显，篇章笔势，又皆类后世之文故也（清儒俞樾，亦谓《庄子》虽汪洋自恣，然不如《列子》之曲尽事理，见《春在堂书牍》）。孟、荀论性各殊，文亦异趣：《荀子》简重，《孟子》疏荡；《荀子》沉郁，《孟子》醒快；《荀子》多文采，《孟子》多白描；《荀子》多横，《孟子》多纵。故后世文家，得力于《孟子》居多（张士元《与姚姬传书》谓：韩退之所取至博，而大要有二："议论宗孟子，叙事法马迁。"①此十字乃观察有得之言，非诸家但为门面语者可比，余深然之）。读本旧推苏批之本，然吾谓当以牛运震之《孟子》论文为佳。《韩非》引绳墨，切事情，余亦好之。

表章《左氏》者，刘歆、贾逵至矣。至李育而始乐其文采，至刘知几而《左氏》之史法明。《史通·申左》一篇，标举三长，所重犹不专在文字。独其《言语》《浮词》《叙事》《模拟》诸篇，隐奉《左氏》为载笔不祧之宗。盖《左氏》善叙事，叙事之文，其要点全在剪裁二字。剪裁之用，在于截去浮词，使读者注意集中。凡一事而头绪太繁，弃则伤略，存则伤冗，惟《左氏》能以简语明其因由，而绝无二者之弊。可谓以少胜多，曲尽事情者也（柳州讥《国语》之文繁芜曼衍，此最为不逮《左传》之处。晋检《国语》叙事与《左传》同者，大都《国语》繁芜而《左传》精实，知前者为后者之原料。又《左传》删省处良是，而犹有冗烦，则删之不尽者也）。其口角风趣，妙入豪颠，外交词令，笔笔扼要，善读者宜自得之。若以《史记》与较，觉《史记》有丈夫气，而《左传》有君子风，以其从容也。近人吴闿生作《左传微》，以"冷隽"二字观《左氏》，时见新意，可以参观。然以冷隽为主，而过求用意微妙，不肯片片平直，则又使读者过于耗心，亦非今日所宜倡。又书中称人，或名或谥，一篇之中杂厕用之，使读者不辨谁某。其论事处，成败之见尤所不免，故论断每不能服人之心。而神鬼奇怪之事不能割弃，益与小说为近，不类史书证实之体。此皆巨失，不可不辨。《檀弓》叙事意见言外，无笔墨之累，古今重之。抑思居今之世，即使真起《檀弓》作者而使之修史，恐亦但有作手而无解人。是不唯读者难得，即史事亦有堙晦之惧矣。故就笔墨爽朗言，《左氏》《檀弓》皆有微瑕。

①谭国清主编：《传世文选 历代名人书札》(2)，西苑出版社2009年版，第177页。

《汉志》十家，纵横之家不传，而《战国策》存其绪论。书为中垒[1]所集，非若他子书始终成一家言，且时有难读之处。然长篇多奇险，往往使人动心骇目。史公最知文，凡点窜入《史记》者，皆《国策》之至佳者也。雍容敦厚之风，至此而一变。然又开后人论事法门。吾观西汉奏疏，董、刘平弱，枚、杨华腴，惟晁、贾有英杰之气，又深切于事情。二人之中，晁尤胜贾，盖《国策》之影响也。唐杜牧书藩镇事，亦学《国策》而得其神似。

《史记自序》曰："夫《诗》《书》隐约者，欲遂其志之思也。"是知史公忍辱著书者，端在隐约以遂其志。彼之崇拜屈原，在举类迩而见义远。由心事皆有难言，故皆著书以隐约发之。王允称《史记》为谤书，不诬也。彼既感情丰富，而遭际困穷，故以其胸中块垒，渗入百三十卷之书，其笔墨抑扬处，慨叹处，指桑说槐处，语尽而意不尽处，读者自为领取，真一快也。其文工于传人，而拙于数典，故纪传最佳，八书遂不能不让班氏十志出一头地。大抵《史记》比《左传》易学：《左传》精炼，《史记》疏宕；《左传》华腴，《史记》雄健；《左传》雅步从容，《史记》颇见气概。故韩、欧诸家，皆宗《史记》。且《史记》创因人立传之规，此体尤《左氏》所无。故传状碑志之文，尤必宗之。其立传章法之妙，当观合传，皆有深意可言。如老子、韩非同传，昔人所不解。然《解老》《喻老》二篇，乃王弼、河上公以前最古之义，史公知之，后人未之思尔。他如廉、蔺同时，屈、贾异代，刺客、游侠等传，连类而及，实斋所谓圆而神者，庶几似之。余尤赏其钩连映带，若《魏其武安侯列传》之类，其关系确不可分，而次第递入，分起同结，极神妙之观。史公最重谋篇，而后世乃相尚以句，此《菁华录》一类之书，所以不能无憾也（评点文字之风，昉于杭宋，而盛于明清之交。《史记》为缀文必治之书，明凌稚隆已有《评林》之辑。《菁华录》系康熙时人所为，其评骘又加密焉。惟裁割史文不可为训。近代汇刻之书，似当以徐树铮刻本为最善，所采直至吴至父批本而止，句段兼存，评语亦简而近雅，洵读本之铮铮者也）。

史公有身世之痛，又熟见闾里奸邪，朝廷龃龉，交情凶隙之情状，故书此等事，尤如鼎犀。如《陈涉世家》带叙葛婴等二十二人，纷纭乌合，真如儿戏。其彼此莫肯相下，又常相效倒戈，皆草泽间习见之事。称周文为陈之

①编者按：刘向，字子政，曾任中垒校尉等。

贤人者，此贤人二字与儒书异，盖犹豪杰耳。民国多匪，此生彼灭，若读《陈涉世家》，则知与彼时无异也。他则畸龁莫如田、宝，凶隙莫如余、耳，言之有深慨焉。故《游侠列传》于儒侠之价值分别极清，二者又分真伪二类，见出与为伪儒，宁为真侠。史公篇篇有特见，此篇尤称量当世人物而进退之，其言似激，而真气流溢，是可贵也。史贵据事直书，惟此一部是性情之作，奇甚。

曾文正尝教其子读汉赋，而贵其训故精确，音韵铿锵；方望溪品沈椒园文，则以汉赋中板重字法为戒。湘乡之不可合于桐城，此其一事矣。汉赋自推扬、马。韩昌黎曰："子云、相如，同工异曲。"[①]是也。吾观二子之赋，而识所谓异曲之说。盖长卿之笔以词令胜，其《上林赋》如贾胡炫人，琼宝烂然。《子虚赋》如齐楚争胜，乌有先生数语，以少胜多，不为不足。风流大雅，宋玉之遗也。子云于书无不读，又好为深沉之思，其学优于长卿矣。而《羽猎》一赋，重膇为累，颇不能优游昭晰。《长杨赋》生句尤多，主人对客卿语，亦未能自圆其说。盖一为才士，一为学人，所由异也。《汉志》列司马相如赋于屈赋之属，列扬雄赋于陆贾之属，当以吾说解之。

班固《汉书》，以方整为长。十志中多存经世文字，列传亦然。《史记·贾生传》但录《鵩鸟赋》，班书则《陈政事疏》在焉。他若晁错、贾捐之、萧望之、赵允国、刘向、匡衡诸传，皆有绝大议论，是孟坚实力所在。其于并世儒者，最服二刘、扬雄。于刘氏则取其《洪范传》《七略》《三统历》以备篇籍，于扬雄则摭拾遗文以入本书，且称之不一而足。盖刘向与班斿同校书，子云又彪之父党，臭味相同，宜其然也。佳篇十志以外，昔推霍光传、王莽传等。吾观黄霸、韩延寿诸传之醇雅，王尊传之典重，赵后传之锦丽，二疏传之疏淡，田延年、朱博、陈遵诸传之跌宕有神，皆为精品。他若息夫躬、杨王孙诸赞，体制瑰奇；叙传诸赞，亦盘折有味，耐人诵绎，皆班氏之独有千古者也。班书大体皆视《史记》为笃雅可亲，《地理志》记州郡风俗，《隋志》摹效之而终不及（《后汉书》《世祖本纪》及《功臣》等传，亦固为之，如冯异、马援传是何等精彩？范晔不能为也）。

①韩愈：《进学解》，卞孝萱、张清华编选《韩愈集》，凤凰出版社2014年版，第283页。

东汉之文深淳整穆，然余有不喜者：一、东都诏书，虽多儆惧之词，而千篇一律，反若可厌。二、词赋虽盛，然《两都》以降，无非獭祭词赋，有虚词而无真义；《幽通》《显志》之属，杂引故典，思多昏滞，益无精彩。三、中都碑版，古今所宝，然板重不灵，尽人可施，殆成常语。惟崔实及会稽三贤之伦，著论砭俗，上方贾子不足，下视葛洪有余。许君《说文解字叙》，郑君《戒子书》，淳厚大雅，虽非文家，所欣慕焉。

（原载《国文月刊》1947年第51期）

魏晋隋唐文论

自汉司马相如以献赋为郎，于是辞赋小道始为帝者所重。而范《史》亦遂有“文苑传”。(《困学纪闻》有云：“《文苑传》自东汉始，而文始卑矣。”[①]自今日观之，质文代嬗，乃必然之势。伯厚于此中堪得作者风气自见。)《隋书·经籍志》亦谓别集之名，东京所创。章实斋则谓“隋志”盖未深考，而指魏文帝撰徐、陈、应、刘之遗文，谓为别集之始。余按《隋书》所云，必有所受。观《经籍志》又云：“建安之后，辞赋转繁，众家之集，日以兹广。”[②]可知建安以前早有别集矣。若夫撰其遗文，都为一集，则总集耳。

钱塘夏曾佑著《中国历史》，谓魏武纵刑杀而薄廉耻，轻经术而尚词章，无一非宦官之习。又谓辞赋之习，出于桓、灵嬖人阉尹之徒。注曰：见《后汉书·杨秉传》。按魏之三祖，崇尚文词，忽君人之大道，好雕虫之小艺，兢骋文华，遂成风俗，昔之论者皆如此说。然如夏氏之论，归因于桓、灵宦寺之余习，则得未曾有。所举《杨秉传》，“秉”当作“赐”。赐于光和元年，奏对云：“今妾媵嬖人阉尹之徒。共专国朝，欺罔日月。又鸿都门下，招会群小，造作赋说，以虫篆小技见宠于时……旬月之间，并各拔擢。”[③]盖灵帝好文，常引诸生能为文赋者，并待制鸿都门下。本颇以经学相招，后诸为尺牍及工书鸟篆者，皆加引召。其中多无行趋势之徒，喜陈方俗闾里小事。蔡邕

①王应麟：《困学纪闻》，上海古籍出版社2015年版，第402页。

②魏征等：《隋书》卷三十五，第四册，中华书局1973年版，第1089页。

③范晔：《后汉书》(上)，岳麓书社2008年版，第644页。

所谓“连偶俗语，有类俳优”①；阳球所谓“假手请字，妖伪百品”②者，即杨赐之所云尔也。此等篇章，一字无传，自不可与魏祖同论。然谓其为宦官之习，则政复有理。

胡应麟《诗薮·外编》云：“曹氏兄弟相忌，他不暇言，止如扬榷艺文，子桓《典论》绝口不及陈思，临淄书尺只语无关文帝，皆宇宙大缺陷事，而以同气失之，何也？”③少室之论允矣。余观子桓《典论·论文》，盛推文章之用，谓为经国之大业、不朽之盛事，实前此所未有。陆机《文赋》“伊兹文之为用”以下，特推波助澜而已。然子桓之言，又与后世昭明太子有别。昭明屏周、孔之书于文章之外，专以“沉思翰藻”为文。子桓则并西伯演《易》，周旦制《礼》，亦在其中。又盛推徐幹成一家言。其《与吴质书》，更累言之。则知魏文之意，未尝不以立言为本也。子建《与杨德祖书》，亦谓“辞赋小道，固未足以揄扬大义，彰示来世”，又谓“将采庶宦之实录，辨时俗之得失，定仁义之衷，成一家之言”④，是知曹氏兄弟虽以才相忌，而持论要自一贯。

建安诸子罕有全德。《魏志》引韦仲将（诞）云：“仲宣伤于肥戆，休伯都无格检，元瑜病于体弱，孔璋实自粗疏，文蔚性颇忿鸷。”⑤“故率不登大位，沦弃当时”⑥。《颜氏家训》又益之曰：“刘桢倔强输作，王粲率躁见嫌，孔融、祢衡诞傲致殒，杨修、丁廙扇动取毙。”⑦两君所讥皆不及伟长，信魏文之非妄叹已。王昶《诫子书》有云：“北海徐伟长，不治名高，不求苟得，澹然自守，惟道是务。其有所是非，则托古人以见其意，当时无所褒贬。吾敬之重之，愿儿子师之。东平刘公幹，博学有高才，诚节有大意，然性行不均，少所拘忌。吾爱之重之，不愿儿子慕之。”⑧徐之与刘，盖一狷一狂。（徐

①范晔：《后汉书》（上），岳麓书社2008年版，第714页。
②范晔：《后汉书》（上），岳麓书社2008年版，第906页。
③胡应麟：《诗薮》20卷，上海古籍出版社1958年版，第140页。
④张可礼、宿美丽编选：《曹操曹丕曹植集》，凤凰出版社2014年版，第280页。
⑤陈寿撰，裴松之注：《三国志》，中华书局2005年版，第450页。
⑥胡应麟：《诗薮》20卷，上海古籍出版社1958年版，第140页。
⑦刘开举译注：《颜氏家训译注》，上海三联书店2014年版，第168页。
⑧严可均辑：《全三国文》（上），商务印书馆1999年版，第373页。

幹著《中论》，实有静思伟识。如《治学篇》云："凡学者，大义为先，物名为后，大义举而物名从之。然鄙儒之博学也，务于物名，详于器械，考于训诂，摘其章句而不能统其大义之所极，以获先王之心，此无异于女史诵诗、内竖传令也。"[①]此等议论，非当时辞赋家所及，亦非当时经生所及。）

西汉重辞赋，尤重议对。班《史》称武帝擢严助为中大夫，令助等与大臣辨论，中外相应以义理之文，大臣数绌。（按此可知武帝朝以文士为御用党，与大臣相对抗，而以文字为工具。）又司马相如常称疾避事，朔、皋不根持论，上颇俳优畜之，唯助兴吾丘寿王见任用。按班书数语，见武帝左右俨有辞赋与议对两派人：议对之家长于义理，辞赋之家持论不根，又天然不能两胜者也。魏、晋以后，论祖《过秦》（左思诗句），而益为华整。若"崇有""达庄""运命""辨亡"，乃至"神灭""神不灭"诸论之载于《弘明集》者，其体皆近辞赋，与汉时所谓义理之文不类。而造论之各明一义，亦与罢黜百家之汉人不同。即其时之注疏家，亦大异乎汉儒之谨朴。王弼注《易》，颇尚清言。《论语疏》自何晏以至皇侃所录，胜义、美辞，络绎简编，是皆南朝之特色。盖人心波荡，风气随之矣。陶渊明虽名教中人，然受《老》《庄》之波流亦不少。如《归去来辞》有"心为形役"之叹，《五柳先生传》标"不求甚解"之旨。前有道家常语，后者则两汉经生之反响，而玄言所以代昌也。东晋《伪古文尚书》，亦是好文字，但有意为之，究非上世之文；又组纂而成，无真实义理。故终为后贤识破，不见重于真读书人之口。（明郝敬曰："古圣文辞深奥，精密无痕……孔《书》极力模仿，而音节匀畅，俊彩妆严，已落近格……《盘庚》《大诰》《康诰》等篇文辞，如流云杂雾，烝涌腾沓，不可抟填，而自然烟润。孔《书》二十五篇，丰姿济楚，如砻石疑玉，刻木肖花，渐染妩媚之气。古言盘郁，今言清浅；古言幽雅，今言高华。一览而尽者，今人之辞；三复而愈远者，古人之辞也。"又曰："古人意思深厚，义理填塞胸臆，欲言不啻口，乍读结涩，愈玩愈精彩。后世文字嘹喨，滚滚追逐而来，其于修辞立诚之意，索然尽矣。"又曰："后人文字，皆拣选材具，一字一句叠砌而成。古人文字无边齐，无畔岸，拍天驾海而来。文字出上古，自然深沉隐约，有郁苍之气，正是未雕之朴。一落叔季，肤浅轻扬，气

①林家骊校注：《徐幹集校注》，河北教育出版社2013年版，第50页。

运风会，莫知所以然而然也。”[①]按自宋以后，疑东晋古文之断音，其人多，其证备矣。而专就文字之时代作风雠勘同异者，则郝氏为最精详，归熙甫所不及也。今从阎百诗《尚书古文疏》所录，而摘其要语如此。）

南朝梁代文学最盛。余谓斯时凡有五书，皆空前之作。其一沈约《四声谱》，其二任昉《文章缘起》，其三钟嵘《诗品》，其四刘勰《文心雕龙》，其五萧统之《文选》也。沈书，声律之始；任书，体制之始；《诗品》《文心》，设论之始；昭明《文选》，总集之始。（总集诚不始于昭明，而前所成者如挚虞、杜预之书，今皆不传。）有此五书，萧梁为不亡矣。（帝王著述亦推梁朝为盛。）沈、任二书惜不传。任书，《隋志》著录，名《文章始》；今所传者，唐人追补之作。沈约甚为仲伟所讥，然妙悟不可非。余三书炳如日星，更无假于赞颂已。

之推入齐，子山仕周，南士风华，遂被河、潼之地。然前乎颜、庾者，若道元注《水经》，衒之记《洛阳伽蓝》，其人皆魏产也。良以永嘉、正始，玄风久扇，其后《老》《庄》告退，而山水方滋（《文心·明诗》篇）。风气所渐，朔北固未能自异。加姚秦、元魏，几度译经，胡后更大营佛寺，龙门造象偏于硐谷，耳目震耀，有足拓其灵思，于以证幽奇，存故实，何必颜、庾，乃为可贵哉。

苏绰受周武帝命，作大诰以正文体，史谓其属辞有师古之美，矫枉非适时之用，故莫能常行。隋文帝方纳李谔请革文华之言，而炀帝遂以诗赋取士，庙堂复古之举，竟无绩验，然其时风气可知矣。又有王通，摹《论语》而著书，虽称讥非一，要亦独孤及、梁肃之伦，开韩、柳之先河者也。北俗本尚贞刚，为文贵乎时用（李延寿语）。故昌言改作，亦北人先之。史称孟海公为盗，见人称引书史辄杀之。六代尚文之敝，虽大盗亦厌之矣。所以未成风气者，由隋、唐之主皆尚词华，无矫变世俗之心。即民间亦奉《萧选》为枕中鸿宝。（隋之李善、唐之五臣皆《文选》专家。）学者著书，犹沿俪体。（刘知几《史通》是其例。）一旦昌黎崛起，倡散文于举世不为之日，其难可知也。故其为书答李翊曰：“无望其速成，无诱于势利。”速成者揣摩之事，

①阎若璩撰，钱文忠整理，朱维铮审阅：《尚书古文疏证》，上海书店出版社2012年版，第239—240页。

势利者科目之途，此等尤与古文相妨，故深戒焉。昌黎又曰："非三代、两汉之书不敢观。"[1]今观《进学解》所列，则其目也。夫岂志存复古，则不得不聚徒讲论，而时人有以好为人师相诋者（见《柳州集》），昌黎亦内不能平，其文有曰："事修而谤兴，德高而毁来。"[2]殆谓此也。

姚惜抱评昌黎文，以谓赠序诸篇，冠绝前后作者。吾观集中碑志一类，阔大雄深，有文字来所无，此等最见昌黎本色。他如《与孟东野书》《送董邵南杨少尹序》《题李生壁》诸篇，多有远致，则为别调。盖气象风神，理不可兼。其叙记之文，能大而不能细，故山水记遂终让柳州。又退之于琢句耗心实甚，其《南海神庙碑》，描摹祭神降福一大段，实自《汉书·宣纪》神爵四年诏书"斋戒之夕，神光显著""荐鬯之夕，神光交错"等语得来，而益加卓诡，遂成异观。覈而论之，则一游戏文字而已（东坡诗已有是论）。《祭鳄鱼文》《毛颖传》皆此类。谓为文外旁溢之趣则可，若以此等推昌黎，则断断非其至者。又散文之目，自以韩氏不用俪语而兴。然曾涤生与周荇农论古今文家原委，谓司马迁以下，班固则毗于用偶，韩愈则毗于用奇，源远流分，刺讥互兴。而韩氏有言："不相用不足为孔、墨。"彼其于班氏，相师而不相非亦明矣。愚按：退之集中，取资班氏者实不一而足，有非欧文以后之散文所可并拟，此亦不可不知也。（自望溪以下，诸家每有因退之论文不列班固而抑之者。张十元极争之，黎庶昌《续古文辞类纂自序》亦有平情之言。）

唐人醉心科举，有温卷求知己之习。抱道如退之，犹不免以竿牍自累。而游其门者如李习之，乃独自待甚厚，无汲汲之态。观其《答孤独舍人书》《陆歙州述》，可知也。习之才逊于师，而学之惇实过之。《复性》三书，原本《易》《中庸》，以圣贤为可几，实启宋儒论性之绪。集中见道语尤不少，可以观人，可以修己，蔼然君子之言也。陈言务去之旨，习之《与朱载言书》言之綦详，而自为文显以平实胜。孙樵、刘蜕亦学昌黎者，其文奇词奥句居多。但斧斤未化，故无浑穆之美。

柳州具俊杰廉悍之资，而思力复胜于韩。《封建论》夫说尚矣，即小篇如

①）韩愈：《韩昌黎全集》（上），北京燕山出版社2009年版，第450、451页。

②韩愈：《原毁》，韩愈著，马其昶校注，马茂元整理：《韩昌黎文集校注》，上海古籍出版社2014年版，第27页。

《蝜蝂》《说车》，其识解亦非《毛颖传》所能望，不只山水记为绝唱也。《梓人传》《郭橐驼传》寓意尤伟，故司马温公录入《通鉴》中。惜其位卑遇啬，夭死家裔，未能极其才之所至。故集中碑版之文，犹沿选调，而不如韩之雍容博大。其死也，昌黎志其墓，谓衡湘以南为进士者，经承指画，为文皆可观，盖亦欧阳詹之伦。柳州虽不以师道自处，然宰官能文，州人化之矣。杜牧为淮南节度佑之子，史学优赡，而著论奇宕有识。白居易虽诗家，亦留心干济，议对之文，明白详审。陆贽、李德裕以文章济相业，功施烂然。此三四公者，皆信能当得汉武诏书所谓“明当世之务，习先圣之术”[①]之二语。文章之能事，得此而庶几尽之。（《易》曰：“观乎人文以化成天下。”此四字惟议对之文能尽其用。）亦非昌黎所能及也。

（原载《国文月刊》1947年第53期）

①班固：《汉书》（上），岳麓书社2008年版，第53页。

宋明清文论

沈括《笔谈》云："往岁士人多尚对偶为文，穆修、张景辈始为平文。"[①]此谓穆、张诸人始革西昆俪体为散文也。称散文曰平文，盖谓不逞才藻之意。然宋散文与昌黎之散文又别，故平文又有平正不尚奇崛之意。原昌黎去陈言之训，自非沉浸汉赋、熟精萧《选》，而其才又足以创造如志者，有弗能为。（刘融斋《艺概·文概》谓："韩文起八代之衰，实集八代之成。"[②]可谓知言。）不量力而为之，势必至堕入险怪奇涩之途。故宋之六士，咸以平正通达为宗。欧公为宋文开山，实始得昌黎遗稿而究心焉。及知嘉祐贡举，黜刘几，进苏轼，而天下之文体咸出一轨。公之论文，以善用所短为主，故虽雄奇不若韩，而风神自胜。（容斋《艺概·文概》又谓："太史公文，韩得其雄，欧得其逸。"[③]斯评亦确。）盖欧公从昌黎入，不从昌黎出，实已拔戟自成一军，与昌黎分擅阴阳之美。史称曾子固、王介甫、苏轼父子，布衣屏处，未为人知。修即游扬声誉，谓必显于世。盖自老泉外，皆欧公知贡举所拔士也。曾氏得力子政为多，其文专一质厚，不大声以色，自是阴柔一路。其佳处尤在依傍道理，不为空言，故朱子称之。王氏密栗刻削，有韩文风裁，虽若不与永叔类，然皮毛剥落，不尚瑰奇，要非尽师昌黎者。其诗有云"力去陈言夸未俗，可怜无补费精神"（王安石作《韩子》诗），为韩子惜也。三苏，东坡为胜，纵笔挥斥，脱手万言，说理更左宜右有，略无前贤谨严之用

①沈括著，金良年校点：《梦溪笔谈》，齐鲁书社2007年版，第96页。
②刘熙载：《艺概》，上海古籍出版社1978年版，第20页。
③刘熙载：《艺概》，上海古籍出版社1978年版，第13页。

心（参拙撰《大苏文拾遗自序》）。水心[1]讥之，谓以文为论，自苏氏始，而科举希世之学，烂漫放逸，无复实理，不可收拾（《习学记言》），可谓知言。至其用事之误，则宋有严有翼（《艺苑雌黄》），明有焦竑（《笔乘》），清有赵绍祖（《读书偶记》），并予纠绳。其语太峻快，则元之李冶（《敬斋古今注》），亦加嗤点。驰骋太过，自有斯失。要之苏氏父子，以澹泊之色，为汪洋之文，去韩终远，于欧实近。（东坡尝谓扬雄好为艰深之词，以文浅易之说。若正言之，则人人皆知之。朱子谓欧、苏文好处，只是平易说道理，初不曾使差异底字换却寻常底字。罗大经亦有类是之言。此皆异于昌黎之证。）故宋之文统，全祖庐陵，殆无疑义。明遗民傅青主谓欧公以后之文为江南之文，亦以阴柔一派自庐陵开之也。（清初高平毕振姬为文，纵横疏宕，颇有奇气，而浑厚则不足。青主题其集曰《西北文集》，亦文林佳话。）

元程端礼有言："欧、曾比韩更开阖分明，运意缜密，易学而耐点简，然其句法则渐不若韩之古。朱子学之，句尤长矣。"[2]余按此正宋之所以异于唐也。骈散合流之局，自有古文之名而分，至宋而相去益远。然如程氏所胪开阖分明，运意缜密，以及易学耐观诸德，则亦有转胜前人之处。非惟古文为然，即宋赋与宋四六，其平淡自然，运实于虚，亦靡不息息相通。古人文字朴拙，每多格塞重腿之累。在昔奉为高格，心摹手追，惟恐不似；至宋而皆蝉蜕鸿冥，弗为之矣。试观考亭经说，东莱史论，水心、鹤山之奏议，何等圆畅，此岂唐贤所能至哉。（东莱为后生撰《左氏博议》，以资课试，颇伤于巧，当时考亭已加针砭。清儒章实斋更痛恶塾师以是书授徒，以谓"初学为文，最忌轻清圆转，易于结构""幸而成者，皆剽而不留，华而不实，不复可见古人之全也"[3]，至比之于揠苗助长，盖确论也。又张南轩与朱子书，谓伯恭聚徒颇众，皆"为举业之故，先怀利心，恐难纳之于义"[4]，亦可默窥。）

---

①叶适（1150—1223），字正则，号水心居士。

②程瑞礼撰，姜汉椿校注：《程氏家塾读书分年日程》，黄山书社1992年版，第53页。

③章学诚：《论课蒙学文法》，章学诚著，仓修良编：《文史通义新编》，上海古籍出版社1993年版，第300、304页。

④沈善洪主编：《黄宗羲全集》第5册《宋元学案》（3），浙江古籍出版社1992年版，第32页。

冯时可谓："宋人为文，嗜易而乐浅……所以去古愈远，而不能经纶天下。"[①]此非笃论。朱竹垞则曰："文章之坏，至唐始反其正，至宋而始醇。"[②]此以义理言，而未及平易冲淡之所以为空前，虽贤于时根柢而已。其稍有著作之意，欲以开堂奥而一途轨者，则当推望溪《古文约选》为权舆。《约选》有序例数则，主雅洁，主澄清无滓。其义经法纬之说，则于《史书记货值传后》发之。因义法而著必不可犯之戒律，则《评沈椒园文》详之。斯论既倡，古文坛宇为之一肃，此亦前此所未有也。（选本而有主持风气之意者，宋真德秀《文章正宗》亦最具有，然不如望溪义法之说影响之巨。）然望溪所重实在法。其于八比功力至深，而即用其法细读《史记》，一如震川。同时《钦定四书文》一书，亦望溪奉勅编集者。所标"清真雅正"四字，与序列所云正自同符。（名制义家关中路德序所辑《仁在堂时艺·课》有云："条理井井，不杂一物谓之清；一题一文，不可移置谓之真；诵法古人，不随流俗谓之雅；范我驰驱，不为诡遇谓之正，此非才人学人不能兼也。"按路氏所诠，是合书卷才气而为言者，与望溪义法兼重之旨亦同。）故王若霖言："灵皋以古文为时文，却以时文为古文。"[③]而钱辛楣叹为洞中症结之论。若霖之意，盖谓八比因有古文之气息而醇厚，古文却以染八比之体势而薄弱也。戴南山才气之大，远胜方、姚，其纪事诸篇，尤不愧作者。顾以身婴奇祸，选者至录其文而隐其名。清初文纲之烈，又不可胜言矣。（南山之文，以光绪间顺德邓实所编题曰《戴褐夫集》者为最备，国学保存会印行。）

惜抱于古文辞有妙悟，无邪气、魔气。其意态安和，亦胜望溪。从子原绂刻其遗集，以"清旷玄远"称之。自来品姚文者，无其确也。其尺牍尤有淡远之味，大似晋贤风度。桐城僻邑，自望溪承源震川，一传海峰，再传惜抱，俨然成一家数。程鱼门以天下文章归之，戏论成嘉话矣。吾观《类纂》叙目所列，诚不少超胜前人之处。朗朗十三类，几括文事之全而无有弗具，则思精于萧统也。辨体不胶于名而必溯其高曾，则识超于任昉也。依类以求作者而兼权其工拙，则义同于刘勰也。书说多取《国策》，奏议远采班

①阮葵生：《茶余客话》，中华书局1959年版，第338页。

②朱彝尊：《曝书亭集》(6)，商务印书馆1935年版，第527页。

③钱大昕《潜研堂文集》卷三十三《与友人书》中引王若霖语。

《书》，碑铭首录秦刻，辞赋上逮楚人，取法乎上，不以制议所不习而自封，则体崇于明季诸选家也。更就桐城家法言之，望溪剪伐榛楛，坛坫已肃，然专拈雅洁语人，犹伤于隘。惜抱举“神理气味格律声色”八字，语特高简，又浑圆无可排击，足以含纳众流，斯则桐城之所以真足成一家数欤。（惜抱《与陈石士书》云：“望溪所得，在本朝诸贤为最深，而较之古人则浅。其阅太史公书，似精神不能包括其大处、远处、疏淡处及华丽非常处。止以义法论文，则得其一端而已。”①此亦智胜其师之证。）至《类纂》存录未公，阿谀所好，及夫末流之不能无弊，则自巴陵吴氏已有微词，近世李审言氏更极论之。（见所为《论桐城派》文中）仆品惨月旦，语羞雷同，是以略而弗道尔。

姚门弟子，多闻推方植之，深造推梅伯言。植之之学不纯乎文，而其论文去肤存液，有非拘学浅夫所能囿者。（《日知录》病讲学先生从语录入门者，多不善修辞。嘉靖而后，于是王元美之《劄记》，范介儒之《肤语》，上规子云，下法《文中》云云。植之著《书林扬觯》，谓：“观古今之书，但当论其言之精正与否，不当徒求之语句文辞之末迹也。苟其言不足取，虽法子云、王通，只见其可厌。苟其书真可用，语录何害乎！”）伯言智过其师，诗文双擅。其文模拟迹未化，而其莽苍倔强处，实亦惜抱所无。由其自骈体入，故时见瑰异。管异之读其文，以一篇之中数体驳见为病，是乃袭方、姚常语，以绳伯言，隘矣。伯言金陵之难，走依杨至堂侍郎于南河，至堂为刊其著作。间关衰病，竟死是间。其时吾郡鲁通甫方有编纂《清河县志》之役。通甫为文，有雄直之美。临桂朱氏琦以“天风浪浪，呼吸万里”二语品其所作，信非过叹。故自定《类稿》，篇篇可诵。时人或以桐城目之，有识者不谓尔也。（王益吾《续古文辞类纂序例》，谓通甫与子序、位西、子余，皆从伯言讲论。余检通甫《类稿》、通甫《诗存》，未得其证，盖矢入之游词耳。湘乡《欧阳生文集序》数桐城宗派未及通甫，是曾文近核之处。《书目答问》列通甫于不立宗派之日，亦为有见。民国二十五年，吾县徐文庶侯得其未刊稿刻于扬州，题曰《鲁通甫先生集外文》，凡二卷。）言桐城文学传授之迹者，曾氏《欧阳生文集序》外，以方宗诚《桐城文录序》及《谭艺图后记》两文所言，最为详允。（载《柏堂文集》中）

①姚鼐著，周中明选注评点：《姚鼐文选》，苏州大学出版社2001年版，第198页。

桐城之文，末流同在虚车。曾涤生驰驱兵间，独能起而矫之。其《圣哲画像记》一篇，崇马、班，推许、郑，盖已合文人、学人于一流。世人喜争汉、宋得失，涤生以二者俱讥斥之。（惜抱亦有平亭汉、宋之言，见《与蒋松如书》中，而其意微主右宋。）世俗于文率有偏至，涤生以阳刚、阴柔解之。（此论亦发自惜抱，见姚氏《复鲁絜非书》中。）故文家意量之宏，门庭之大，未有如湘乡者。至姚氏《类纂》所遗阙失，曾氏《经史百家杂钞》弥编殆尽。但观《经史百家》四字，便知撰者已将文字源头尽情发露。南屏所谓自来文家，必皆得力于古书。《与欧阳小岑书》即曾氏此编之注脚矣。曾氏早年颇许桐城，自谓粗解文字，由姚氏启之（《圣哲画像记》）。姚氏辨文章之源流，识古书之正伪，此二者文正亦甚推许，谓为突过归方（《致吴南屏书》）。然观《清稗类抄》记南汇张文虎答奉贤训守周慰曾之问，乃有文正晚年于惜抱文亦不十分满意之语。盖桐城瓣香太史公书，由八家入。湘乡则于班《史》、许《书》、萧《选》、司马《通鉴》，皆所精研。就初学言之，桐城有绳墨，有畔岸，入手莫善焉。然高才必不以此自画。欲语闳通，宁师文正也。张廉卿、吴挚父胥出桐城，而兼师文正。廉卿文境盘折，工为碑志文，通州范伯子师事焉。挚父守文正之说，著《古文四象》以尽其变，又施丹黄于先秦书，广归、方所未及，宦辙所之，一灯之传远暨河北。夙善严又陵，又陵译书，颇参订焉。然其答又陵之问乃有“与其伤洁，无宁失真”之语，此则蔽于桐城家法，断不可从。

清代天才作家，亦有数人：如侯方域、袁枚、龚自珍，皆秀出冠时者也。然方域好奇，其《与任王[①]谷论文书》，谓大议论须加裁制，而“闲漫纤碎处反宜动色而陈”。其立说之有待斟酌，当时彭躬庵已论之矣。曹溶又讥其《马伶传》新诡特甚，近于《齐谐》，并为知言。袁枚诗文灵妙，有主持风雅之意。姚姬传挽之曰：“当关报客无朝暮，下笔嘘枯有性情。”[②]二语尽之。然书事亦尚奇诡，往往不根，彭尺木尝与书诤之。其所为《书鲁亮侪事》，文心尤诡曲，名小说家弗能逮也（参拙撰《书袁枚书鲁亮侪事后》）。大抵文家原

①编者按：“王”，原文为“石”。

②姚鼐：《挽袁简斋》四首之三。姚鼐撰，姚永朴训纂，宋效永校点：《惜抱轩诗集训纂》，黄山书社2001年版，第465页。

有传奇、写实两派，而才人好奇，多以诙诡乱真，大率然矣。龚自珍之文，纳灵奇于雅令之中。其辞虽瑰丽醲郁，然静玩之又未尝不清疏。有大议论，亦有笺记小文，究之则谐胜于庄，多富小说意味，皆性情之所寓也。此三人皆非绳墨之士，而天才崭绝，固当为不世出之选。又有魏禧、恽敬、魏源、包世臣，此诸人亦富才气，自置甚高，其务为经世之学，并与自珍同；而文不徒作，篇篇有物，则颇类纵横之家焉。

学文如学道，深造自得，则左右逢源。故沉酣典籍而才力绝人，其文必工。古文然，骈文亦然。汪中、孔广森，由此其选也。然容甫才高，于骈散异同未尝置论。阮文达少耽《选》学，其论文祖述昭明一序，置经史子于文事之外，此与今之纯文学界说全同。但阮氏墨守沉思翰藻之言，谓必奇偶相生，音韵相和，乃有合于孔氏"文言"之教（详阮氏《书文选序后》）。又《文韵说》曰："所谓文者，在声为宫商，在色为翰藻。"《文言说》曰："不但多用韵，抑且多用偶。"审如所言，是苟非声律、排比、翰藻三者悉具，则不得谓之文。试问阮氏，假如声色并美，而按之羌无意义，阮氏能许其为文否乎？盖阮氏本经师，其说以为古者小学词赋，本属同源异流。汉之扬、马，皆深通古文雅训。扬、马之学传于《文选》，故为《选》学者必精雅训（详《扬州隋文选楼记》）。然则阮氏治《选》，其意实在小学训故，与《经籍纂诂》之旨趣正同。论文之语，许其一节可也。（清代经师多能为俪体，盖才质思力有相近处。袁简斋谓考据与文事相妨，此自指灵奇郁勃之思，不宜以考据滞痛之耳。若乃骈俪之文，原与小学训故相表里，故并行不害。）

（原载《国文月刊》1947年第55期）

近代文论

又陵、畏庐皆于桐城不无渊源。又陵译名哲诸书，本诸子之体；畏庐译名家小说，依史传之法。自韩、柳倡为古文，直至晚清，无如二子之能尽其用者。然又陵于译事实启津途，兼于西土名籍夙所探治，所译《天演论》《群学肄言》诸书，传诵士林，影响国论，所稗乃似尤巨。以今观之，独恨其尚少耳。今一二小生，粗解怯庐文，便于旧译逞臆索瘢，叩其平生，略无象寄之劳，宜闻者之不肯服也。畏庐步趋桐城甚谨，而实与震川为近，叙事甚泽，富姿媚。写世间离合，哀咽动人，故最宜说部。其译《拿破仑本纪》，则颇伤拘缚，不称其体。尤不善持论，晚年与人争新旧文学，动辄自陷。但其制行甚峻洁，自尊所闻，亦无忝焉。

神州为文胜之邦，缀学之士固重词章，杂流之书亦耽儒雅。故郑国为命，终以润色之事；唐代译经，辅以润文之官。踵事增华，由来已夙，而文亦重受其病焉。《老子》谓信言不美，美言不信，虽曰论道，实为灼见文弊之言。东汉以后，豪杰之士亦颇有具矫变之志者：汉则王充，隋则李谔，宋则欧阳修，明则袁宏道，虽小大精粗不伦，实皆有去文存质之意。而袁氏所倡，尤与今日新文学运动多量吻合。明王圻作《续文献通考》，以《琵琶记》《水浒传》列之经籍志中；而明诗《文华殿书目》亦有《三国志通俗演义》。此等处尤可觇时代之好尚，有不可掩者。自环海交通，世变日亟，黄公度始倡以俗语入诗，（公度有《杂感》诗曰："我手写我口，古岂能拘牵。"又曰："即今流俗语，我若登简编；五千年后人，惊为古斓斑。"）而所制未能允蹈其言。梁任公办《新民丛报》，其行文始不避俗语俗字，滥用新名词，尤一味解放，务尽其意而止。当世恶其太漫，目为野狐禅。然后世爱诵之，遂成风俗。虽形模尚用文言，其质固已大变于旧矣。又有胡以鲁者，著《国语学草创》，能深见语文演变之由。又草《质文建设案》，其第七条云："词句以达意为度，陈语、古文、古典不仿用。"所谓质文，盖绝近今日之语体。此六七公者，与今之国语运动虽若无与，要皆豪杰之士也。

章太炎为文，原本苍、雅，出入汉、魏，俗师病其难喻，或以嵌字为讥。昔宋子京通小学，而文多奇字，时人苦其奥僻。读《章氏丛书》者，或亦有同感焉。抑余观章氏所作，训词深厚，中无杂越，文质相扶，有若自然，斯乃积中符外之作，嵌字者不能也。其使用古字，乃正为矫其通假，（六书本义，废置已夙，经籍仍用，通借为多。舍借用真，兹为复始。见《检论》五。）求其确切（乃夫一字所函，周包曲折。晚世废绝，辞不慊志。必当采用故言，然后义无遗缺。见同前）。特晚近小学放绝，章氏主张戾俗已甚。故季刚死后，罕能效其体者。然章氏论文之旨，主形名不主纵横。故芟除表象（《检论》五），诋击气矜（《论式》），而归重于存质，此论终不可易。其备论晚近文士，厥词似苛，而并能深中其情。谓姚鼐、张惠言，所法不过唐、宋，然视吴、蜀六士为谨（吴、蜀六士谓欧、苏、曾、王）。要之文能循俗，后生以是为法，犹有坛宇，不下堕于猥言酿辞（《文录》二）。其言且有平实如是者，特于琴南为少严耳。涤生、廉卿高出姚氏上，碑版传状上攀班、韩，章氏亦称道之（《文录一》《说林》）。所见亦不违世论。集中又有《文例杂论》二十条，以考证余事为之，并可览观。独其文学界说失之过广。如其所言，则凡著竹帛可句读者，皆得与于文事之列，盖是充类至尽之言。读者心知其意，以学人之文观之可矣。

纪事之书，《左》《史》并重。学《史记》者，官书私史亦云众矣。而《左传》一家，嗣音则罕。自司马温公作《资治通鉴》，始以十九年之心力，合十六代千三百六十二年行事，于二百九十九卷之书。观其遍阅旧史，旁采小说，整纷辨异，自成机杼。虽曰全资旧文，而镕裁之笔，控御之才，实已超荀、迈袁，独有千古。或疑温公虽受诏编集，其事止于发凡起例；著手成编，合推刘、范。然观刘庄舆与范梦得书，则笔削明出君实之手。（刘书谓先人“在书局，止类事迹，勒成长编，其是非予夺之际，一出君实笔削”[①]）而遗稿在洛阳者，黄鲁直阅数百卷，讫无一字草书。（《通考》引《李巽岩集》）则《通鉴》一书，温公始终其事可知也。故书成而后，士知研索，种学绩文，小大兼资。（以正史与《通鉴》对勘，观其削繁存要，会众于一，最与文事有裨。）曾氏《杂钞》，至辟叙记一类，以收《通鉴》名篇。毕氏《续通鉴》，用力虽勤，而镳锤之功卒不能逮，第粗能整齐故事而已。外此清人擅史才者，魏源《圣武记》，王闿运《湘军志》，并用纪事本末之法，见重士林。（壬秋弟子费行简著《近代名人小传》，笔有阳秋，甚类其师者也。）民国初年，行唐尚秉和著《辛壬春秋》，以纪传体书光复史实，亦复雅饬可观。

自有文章，便有模拟。其事犹学书之有临池，不可阙，亦无为讳也。太冲诗曰：“著论准《过秦》，作赋拟《子虚》。”（左思《咏史》）此文士自道摹古之证。总集昉于魏、晋，杜元凯亦有善文之辑。其所为《左传集解序》，释《春秋》五例，每例皆缀二语，又皆用韵，其句法明自许滚长《说文解字叙》释六书一节得来。元凯非以文章显，而诵法之余，形诸篇翰，则一时风气可知矣。然六代文人最喜相袭，高者如蔚宗作史，自谓不减《过秦》，其说允矣。其下者乃至拘牵害义，有类诊痴。刘子玄以貌同心异诮之，非无以也。尝谓学古之事，平日固当多读多看，能自得师。及夫临事操觚，所谓奔凑腕下，文成而法立者，乃全若无心相遇。如是者方可克自树立，不失真我。亭林与人书曰：“君诗之病在于有杜，君文之病，在于有韩、欧。有此蹊径于胸中，便终身不脱依傍二字，断不能登峰造极。”[②]大哉言乎！吾观古今文士，以模拟终其身者，前有子云，后有壬秋。而二人晚节遗讥，亦颇相似。然则此事虽文章末务，而人品或系焉，甚不可以不察也。

今之标点，即古章句之学。近人吕思勉有《章句论》，考辨甚悉。吾观离经之法莫备于宋。宋馆阁校勘经、史，例以侧点为句，中点为读。凡人名、地物名，并长句内小句，并从中点。所谓长句内小句，即今文法书所谓片句若短语。馆阁凡遇此等，亦以读视之，其义精矣。宋儒如勉斋黄氏、叠山谢氏，其批点《四书》若韩文，又各有例。勉斋有句读例，有点抹例。前者本

①刘羲仲：《通鉴问疑》，《学津讨原》本，第八集第五册。

②顾炎武：《与人书十七》，《顾亭林诗文集》，中华书局1983年版，第95—96页。

于馆阁成法而加详。后世就欣赏处分施丹黄，谢氏《文章轨范》，实祖其法而益为详备（今犹有印本可观），则后世归氏五色笔之所自昉也。程畏斋教弟子，于二例并有增广，载《读书分年日程》中。其广句读例有二语曰："凡议论体，自然读多句少；凡叙事体，自然句多读少。"[①]斯乃深于文法之言。余在扬州，生徒有以何谓文气为问者。余曰："凡读多句少，诵时欲住不可住，斯即欣赏家所谓有气势也。"听者咸悦以解。尝谓句读之体会语意，以及属对发音之详审动静虚实，虽属闾师之事，实隶文法之科。（宋贾吕朝字音清浊辨即后世文法书以字音区别词性之法。就音学而言，诚为非古，以论文法，尚有微助。）今中夏文法，得西来之助，区别详矣。而施之实际，非必条条有用。其有用之条，昔人于治经讲学之余，固已连类及之。特其事琐末，前人识其大者，未尝张皇号召，务为专门耳。

古未有以古文取士，而历代古文作手相续不绝，其历年之久长，能手之众多，远过于诸尝取士之经义试帖、八比、词曲。是也。曾涤生曰："虚车诚不可，无车又何以行远乎？……吾辈今日苟有所见……又可不早具坚车乎哉？"[②]窃谓学文之旨，二公得之。若乃终身耽玩，是乃魔障，其文虽工，非处今日所敢倡也。故散文不以美为鹄，以致用为鸪。《文献通考》所存录文字，类皆平正切实，可诵可玩。非有散文为之根柢，易克臻此。近代名家如冯桂芬《私议》、孙鼎臣《刍论》、胡林翼《书札》、朱一新《答问》、黄远生《社评》，或通达时务，或有裨政学，其文平易，其理条达，皆以散文得之者也。

（原载《国文月刊》1947年第56期）

①郑奠，麦梅翘编：《古汉语语法学资料汇编》，中华书局1964年版，第211页。

②曾国藩：《致刘孟荣书》，《曾国藩全集》第13卷，中国致公出版社2001年版，第4715页。

刘勰建立了章句的理论体系

本篇意图探究我国梁代的文学论者刘勰在他的著述中建立章句理论的进步意义和深远影响，用下面三个段分别写出：

一、汉语“章句”的词汇意义，是从文学语言中产生的。在刘勰以前，经师有繁琐的章句著述，不是刘勰一派；王充有启蒙的章句理论。是刘勰一派，可是他仅仅是一个开端。这是论文的溯源部分。

二、刘勰摆脱治经观点，突出行文观点，开始从大小单位的组织体系上、矛盾统一关系上、作用上、连贯性上，初步建立了章句理论，又从章句需要上，分别指出字数、押韵、虚字三者对章句的巨大作用，尤其是虚字。他之所以有此贡献，和他丰富的词章实践是不可分的。这是论文的核心部分。

三、刘勰的章句理论，对注疏家起了澄清的作用，对词章家起了规范的作用，其中有关虚字的理论，从作用出发，不从训诂出发，在语法史上更应该有他一定的地位。这是论文的总结部分。

一

刘勰在《文心雕龙》的《章句篇》中所讨论的章句和刘勰以前学者所讨论的章句，他们所指的是一个东西，但又非完全是一个东西。

就章句的意义说，它们都是从引申假借得来，是有了文学语言才产生的，本来就不像“天、地、日、月”一样，亘古就为它们造个专字来表示那样的概念的。依照《说文解字》，“章”的本义是“乐章”，表示乐曲的演奏终了，这个词被假借作为文章组织的画段用，比较上还并不太迟。《左传》的“婉而成章”，这“成章”是可以作完成章法讲的。这已经从“乐章”的章引申到文章中的章了。[①]“句”的本义是“曲”。它和“钩”字音义皆同，泛指一切曲折物。段玉裁注《说文》，才看到了“章句之句，亦取稽留可钩乙之意”。这样，“句”字又有“句绝”的假借义。[②]假借义产生后，连字音也有了分化了。这样，就它们语义的变迁来说，章在语言中有终止义，句在语言中有停顿义，刘勰所谓章句，和他以前的学者所谓章句，都是对语文组织来说的，所以应该认为是一个东西。

可是章句的语义虽同，而刘勰和刘勰以前的学者在他们研究章句的出发点则不尽相同，因而这里面就各有它的特色所在。

首先，从章句都是用的假借义来说，就正可说明，章句的研究是从古代学者为更古的书籍断句分章时才引起的。东汉徐防上疏，说“诗书礼乐，定自孔子；发明章句，始于子夏”[③]，这就是说的子夏就孔子所定经文，为它分章断句，并且以自己的心得作出“传”来，如《丧服传》之类，传授给他的弟子的，这是最早的章句活动，在秦灭前。接着，汉初经师也就自己所藏的经书分章断句，如《尚书》的“欧阳章句、大小夏侯章句”之类，分别传授他们的弟子，以成一家之学。这是汉儒的章句活动，在秦灭后。凡此所谓章句，其特质在于经书的古本原无章句，经师们为了理解经文，把分章断句当作读经的首要环节。[④]那就是说，他们的分章断句是用来分解前人的书面文献，而不是就当前的撰述成品讨论章句形式，是治经的观点，而不是行文的观点。这个特征正是由先秦两汉的章句家自己的治学观点所决定的。

其次，像刘勰就不是这样，而是从文章的写作观点出发，从自己著作都在于“言为文之用心”（《文心雕龙·序志》）的统一要求出发，从而初步地建立章句的理论的。在他的《章句篇》中，用一定细致的分析，说明章句在

①《论语》的“斐然成章”，《孟子》的“不成章不达”，注疏家不作篇章解，但似乎也不一定就不可以作篇章解。

②可是古人只叫它做“言”，而不叫它做“句”。孔颖达说：“秦汉以来，众儒各为训诂，乃有句称。”

③范晔等：《后汉书》，中华书局1965年版，第1500页。

④分章可能更重要。

书面语言中的区别、职能，以及彼此间的关系。认识古书中章句的存在是一回事，对章句的深入理解，反映语言现象的本质，从而主动地掌握它，这又是一回事，刘勰的可贵恰在于后者。我们所以说，他们之间所讨论的是一个东西，但又非完全是一个东西，正是这个缘故。

当然，我们也不能说刘勰对章句的全面认识是空前的。这儿得追溯一下：在刘勰以前，例如具有唯物主义思想的王充，就曾针对着字、句、章、篇的相关之点，作出如下的解说：

> 夫经之有篇也，犹（由，下同）有章句；有章句，犹有文字也。文字有意以立句，句有数以连章，章有体以成篇。篇则章句之大者也……故圣人作经，贤者作书，义穷理竟，文辞备足，则为篇矣。其立篇也，种类相从，科条相附。殊种异类，论说不同，更别为篇。意异则文殊，事改则篇更。[①]

他所分析的对象虽然还是“经”，可是他这一段中深入观察得来的说法，是从来章句家所不曾有过的。尤其是下列三点不曾有过：

第一，是系统地举出大小四个不同单位之字、句、章、篇。其中从句到篇的分别是章句家早已认识到的。[②]但是开头从“文字”数起，把它（也就是“词”）列为语文的基础单位，就仅存的文献说，王充以前却不曾见过。第二，他说明字、句、章、篇的相关之点，确认一篇书面语言是一个组织体，又总括一句说：“篇即章句之大者也。”这句正说明，从句到篇，总的论点只有一个，单位虽有大小，但总是为了服务于一篇的总论点而存在。他这一句话，正说明总论点是用句来说的，用章来说的。第三，他重视篇，认定必须“以穷理竟，文辞备足”，才能成篇；必须“种类相从，科条相附”才能形成某篇的一定内容。

第一点可以称为“组织体论”，第二、三点又可以称为“篇本位论”。这三点，是王充对于章句理论的光辉贡献。这应该视为对刘勰有启蒙作用的章

①王充：《论衡》，陈蒲清点校，岳麓书社2006年版，第356—357页。

②如《毛诗》卷一，题“周南之国，十一篇、三十四章、百五十九句”，卷二题“召南之国，十四篇、四十章、百七十七句”，皆是。

句学说。虽然刘勰在《文心雕龙》中并没有评论到王充，我们不能说刘勰的理论就简直是前无所因，一切都是戛戛独造。

二

摆脱治经观点，突出行文观点，大大地发展了王充的组织体论，初步建立了章句的理论体系，这应该说，是刘勰高出前人的地方，他的见解主要集中在《文心雕龙》的《章句篇》里，包含了下列三个论点：第一是从组织体系看字句章篇；第二是突出章和句在书面语结构上的地位和职能；第三是从“调”的需要上看重了“字数”和“制韵”；第四是空前地提出虚字在章句中有重要作用的看法。

先谈第一点：“字、句、章、篇”的名字，是《论衡》中早经提过的。可是这四个大小不同的单位，在组织体系上应该包含着两个内在因素：一是层累相生，一是递为条件。王充仅仅指出了前者，到刘勰才又补足了后者。刘勰说：“夫人之立言，因字而生句，积句而成章，积章而成篇。”这是层累相生的因素，王充也说过的。所稍异者，王充曾经用“有意”“有数”“有体”，来表示“立句”“运章”“成篇”的所以然。刘勰却只用了一个“因”字，两个“积”字，说得浑括了一些。我看“意”“数”“体”对“句”“章”“篇”并不是一个榫头针对一个卯眼。“意”“数”都贯串到各单位，“体”略等于一个独立存在的东西，对“章”和“篇”都能用得。王充使用这几个字，只是互文，很难泥定。那么浑括地说，又有什么不可以呢？刘勰下面又说：“篇之彪炳，章无疵也；章之明靡，句无玷也；句之清英，字不妄也；振本而末从，知一而万毕矣。”这儿所指出的又是递为条件的因素。大意是说：有鲜明而显著的篇，是由于每个章都很健康；有明白而顺畅的章，是由于每个句都能完美；有清新而秀丽的句子，是由于每个字都很准确。抓住了每一个组成部分，就能决定了它所组成的整体达到成功的地步。指出这个递为条件的因素，能使人们作文都从每个环节进行检查，除了深究“为文之用心”的刘勰，是不容易说得这样的丁宁周至的。在这儿，刘勰对各单位的分析，当然不含有今天的语法观念在内。他所谓“字不妄”，这只是训诂上事，绝不是某个词的语法功能问题。因此，他的“因字而生句”的说法，也断然不能和后世的“用词造句”的新概念混为一谈。马建忠说：“顾振本知一之故，刘氏亦未有发明。”[①]我看处在一千多年以前，语法结构的认识水平有局限性，是不可能以今天的语言科学成就来为他抱憾的。我们说他对这四个单位名词提出两个内在因素，他的功绩不在语法学上，而在文章学上。

再谈第二点：刘勰虽然一连串地提出并确定了四个单位的专名和它们之间的内在关系，但是，这篇既以“章句”名篇，他所发挥的重点还在一般所谓“章法”上。因此，在阐述的开始，他着重地指出了章句的涵义和它们在文章中的地位和职能。他开头说：“夫设情有宅，置言有位；宅情曰章，位言曰句。故章者明也；句者局也。局言者，联字以分疆；明情者，总义以包体。区畛相异，而衢路交通矣。”这几句话说得相当精辟。应该首先肯定，根据《文心》全书的启示，刘勰是情文统一论者，“情”包括思想内容，“文”包括语言形式。在五十篇中，这两者都是相提并论，不放过任何一方面的。这儿他为章句下定义，也饱含着这样的精神。为了有所侧重，他在章的部分以“情”为主，句的方面以“文”为主。把上述一段的大意作成今译，那就是说，人们陈述情意，该有个寄托的地方；驱遣文字，该有个安放的次序。为前者服务的叫作“章”，为后者服务的叫作“句”。章是“宣示”的意思，句是“部署”[②]的意思。部署的用处在于缀字成句，和别的句子分开；宣示的用处在于总括具体的内容，包含在一章的整体里。照它们各自成为单位说，章和句是有界限的；照它们都是为篇服务来说，章和句又是互有联系的。这段的话有一定的科学性，他的“置言有位”“位言曰句”“局言者联字以分疆”等等的说法，曾经引起语法学者的注意。马建忠在“句”的界说下引述过，[③]刘师培在《国文杂记》中引到“位言曰句”这句话，更简直把古人关于句的概念和今天作为语法术语的句的概念完全等同起来（《左庵外集》卷十四）。其实，刘勰对于字字相配而语意已全的语言现象是意识到的，这比前人

①马建忠：《马氏文通》，商务印书馆1983年版，第10页。

②《礼·曲礼》：“左右有局。”注：“局，部分也。”《尔雅》：“局，分也。”是知“局”有安排部署的意思。

③见《马氏文通》卷一。他对“句”的解说是“凡字相配而辞意已全者，曰句”。马建忠：《马氏文通》，商务印书馆1983年版，第24页。

已经很可贵，但对于字在句中已经成为充当句子成分的“词”，是不可能要求他也意识到的。以我看来，似乎要推这篇的“区畛相异而衢路交通矣”一句说得最好。因为它能把章和句这两个大小不同的单位既有个性（独立的）又有共性（统一的）的辩证关系郑重地指出。这应该是文章学的基础知识之一，刘勰已经说得很精确了。

下面，刘勰就着重地谈出章句在篇中的作用来。他说：“夫裁文匠笔，篇有大小；离章合句，调有缓急。随变适会，莫见定准。句司数字，待相接以为用；章总一义，须意穷而成体。其控引情理，送迎际会，譬舞容回环，而有缀兆之位；歌声靡曼，而有抗坠之节也。”大意是这样：篇的大小，要看文（有韵文）、笔（无韵文）的宜长宜短来决定它；调（语气）的缓急，则是决定章句分合的客观因素。这些都是因文而异，难以定出一般的准则来的。可是“句”的任务在抓住积字而成的句意来和其它句子相连接；章的任务在说透中心内容而成统一体。它们一方面掌握总指，一方面充当过脉，正如歌舞的艺术活动一样，舞步虽然回环不已，但舞者一定不能离开他的行列位置；歌声尽管靡曼相续，但歌者一定不能忘却他的高下节奏。从回环、靡曼说，整体是连续的、不可分的；从它们都有一定的行列和节奏说，章句的不同单位又是必须把它区别开来的。这一段的意思，是说明文章在思想内容上是不尽的长流（章），在语言形式上又是许多的停顿点（句），而这二者又恰是统一的。

下面，刘勰又出色地、有重点地写出章句的连贯性。他说：“寻诗人拟喻，虽断章取义，然章句在篇，如茧之抽绪，原始要终，体必鳞次。启行之辞，逆萌中篇之意；绝笔之言，追媵前句之旨。故能外交绮交，内义脉注，跗萼相衔，首尾一体。若辞失其朋，则羁旅而无友，事乖其次，则飘寓而不安。是以搜句忌于颠倒，裁章贵于顺序。斯固情趣之指归，文笔之同致也。”大意是说，春秋的士大夫在宴会中赋诗见志，虽也曾“断章取义”，但只是比况、拟议的性质。实在说，章句在一篇之中，必须像缫丝那样地持续不断，必须像鱼鳞那样地首尾衔接。所以开头的话往往是中间的伏笔，结尾的话又往往是来路的缴应。这样，从表面看，它的文采好像是织成似的；从内容说，它又像人身的血脉无处不到。其相依为命的关系宛如花的子房和萼片；

其摘不开的关系又宛如动物的头和尾。因此，语句是不能孤立的，孤立就格格不入；内容是不能越序的，越序就上下合不拢。所以，句和章的安排都得保持连贯性，不论有韵无韵，都得适用这条规律。这一段所论的不外文章的呼应问题、气脉问题、顺序问题，这在后世的文论中已经成为常谈，几乎被评点家说烂了，可是他们的议论并不能出乎刘勰的规矩准绳之外。因为刘勰是从章句的本质——连贯性——上说起的。他在《神思篇》中，早就有过“贯一为拯乱之药”这句富于概括性的语言了。

这第二点乃是章句篇中的核心部分。

再说第三点：刘勰在阐述字句的理论中，又谈到字数和押韵。大体是这样：就字数说，他主张无韵的文章以四六为最合适；有韵的诗颂以四言为最平正。就押韵说，他既反对两韵就换，也反对一韵到底，因而抱着折中的态度，很有可能，他是恰如范文澜同志的推论，主张四韵（八句）一转的（参《章句篇》注九）。这一大段的话在章句论中都不是章句范围内事，因而就说刘勰是没话找话说，或者竟如纪昀的评语，说他“无所发明，殊无可采”，我们却不能同意。只要读者稍稍细心一点，一定就能注意到他在谈章句在篇中的作用那一段里，是曾经有过“离章合句，调有缓急”的那句话的。“调”就是“辞气”或“语气”。上面说过：刘勰是情文统一论者。什么是“章”？情之所托就是章，所谓“宅情曰章”。有“情”就有“调”。章句的离合，既决定于情调的缓急，同时也反过来对于情调的缓急，能起一定的调整作用。这就很可说明，在章句中谈字数，谈转韵，是和刘勰“宅情曰章”的观点分不开的。他论字数所以主张四六，其故在于“四字密而不促，六字格（长）而非缓”，这儿的“促”和“缓”就都属于“辞气”的范围。有此“辞气”的物质因素作为依据，就和形式主义批评家硬性地决定句式全无相同之处了。①论字数是这样，论押韵的一段也说：“若乃改韵从调，所以节文辞气。”这更明白地说：“改韵”是为了“从调”的，也就是为了“节文（调整）辞气”的。下面他对两韵变换和一韵到底都有了批评，前者是“声韵微躁（太骤）”，后者又不免“唇吻告劳（太繁）”，字里行间，也充满了实际意义。篇终的

①《章句篇》还有说到“句之清英，字不妄也”的，此处专淡字数，这并不是不相应，《文心》中还有《练字篇》。

“赞”也说：“环情节调，宛转相腾”，是说转韵之后，声响愈高，而论其动机，还是为了“环情节调”才这样做的。

总之，刘勰的章句论，既从“文”出发，也更从“情”出发，所以他写出的章句理论都不是死硬的说教，而是体现着人的心理活动。后来只有韩愈，他看到句的长度和音的高度都要从“辞气”（调）这个源头寻求解答，所以他在《答李翊书》中说：“气盛则言之短长与声之高下皆宜。”[①]这和刘勰用辞气决定字数和押韵的出发点，大体上是相同的，但韩愈的见解却又跨进了一步，标志着刘勰所论是人为的、骈文的章句，韩愈所论则是自然的、散文的章句。就更能接近语言实际来说，韩愈是卓越的了，可是这并不能低减刘勰在那个时代的进步性。

再谈最后一点，即第四点：刘勰在《章句篇》还有涉及“语助”的地方，也曾被纪昀评为“亦无高论”[②]的。可是我们的看法，却认为就是这点也是空前的。他先谈到“兮”字，认为是“语助余声”，既引述《南风》诗，说它“用之久矣”，又说“魏武弗好”，因为它“无益文义”，可能刘勰是同意曹操的见解的。因为它究竟是“余声”，不比其它的“语助”如下文所列虚字的用处大。我们应该注意下列的一段话：“至于‘夫、惟、盖、故’者，发端之首唱；‘之、而、于、以’者，乃劄[③]句之旧体；‘乎、哉、矣、也’，亦送末之常科。据事似闲，在用实切。巧者回运，弥缝文体，将令数句之外，得一字之助矣。外字难谬，况章句欤？”大意是这样：这“夫、惟、盖、故”，是用在句子的开头的；“之、而、于、以”向来是附着在句子上的；“乎、哉、矣、也”，则以表示一句的停顿为常。要说它们都有具体意义吗？那是不存在的；可是就表达的作用来说，它的需要却是很迫切的。善于语言的人，如能反复运用，把文章联系成为整体，那么，在句与句之间，定然是可以经常获得某一个字的助力的了。章句以外的字尚且不可以错用，又何况章句本身呢？

这一段话是有道理的。常识告诉我们，汉语极少形态变化，古汉语更是

①卞孝萱，张清华编选：《韩愈集》，凤凰出版社2014年版，第218页。

②中华书局编：《四部备要》第100册，中华书局1989年版，第85页。

③“劄”字在《广韵》上有“刺、著”二义。此用“著”义。“著”同“着”，附着也。“之、于、以”等字，都是附着在句子里的。

这样，所以虚字（词）的用处大，虚字的类别和名目也就相应地发达起来。在语言学史上，刘勰虽然并不是第一个提出“虚字”这个术语的人，但是他认识到虚字问题在章句上的重要性，并且把它作出“发端”“劄句”“送末”那样粗略的分类，也粗略地分别代表《文通》上的“连”“介”“助”三种词。从这个角度说来，刘勰显然是第一个提出的人了。他运用了“弥缝文体”四个字，正可说明，虚字对章句有联络、介绍、黏附等等的巨大作用。不言而喻，骈文中有了虚字，更可以使交势动宕挥霍，有寓散于骈的好处。刘勰虽然不曾讲到，但是他的文章所以不至过分平板，以致形成窒塞，凡是读者都会感到，这是得力于虚字的，这样，他说得既恰当，提得又空前，只有像纪昀那样，无视语言组织的正常现象才会说他“亦无高论”①的。不足的地方，还在于他没有看到虚字也和实字一样，都是章句的组成部分，因而就有“外字难谬，况章句欤”这样的说法，竟似乎把虚字和章句对立起来，错误是显然的。

最后，我们读了这篇之后，不禁要感到在公元6世纪初，我国的文章学部门在理论方面能有这样可贵的遗产，真太可重视了。它不但不是分散的语录，也绝不同于粗糙的泛论，而是择精语详的学术论文。有人说，刘勰所以精于造论，是受的佛教经论科条严密的影响。②这个见解自然很确当，我却从他的讨论内容着想，觉得他最可贵的还在于能首先看到客观现实，能从思想（情）和语言（文）的需要章句谈起。这样，就很自然地看到章句在本质上是一个各有任务而又有共同任务的统一整体。它需要停顿，同时更需要连贯，并且停顿也正是为了连贯。他又看到这个统一整体还有字数、押韵和语助等等的现象，这些也不是隔离的、孤立的，而是受章句的制约，为章句而存在的。假使这些都和章句毫无关系，以至殊无可采，刘勰是讲究篇章组织的文章能手，断不会把这些强加在《章句》本篇，破坏自己成品的完整性。所有他这些深入一步的写作认识，前人固然不曾见过，就是在今天，那些通论写作规律的书上，例如强调主题思想应该贯串全篇，强调“段”在全篇只有相对的独立性，强调段与段间，既要层次分明，又要关联紧凑。所有这些，远

①中华书局编：《四部备要》第100册，中华书局1989年版，第85页。

②参范文澜《文心雕龙注》的《论说》《序志》各篇注文。

在1500年前，刘勰就已经在《章句篇》中作出原则性的概括启示。后人有所发展，是应该的，但是前人合理的贡献，它的光芒也是不可掩的。他为什么能有这样的卓见呢？我以为与其全部归因于佛教经论的启发，还不如在经论之外，肯定他的写作生活十分富有，比较上更能抓住他的思想发展的泉源。他有湛深的文学修养，所接触的感性资料又很丰富。用来进行概括思维，他所凭借的本就远远地胜过王充。王充固然长于思考，但他没有词章的训练，生活不够，所以章句论的开山祖师，就一定不是王充而是刘勰。毛主席教导我们，只有实践是认识的基础和真理的标准。可以归根结底地说，刘勰章句论的理论基础，主要的是从他的实践中产生出来的。

三

上面所论，只就《文心雕龙·章句》这篇粗陈体会而已。至于其他各篇与章句体系相关的还很多很多。它的内容繁富致密，需要逐细体察，分别探究，这里不愿不加限断，以至泛滥无归，所以也就到此为止。

就这篇的启蒙作用说，影响也着实不小。“行文”的新观点虽以建立，可是首先接受这个理论的却是注疏家孔颖达的《毛诗正义》。例如《关雎》正义上说：“句必联字而言。句者，局也，联字分疆，所以局言者也。章者，明也，总义包体，所以明情者也。篇者，遍也，言出情铺事，明而遍者也。”又说：“章者，积句所为，不限句数也，以其作者陈事须有多少，章总一义，必须意尽而成故也……篇之大小，随章多少……皆由各言其情，故体无恒式也。”[①]孔疏可算是完全接受刘勰这篇“联字分疆”和“总义包体”的章句见解的了。经师门虽曾自己做过分章断句的工作，自己写过像《章句》那样的经说，可是对于句是“联字分疆”、章是“总义包体”这样的正确知识，他们还是毫无所知。所以范晔在《后汉书》郑玄传论上说，到两汉的时候，“经有数家，家有数说，章句多者或乃百余万言，学徒劳而少功，后生疑而莫

①毛亨传，郑玄笺，孔颖达疏，陆德明音释，朱杰人整理：《毛诗注疏》上，上海古籍出版社2013年版，第34—35页。

正”[①]。如果懂得“总义包体”之说，断断不会写出那样冗长而有害的章句来了。所以刘勰的章句理论，论观点，虽是已经从治经转化到行文，但是首先表示接受的却是唐代的经学家，这就首先对注疏的汗漫起了澄清的作用。

后来在文章家中正式承用，因而形成文论的，那还是南宋的吕祖谦、谢枋得这些评点家的古文选本。[②]元代程端礼，又推衍谢枋得的说法，来订出批点韩文的《凡例》来（见程著《读书分年日程》卷二）。他说，读韩文“须反复详看：每篇先看主意，以识一篇之纲领；次看其叙述抑扬轻重、运意转换演证，开阖关键，首腹结末，详略、浅深、次序。既于大段中看篇法，又于大段中分小段、看章法，又于章法中看句法，句法中看字法，则作者之心不能逃矣”[③]。这一段教人从大小四个单位看韩文，是为了深求“作者之心”，大体是同于刘勰的。可是程氏谈得比刘勰细致、具体，并且不谈“字数”而谈“字法”，那又是对《文心》的理论有所发展的地方。我们还可以看出：“篇则章句之大者也”，这是王充论章句的精语；“区畛相异，而衢路交通矣”，这是刘勰论章句的精语。程端礼在上述的文章中也有一段发挥这个道理：

> 譬之于树，通看则由根至表，干生枝，枝生花叶，大小次第相生而为树。又折一干一枝看，则又皆各有枝干花叶，犹一树然，未尝毫发杂乱，此可以识文法矣。看他文皆当如此，看久之，自会得法。[④]

这些可以视为对王充、刘勰两家精语作出的浅显生动的注脚看。总之可以说，章句论的继承者，主要的是宋元以后的评点家。要论分析细致，后来的评点家是很多有所发展的。可是刘勰说话没有流弊，后来的评点家，就往往会使细致成为琐屑，因为他们把“宅情曰章”忘记了，把“总义以包体”也忘记了。而这些正是不应忘却的文章原则。

此外，刘勰在章句理论上还有可贵的遗说被后世继承了的，那就是虚字的理论。本来自有语言，即有虚词，“虚词”这个概念，在《说文》上早已有

①范晔等：《后汉书》上，岳麓书社2009年版，第409页。
②吕祖谦有《古文关键》，谢枋得有《文章轨范》。
③程瑞礼撰，姜汉椿校注：《程氏家塾读书分年日程》，黄山书社1992年版，第51页。
④程瑞礼撰，姜汉椿校注：《程氏家塾读书分年日程》，黄山书社1992年版，第51页。

专字代表它，那就是“意内而言外”的“词”。刘勰谈到“夫、惟、盖、故”等等，这并不是他的创获，可是放在“章句”中讲，说到它能“弥缝文体”，这个见解，对文章学和语法学都有贡献，而史家刘知几首先继承了它，在《史通》的《浮词》上说：

> 夫人枢机之发，亹亹不穷，必有徐音足句，为其始末。是以“伊、惟、夫、盖”，发语之端也；“焉、哉、矣、兮”，断句之助也。去之则言语不足，加之则章句获全，而史之叙事，亦有时类此。①

“章句获全”这几个字，是知几在章句观点上因袭刘勰的证明。修史是秉笔的事，也需要行文的。文章家重视虚字就更多，柳宗元《复杜温夫书》可为代表。宋元评点家重视章句，也重视虚字，从宋到清，虚字的研究步步向体系化发展。到马建忠著《文通》，更进一步把虚字看作语法现象。并且在“介字”等部分，迳从《文心雕龙·章句篇》所下定义说起。这正由于刘勰谈虚字是谈的章句中的虚字，有定义，有分类。他对虚字的说明，不是从训诂出发，而是从作用出发的。从作用出发，这就有语法研究的意味了。他这一点不自觉的语法倾向，正是语法园地里一茎可喜的幼芽。后世受他影响，作出类似的提法的，恐怕只有刘知几。此后的学者，对虚字只在罗列和训释的圈子里做工夫。文士读《文心雕龙》，则大都佩服他的“深得文理”和“大中文病”，至于从作用看虚词，并且把作用作为初步的分类标准，这些语法倾向，他们是很少发见到的。马建忠在著作中兼存祖国旧说，当然不是说，书上的语法成就都是受到刘勰的影响才有今日。可是，刘勰这份遗产之可贵，马建忠已经确实看到了。

本篇所写，一半是根据旧时所写的《文心读记》，一半则是落笔以前又作过一些观察和探索，这样虽然已经成篇，可是体会不深，判断不当，一定还很不少。希望借发表机会，获得更为深刻的批评和指正！

一九六二年八月二十六日

（原载《江淮学刊》1962年第1期[创刊号]）

①刘知几著，张三夕，李程注评：《史通》，凤凰出版社2013年版，第91页。

试论刘勰的语言风格

一

本文的主旨，在于从刘勰个人的写作实践方面，观察和分析它所体现出来的语言的时代风格、个人风格和文体风格。

我们都不能否认：语言的风格是指的某个特定的时代、特定的个人和特定的文体在运用语言方面所表现出来的种种独特性的总和。因此，语言材料是作品中体现风格的根本因素。笔者的意图，正是想从语言角度出发，通过刘勰的书面语言所运用的语言手段（语音、词汇、句法、修辞手法），看它所体现的有没有那个时代的语言特征，有没有他本人的语言特征，有没有适应于这一定的文体的语言特征。如果有，那么它究竟是什么样的特征。

在这儿有几点交代：

第一，一般地说，文学语言的本身，其性质都应该是对于全民语言的加工，我们从具体的作品中考察某个作家对全民语言材料的取舍和创造，从而发现他运用语言方面有什么特点存在，这是研究语言风格者所应有的要求。可是，在骈文盛行的梁代，以平行句式和爱用辞赋用语成为文体主流的书面语，和那个时代的口语，已经相去很远。我们只需取比刘勰稍早一些的任昉所作的《奏弹刘整文》中间一大段的“供词”来看，就足以说明刘勰的文章已经不够充当中古汉语的研究材料。这样，所谓“语言风格”的这个“语言”，其含义就必须限制在作为封建知识分子的刘勰，在自己的写作实践中综合地运用了不同时代的词语、句式和修辞手法。我们论述的意义，就在考察他是怎样进行“综合地运用”的。

第二，拿骈俪和散行这两种文体来比较，骈文总是反口语的表达形式。就个别的整句来说，口语不是没有对偶的；就通篇都用排偶句式来说，这样的表达形式是人为的，是有意地利用汉语单音节的特点来组成的，因而在具体的语言中是不存在的。刘勰处于骈俪盛行的时代，饱受其影响，以至即使是关于说理的文章，他也同样地使用平行句式来表达，无论运用得怎样流畅，总不能说骈文的形式就简直没有局限性。可是我们现在还要从刘勰的骈文中分析他的语言风格，这也有个缘故：首先，刘勰的书面语言、骈文是他唯一的表达形式，除却骈文，更无其他语言材料。其次，上面说过，对偶句式在全民语言中也并不是全无基础的。并且，它里面存在着中古汉语的基本词汇和语法结构，并不是完全例外的语言现象。又次，今天用现代汉语写出的文章里也是有整句、有散句的，整句的特点就是音节相等（或略等）、结构相同、虚实相当。因此，从刘勰的骈文中研究刘勰的语言风格，对今天书面语言的用词造句和修辞方式来说，也并非完全是两件事。

第三，刘勰的一生，《梁书》第五十卷有传，并且是列在文学的专传里的。传末说他“文集行于世”。既行于世，管家应该收藏和著录，可是《梁书》无《艺文志》，一直到唐初官修《隋书》，才立《经籍志》，弥补梁、陈、齐、周诸史的缺憾。因为是补写的，文献散失已经不少，以至志中仅有“刘勰《文心雕龙》十卷”，而没有《刘勰文集》这类书名，这是无可补偿的损失。不过就今天存佚的现况来说，刘勰的诗篇虽无可考，但下面几种还可供以考见刘氏文章的面貌：一是《文心雕龙》全书五十篇，一是《弘明集》卷八所载的《灭惑论》，一是《会稽掇英总集》卷十六所收《剡县石城寺弥勒石像碑铭》。此外还有可信为刘氏作者，笔者打算另行撰文考证，不属本篇研究的范围。本篇是暂用这三种书面材料，作为我们分析研究的对象的。

总之，观察和分析刘勰的语言风格，对古典作品中综合性的语言成分的探索，以及他是怎样综合地运用语言成分的探索，似乎都还不是没有实际意义的事。因此，对于古代汉语和古典作品的学习，对于修辞和风格的理论和实践的学习，也都可以通过本问题的研究，在一定程度上，增加理解和鉴赏的广度和深度。

二

现在让我们首先考察刘勰在书面语言中有没有那个时代的语言特征，也就是要考察刘勰著作中所体现的语言的时代风格究竟在哪些地方？

刘勰生长宋齐，卒于梁初，齐梁是六朝文学的鼎盛时代。那时候的文章，骈偶盛行，词采偏胜，四声八病之学，也在开始形成风气。一般地说，当时对于文章体制是有“文”“笔”之分的。有韵的叫做“文”，如诗、赋、颂、赞之类是；无韵的叫做“笔”，如论著、史传、符檄、杂文之类是。有韵的应该是整句居多，典丽的词语居多；无韵的应该是散句居多，素朴的词语居多。可是在文学发展史上已经形成一种规律：只要那时候崇尚某种形式，就是不宜于那种形式的文章也往往会像赶浪头似的改用那种形式。远的不讲，我们可以单取梁代僧祐所纂《弘明集》为例，这里面没有诗赋，所收的不外诏敕、书简、论说这几种体裁，都是有关宗教论争的笔语，但它们的用词都很典丽，造句都很整齐。例如编在第十卷里，梁武帝《敕答臣下神灭论》有云：“岂有不求他意，妄作异端，运其隔心，鼓其腾口，虚画疮痏，空致诋诃。笃时之虫，惊疑于往来；滞甃之蛙，河汉于远大。”[①]这儿尽管是无韵之笔，却像有韵之文那样的骈四俪六地说，抑扬抗坠地说。无怪乎梁僧慧皎作《高僧传》，表面上是传体，实际上却像庾信所写的碑版文字那样的华妙和整饬了。《弘明集》和《高僧传》，正代表着萧梁一代书面语的语言特征啊！

刘勰的书面语言，正是受到时代特征的影响，体现着那时候书面语言的时代风格的。上面说过，他的著作，在今天能看到的，还有《文心雕龙》《灭惑论》《石城寺石像碑铭》等三种。前二种都是“笔”，后一种也不完全是“文”。因为碑铭之体，仅仅是“铭”的部分工整，铭前的叙述部分都是敷衍。可是刘勰这篇的铭前部分，除了极少的几句对话之外，都用平行句式写成。例如形容造像的工程，就有“扪虚梯汉，构立栈道，状奇肱之飞车，类仙腹之悬阁；高张图范，冠彩虹霓；椎凿响于霞上，剖石洒乎云表”等句。

①严可均辑：《全梁文》上，商务印书馆1999年版，第47页。

形容丹青的美妙，就有“磨砻之术既极，绘事之艺方骋；弃俗图于史皇，追法画于波塞。青雘与丹砂竞彩，白鋈共紫铣争耀；从容满月之色，赫奕聚日之辉”等句子。以下说到信徒们在瞻礼中的感觉，竟说：“可使曼陀逆风而献芬，旃檀随云而散馥。梵王四鹄，徘徊而不去；帝释千马，踯躅而忘归矣。”造句就更加富于夸饰了。这种句式，和当时沈约的《桐柏山金亭馆碑铭》的铭前部分所运用的对仗和藻绘恰相仿佛。这还不算，再看刘勰自己说过的，以“树德建言”为主的《文心雕龙》各篇，其表达形式，似乎应该像周秦诸子那样的质而不华，接近口语了。可是它里面也还尚华尚整，像“狐腋非一皮能温，鸡跖必数千而饱”（《事类》）和“辞入炜烨，春藻不能程其艳；言在萎绝，寒谷未足成其雕”（《夸饰》）那样的句子很多，并且出色地运用了“譬喻”和“映衬”的修辞手法。体裁本应该接近口语，刘勰的笔底却叫它远离口语。要想说明这个缘由，我们只需注意到上述《弘明集》和《高僧传》，它们本属无韵之笔，却和有韵之文的表达形式完全相似这一种事实，就足以看出当时的书面语言几乎不论是文是笔，都一概是随风而靡地骈偶化了。并且从刘勰在《文心雕龙》中所流露的见解来看，又不难看出，他确乎是肯定了这种句式应该在笔语中运用。《章句篇》说：“若夫笔句无常，而字有条数：四字密而不促，六字格而非缓；或变之以三五，盖应机之权节也。”“笔句”是“笔语”的句式。《文心雕龙》正是这样，这里面一般都在运用四六句法；有时也“变之以三五”，使它整齐中有错综。他又在《丽辞篇》用“造化赋形，支体必双；神理为用，事不孤立”等等的话作为论证，使得平行句式的广泛运用在理论上足以成立。这又可看到，《文心》的作者是把采用俪句写成笔语，视为当然之事了的。总之，“笔”向“文”转化，散句向整句转化，是刘勰的书面语言足以体现时代风格的一件实事。

在这样的“一边倒”的语言形象当中，“音律”的被重视也成为主要的组成部分之一。刘勰在《附会篇》中，曾认定单篇文章应以“宫商为声气”，又在《知音篇》中认定“观宫商”为六观之一，也就是鉴定文章的标准之一。这儿的“宫商”，就是“平仄”的同义语。这正是受到南齐永明年间，沈约创撰《四声谱》的影响，无论当时怀疑论者如何讥评，和在事实上也诚然会有过于“拘忌”之弊，但后来律师之体由此导源，在文学发展史上终是一件大事。据封演《闻见录》说，沈约撰《四声谱》之后，“远近文学，转相祖述，而声韵之道大行”[①]。根据具体材料证明，刘勰有《声律篇》，他正是祖述者之一；不但是祖述，其中还藏着凭借势要、有心迎合的意图在内[②]。不过，我们如果抛开动机不谈，单就他对于沈氏声律原则的介绍，归于“句尾押韵、（“韵”）和“句中调平仄”（“和”）这两点来说，那还是有具体、扼要、从实践出发的种种好处，并且结合他自己的书面语，又正可观察到他对音律方面的运用和处理。例如《灭惑论》有云：“经典由权，故孔释教殊而道契；解同由妙，故梵汉语隔而化通。”我们若从沈氏“前有浮声则后须切响”（沈约《宋书·谢灵运传论》），也就是从句尾的“平顿”和“仄顿”[③]必须相间这条规则看来，“权”“契”“妙”“通”四个句尾的字，恰正是“平、仄、仄、平”交互相间地蝉联而下，读起来是悦耳的。《文心雕龙》中合于这样规则的句子也多，不可胜举[④]。沈氏的声律论，本来是为诗赋说法的，但刘勰既用俪体写笔语，调平仄的事也就很自然地成为他在写作生活中的意识活动之一。他之所以还不能像后世四六文那样的和谐，也和这个时期的发展规律不相违背。总之，他应该是受了当时代风格的影响的。

根据上面论述的结果，我们从他仅存的作品中所看到的语言现象是颇为奇特的。照文体性质说，他所写的都是笔语居多，有应该接近全民语言的客观需要和充足理由，可是他并不曾自拔于流俗之中，像同时的裴子野，《梁书》说他“写符檄……不尚靡丽之词……与今文体异”（《梁书》卷30《裴子野传》）那样地敢于不受时代的拘束，相反，他却局促在以偶句为主的表达方式之下，披枷带锁地陈说黑白，辩论是非。本来是一种朴实说理的文章，却无端承受了对仗、声律等等人为的窒碍。这样，他虽然写得好，甚至写得相当的出色，也是在重重窒碍中逼出来的，我们却无亦步亦趋的必要。今天研究刘氏在著作中所体现的语言的时代风格，旨在说明当时文坛上的习惯势

①赵贞信：《封氏闻见记校注》第2卷，中华书局1958年版，第11—12页。

②《四库提要》的集部总序，就曾这样地指出过。

③末字平声为“平顿”，末字仄声为“仄顿”。

④例如《神思篇》“枢机方通”四句，《物色篇》“物有恒姿”四句、“四序纷迴”四句，都是平顿和仄顿相间的。至于在上下两句的范围内平仄相间，像《神思篇》的“意翻空而意奇，言征实而难巧”，那就更多。

力影响了刘勰，刘勰接受了当时文学语言的主要形式，这对于形成他自己的语言风格就有了决定的意义。不从时代风格说起，是不能理解他个人风格的全面的。

三

其次，我们要从刘勰的书面语言中，看他是怎样构成自己独特的风格的。固然，这个人风格也可以使用像杜甫品评庾信为“清新”、鲍照为“俊逸”的那些字眼，概括地揭示刘勰文章的特点所在。但是，形成个人风格的还不能离开词、句和修辞方式这等等的语言因素。从这些语言因素着眼，来观察他的独特性所在，刘勰的语言特点就能看得更加清晰。虽然笔者这篇还是初步的试论，对刘勰文章个性，仅仅是粗略的认识，而还不是细致的分析。

先谈用词。刘勰在所著《文心雕龙》中有《炼字篇》。他说过“句之清英，字不妄也”，显示了“句”和“字”二者之间的必然关系。怎样才能“清英”，就在于“炼”。“炼”的古训是“简”是“选”，不仅是“熟习”。所以《炼字篇》大都谈的是选词的事。我们翻遍《文心》全书，只有隽新的字，可是没有诡异的字。这是和他反对“字妖”的见解是完全一贯的。《封禅》篇虽有“潬”“嗝”两个比较生僻的字，可是那是刘氏引用成句，不是他自己有意地创用的。《原道》《宗经》两篇都有“剬”字，据钱大昕在《三史拾遗》中的考证，那是“制”字隶变后的俗体，范注具引其文，也不是他故意地使用难字。至于“炜烨”“昭晰”“织综”“圆通”等词，篇中虽然屡次看到，这些也都是当时在书卷中行用已久的合成词，而不是刘氏生造的词语。举个例子，他在《序志》中用过“毛目”一词，面貌可算相当生僻。可算我们查《南齐书》的《刘宪之传》，也有“举起纲领，略其毛目”的说法；《弘明集》载柳憕《答梁武帝敕》又有“振领持纲，舒张毛目”的句子。萧子显、柳憕都和刘勰同时，正可用来说明，他所选用的词，口语中虽不能断定它是否存在，但至少也是书面语中习用的语言材料。

他用词是否有所创造呢？据我们看，他似乎很爱使用字的比喻义。由他这个特征，可以看到他的创造性。现在可用“风”“骨”两个词做代表。在

《文心雕龙》中，其所指的基本内容，虽然不外乎“情”和“辞”。可是情能“含风”，就不是毫无生气的情，辞则“树骨”，就不是毫无斤量的辞。这是“力”的要素在语言运用上和文学创作上的形象化。他创用了这个具有比喻义的字做术语，使学习他的论著的人们，对“情”和“辞”这两个词的意义内容，在认识上就都有了深化。这是名词用比喻义的例子。又如，他在全书中屡用“圆”字代表面面俱到，讲得全，又讲得通；又在《声律篇》一用“吃”字，代表文章音韵不谐，读来拗口。“圆”字可能从佛经中运化得来的；“吃”字原指说话的“口吃”，刘勰扩大使用为“文家之吃”，这是他的创造用法。以上又是形容词用比喻义的例子。在全书中，更多的是动词用比喻义。下列诸例句，其中所用的动词都不是本义；可是都有化板为活，使读者从玩味中更能深入理解的表达作用。

凭轼以倚雅颂，悬辔以驭楚篇（《辨骚》）

谲诡以驰旨，炜烨以腾说（《檄移》）

郊祀必洞于礼……设得其理，亦为游辞所埋矣（《议对》）

原笺记之为式，既上窥乎表，亦下睨乎书（《书记》）

拙辞或孕于巧义，庸事或萌于新意（《神思》）

宅情曰章，位语曰句（《章句》）

既暄之以岁序，又煎之以日时（《养气》）

刘勰说得好：“句之清英，字不妄也。”（《文心·章句篇》）“清英”在此处可解为“鲜妍”，说明只有在炼字过程中创用清新的比喻义，写出文章来才能光彩夺目，引人入胜，增加全句的形象性和鲜明感。

他又爱用连举的句式，这个也和选词有关。因为在连举的各分句中，消极方面应该避免“同字相范”，积极方面应该要求恰如其分。前者例如《比兴篇》，从“金锡以喻明德”到“卷席以方志固”的六个分句，他分别换用“喻”“譬”“类”“写”“拟”“方”六个同义词，做每个分句的谓语。这是旨在避免重复，在全书和《灭惑论》中都常常见到，可证明他是能践其所言的。至于恰如其分这点就更可宝贵。他训诂的功夫很深，审度词义又非常准确，即如《物色》篇说：“是以献岁发春，悦豫之情畅；滔滔孟夏，郁陶之心凝；天高气清，阴沉之志远；霰雪无垠，矜肃之虑深。”像这样地分别谈出人对不同季节的心情感受，真是善避多变，一字不苟。这不仅仅是排比铺张的事，他的下笔精审，也可以说，是为反映真实服务的。

他普遍使用平行句法来写文学批评的理论，吃力不讨好，我们是不以为然的。可是他还能在语势上显示了一定的流利气氛，那就是依靠虚字的缘故。就语言结构说，使用虚字是在“体骨”（实字）之外加上了“神情”（虚字），也就是和口语拉近了一些，所以化板实为动宕是必然的。宋四六善用虚字助势，那是在散文占上风的时代，寓散于骈乃是风气使然。刘勰的时代是骈文占上风的时代，他的依靠虚字却是他的卓见所在。他在《音句篇》中，曾经给虚字以正确的评价，那就是“据事似闲[①]，在用实切，巧者回运，弥缝文体，将令数句之外，得一字之助矣”。那就是说，善用虚字是“巧者”的事。所谓“弥缝文体”，就是说：对于需要连贯的地方一定要把它很熨帖地连贯起来。文章如果专用排偶，也就是专用实字砌成整句，并且句句独立，中间没有关联词语，这样，前人所谓“潜气内转”那样骈文的佳境就永远达不到。请看下列《议对》篇的一段文章：

> 夫驳议偏辨，各执异见；对策揄扬，大明治[②]道。使事深于政术，理密于时务，酌三五以熔世，而非迂缓之高谈；驭权变以拯俗，而非刻薄之伪论，风恢恢而能远，洋流流而不溢，王庭之美对也。难矣哉，士之为才也！或练治而寡文，或工文而疏治。对策所选，实属通才。杰足文远，不其鲜欤！

细按这段文章，凡是有着重号的，都不属偶句范围之内。参用这些散行句法，就大大地减弱了骈体的板实性，使作者的逻辑路线能在语言形式上充分地看出。还有“夫”字、“使”字、“而”字、“以”字、“或”字，有的在句中，有的在句间，也分别担负了“弥缝”的职能。这样读者就会感到文章滚滚而来，极有气势，而“气势”恰正是感情这个内在因素在语言形式上的体现。作者主张情为主导，也在寓散于骈这个语言形式中，使我们感到这个

①编者按：“闲”，原文为“简”。

②编者按：“治”，原文为“至”。

内在的因素在起作用。其关键所在，主要的就在于参用虚字。拿同时议论文来比较，像沈约、萧子显在《宋书》《南齐书》中所写的论序，其流利的程度都比不上刘勰。就大量使用平行句法上说，他们都是远离口语的；就使用虚字挽救弱点来说，刘勰又有接近口语的一方面。

再谈造句。平行句法是时代特征，不能把它看成是刘勰的个人风格之一。可是他爱用双提双承的句式来进行平行式的推理，又爱用多项连举的句式来进行多方面的推理，这应该看做是他的比较得力的语言手段。现在分别阐说在下面：

双提双承的句式，是因为骈文的句法都是并列式的：或是论点的两个方面，或是引用的两个故事，都是以两两相配为常。但是对举之后，往往不能一提就了，下面又必须还要用双承句式，至再至三，直到说尽了才算完事。这在散行句法中不是没有的，但《文心雕龙》中用来最多。就论点说，例如《熔裁篇》说："规范本体谓之熔，剪截浮词谓之裁；裁则芜秽不生，熔则纲领昭畅。"这和严羽在《沧浪诗话》中所谓"四句通义"恰正相类[①]。"对称"是诗的特点之一，它的道理和骈文相通，所以骈文也适用这个句式。并且，为了说尽为止，骈文不独习用双提双承的方式、还能连承下去直至三叠或是更多。例如《熔裁篇》又说："思赡者善敷，才核者善删。善删者字去而意留，善敷者辞殊[②]而义显。字删而意阙，则短乏而非核；辞敷而言重，则芜秽而非赡。"这样地层层相承，形式的优美，推阐的深密，真可算是相得益彰。就故事说，文章里的双提双承，本不是从刘勰才有的。曹丕《与吴质书》说"昔伯牙绝弦于锺期（甲），仲尼复醢于子路（乙），痛知音之难遇（承甲），伤门人之莫逮（承乙）"，就是一例。但在《文心雕龙》中，就更富于变化。如《附会》篇说："昔张汤拟[③]奏而再却（甲），虞松草表而屡谴（乙），并理事之不明，而辞旨之失调也（丙）。及倪[④]宽更草（承甲），钟会易字（承乙），而汉武叹奇（再承甲）、晋景称善（再承乙）者，乃理得而事明、心敏

①诗话中举杜诗"神女峰娟妙，昭君宅有无；曲留明怨惜，梦尽失欢娱"四句，以第三句承第二句，以第四句承第一句。上举《文心雕龙》中语，其句式恰正相同。

②编者按："殊"，原文为"敷"。

③编者按："拟"，原文为"草"。

④编者按："倪"，原文为"儿"。

而辞当也（承丙）。”《知音》篇说：“昔储说始出（甲），子虚初成（乙），秦皇汉武，恨不同时（双承）；既同时矣，则韩囚而马轻（再双承），岂不明鉴同时之贱哉（总承）?”这些句法，读起来有飘然不群的感觉，它已经使板重的变成轻松的了。

多项连举的句式，上面在用词方面曾举过《物色》篇一段，足以示例。现在再举《总术》篇一段，说明他用四言的排句来进行推理，在同时作者中更是很难见到的。原文是这样:

> 凡精虑造文，各竞新丽，多欲练辞，莫肯研术。落落之玉，或乱乎石；碌碌之石，时似乎玉。精者要约，匮者亦鲜①；博者该赡，芜者亦繁；辩者昭晰，浅者亦露；奥②者复隐，诡者亦曲；或义③华而声悴，或理拙而文泽。

这一段文章，分论四种坏的类型，表面上却和另四种好的类型有其相似之处。④刘氏运用连举句式，神搜霆击地把混在玉中的石子抉剔出来，使真和伪一毫不能相混。句子都短，好比用刺刀上阵，挥霍如风，锐不可当，这在句法上是创格。还有每项都用一两个字作说明的，例如《通变篇》说：“黄唐淳而质，虞夏质而辨；商周丽而雅，楚汉侈而艳，魏晋浅而绮，宋初讹而新。”这又是把每一时代的语言风格，通过衡量，作出极简极核的鉴定。他不是信手拈来的，他是通过衡量之后才得出这些适当的字眼的。还有边连举边解释的句式，例如《体性篇》把“典雅”“深奥”等八种不同的个人风格，各用不多不少的八个字，分别诠发它们不同的意义内容。八体的标目，固然是诠配各当；八体的解释，也是整密、精审，兼而有之，这样的办法，又是从许慎解保氏六书、杜预解春秋五例⑤的写法胎息得来的。因为连举的句式在《文心雕龙》中经常见到，不但善避多变，并且核实中理，应该是他惯用的句式，所以也有揭出的必要。

①这是说：匮者是不及精者的，但匮者的“尠”和精者的“要约”却很相似，下同。

②编者按：“奥”，原文为“典”。

③编者按：“义”，原文为“文”。

④谓“匮”“芜”“浅”“诡”和“精”“博”“辩”“奥”。

⑤分见许慎的《说文解字序》及杜预的《春秋左传集解序》。

最后再谈修辞手法。上面谈到，他在用词方面爱用比喻义。从修辞角度说，他也爱用比喻手法。

比喻手法是汉民族从古以来在语言运用上最美丽最宝贵的财富之一。孔子“能近取譬”，庄周“寓言十九”，韩非有《说林》上下，刘勰更取“雕龙”这个比方作为书名。所谓“文质得中”，首先就在乎有比喻手法蕴含在“文”的成分里面的。举例说，他在《事类篇》谈到事类的用处时曾说：“故事[①]得其要，虽小成绩，譬寸辖制轮，尺枢运关也。或微言美事，置于闲散，是缀金翠于足胫，靓粉黛于胸臆也。”他又在《丽辞篇》说到对句的上下联必须配合得好时说：“若两事相配，而优劣不均，是骥在左骖，驽为右服也；若夫事或孤立，莫与相偶，是夔之一足，趻踔而行也。”这些恰当的比喻，都是使得语句更优美，印象更深刻，因为它生动形象，就使读者忘其为说理之文，而又是为理论本身增加感染力。他在《文心雕龙》中虽然没有专篇论过譬喻，可是笔尖所触，已经具备了明喻、隐喻、借喻各种法式。比较来说，明喻最少，隐喻较多，借喻极多。例如论用字，他说三人弗识是“字妖”，半字同义是《字林》；论抄袭，他说“全写则揭箧，傍采则探囊”（《文心·指瑕篇》）；就奏启说，他要求“笔端振风，简上凝霜”（《文心·奏启篇》）；就章句说，他要求“外文绮交，内义脉注”（《文心·章句篇》）。像《定势篇》说到“即体成势”，他说“譬激水不漪，槁木无阴”，上面冠一个“譬”字，那是很少的。一般都把设喻的部分混在正文里头，一气说下去，让语句增多色彩，读者也就能乐此不疲。这样地使用语言，功用是难以估计的。例证举不胜举，几乎是篇篇都有，这应该认为是刘勰的语言风格的重要因素之一。

修辞是不是专尚修辞，专逞词华，在刘勰的具体文章中也有了解答，一般是和他在《情采篇》的主张相一致的。有时候，尽管他的文章似乎辞采有些不足，那是由于他唯恐“妄舒其藻”“空骋其华”，以至“末胜其本”，变为无用。不合某些文章的要求，这正是他苦心熔裁的结果，也可以看出他的全部撰述都是以情（理）为主导的。像《议对篇》里有这样的一段：

---

①编者按：“事”，原文为“用”。

> 夫动先似议，明用稽疑，所以敬慎群务[1]，弛张治术。故其大体所资，必枢纽经典，采故实于前代，观通变于当今；理不谬摇其枝，字不妄舒其藻。又郊祀必洞于礼，戎事必练于兵，佃谷先晓于农，断讼务精于律；然后标以显义，约以正辞；文以辨洁[2]为能，不以繁缛为巧，事以明核为美，不以深隐为奇：此纲领之大要也。

这是《文心雕龙》中比较质实的文章，他所说的是"议对"之文。议对本身就忌用"游词"，他相题行文，宁可辞采弱一些，可是也还很精炼圆润，而绝不是枯木寒鸦。并且它的气势动宕，议论风发，简直是"喷薄而出之"。刘氏盛倡"通才"、重视"成务"的一贯主张，这儿也就完全呈露。这正是以情理为主导，而以精炼圆润一派的辞采作"肌肤"的，依然是"风"和"骨"的统一体。至于文章主题的诗意较多，修辞也就不妨稍从富艳。像《夸饰》的某段：

> 至如气貌山海，体势宫殿，嵯峨揭业，熠耀焜煌之状，光采炜炜而欲然，声貌岌岌其将动矣。莫不因夸以成状，沿饰而得奇也。于是后进之才，奖气挟声，轩翥而欲奋飞，腾踯而羞步踽[3]。辞入炜烨，春藻不能程其艳，言在萎绝，寒谷未足成其凋[4]；谈[5]欢则字与笑并；论戚[6]则声共泣偕：信可以发蕴而飞滞，披瞽而骇聋矣。

这段描绘汉赋中的夸饰成分，又是这样的韵流风发，光彩动人，他仿佛竟是在作赋了。假使不这样，就写不出夸饰的好处来，并且也不合本篇主题的要求。所以他还是为情而造文，达成了情辞统一的作用。

此外，在修辞手法中，对比偶和排的大量动用，映衬的大量运用，这都是平行句法的必然结果，不一定就是刘勰的个人风格所在，不须多说，也不

①编者按："务"，原文为"言"。
②编者按："洁"，原文为"诘"。
③编者按："踽步"，原文为"步踽"。
④编者按："凋"，原文为"雕"。
⑤编者按："谈"，原文为"论"。
⑥编者按："戚"，原文为"感"。

须举例。

四

最后，我们再看他是否有适应于不同文体的语言特征。

就现存的刘勰的作品来说，是以论说体为其主要的形式的。我们可以针对下列两个标准来讨论这一问题：第一是他体现在论说体中的语言风格所在，第二是他分别体现在不同目的的论说体中的语言风格所在。

先谈第一标准。

“论”的文体特点，刘勰是在《文心雕龙》的《论说篇》中说过的，那就是“弥纶群言”“研精一理”。“群言”是材料，“一理”是观点，译成今语，就是要求“观点和材料相结合”。而“论”的目的，又在于“辩证然否”，这就不能不讲求逻辑，用来根据一定的材料，写出自己一定的观点。

先从概念说起。词的概念明确，与用字有关。刘勰所谓“捶字”，正是力求为一定的概念内容选取和它最适合的语言材料那件事。刘勰所用的字，它代表的概念，一般看来，在全书中大都通体一律，甚至是有些术语的意味的。单拿《通变篇》的“楚汉侈而艳”……几句说：“楚汉侈而艳”的“艳”字易解，“侈”字难明。按本书《辨骚篇》，以“夸诞”和“典诰”对举，《夸饰篇》又说“宋玉景差夸饰始盛”，这都说的楚人骚赋，有些“夸诞”和“夸饰”之处。这“夸诞”和“夸饰”也就是“侈”。所谓“侈而艳”者，“侈”以理言，“艳”以辞言，《体性篇》说，“长卿傲诞，故理侈而辞溢”，可以作证。再拿“魏晋浅而绮”说，“绮”字易明，“浅”字难识。按《明诗篇》说“何晏之徒，率多浮浅”，《定势篇》说“综意浅切者，类乏蕴藉”，《通变篇》引桓君山说“予见新进丽文，美而无采”，可见“浅”以意言，“绮”以辞言。“乏蕴藉”和“无采”，都是意不足的象征；另一方面，所剩的仅仅是徒然的“绮”了。再拿“宋初讹而新”说，“新”字易识，“讹”字难知。按《指瑕篇》把单字中无关于情而“指以为情”的叫作“情讹”，《序志篇》把“辞人爱奇，言类浮诡”者称为“讹滥”，可见“讹”字是指的用词造句的一种歪风。再看《定势篇》说：“近代辞人，率好诡巧，原其为体，讹势所变。

厌黩旧式，故穿凿取新，察其讹意，似难而实无他术也，反正而已。”又说“新学之说，则逐奇而失正”，可见“讹”字就是用词造句的反正或失正。

总之，写文章能注意到选用某一个字作为一定概念的书面符号，并且又能前后一致，增强意义的严密，这样，作者的态度就是科学的态度。孔子曰：“君子于其言，无所苟而已矣。”（《论语·子路》）有周密的逻辑观点的人，本来是从“正名”（用字）做起的。

再看他的推理和判断。推理依靠材料，判断形成观点。《文心雕龙》有《事类篇》，说明事类或“举人事”，或“引成辞”。“举人事”为了“征义”，“引成辞”为了“明理”。虽然六朝文士好奇爱博，把用事变为“掉书袋”，逻辑的意味渐不存在，但是刘勰的著论，一般还是由材料得出观点，也就是既有推理又有判断的。像《辨骚篇》就最能看出。他据以出发的前提是“宗经”，这也是全书用来推理的总的前提。本篇就拿经传来衡论“骚”的得失。他先摘举《离骚》中四类材料，说他们是“同于风雅”，接着又摘举四类材料，说它们是“异乎经典”，这样就得出“体宪于三代，而风杂于战国，乃雅颂之博徒，而词赋之英杰也”的结论。下面又从上述结论出发，谈到摹拟《楚辞》的不同收获，又得出“酌其而不失其真，玩华而不坠其实”这样的学习态度的结论。当然，从今天看来，“宗经”的前提，和我们无产阶级的思想内容显然两样，就在形式逻辑方面，对前提内容的正确与否也还不能就置之不问。但是刘勰每篇的著论，就材料和观点结合起来说，还都是有逻辑路线可寻的。因此，他每篇都有结论。例如“博见为馈贫之粮，贯一为拯乱之药”，是《神思篇》的结论；“摹体以定习，因性以练才”，是《体性篇》的结论；“斟酌于质文之间，而隐括于雅俗之际”，是《通变篇》的结论；“文不灭质，博不溺心”，是《情采篇》的结论。这些结论，都是从该篇上文所引述的大量材料中得出来的。《灭惑论》就思想前提言，不离唯心主义的宗教观点，自然更没有可以肯定的余地，但仅就“持之有故”来说，依然走的是逻辑的步子。世论指斥沙门不跪父母，母亲后来做了尼姑，反向她的儿子下跪，说这是“不礼之教”。刘勰从调和儒佛的时代风气出发，引用许多儒家经典理论的材料做根据。他这样说：

不跪父母，道尊故也；父母礼之，尊道故也。礼新冠见母，其母拜之，喜其备德，故屈尊礼卑也[①]。介胄之士，见君不拜，重其秉武，故尊不加也[②]。缁弁轻冠，本无神道；介胄凶器，非有至德；然事应加恭，则以母拜子；势宜停敬，则臣不跪[③]君……况佛道之尊……实尊冠胄。冠胄及礼，古今不疑；佛道加敬，将欲何怪？[④]

这一段不但前提内容的正确性有问题，文中“佛道之尊实尊冠胄”，刘氏也看成当然的判断语，它的上面并无推理的过程。但就“自圆其说”来看，也可以当作不够正确的逻辑形式来处理。

就一般文人大都夸诞有余，“持论不足”（例如司马相如）来说，刘勰的文章还是依乎条理，并且是相当谨严的。无怪范文澜同志说《文心雕龙》是“科条分明、逻辑周密的一篇大论文”[⑤]。

除了逻辑思维居首要地位而外，刘勰在《定势篇》中还有“即体成势”的要求。他对“赋颂歌诗”的要求是“羽仪乎清丽”，而对“史论序注”的要求则是“师范于核要”。显然看出，“论”是不需乎“清丽”的。这是刘勰的文体观点。尽管他对文章是主张情采结合，而不是过分地讲求真实，一点没有词采可言，但是《文心》下篇的许多修辞理论，如“夸饰”“事类”“物色”之类，并不适用或者不完全适用于论说。这从他在“论”的写作实践上可以证明“论”之所重是不在词采的。

例如《夸饰篇》，他所引的都是诗骚辞赋居多。并且，即使是诗骚辞赋，他还主张“夸而有节，饰而不诬”。至于著书立说，那简直是不能容许有夸饰成分的存在，因为“夸饰”和准确不相容。在《文心》中，我们可以看到他说话有分寸，例如《颂赞篇》指出“颂”的特点，在于“敷写似赋，而不入华侈之区；敬慎如铭，而异乎规戒之域”，《铭箴篇》指出箴和铭的区别说：

①《仪礼·士冠礼》：“冠者……取脯……北面见于母，母拜受；子拜送，母又拜。”《礼记·冠义》：“见于母，母拜之；见于兄弟，兄弟拜之——成人而与为礼也。”

②《礼记·曲礼上》：“介者不拜。”介，甲。介胄，甲胄。

③编者按：“跪”，原文为“拜”。

④朱文民：《刘勰志》，山东人民出版社2009年版，第376页。

⑤范文澜：《中国通史简编》修订本，人民出版社1958年版，第432页。

“箴诵于官，铭题于器，名用[①]虽异，而警戒实同：箴全御过，故文资确切；铭兼褒赞，故体贵弘润。”他对一名一物之微，都是毫不含糊也抉剔它们的共性和个性。以那样的科学态度对待自己所反映的事物，岂有运用夸饰手法的道理？

又如《事类篇》，修辞上称为“引用格”，等于一般所谓“用典”。可是刘勰对事类的看法是不同于文士的用典的。他所下的定义是：“事类者，盖文章之外，据事以类义，援古以证今者也。”这样，“用事”的动机是在于求证而不在于炫博，是“立言”的事，而不仅仅是词章的事。不难看出，他对于故事或成说，都是把它当作推理过程中的材料看待，并且力避繁琐，总求其能够解决问题的。固然，其中也有在成说的本身就有错误，显见刘氏对材料抉择不精。例如《情采篇》说：“夫桃李不言而成蹊，有实存也；男子树兰而不芳，无其情也。”所引两句话都是成说，但是前者是科学的，后者是非科学的。这就需要分别看待。总之，他的用事，既不同于辞赋家的偏重取妍，一味逞博，也不同于“才不持论”的人，像“曹植辨道，体同书抄”。他是从“辨正然否”出发，求教人怎样占有有用的事类的。

又如《物色篇》，他先谈出作家对自然现象的精神感受，然后谈到写成篇什，进行事物的重现和艺术的概括，都要决定于作者对待事物的态度，然后谈到表现景物，必须继承优秀的作风和深入风骚的境界。这里面显然还有详于物态而略于生活的时代偏向，但是，他总对描绘自然的技巧上提出了一些可供今日参考或吸取的论点。并且这一篇的语言也着实美丽，“赞”写得简直是四言诗。可是，我们绝不要以为刘勰已经忘记了自己在著论。首先，相题行文，这一篇比较富于诗意，根据上面的推论，刘勰的文章是“情采结合”的文章，那么文章写得腴润一点，也正是他的个人风格的体现。其次，在作为论著体式的《文心雕龙》，甚至在他《序志篇》以诸子自比的《文心雕龙》，一般还是质实的阐述居多。即使他的辞句受时代影响，质实中有些修润的成分，但是他的理论并没有被辞采所淹没。看《熔裁篇》那样地反复推究，层次分明，正说明他的著论都是“风清骨峻”，既能明白如话，又能扪之有棱的。

①编者按：“用”，原文为“目”。

《文心雕龙》是这样，《灭惑论》也是这样。就逻辑思维说，《灭惑论》是和《三破论》者作针锋相对的论争，旨在“解惑”，本就不能离开逻辑，虽然在逻辑上还有问题。就夸饰手法说，《灭惑论》不是赞佛诗，本来不需夸饰，看他说到“妙法真境”，尽管是神乎其神，由于他站在信者的立场，在意识上也就无所谓夸饰。就用事说，《灭惑论》的引用，都有推翻异论、伸张己说的逻辑作用，而绝不是从逞奇斗博出发。就描绘和修润说，只能说它是个人风格的流露，“外文绮交”是一方面，“内义脉注”又是一方面，依然是质实和修润的统一体。

再谈第二标准。

这两种作品，《文心》是以“宗经”为主的文学批评论者和修辞论者的地位，为了谈出“为文的用心”而发表的；《灭惑论》是以一个尚未出家的佛家信者，为了“摧邪破惑”的旨趣而发表的。这样，它们虽有共性，可是同中有异，这异点首先建筑在说话的对象上。毛主席最反对“无的放矢，不看对象”（毛泽东《反对党八股》）。看刘勰对这两部作品的写作态度倒是十分重视说话的对象。刘勰既是佛教信者，本来应该会说佛家话，《梁书》本传说他“为文长于佛理，京师寺塔及名僧碑志，必请勰制文”[①]，这样，他又经常在文章中说佛家的话。可是，根据范文澜同志在《中国历史简编》第二编所指出，他“在《文心雕龙》里，严格保持儒学的立场，拒绝佛教思想混进来，就是文字上也避免用佛书中语”。又在括号中说明：“全书只有《论说篇》偶用“般若”“圆通”二词，是佛书中语。”[②]为什么？他有保持全书用语的纯净的意思，也有重视表达对象的意思。另外，在他的《灭惑论》里，佛家词语就充满在字里行间。像“三昧”“泥洹”“菩提”“大乘”“二谛”“六度”“法华”“维摩”之类，就不一而足。刘氏为文既是“长于佛理”，《灭惑论》又恰是“弘道护法”的文章，在这儿，多用一些佛书中语，真是既无妨于纯净，也无碍于接受的。还有一点，刘勰是儒佛调和论者[③]，所以对文学批评就说儒

①姚思廉：《梁书》，中华书局2000年版，第495页。

②范文澜：《中国通史简编》第二编，修订本，人民出版社1965年版，第418—419页。原注：看《文心雕龙》中屡用“圆通”，或又作“通圆”。此外又有“圆该”“圆照”“圆备”等词，而单用“圆”者更多，可知在通行的书面语中行用已久。

③原注：本范文澜同志说。

家话，对宗教论争就说佛家话。唐代的韩愈是自称“攘斥佛老”的儒家者流，他不但对儒生士流说的是儒家话，就连《送浮屠文畅师序》《送廖道士序》，也都不说佛家话或道家话而说儒家话。这两个人，一个看对象，一个不看对象，可见作家的立场，也是写作态度决定因素之一了。

在同一论说文体中的用语有了上述那样的差异，说明文章的风格不但由文体来决定，又由作者在同一文体中的立场、目的性和表达对象等等来决定。从语言运用的角度说，这也该放在文体风格中来研究的。

研究一位作家的理论体系，如果结合作家的语言实践来进行，可能对他的理论会能得出是否贯彻或怎样贯彻的证明的。刘勰在思想体系上和文章形式上所存在的问题本就很多：

就前者而言，钱大昕就说过：“刘彦和序《文心雕龙》，自言‘梦见宣尼’，而晚节出家，名慧地，可谓咄咄怪事！”[①]诚哉斯言，真可算得一件怪事。他的儒佛调和论，也正显出他对现实和幻想这两方面的经常对立无法解决。要拿范缜和他相比，一个依违，一个明决，真难以道里计了。这一方面不属我们讨论的范围，这里可以置而不论。

就后者而言，刘勰论文主张“原道”，主张“宗经”，但他的文章形式，根据本篇粗略分析，却一毫不像后世韩愈那样，专读“三代两汉之书”，因而写出三代两汉那样平正通达的散行文字。《文心》又是反对“诡巧”，主张“自然”的。到实践时，尽管他已经是高出当时的齐梁末流多多，但他认定文章是“以雕缛成体”的，因而他的议论，就把严重脱离口语的“丽辞”看得很重，同时自己的文章，竟完全运用了当时流行的平行句式。我们对这种矛盾现象应该怎样看呢？不用怀疑，骈文是辞赋盛行以后转化到极端地远离口语的一种变体，对用来发挥道理来说，是难能而不可贵，吃力而不讨好的一件事。因此，研究刘勰的语言风格，一方面，应该认定他在《序志篇》所云，他的写作动机在于看到“辞人爱奇，言贵浮诡，饰羽尚画，文绣鞶悦，离本弥甚，将遂讹滥”，这样的动机是至为可取的，因为他是当时文风的反抗论者。但他自己所写出的，却依然是骈偶之文、典丽之文（当然，这和他所

①钱大昕著，陈文和主编：《嘉定钱大昕全集》十驾斋养新录附余录，江苏古籍出版社1997年版，第453页。

反对那些全靠藻饰、有文无质的文章，还是显有区别的)，这应该归因于时代风格的压力过大，使他不可能根本摆脱了他所应有的局限性。而我们这篇既旨在分析研究刘勰在行文中所存在的语言风格，对他文章形式的尚丽尚偶，只当作一种客观现象看待，这和形式主义者崇尚骈文，视同至宝，因而一味赏赞，甚至认为这样才算文章，自然是完全没有相同之处的两种观点。

笔者有意摆脱成见，想求得刘勰在运用语言手段中的一些特点，可是水平有限，见解也还不够成熟，希望通过试论，得到专家的批评和指正。

一九六一年十一月二日写出初稿

一九六二年五月一日修成今稿

(原载《合肥师范学院学报》1962年第3期)

散文之发展与变易

文章之事，与口语异。以口语言：今有能言者，有不能言者；古亦有能言者，有不能言者。未必今之胜于古也。文章著于竹帛，其遣词命句，久矣离语言而独立。彼既旁无证发，则一以因袭模拟为功。其间迭相师仿，又迭有损益，积之久而常见新境界焉，散文其最著者也。

然常人之情，往往回顾两千年前之典籍，虽甚粗略，而转觉朴拙可尚。此譬若小儿学书，春蚓秋蛇，难言笔法，乃见者往往爱不去手焉。非必果胜于成人也，已所不能，则生追慕之新感觉。以此文章有神秘性，黠者窃以惑人，而愿者则诧为奥衍难知焉。呜呼！岂真奥衍难知也哉！盖尝历观先民之作，而有以知其不逮后人者矣。“不逮后人”者，非谓理论之有瑕疵也，谓其文章之未成熟也。其笔力钝弱，往往不能申其辞说，非玩索再四，或不能明其所以。自后人观之，则曰：“此渊厚也，此吉人之辞也。”其用字往往非其本义，同声相假，取便仓卒。自后人观之，则曰：“此高古也，择言之最雅者也。”其叙次尤不能觙馛具详，畸孤断烂，几于不堪记载之任。自后人观之，则曰：“此典重肃括，史笔之最严者也。”至于著论立说，则尤不能使人一览易晓。大都章章孤立，纲领不具，大义必融贯而后知，思理必紬绎而后得。儒家若《论》《孟》，道家若《老》《庄》，以思想言，可谓至矣；以文章组织言，则皆非条理自具者也。由是以观，非惟渊厚、高古、典重肃括之为幻觉；即其谋篇立格，亦皆不能与后出者齿。以此师古，适得其病，人亦何为而必赞仰之、追慕之哉！

然在善继善述之作者，固自有其新境界也。何则？以《孟》视《论》，以

《庄》视《老》，则渊厚者变而汗漫矣；以《国策》视《国语》，以《史记》视《尚书》，则高古者变而平正矣；以《左传》视《春秋》，以《开元礼》视《仪礼》，则典重肃括者变而疏通周浃矣；更观荀卿、韩非、吕不韦诸子书，则其自立根干，自成条目，亦非前此之《论》《孟》《老》《庄》所能及。故文章之事，虽曰因袭，而有不因者焉；虽曰模拟，而有不摹者焉。彼未尝揭以语人也，而后乎彼者，常循其自由发展之迹以得之。韩退之非散文运动之陈涉乎！非自谓障川挽狂，舍三代、两汉之言不道者耶！今观其《顺宗实录》，何曾一字袭《周诰》《殷盘》之旧？平生雅重樊绍述，为之铭墓，然特重其为文有特操，不与时人同；其奇涩近怪处，退之碑版数十，未尝有也。其《五原》《四杂说》，顺理成章，皆有诸子之长而无其短。其不然者，如王劭《齐春秋》，规仿《麟经》，句模字拟，适为嗤点之资。扬雄《法言》，王通《中说》，皆庶几言道之书，乃组织章句，不师《韩》《吕》，而摹《论》《孟》，非唯妄作，拙亦甚焉。王莽、苏绰皆尝仿《尚书》作《大诰》，既悖时用，只成笨伯。文章曲随时变，本乎自然：八代已衰，则韩退之不得不起；古文既炽，则西昆体不得不熄。“虽有智慧，莫如乘势”（《孟子·公孙丑上》），二千余年之中，时时有淘汰，一开一阖，以游无穷。王劭、扬雄之辈，虽代有其人，人有其书，然而创作之机未尝窒，淘汰之事未尝止也。

吾观散文之倡，虽始退之，然校其影响最巨，而又真足为后世法者，其唯宋人乎！退之力去陈言，取以矫变时趋而已，其几经流变而为刘几之险怪，非退之所及料也。且既曰散文，则固非骈文之徒尚情韵者可比，其必当以义理为质干明矣。黜险怪之习，而以平易宽博为宗趣，不作诘曲语，亦不为渟泓未了语，其发挥义理，汪洋滂沛，大含而细入，虽复钩深致远，而言之者无艰难劳苦之态，诵之者亦咸能相悦以解，是惟宋文有之。盖文章之能事，至是而几侔于神，历元、明、清无数说理文字，其机括皆自宋人启之。故散文之成，成于宋，非成于唐也。唐人非无善说理者，然而陆贽过整，杜牧过华，李翱过枯，孙樵过炼。韩、柳最雄健，而气象太峻厉，不能敷腴，似立谈而非坐论，则亦未得为典则也。善哉朱子之言曰：“欧公及二苏文，只是平易说道理，初不曾使差异底字，换却寻常底字。”[①]夫能“平易说道理”，

①朱熹：《朱子语类》，上海古籍出版社2002年版，第4302页。

则未尝有缒幽出奇之见存也。“不使差异底字以易寻常底字”，则是欲刬东汉以来词赋余习，而返文章于真朴者也。散文之秘，虽未易卒言，然其根本要义，岂复有能过此者乎？至元有程端礼者，又论之曰：“欧、曾比韩更开阖分明，运意缜密，易学而耐点简，然其句法，则渐不若韩之古，朱子学之，句又长矣。”[①]斯论也，盖有得有失。夫能“开阖分明”，则结体疏整，能“运意缜密”，则论旨敷畅。斯二者，宋优于唐，所以为“易学”，所以为“耐点简”。程氏之言，斯为得之。若以“句古不若韩”为宋人病，以“学欧、曾而句又长”为朱子病，则程氏犹有流俗之见存。夫岂知散文至宋，已去诘曲而归平易，其发展程途，固阴行淘汰于创作之中乎？且造句以尽意为归，欲尽其意，固有求短而不得者。与其意余句外而不免含糊，何若意具句中而轩然呈露？程氏知“运意缜密”为宋文佳处，而独不知运意之密为能适如其量，则其立说又何舛也？宋人既以平易宽博开唐文未有之新境界，为者便之，故朱子、陆九渊用之以辨道学，陈亮、叶适、真德秀等用之以陈时政，郑樵、吴澄、王守仁、黄宗羲、崔述、章学诚等用之以著书而立言。近一千年之作者，上而论著，细而疏证，散之为章奏文移书牍，所以无华伪饾饤之失，而有扶疏平实之观者，非有欧、曾一派之散文为之利器，岂克有此？是皆散文之赐也，皆宋人拥彗清道之赐也。

顾自归、方及姚，以八家文为天下倡，而阴用八比之律度，以修饬为工，低回为姿，平谨无可指斥为通，于是散文之业始衰也已！此诸子者，其示人以方员平直是也；谨杂越之戒，而欲以澄清无滓为境地，亦是也。虽然，散文与骈文异：使骈文而能谨其声色，富其情韵，则诚可以无大过矣。散文以六经、诸子为泉源，古之所谓立言者将在乎是。今若胶守雅洁之训，则其为文必至虚枵而不能闳深，甚者槃噼拘挛，行步顾景，欲以自尊其体，而适成一骨董肆中之长物，是岂人之所望于散文者哉？何也？以未尽其用也。彼为是文者，乃欲置身于珠宫贝阙之间，自吟自赏，而与人间浊世邈不相涉者也。彼之所谓“神”“理”“气”“味”“格”“律”“声”“色”是皆八比家之能事耳。至于立言之本，夫岂有一字道破？既无与于立言，则是玩物适情之艺事而已。旨在玩物适情，而犹曰“载道”“载道”。进察其所以为

①程瑞礼撰，姜汉椿校注：《程氏家塾读书分年日程》，黄山书社1992年版，第53页。

“道”，则又大都门面之语，不痛不痒之辞，貌为简严，而俭学者藉以藏身。浅人震于大名，则望尘而膜拜焉，以为天下文章莫大乎是。其不然者，前有戴名世，后有章学诚，皆以散文序事说理，与方、姚之规规者不同，而宗方、姚者异军视之，虽有佳篇，不登于录。曾国藩负其资地气力，为闳中肆外之文，散文中兴，庶几可望。乃幕府之众无一为者，无一似者。君子观于是，有以知桐城末流，已不复有适乎时用之可望，一臧一否，惟众所择，而新会梁氏一派之散文，乘时势之推移，固不得不鼓行而前，入其幕而夺之席矣。

故自八代衰竭而散文代兴，坛坫之间，号令四嬗：初发难，务去陈言，欲返之于三代、两汉之真朴者，退之也；化奇崛为平易，取便发挥，而大效厥用者，欧、曾也；不慊于明文之放恣，欲为节制之师，而适以自隘者，方、姚也；为介绍西学，鼓吹民智，而摧陷古文壁垒，解放古文羁束，因以大放厥辞，开通俗文学之先河者，任公也。先秦之世，散文虽未立专门，不成家数，而其发展变易之迹，固常见乎置辞立格之中。退之以后，每有倡率，往往聚徒立帜而为之，势之所趋，大都明畅平实为可久。是知散文一道，虽与口语异，然若刻意摹古，不知深观消息，而务与口语背驰，则别调孤行，其不足以为世轻重，固较然而可睹矣。语曰：“圣人不朽，时变是守。”（司马迁《太史公自序》）噫！此诚非拘于墟者之所及知也！

（民国）三十三年一月二十五日稿，三十六年四月十九日修正

（原载《国文月刊》1947年第62期）

欧阳修与散文中兴

宋之散文，与词俱盛。世俗习运常说，知称宋词，不甚称宋散文，盖不以宋为散文极盛之世。自我观之，散文虽倡自昌黎，笃而论之，无宁谓为及身而绝。故散文中兴，犹待二百年后之欧公而后实现焉。今请先陈昌黎失败之真因。

昔扬雄有“文丽用寡”（扬雄《法言·君子》）之说，昌黎示人，亦曰“文从字顺”（韩愈《南阳樊绍述墓志铭》）。然雄文实以艰深，文其固陋，故卒为后世君子所议。昌黎承八代之衰薄，因北俗之贞刚，毅然以古文为天下倡，可谓豪杰之士。惜其形貌虽脱拘絷，本质仍是渊奥一途。后人习称“韩文、杜诗，无一字无来历”。“含英咀华”，有其证矣。“陈言务去”之说，亦太耗心。受其法者，仍不得不在琢句方面过分讲求。是其所解放成功者，仅在骈四俪六方面易为单行侧串而已。若乃“文从字顺”四字，昌黎实未尝以是为已足。其奇词大句，骨重神寒，置身乃实在寻常文事之表。彼其所为非不卓特，非不精能。所难者以此为天下倡耳。且昌黎已知文章之能事在“立言”矣，而承八代尚文之余，竟不知美化之，足为立言之累。闻古之立言者，其词意有不坦然明白者乎？散文虽视口语已为美化，然既曰返诸先秦、两汉，则必当以“尚质”为归。既尚质矣，其美化自应有其限度。徒以诗赋进身，旧曾致力，又尝醉心宏博，三试而未第，陆离璀璨，未能弃捐。盖虽曰倡为古文，其实骈文阴影仍自不离左右。故刘熙载云：“韩文起八代之衰，实集八代之成。”[①]起衰之说，众所共知；其集八代之成，则未可为不知者言

①刘熙载：《艺概》，上海古籍出版社1978年版，第20页。

也。昌黎既未能彻底做到“尚质”二字，其文又皆镕自众家，惟有力者能之。籍、湜犹且僵汗，中材更难企及。加朝廷功令本尚丽辞，受法则戾俗，顾此则失彼。昌黎知干禄者众，未易争取徒党，则揭“无望于速成，无诱于势利”[①]十字，欲以障挽一般干进者之心；而不知夫游其门者，其志皆在希冀四门博士荐进之力。贞元十八年时，中书舍人权德舆典贡举，陆傪佐之。昌黎荐侯喜等十人于傪。自是科起，直至元和二年，除韦群玉不见于记外，他九人皆登科，而李翊与焉。翊即昌黎答书，论以“无务速成，无诱势利”者也。是知翊之问业于韩，其志即在于速成，即存于势利。故今年问业，明年即籍其力而登第。登第以后，曾不见翊之古文有何成就见于记载，答书所云，竟成孤负。昌黎不能动摇令甲，使朝廷变诗赋为论策；又不能身操文柄，亲为“主持风会”之有效的倡导者。就正面言，则承受者稀；就他方言，则妨害者众。是其本身条件与外来条件皆有难副所求之势，斯其古文运动之所以失败也。

欧阳修者，虽尝自道生十岁时，即已得假观韩文于随州大姓之家。然其习为古文，乃在二十五岁以推官居洛之后。以此比韩，亦颇相似。昌黎因贫求仕，登第不已，至于三试鸿词，退观所作，自比俳优，俯仰增愧（《与崔立之书》）。年三十，与冯宿论文，有“竢圣不惑”语，始有确乎难拔之志。欧公少时，天下文字已有两途：曰“时文”，乃四六俪体，应举者所必习者也；曰“杂文”，则苏舜卿、穆修之辈为之，世称“杂文”，实古文也。欧公《与荆南乐秀才书》，自称少时贪禄养亲，始随世俗作所谓“时文”，“皆穿蠹经传，移此俪彼，以为浮薄”[②]，时文之体如是。其十七岁时应举随州，试《左氏失之诬论》，中有句云：“石言于晋，神降于莘，内蛇斗而外蛇伤，新鬼大而故鬼小。”此而曰论，诚不知其异于赋者安在？而欧公已竟能之。故韩、欧当年少未第之时，其俯同流俗真乃一揆。而欧公之于时文，其功力尤深，故苏辙谓其已能“绝出伦辈”（《神道碑》语）。今观其十七试随州所传断句，足见一斑。精能如此，宜难自拔。乃一旦而奋为散文，竟奏非常之绩，非惟当时徒党之盛非韩所望已也；且自宋至今亘九百年，凡散文作品，爰及

①韩愈：《答李翊书》，庄适，臧励和选注：《韩愈文》，崇文书局2014年版，第66页。
②张春林编：《欧阳修全集》，中国文史出版社1999年版，第271页。

一切攸关政学之议对书疏、专论大篇，其置词立格，皆用宋人之法，而其中大抵皆有欧文之血脉在。此其故何也？封建社会，凡主持风气之大师，高居文坛，欲以匹夫而收文学改革之全功，其必也需与朝廷令甲为抱鼓之应；易言之，即必须其事得宫廷提倡之助力。此一机括，得之者成，反是者败。唐取进士，以诗赋为主，才人必趋焉；诗赋而外，有策而无论，而散文之最便驰骛者即为论。唐制无之，则不足资以改革散文，此其一。有改革之志者，当为试官，乃得转戾颓风，返之正轨。而其时当轴重臣，如陆贽即四六作手，足以影响一代文风；韩、柳古文家，则迁谪不偶，竟不闻有知贡举之事，此其二。唐重词华，已成风气。太宗为《晋书》作赞，二王而外，特崇陆机。诗赋无论矣，即吏部以判取人，犹复以骈俪为体。终唐之世，未闻帝者有革正文体之事，此其三。反观欧公所处时代，虽曰时文盛行，士而求禄，不敢不为。然熟覆欧公集中之作，所谓《与荆南乐秀才书》者，则公之改为古文，系于朝廷之倡率者，居然可见。今录其略：

> ……及得第已来，自以前所为不足以称有司之举，而当长者之知，始大改其为，庶几有立。然言出而罪至，学成而身辱，为彼则获誉，为此则受祸，此明效也。夫时文虽曰浮巧，然其为功，亦不易也。仆天姿不好而强为之，故比时人之为者尤不工；然已足以取禄仕而窃名誉者，顺时故也。先辈少年志盛，方欲取荣誉于世，则莫若顺时。天圣中，天子下诏书，敕学者去浮华，其后风俗大变。今时之士大夫所为，彬彬有两汉之风矣。①

文中“天子下诏书”一语，最堪重视。据公所自陈，此诏颁于“天圣中”，在公“得第”之后。检年谱，欧公试礼部登第，又殿试得甲科，其事胥在天圣八年。其明年，公允西京留守推官，于时钱惟演为留守，幕府多名士，公乃得与尹洙、师鲁相从为古文。书中所谓“大改其为”者，即指与洙偕为古文之事。是时为天圣九年，其明年即更号“明道”，则天圣止有九年。此诏之颁，既在“得第”之后，则为天圣九年无疑也。既同是一年事，则颁诏与发愤为古文，孰为先后，殊未易明。据《邵伯温闻见录》，则欧公初工俪

①张春林编：《欧阳修全集》，中国文史出版社1999年版，第271页。

偶之文，及于河南见洙，乃出韩退之之文学之。是公不见洙，彼原未尝为古文；今既见洙则意动，又因天子有诏，所以敢锐意自振而不疑也。[①]仁宗喜通俗文字，治小说史者谓平话之兴自此始。其去文存质，殆非偶然。史载帝又曾徇富弼之请，至制科不试诗赋（石林叶氏语）[②]。斯亦足见仁宗一朝，最与散文运动有关。助力之大，无与比伦，吾所谓得宫廷提倡者也。

天圣九年既降诏书，天下知散文运动自上发之，翘然向风。于是科举法令渐有改进，直至欧公知贡举而后臻于大成。宋制：进士试诗赋、策论。庆历四年，欧公知谏议，乃献《先考策论后考诗赋》之议。其说略曰：

> 凡贡举旧法，若两千人就试，常额不过选五百人……诗赋、策论六千卷……使考试之官，殆废寝食，疲心竭虑，因劳致昏。故虽有公心，而所选多滥……今臣所请者，宽其日限，而先试以策而考之。择其文辞鄙恶者，文意颠倒重杂者，不识题者，不知故实略而不对所问者，限以事件若干以上。误引事迹者，亦限件数。虽能成文而理识乖诞者，杂犯旧格不考试者，凡此七等之人先去之……以其留者，次试以论，又如前法而考之……其留而试诗赋者，不过千人矣。于千人而选五百，则少而易考，不至劳昏……其节抄剽盗之人，皆以先经策论去之矣……比及诗赋，皆是已经策论，粗有学问、理识不至乖诞之人，纵使诗赋不工，亦足以选中选矣。[③]

此即今日之所谓《甄录试》也。是时诏书既抑浮巧，令学者为文须“近古”；最“近古”者，莫如散文，即莫如策论。今先考策论，而黜其“文意颠倒重杂”与“理识乖诞”之作，使试诗赋而中选者，皆为“粗有学问”之人；其重视实学之心，揭然可见。盖朝廷既以实学风示多士，欧公居言路，即本其居洛所请求者，藉省试策论以行其改革，而即以“文意”“理识”为起

①按欧公以天圣九年三月至西京，以景祐元年三月去西京。而欧阳发《事迹》，乃谓“景祐中在西京，与尹公洙偕为古文”，其下又云：“已而有诏，戒天下学者为古文。”此事大误。盖诏书系天圣中所颁，远在景祐以前。自欧阳发叙次舛错，吴充《行状》遂踵其误，独苏子由撰《神道碑》，无此失。

②叶梦得：《石林燕语》，上海古籍出版社2012年版，第67页。

③张春林编：《欧阳修全集》，中国文史出版社1999年版，第625页。

衰振敝之续命汤。原其所以敢建此先考策论之议，盖非无故。迨至嘉祐三年，欧公权知贡举，是时斧柯在手，公乃更得黜去崄怪之文，痛抑所谓“太学体”者。榜出，怨谤纷然，久而乃服。自是，宋之文体乃得骎骎复古。此事治文学史者尽人知之，可不复详道。不知者以是为欧公神来之笔，一似从天而下，初无所因。知之者上溯天圣九年之诏勅，及其年居洛讲求古文之往迹，则泉脉虽遥，而分明可见。盖宋廷之厘正文体，与公之散文运动，至是已历三十年矣。文学亦何常？宫廷所赏，即为风气；古今中外，例证非一。当时此种改革，影响国论之大，殆难与比。近之则范仲淹为相，有诏州县立学，下湖州取胡瑗教士法，著为学令，远之王安石柄政，直罢诗赋、明经诸科，以经义、策论试进士。仲淹，欧公同调，安石亦欧公游扬赏识之人。散文风格，渊源不二。欧公之于文事，既已摧陷廓清于前，使一时黜华崇实之风蒸然国论，震雷既耀，然后雨泽滂沛而人不惊。故其后安石之贡举新法。虽谓自欧公闻之可也。是皆有所凭借，资以行事，乃克致此，非一匹夫所能望也。

进论欧公之成功，所以远胜昌黎，则“尚质”二字，尤不可忽。盖散文一语本有解放束缚之义。昌黎所解放者，仅在句型，“文从字顺”，实未做到。以故为之者艰，而文章未尽厥用。欧公赞成韩绩，而矫之以平易冲淡。此种改进，虽止在一转手间，而摆落过度之装点，简省过度之雕琢，既无艰词，亦无奥句，虽出于韩，而倍胜于韩。欧公以此号召，尤能争取最大之领域，而更符合文章之职能。故一时俊乂，争出其门，三苏、曾、王皆衍其业。曾巩赞之曰：“绝去刀尺，浑然天质，辞穷卷尽，含意未卒。”[①]苏辙亦曰：“不大声色，而义理自胜。”[②]此皆状其接近自然，去浮伪而归清真，虽视口语为犹有距离，然在当时已为奇迹。彼非惟能以色彩之冲淡代典丽，以字句之平易代奇崛而已，抑且起结益修整，轮廓益分明；易言之，其体段边幅益典型化，务使观者易憭，学者易学。其天质所近，有溢于文字方面者，则

①曾巩：《祭欧阳少师文》，曾巩著，陶文鹏选注：《曾巩》，大连出版社1998年版，第194页。

②苏辙：《欧阳文忠公神道碑》，苏辙著，陈宏天、高秀芳校点《苏辙集》，中华书局1990年版，第1136页。

又咏叹多，吞吐多，以和平雍容见风度，以低回感叹见精神。盖欧公天性乐易，宜其形于文字者以安和胜也。推欧公提倡此种文字之意，身为士大夫，彼实未知今之所谓接近口语，接近大众，过度推挹，未免近诬。究其所以变陂为平、削雕为朴者，盖半由其资性使然，半由不满时文奇僻，有此反应。其《谢知制诰表》所谓“志欲去于雕华，文反成于朴鄙”，[①]盖雕华之至，非朴鄙无以胜之。譬如富者久饫八珍，苦其腥腻，山肴野蔬，转觉清腴。质文递尚，各擅一时而已。当时标竖，本曰古文，岂有丝毫俯同口语之意哉？或有咎其不肯删省虚字，以致文句冗长者。如李光地云：“文字扯长，起于宋人，长便薄；太公《丹书》，行几多大礼，说出来才只四句；箕子《洪范》，三才具备，才一千四十三字；老子《道德经》，不知讲出多少道理，才只五千言；宋人一篇策便要万言，是何意思？”（梁章钜《退庵论文》引）[②]不知文字之由蹙缩而舒畅，原为文学技能之一种进步之征。记叙之作，至《左》《史》而已臻此境，议论说明之制，必至宋人，乃真能纵意所如，岂得以字句多寡为优劣哉？善哉刘大櫆《论文偶记》云：“文必虚字备而后神态出，何可节损？”是真知宋文之长者也。惜下文又云：“然枝蔓软弱，失古人厚重之气，自是后人文渐薄处。”[③]此中“厚”字甚待商量。大抵古诗、古文，所以一读而感其朴厚者，此由是中有古字古言，不训解则不能猝得其意，非若近作之一览可尽可比。一览可尽则浅薄，有待诠解则浑厚。是故句奥则厚，文简亦厚，厚之微妙，即在思维咀嚼之间。今欧文句长字纵，拳曲毕伸，则有待寻味处自少，斯所以有“枝蔓软弱”之说也。然如吾说，凡为文字不求雕饰，务返自然，则其外貌必甚古拙，其保存作者刹那感情之量必多，则亦有朴厚可爱之处。欧公所谓“朴鄙”，予犹惜其未能真正做到也，审能“朴鄙”，厚莫甚焉。故海峰之论，未尽详允。自我观之，欧公之使字造句、结体谋篇，皆实能自存面目，不甘为韩、柳作舆台。其灵感所寓，左右映带，尤别有后逸非常之姿，可以把玩，使人心醉。欧文之趣，端在此等。要之细意熨帖，不动火气，是其所以为长也。然其短处，又在有心取姿，不能精实。盖文在

①张春林编：《欧阳修全集》，中国文史出版社1999年版，第544页。
②梁章钜：《退庵随笔》，文海出版社1973年版，第999页。
③程根荣主编：《桐城派名家文选》，安徽人民出版社2008年版，第81页。

天壤，骈散异宜：骈者唯美，散者唯用。用者因应众务，必求理当，乃能破坚，风神非所重也。吕祖谦称曾巩“专学欧，比欧文露筋骨”（《古文关键》序例）[①]，而朱子却深予之，重其“文字确实”，又能“依傍道理做，不为空言”（《语录》）[②]。盖欧文作态，吞多吐少，故不甚露筋骨。曾氏一味质实，故宗欧者颇少之，而正散文之佳境也。然朱子又惜曾氏在“关键紧要处，也说得宽缓不分明”[③]，此又见真能发挥事理之文，决不容有摇曳迷离之处。史公诚有此境，却不必处处皆可仿焉。曾氏施“宽缓”之笔于“紧要”之题，此虽非必如欧公之学迂太过，而析理不切，即不足以尽散文之用。窃谓欧公虽中兴散文，而真能尽其用者，南渡以后，惟得一朱元晦。李光地云：

> 朱子之文，何能上比马、班、韩、柳？但理足以颠扑不破。朱子初学曾南丰，到后来却不似其少作有古文气调。朱子正不欲其似古文也。又是一句有一句事理，即叠下数语，皆有叠下数语着落，一字不肯落空。[④]

此数语深为得之。盖审能增重散文者，平易冲淡也；而其足以病散文者，古文气调也。文中能有风神澹沱之境，宁非胜处？特拈此为法，易于躲闪正面，使文字大段落空。散文而有此种流毒，害事非小。虽至今日，大中学生之为文言者，犹往往蹈之而不自知。欧公能变浮巧为浑厚，而未能化婀娜为精实，但堪嗟赏，罕资实用，此传山所以有“江南之文”之诮也。[⑤]

（原载《国文月刊》1949年第76期）

①吕祖谦：《吕祖谦全集》第16册，浙江古籍出版社2008年版，第125页。

②黎靖德编，杨绳其、周娴君校点：《朱子语类》第4卷，岳麓书社1997年版，第2991—2992页。

③黎靖德编，杨绳其、周娴君校点：《朱子语类》第4卷，岳麓书社1997年版，第2992页。

④李光地：《榕村语录·诗文一》，《榕村语录·榕村续语录》上册，中华书局1995年版，第523页。

⑤笔者论散文，私谓宋人最为可取，其说具见本刊第五十五期、第六十二期各论文。

储词、辨词、用词

为了学好词汇，现在提出储词、辨词、用词这三件应做的事。

我们研究词汇，应该结合自己长期语言实践的积累（储词），把词的意义辨别清楚（辨词），并且能够符合规范地使用它（用词）。这是语文老师应该做到的。

（一）储词

为什么要储词?

词汇是构成语言的建筑材料。为了造成句子，表达各种各样思想内容，就必须要储词。只有储得丰富，才能保证用之不竭。

储词不丰富，古人叫做“俭腹”，现在叫做“词汇贫乏”。平时不注意积累，用时就很困难。

就词的数量来说，汉语是世界上最丰富的语言之一。1958年出版的《汉语拼音词汇》（初稿）收词三万条，那还仅仅是常用的。将来我们还会有收词几十万条的大型词典。这说明，汉语的词汇是极为丰富的。为了能正确地使用汉语，我们必须不断丰富自己的储词量。只有储词丰富，才能力争表达的恰如其分。

下面是从毛泽东同志亲手主编的《中国农村的社会主义高潮》中找出来的句子。这些句子都是经过编者修改过的。我们可以把原作和改作对比一下：

［原作］

（1）区公所秘书张振民……发现社里的经营存有重副业轻农业的倾向，就帮助村社干部进行了解决。

（2）……确实体现了中央所指示的“书记动手，全党办社”的精神。

［改作］

（1）……发现……的偏向，就帮助社干部纠正过来。

（2）他们切实地贯彻了“书记动手，全党办社”的精神。

以上是《书记动手，全党办社》一文中的句子。改动的地方，都是为了恰如其分地反映现实。“倾向”没有“偏向”来得鲜明。“进行了解决”语意含糊，没有“纠正过来”准确、明晰。“贯彻”比“体现”来得积极主动，“切实”比“确实”更为有力。

古人称词叫“字眼”，眼在脸上，除了靠它看东西外，还能表达思想感情。文章是作者的思想感情和读者见面的东西，你的思想感情很丰富，如果词汇贫乏，就无法将思想感情充分地表达出来。像上文，还都是些极为常用的词尚且不能马虎，何况事物的繁复和其间的细致差别，还有十倍百倍于此的呢？又何况为了“陈言务去”，我们本就不应该把陈芝麻、烂绿豆天天搬进搬出，自以为是了不起的富翁呢？

怎样储词？第一是从典范的白话文著作中找。我们可以这样地摘记和归类：

例如毛泽东同志的文章：

［文言词］有附庸、士气、斗志、清规戒律、外强中干、针锋相对、神乎其神、袖手旁观，等等。

［口语词］有闹事、撑腰、上台、靠山、老账、配角、底细、对付、起劲、耽心、蹲、搞，等等。

［方言词］有巴掌、反水、打零、捣鬼、红绿告示、死皮赖脸、一塌括子，等等。

又如鲁迅先生的文章：

［文言词］有潺潺、苍黄、寒暄、怨府、百无聊赖，等等。

［口语词］有闪、剩、记性、喜事、生气、凑巧，等等。

［方言词］有逗、阔、依、勤快、淘箩、沸反盈天，等等。

这些词语经过配搭和熔炼，就在纸上很生动地站起来了。这两位语言大师所起用的文言词，所采用的口语词和方言词，在词汇的运用上，可以作为我们学习的榜样。

除了典范作品之外，报刊书籍中的好的东西，也值得我们学习。有些词，很新鲜，又容易为群众接受，就有储的价值。

第二是到群众中去找。我们运用的语言如果有干瘪病，那是必须医治的。它的症象，就是毛主席所说那样："颠来倒去，总是那几个名词。"（《反对党八股》）凡是动人的词语，一定是生动形象的，它在读者眼中都是非常新鲜的，新鲜就引人看。比如庄稼黄得慢，叫"恋青"，庄稼长得快，叫"疯长"。对于这些无知之物赋以感情，读者就会感到生动形象。高尔基说过："朴素的奶妈、赶车的、渔夫、乡村的猎人和其他过穷苦生活的人们，对文学语言的发展，都有过一定的影响……"①我们不可能都有充足的时间去采风问俗，但也不妨准备一本小册子，随处留心，记下一些群众中生动有力的词语；在你自己的方言中，记下有特色而不生僻的词语。这很有用，它可以充当书面语词汇的后备军，作为语言材料中的同义成分，和其它同义或近义的词语并存备用。解放以来，党和政府经常在文件中选用一些群众中流行的口词语。如"公道""年景""拉平""搬家"。这不仅仅是换个说法的问题，而是一个思想作风的问题，是群众观点的问题。广大群众就容易领会文件的精神。

总之，只要我们下苦功学习语言，多方面积蓄各种有用的词汇，我们的运用语言的能力一定会很快提高的，从而大大提高我们的工作效率和思想的精确程度。

①高尔基：《论文学语言》，北京师范大学文艺理论组编辑：《文学理论学习参考资料》，高等教育出版社1956年版，第552页。

(二)辨词

为什么要辨词？我们学习词汇，不但要知道这个词是什么，而且要知道这个词的词义是什么。陶渊明自谓“好读书，不求甚解”，我们则不然，“每辨词，必求甚解”。辨词的目的，就在辨明这个词在现阶段所代表的具体概念是什么。词汇是不断发展的，历史上每一次较大的变革，既有一批词语被淘汰掉，也有一大批词语新生出来。就词义说，由于社会政治经济和科学的日益发展，社会成员认识上的逐渐深化，经常感到词义必须随时调整，这就必然推动着词义的变迁。下面的五类词，都是用词义作划分标准的，都需要辨：

单义词、多义词——是就每一个词的本身研究它们的意义有无变动的；

同义词、反义词、同音词——是就词与词相差之处看它们的意义有无差别的。

可以这样说，辨词的中心是在多义词，尤其在同义词。

1.多义词

词的语音外壳不变动，可是在社会群众多次使用中，已经被增加了许多派生的转义。转义和本义同时存在，这是多义词的成因。尽管这样，这个词在具体的句子里，还是只有一个意义。因为有上下文的制约，它也不可能不是单义。我们必须准确地把握它在这儿所代表的是本义，还是转义中的某一意义。这样，才不至错解了它的意思。例如鲁迅先生的《为了忘却的记念》上有“挈妇将雏鬓有丝”的诗句，“将”的本意是率领，例如“将军”，这儿作“携带”讲，和“率领”大同小异，是引申义。但要注意，作“携带”讲是只存在文言语词之中。又如《阿Q正传》上说：“赵太爷肚里一轮。”这儿的“轮”字用作动词，这是转义的比喻义，把它作“转念”讲。但临时性的比喻就不应看成转义的比喻俞义，应当看作是一种修辞手法。

例如鲁迅先生在《一件小事》里曾说：“而且他对于我，渐渐的又几乎变成一种威压，甚而至于要榨出皮袍下面藏着的‘小’来。”这儿的“榨”字是修辞手法的运用，与词的多义就没有关系了。

让我们先从单音词说起吧。因为在长期的语言历史过程中，单音词使用较久，频率较大，词义的发展，一般都达到了高度，所以单音词最富于多义性；它是不同时代的人民群众创造使用的结果。

现在即以“推”字为例。“推”字在现有词义中，至少有七种含义：(1）用劲把东西往前移。如，“把桌子推一推”。(2）使得事情不断开展。“把群众运动推向高潮。”(3）用工具来修剪。如，“把冬青枝叶推平”。(4）协商选举。如，“大家推他当代表”。(5）辞让。如，“这任务他推给我了”。(6）推托，推诿。如，“有错就承认，不要往别人身上推”。(7）延迟。如，“大会往后推了三天”。当然还可以找出其他的含意来。这里每一不同的概念，都是在古代汉语里就有了根的。它们的核心意义（本义）就是用劲把东西往前挪动的“推”。由于长期使用，就分化引申出其他许多意义来了。如“开展、挪移、谦让、诿卸、拖延、拥护、佩服……”等等的转义。这些转义都没有离开它们的本义。是围绕着它的核心意义而派生出的许多大同小异的新义。我们在给学生讲词义以前，有必要通过查字典，通过联系上下文来钻研，把这个“小异”弄明白。因为用词的人，正是用这点“小异”来表达的。

当然“推”字还有一些已经不用了的派生义，例如皇帝亲耕叫“推”，法官审讯也叫“推”。但是研究古代汉语，或阅读古代书籍还是可能碰到的。这就要查一些更为详细的工具书了。

2.同义词

同义词是现代汉语词汇的重要部分。词义演变中有一个矛盾统一的现象，就发展说趋向多义，就使用说又总是取其某一个单义的。在语言发展的历史长河中，原来由一个本义分化出来的许多派生义，又往往各自突破原来共用的一个物质外壳的形式，以原词做词素，再跟另外的词素组合成表示细微差别的新词素。当然，同义词的来源并不只此。除了旧词的分化外，还有文言词的保留，方言词的上升，科学名词的普及，借词的沿用等等，它们也能和常用的词分别构成一组一组的同义词。但是词义的扩大，以至由一个多义词分化为许多有细微差别的同义词，则是同义词的一个主要来源。

还是以“推”字为例。

(1）用本义的：有推动、推移、推开、推倒、推翻；

(2）用“推某人为代表”的转义的：有推举、推选、推荐；

（3）用“许让”的转义的：有推让，推托，推诿，推卸；

（4）用“由此推彼”的转义的：有推测、推想、推论、推算、推定、推究、推度；

（5）用“延迟”的转义的：有推延；

（6）用“工具来剪理物体”的转义的：有推平；

（7）用“推而行之”的转义的：有推广、推行、推进。

同义词的特征，除了完全相同，又叫“等义词”的——例如“唯物主义”和“唯物论”之外，一般都是基本相同，叫“近义词”。其特征在于有共同的意义，

又有细微的差别。例如：

【推广、推行】总的说来，这二者都和推动工作有关，并且都是动词，都可带宾语。但是“推广普通话”和“推行汉语拼音方案”，二者不可互相更换。“推广新式农具”和“推行增产措施”二者也不可互相更换。不难看出，“推广”是把已经做到的事项要求在更大的范围内做到，“推行”是把已经决定的办法要求全面实施。它们都是上级对下级提出的要求。它们共用一个“推”字，不同的地方在第二个词素“广”和“行”上。

【推诿、推托、推卸】这三个词和“推让”有相同的地方，但是感情色彩不同：“推让”是中性词，“推诿、推托、推卸”是贬义词。这三个词共同的意义都是找一个借口来躲避工作，但它们之间又有细微差别。“推诿”的特点在于把工作推到别人身上，“推托”的特点在于编出一种不做此事的理由，“推卸”的特点达成自己不负责的用心。它们分工明显，只看表达者着重在哪一点，就选用哪个词。这三个都是动词。“推卸”可以带宾语。如“推卸责任”。“推诿”和”推托，往往不带宾语。

辨别同义词的有效方法，就在搜集典型性的成句，就它们的意义、用途、语法特点、感情色彩等方面细加比较，分辨出它们的差别来。还可以从不同的上下文里看看是否都可以无条件地互相代用。这也可以找出它们运用上的细微差别来。“比较”是个好办法，看上下文也是个好办法。它能使我们在具体使用的环境中深入探索，使我们在词义上更加明确起来。

此外，单义词、反义词、同音词也要辨。那就比多义词、同义词要容易些。一词一义是单义词；两词对立是反义词；声音相同而有几个不同意义的

是同音词。

单义词重点在术语。术语都有科学的意义。一般说来，它很少有感情色彩，我们一般根据定义就可以理解术语。反义词在两相映衬的句子里一看便知，所以学习的重点是在运用上。同音词是声音相同的几个词在意义上各有各的来源，找不出共同的核心意义。如开会的“会”和能写会算的“会”就不是多义词而是同音词。

学习辨词首先要善于使用工具书。如一些好的词典的解释和例句，要注意掌握。特别是一些具体例句，可以体会到它的意义和用法。学习辨词还必须密切结合课文。体会词义时不能抛开课文，舍近求远，不能孤立地讲词义，而脱离具体的语言环境。学习辨词还要防止望文生义。词汇里的词多半都是用常用的汉字做词素的。但是有时文言成分的词素也常常见到。它虽不能单独使用，但原来的文言词义还保存着。如“徒步”的“徒”，“驯服”的“驯”，“轴承”的“承”，“电视”的“视”，等等，切不可望文生义，穿凿附会。

(三)用词

用词是在正确辨词的基础上所进行的语言实践。能辨就会用，能辨得精确，就能用得恰当。

词汇和修辞的关系很密切。所以谈到用词，很容易涉及修辞的领域。上面说的同义词、反义词、多义词、同音词以及成语等等，用得恰当，都能为修辞服务。以毛主席的文章、诗词为例：“略输文采，稍逊风骚”就是运用同义词造成的修辞；“华而不实，脆而不坚”就是运用反义词造成的修辞；“这种办法叫蘑菇战术，将敌磨得精疲力竭然后消灭之”就是运用同音词的修辞。可见修辞是离不开词汇的，词汇是修辞的重要的语言手段。

用词时还必须注意规范，维护语言的纯洁和健康。我们现在使用的语文课本，一般来说是很注意语言的规范的。它里面所选用的大多是有代表性的文章和文学作品。我们应该从现行语文课本中学习和理解作者的用词，同时也可以规范自己的用词。

用词要注意规范，就必须反对生造词语。在生造词语中，任意生造一些联合式的合成词是比较常见的。如“憎愤”“装盛”“诚直”“确妥”等。但是词总是人造的，随着社会的不断发展，人民群众也会造出不少新词来反映新的事物。我们讲究规范化，而规范化并不会妨害语言的发展。创造新词是符合规范化的精神的。因为新词的创造是符合语言发展的方向及其内部规律的。新词的可贵之处就在于造得适时，造得出色。适时，是合乎当时的需要，出色，是社会上喜欢用。创造的新词，它的稳定性如何，生命力如何，仍然有待于社会实践的考验。像“五四”以后出现的诸如“慰安”“绍介”之类，由于广大人民群众不愿使用，而逐渐失去了生命力，被淘汰掉了。青年学生正处于储词、辨词的学习时期，当然要防止生造词语。在这方面，教师应起示范作用。要注意纠正学生写错词，念错词，特别是要注意纠正学生任意增减、颠倒、改变词素等不良现象。教师本人尤其要以身作则，不应使用不规范的语言。

除语文课本外，词典也是进行词汇规范化教育的重要工具。它的作用是力求全面反映现代汉语的真实情况，定出标准的念法、写法和用法，澄清社会上关于词汇使用方面的混乱状态，纠正词汇在语言发展中的某些不应有的分歧。中国科学院语言研究所编的《现代汉语词典》是一部中型词典。这部书为了实现汉语的规范化，在词的选择，词的定型，词的标音，词义的分析，用法的说明和例句的征引等各个部分，尽可能表现出明确的规范。这部书对多义词注意词义相互之间的关系，对同义词，凡意义、色彩和用法都不同的，尽量收入，并分别注出不同所在，等义词则列为附目，以示区别。这部书是语文教学的很有用的工具书，对于现代丰富多彩的词汇的记录和解释，起着积极的规范作用。

我们应经常查阅词典等工具书。即使是一个词、一个成语，都不让它含混地过去。这样坚持下去，久而久之，得益一定是很大的。可惜的是有的同志不习惯于使用工具书，路既不熟，手又不勤，甚至不愿接受规范，生造和乱用的弊病就难以避免了。我们一方面要把工具书作为自己读、写、解、用四件事的向导，另一方面也要用来规范自己的语言实践，对照别人的语言实践，作用一定是很大的。

（原分上、下篇，分别载于《安徽教育》1979年第8、9期

《唐语林》中的口语成分

一、研究范围、拣词标准

本论文的提出，旨在通过《唐语林》的研究，得出一些有关口语成分的语言事实：例如唐代新词的渊源、主要的构词方式、词的社会面貌和时代特征、词的时态变化形成的程度等等。不管它是属于词汇意义或是属于语法意义，只要《唐语林》中有例证足以启发我们，都要拿来检视一下，想在大海一般的汉语史的前面，献出一滴半滴的水量。取材限于《唐语林》一书，固然万万不够写出“唐代口语词词汇”；同时，连写出“《唐语林》中所见唐代口语词笺释”的意图也并不存在。这是由于为水平和时间精力所限的原故。

至于每一个词的方言性，原书并不曾有意或无意地给我们以有益的论据，所以词的代表地区也颇难指出。据笔者浅见，这里面的词，即使有的比较生僻，那也只是使用范围的事而不是使用地区的事。因为《语林》是士大夫作品，作者大都是中原士族，操北音，押官韵，习为固然。假如有人操吴中方音，记载中还会有菲薄刺讥的话[①]。由此可见，《唐语林》中是不容易发现方言词的。

至于本论文所谓“口语词”，究竟指的是唐代的新词，还是也包含着由前代传承下来的旧词，这一点也很为重要。但本题所掌握的材料仅限一书，大

①罗隐和王伾，都是杭州人，都因口操吴语，被中原士族所轻视，分见《唐语林》卷七和《旧唐书》卷一百三十五。例证尚多，举此以见一斑。

体上说，当然是唐代新词居多，但传承下来的旧词也很不少。这就很难区分清楚，定出取舍的范围来。所以本篇只从唐代通用的口语词着眼，不专以唐人所造者为限。

基于这些原因，本论文并不含有词典性、方言性和绝对的断代性。

研究某一时代的语言现象，很难专取某一类型的材料做根据。唐代一切语文材料，无论是散文，是诗赋，是变文、语录，是笔记小说，绝大多数都是知识分子写出来的，即不然，也是曾由知识分子加过工的。若论唐代口语成分较多的书，当然应该首推变文，可是变文的字数有定，其中也难免没有勉强地撞成七字而不顾口语语法组织的地方；并且变文又都是押韵的，这就更在变更口语语序，迁就句终韵脚的可能；万一加工失真，也是事所难免。这样推论的结果，唐代纯口语的材料就很为有限。至于《唐语林》这部书，在词汇中最丰富的成分，又绝对不是人民通用的语词而是士大夫通用的语词，现在要在口语词奇少的这部分中找材料，真是披沙拣金，劳多获少。笔者虽然拟定了一些拣词标准，并且从其中也获得一些词汇和语法上的材料，但研究唐代口语词，《唐语林》决不是一部合乎理想的书，已经是显而易见的了。

《唐语林》是北宋长安人王谠，就唐代五十家笔记小说选出的将近二十万字的辑本。他的生平事实，著录家都没有介绍，总之这部书是士大夫作品，活的语言应该是很难看到的。可是笔者取材的用意，也可以写来向同志请教。笔者以为这部书本是一条一条的纪实小品，除极少的几篇①而外，大都是质朴无华。其中为了“存真”，也颇有竟用当时的口吻记录对话的。唐史家刘知几就曾在著作中反对“后来作者，通无远识，记其当世口语，罕能从实而书”②，正可说明记载家忠于事实，他们的笔底下往往是不肯走样的。据我所摘下的几条，其中的对话简直就是当时的口语③。让一步说，纵然他们记录对话一般还会破坏口语的语法结构，但是单就个别的口语词而言，似乎《唐语

①例如卷五颜真卿《和政公主神道碑》，就是滥收。

②刘知几著，张三夕、李程注评：《史通》，凤凰出版社2013年版，第85页。

③过度相信它，以为这些就是十分纯粹的唐代口语，当然不可。但作者所以那样写出，不顾一篇之中文白夹杂，其用意完全是为了存真，这也是无可怀疑的。

林》中存在的也颇不少。

下面是笔者的拣词标准，当然，这是主观的、假定的，有待于更多、更精确的证明的。

第一，《唐语林》中有些词至今还是口语词的，例如“出家、失火、倒塌、奴才、精神、口气、毷氉、馄饨”之类，尽管它的来源并不都是始于唐代，但不妨推定：它们在唐代也是口语词①。

第二，在《世说新语》上曾经出现的口语词，有的到唐代被文士提升到诗赋中变成文言词，如“矜持、徙倚、宁馨、阿堵”之类，当然不再算做口语词。但如“乞索、装束、检校、处分”以及作“探问”讲的“看”，作“怜爱”讲的“念”，作“为人所得”讲的“落”，作“淘米”讲的“洮”等单音词，《世说》有，《唐语林》也有②，并且都存在于对话中。像这些，都假定它们是唐代的口语词。

第三，《唐语林》中有一些词，在复古一派的散文中都不大用，只有在诗、词、小说、公文中能见到，例如“亲情、依前、知闻、思量、恼乱、威风、大虫、茶拓子、古楼子”以及作“因为”讲的“缘”，作“抵得”讲的“销”，作“懂得”讲的“过”，作“挈带”讲的“将”③等等的单音词，它们都见拒于“镕经铸史”之流，但唐人小说中并无此等拘忌。这似乎正好说明：它们正是唐代的口语词。

第四，取同记一件事的书来比较其中对话的语句，即以《资治通鉴》为例，同一对话，经司马光采入《通鉴》后，原来的词就换成雅词，即使不是拿一个换一个，也会被变成另一种说法，原词则避而不用。即以《唐语林》中所载唐宣宗的话为例，如“依前怕他”，《通鉴》作“尚畏之在”；“卿论刘集大好”，《通鉴》作“卿论刘集事甚佳”；“卿知著紫由来否”，《通鉴》作“卿知所以衣紫乎”，如是者凡二三十处，都被窜改④。这不仅是改变句子，乃是为了厚古薄今而损害口语的真实。恰能说明，司马光所换掉的，正是唐代

①“毷氉”是羞惭的意思，今江苏北部有这个说法。

②别详拙写《在〈世说〉和〈唐语林〉中出现的单音动词》。

③同上。

④别详拙写《〈通鉴〉窜改口语词考》。

的口语词。

第五，还有全民通称，不管雅俗的词。例如“檐子、帖子、经纪、押衙、拔河、羯鼓、郎君、蕃客、舞胡、端公”之类，就是那些讲求义法的牌板文字中也不妨使用，同时它也是当时口语中不能不用的语言材料。

当然，唐代距离现代已经一千多年了。看到一个词，由于时间上的隔越，它的面貌早已生疏，必然地就会当它是文言词。而且语和文的界限，也并不是不可逾越的鸿沟，无数的文言词，都是由僵化的口语词变来的，辨别起来，究竟某一些词应删应存，就颇难臆定。再从材料来源说，《唐语林》所记的多为士大夫间的谈话，纵然是下笔时依照原语直录，也是士大夫间流行的口语较多，而“士”“庶”通用的语词较少，因此，就会影响了拣词的正确程度。笔者虽然假定地写下了上项五个标准，还有两个补充标准，一个是，凡是难于断定的词，宁可阙疑；一个是，凡不是原书对话中看到的词（是在叙述语中看到的词），如果没有确切的把握，断不滥收。

二、唐代新词的不同渊源

本节意图结合《唐语林》的已有资料，试论唐代新词的不同渊源。斯大林告诉我们：“语言，主要的是它的词汇，是处在差不多不断改变的状态中。工业和农业的不断发展，商业和运输业的不断发展，技术和科学的不断发展，就要求语言用新的词和新的语来充实它的词汇。语言也就直接反映这种需要，用新的词充实自己的词汇，并改进自己的文法构造。”①下面又着重地说道词汇对于变化的敏感性，并且重复的指出，“新词是由于社会制度改变，由于生产文化科学等等发展的结果所产生的”②。斯大林这些话，充分说明了词的社会基础，不言而喻，必须在这个基础上产生新词，才是词的主要渊源。

可是《唐语林》是士大夫阶级所辑的书，依他这部书的反映，君主、士大夫及其使用的人们，都有造词的故事，这些是否能算是唐代新词的主要渊源呢？当然不能。

①斯大林：《马克思主义和语言学问题》，人民出版社1971年版，第8页。

②斯大林：《马克思主义和语言学问题》，人民出版社1971年版，第23页。

封建君主最喜欢为自己的建筑物、左右侍从、所爱的东西起名字，《唐语林》中所载不一[①]，这些诚然也是新词，但他们的动机仅在显示一定的夸耀性，并没有一点社会需要做基础，这就没有资格在汉部族语言中充当建筑材料，老百姓是不用的。此外，还有一种情形，也揭露了封建君主的妄自尊异。像“宣宗微疾，召医工梁新对脉”，原注：“禁中以诊脉为对脉。”[②]这虽然是口语，但仅仅是宫廷习惯语，圈子太小，在全民语言中还是没有地位的。[③]

封建君主夸耀性的造词，既不能算做唐代的口语词，以《语林》启示，唐代士大夫中间，颇有一些好事者，或是为了在言谈上增加风趣，或是为了品题某类人，也往往造出许多词来。下面一条是王谠从李肇《国史补》采入的，就曾列举当时名士中有许多造词的祖师：

> 初，诙谐自贺知章，轻薄自祖咏，颖语自贺兰广、郑涉，其后咏字有萧昕，寓言有李纾，隐语有张著，机警有李舟、张彧，歇后有姚岘、孙叔羽，讹语影带有李直方、独孤申叔，题目人有曹著。[④]

这些在全民语言的词汇中有没有使用价值呢？当然没有。可是李肇能从发展方面注意到影响语言的这些人，注意到社会中有制造谈资和笑料的这些人，士大夫中有，老百姓中当然更会有。王谠把它采取进来，是可取的。[⑤]

封建君主的造词，用意在显示尊严；士大夫的造词，用意在形成风趣。

①例如唐玄宗选宫人之美者，号“花鸟使”，唐德宗为所乘马命名曰“神智聪”之类。

②王谠：《唐语林》，中华书局1978年版，第37页。原注：宛敏灏先生说：“可能是因为‘诊’、‘朕’同音的缘故，所以避‘诊’，作‘对’。”

③又如本书卷四，“玄宗，宫中尝称（按谓自称）阿瞒，亦称鸦”，我疑心“鸦”就是“耶”。也就是“爷”。因而曾谓玄宗并未自造新词。宛先生说：“既在唐代一般都写作‘耶’，何以记玄宗自称时独作鸦？又《语林》卷一载‘散乐呼天子为崖公’，‘崖’‘鸦’音近，似仍为宫廷习惯语，此与玄宗自称‘阿瞒’，同样尚待考。‘阿瞒’与女真语称父为‘阿妈（或作马）’音固相近，但就《语林》卷五‘汝南王琎’一条的对话语气看，玄宗称宁王为‘大哥’而同时自称‘阿瞒’作父解显众不合。”宛先生这两点意见（包括注），比我的说法邃密多多，谨记于此。

④王谠：《唐语林》，中华书局1978年版，第288页。

⑤老百姓用隐语当面反击士大夫，《唐语林》有李纾一条，可以参看（见第184页）。

他们都与生产无关，没有全民性，因之就不能靠它丰富部族语的词汇。此外还有一等人，那就是本书所谓“胥徒走卒”，他们也造词，但他们在当时社会还不是生产者，因之他们所造的词也就不免局限在官厅所接触的事物方面。例如《唐语林》中有一条（是从赵璘《因话录》采入的），说的是御史台三院（台院、殿院、察院）的故事：

> 三院御史主簿有事白端公[①]，就其厅，若有中路白事，谓之“参端”，有罚。殿中有免巡，遇正知巡者假故，则向上人又权知，谓之“蘸巡”。台官有亲爱除拜喜庆之事，则谒院长、杂端、台长，谓之“取贺”。凡此曾因胥徒走卒之言，遂成故事。（页265）

“参端、蘸巡、取贺”等词，看来似乎艰深，其实在当时都是口语词，也都是“胥徒走卒”们创造的新词[②]。他们造词固然不类士大夫，但同时也不关生产。

这样，新词的主要渊源，就只有人民群众所造的词足以当之了。直接反映生产活动的词，《唐语林》中还找不出。但即使是不关生产活动的造词，也能使我们看到群众造词的独特性，例如：

> 颜鲁公真卿为监察御史，充河西陇右军试复屯交兵马使。五原有冤狱，决乃雨，郡人呼为“御史雨”。（页20）
>
> （王）式初为京兆少尹，多从前诃者，令远时或避之他适，京城号为“邓子”（页41）
>
> 不为此拗木枕错失，不合更在坐矣……“拗木枕”者，俗谈强项也。（页77）
>
> 李尚书益，有宗人庶子同名，俱出于姑臧公，而人谓尚书为“文章李益”，庶子为“门户李益”。（页134）
>
> （王鉷）宅内有自雨亭子，帘上飞流四注，当夏处之，凛若高秋。（页182）

①侍御史的别名。

②他们所创造的并不止此，还有察院各厅，都有别名，也是他们取的。

这儿的“御史雨”“邓子”“拗木枕”“文章李益、门户李益”“自雨亭子”论字面，都是极其粗质，毫无修润。像“邓子”一词，更简直使人不得其解，然而，它在全民语言中是有意义的，书中写下来的仅仅是它的同音字而已。“自雨亭子”一定是俗称，园主王鉷身为大官，他应该还有雅称给它，但群众不管它，就迳称为“自雨亭子”，这不是粗率，它恰反映了群众的立场和观点。再从造词方法说，“邓子”应是有后缀成分的名词，“子”读轻音，和现代汉语的“呆子”“骗子”结构全同。其它如“御史雨”等词都是偏正式的结构。总之都合乎中古汉语和现代汉语的构词法，我们应该承认，这些是新词的主要渊源。

换个方面说，如果士大夫造词也能符合上项特点，用的是土办法，不存雅俗偏见，也不专为谈资笑料而造出特种风趣的词，那它就和群众造词没有分别，也可以得到普遍的使用。例如唐代士子到长安应试，如果考不中进士，他们就痛饮一场，用来破除烦恼，叫做“打毷氉”[①]。现在“毷氉”一词还存在苏北口语中，可知由来已久。唐人加上“打”字代表这件事，就成为动宾式的新词。

又如唐时太原的王家，论门第不如琅邪的王家有名，但也颇有财势，他家就自称为“钑镂王氏”。“钑镂”是说银器镀金的这回事，《广韵》已见，在唐代还在口语中盛行，放在“王氏”的前面，就成为偏正式的新词[②]。

又如蜀相崔宁的女儿，因为茶杯烫手，她发明用楪子托住茶杯，她父亲给她取名为“茶拓子”。本是“拓（托）茶”而说“茶拓”，这是用动宾倒置的办法而造成的，后缀轻音“子”，是名词的标记，这和今天“牙刷子”“瓜铇子”等词的内部规则正同。

像上举“打毷氉”“钑镂王氏”“茶拓子”这几个新词，虽是士大夫所创，可是他们用的是土办法，不从书本上找字眼。语言本无阶级性，像这些新词，它本身既没有阶级特点，就必然会有广大群众使用它。《唐语林》中属于这一类型的词也有一些，应和上列群众所造的词，如“邓子”“自雨亭子”等等，一样地视为新词的主要渊源。

①就是“遮羞”或“解嘲”的意思。

②“钑”字在《广韵》合部，注曰“钑镂”，可见它是中古汉语的旧词。

这种全民通用的新词，连同当时口语的语法组织，自然就成为汉部族共同语言中主要的构成部分。君主士大夫如果要想把自己的意思说得正确和清楚，他就不得不使用这些口语词和口语的语法组织。忠于记载的知识分子，为了尽量保存原来的说法，也必然尽量地不让它走样。现在先举唐人小说中记载走样的例子：

> 郭暧尝与升平公主琴瑟不调，暧骂公主："倚乃父为天子耶？我父嫌天子不作。"

著者赵璘在句下有这样的注脚：

> 质词别有所呼，不言父。①

这说明郭暧原来的话，赵璘以为过粗过质，所以把它雅化起来，但又想让读者知道经过修润，所以加注说明。

但在王谠的《唐语林》中就不是这样。王谠原书本有"俚俗"一门，这是作者珍视俗语的一种可贵的意图。旧本虽经一再散失，但存在的语言故事还很不少。下面是《语林》卷六的一条，看唐德宗在情绪不正常的时候，对臣下是这样说的：

> 德宗怒陆（贽）曰："者（这）獠奴！我脱却伊绿衫，便与紫著，又常唤伊作陆九。我任使窦参方称意次；须教我枉杀却。及至权入伊手，其为软弱，甚于泥团。"

这段话，除"任使"一词和一二虚词可能不是口语词外，其余大量使用的都是口语词，也都是赵璘在自注中所谓"质词"。说明帝王虽能制造夸耀性的专用词，也不能不用共同语来表示自己的思想感情。这恰能说明，全民语言占统治地位，新词的主要渊源，只有遵照全民语言内部规律所制造出来的"质词"足以当之。

最后，唐代新词还有一个渊源，它所产生的词流行在市井村俗间，士大

①李肇，赵璘撰：《唐国史补因话录》，古典文学出版社1957年版，第70页。编者按：本句中"呼"，煦侯先生原文为"称"。

夫听了不懂而人民群众大都能懂。这里面仅有少数个别的词是新而且僻的，至于基本词汇和语法结构，都还是全民语言。人民管这些新僻的词叫做“查语”，据说当时共有一百几十个词。《唐语林》有从《封氏闻见记》采入一条，所载的就是士大夫发见“查语”的这件事：

> 宋昌藻，考功员外郎之问之子，天宝中为滏阳尉。刺史房琯以其名父之子，常接遇。会中使至州，琯使昌藻郊外接候。须臾却还，云“被额”。房公顾左右；“何名为‘额’?”有参军亦名家子，敛笏对曰：“查名诋诃为‘额’”。房怅然曰：“道‘额’者已可笑，识‘额’者更奇。”近代流俗呼丈夫、妇人纵放不拘礼度者为“查”，又有百数十种语，自相通解，谓之“查语”，大抵多近猥僻。

文中“自相通解”四字，说明使用的范围很狭，可能其中有方言性，但不一定就带有秘密性。“额”和“查”是出现在这个书面记载中的两个词。在《语林》的另一条，被称为“乐采异语”的侍郎李纾，也曾经在途中听贩夫说过并且又向他访问过。据我们的看法，它仅仅是把少数“猥僻”的词搀用在共同语言之中，个别的士大夫虽然对它有兴趣，但它并没有被普遍使用，因之就不成其为共同语言的构成部分，因之这个渊源虽与人民接近，但还不能当做唐代口语词的主要渊源。

“查语”之外，还有一种行业语，流行性最为狭小，但在唐代新词中也是一种渊源所在，其中有被共同语所吸收的，有未被共同语所吸收的。前者例如下面的一条：

> 玄宗宴蕃客，唐崇句当音声……言甚明辨，上极欢。祟因长入人许小客求教坊判官，久之未敢奏。一日，过崇曰：“今日崖公甚蚬斗，欲为弟奏请，沉吟未敢。”
>
> ……散乐，呼天子为“崖公”，以欢为“蚬斗”，以每日在至尊左右为“长入”。

这是散乐中人的行业语，像“崖公、蚬斗”就非常冷僻，共同语中是一定不能吸收的。后者例如：

德宗晚年绝嗜欲，尤工诗，臣下莫及。每御制，奉和而退，笑曰：“排公在。”

“排公”也是行业语；李肇《国史补》卷中有此一条，最后有解释语，而王说漏抄了：

俗有投石之（戏）（臆增），两头置标，号曰排公，以中不中为胜负也。

投石也和百戏相近，“排公”一词，居然被朝臣运用在语句中，这是已被共同语吸收的证据。不过被吸收的行业语总还不多，所以它虽然是新词的渊源，但也不是主要渊源。

根据本节研究结果，可以得出如下结论：

（一）唐代新词很多，渊源也不止一处，但应从语言的全面性着眼，认定某一些新词才是主要渊源所在。

（二）封建君主、士大夫、胥徒走卒，都可能是新词的渊源。但前二者所造的词都从书卷中来，不是口语词，胥徒走卒所造的虽是口语词，但往往缺乏群众基础，所以都不是主要渊源。

（三）人民群众是造词的主要渊源。这些词都是“质词”，但君主、士大夫都不能不说它。如果君主、士大夫能用共同语的构造法则造出新词，而这些新词，老百姓也需要使用它，那么它就同样地可以作为共同语的构成部分。

（四）人民群众口中还有一部分近乎猥僻的“查语”，特种行业也有自己的专门用语，但在共同语言中都极少吸收，所以也不是主要渊源。

三　新词的多音节倾向和主要的构词方式

古汉语的单音词多，但一直是向着复音词发展的。中古汉语的词汇中，凡是增加的新词，多数是名词，并且都是复音。有的像翻译似的换一个说法，如《世说新语》称“笏”叫“手板”；有的在旧词上加上一个音节，如给人睡眠的家具叫“床”，而《世说新语》上有“胡床”。

到了唐代，由于唐帝国的幅员广，国力强，气派大，新事物多，国际关系复杂，社会活动多样化，词汇有敏感性，当然需要一些反映时代因素的新词。这些新词，不问它是制度上的新词，或是谈说上的新词，一般地说，它们都不能不是复音词，并且复音词中的绝大多数是名词；在名词之中，谈到构词的内部规则，占第一位的又一定是偏正式。复音词、名词、偏正式，是唐代造词的基本倾向。

复音词中，制度上的新词系知识分子所定，不能就当作口语词看。但制度是有强行力的，就唐代说，即使是不识字，户籍上也要填“口分、永业、白丁、中男”等等，他嘴里也就不能不这样说①。所以制度上的词，有许多是士庶通用的。谈说上的新词，如“烘堂”“血晕粧”“点头崔家”之类，流行性当然更广泛。至于它所以必须是复音节，理由很简单，为了和已有的单音词相区别，为了和同种而不同类的事物相区别，区别性的词素不得不多，昔节就不得不繁复。

复音词中的名词占大多数，是因为新增的都是事物的名字。唐代口语中的动词形容词，单音最多，双音的大都是士大夫任意组成。所以在《唐语林》对话中的“诛谴、荐拔、凋瘁、狂躁”等等，都不能承认它是口语的复音词。可是名词就不是这样，它有社会性，约定俗成之后，不论雅俗，都必须这样说，因为它是事物的代表，必须固定；新事物多，它也不能不多。

新造的名词，就内部的构成方式说，它所以必须是以偏正结构为第一位，是因为在新词的形成过程中，以偏正结构为最有用，几乎可以说，它是专为制造新的名词服务的。它的结构是递增式，层层相加，在相加中收到制约本义和排斥他义的表达功能。譬如《世说》新词“胡床”一词，仅仅在“床”字上多加一个音节，就能排斥了一般的床而使表达明确化。唐代的偏正式新词，结构之繁、音节之多，远不止此。总之，偏正结构在唐代造词上得到普遍利用是空前的，成绩最著的。

为了从具体的语言现象中显现出以偏正结构为主的多音节倾向，笔者曾就《唐语林》所见名词中，观察不同词素在累积中的错综情况，分出若干组织类型，企图揭示唐词的丰富性和创造性。下面所列的是有代表性的词，每

①参万斯年辑译《唐代文献丛考》中所录《敦煌户籍残卷》。

项都以示例为主，并不能包括《唐语林》中所有同型的名词。至于累积中的错综情况，则用名、动、形、数等字标出词素的性质，略用陆志韦氏在所著《汉语的构词法》中所用的办法，称为名素、动素、形素、数素等名目，以便从意义上识别造词者的用心。这样可以更明细地得出偏正式的造词规律，也才能充分看到唐代人民在语言上的创造能力和逻辑上的区别观点。

所有各种造词类型，列举如下：

第一组 组合成分是名素。（甲表联合式，乙表偏正式）

【名名甲】盐酪 碾硙 毕罗

【名名乙】胡头 腰鼓 庄租 粉铺 官猪 骡子营 阿姊儿 酒录事 犀如意 阿婆面 御史雨

【名名甲加名】血蒜虀 田舍汉 音声人

【名加名名甲】水碾硙

【名名乙加名】茶瓶厅

第二组 组合成分是动素、名素、形素。

【动名】猎师 舞胡 魇斤 举场 乞索儿

【动名加名】齿鞋匠 开口椒 多事汉 无名子 看街楼 砑绢帽 摸牀棱宰相 接脚夫人

【动名加形名】随驾老鸱

【名动】巾裹 水递

【名动加名】血晕粧

【名加动名】方开裤

第三组 组合成分是形素、名素。

【形形】恶少

【形名】远房 圣水 活火 竖柜 贱人 秃丁 长马 穷相 热风 茫茫队

【形名加名】拗木枕

【形加形名】小青衣

【名形】泥团 官健

第四组 组合成分是代素、名素。

【代名】当州 当家 当县 是物儿 自家儿

【代名加名】自雨亭子

第五组 组合成分是数素、量素、名素、动素。(甲乙表基数及序数)

【数名甲】半臂 四君子

【数名乙】廿丈 一妹 二十九郎

【数名甲加名】八宝崔氏 八砖学士

【名数乙】辛大 陆九

【名加数名甲】张万言 武三头

【名加数名乙】李二十秀才 李九丈

【名加数加动名】樊三盖代

第六组 组合成分是副素、名素、动素、形素。

【副动】偏提

【副动加名】长入人

【副形】不良 不洁

第七组 词素前面有辅助成分"阿""老"。

【名前加"阿"】阿师 阿婆 阿家 阿妳

【代前加"阿"】阿谁

【名前加"老"】老鼠

第八组 词素前面有辅助成分"子"。

【名后缀“子”】毡子 帖子 袄子 袍子 篷子 宅子 鹞子 骰子 楪子 獠子 巾子 毬子 曲子 檐子

【名名乙缀“子”】风炉子 藤椅子 昆仑奴子

【动后缀“子”】兜子 注子

【名动后缀“子”】茶拓子

【动后加名，又缀“子”】撬耳帽子

【形后缀“子”】冷子 邓子

【动后褪“家”】作家

【名后缀“家”】囊家

以上共选列了一百零六个词，都是名词，所有礼制上或法令上的名词出于官定者都没列入。列入的都是口头的，也大都群众生造出来的。有时为了代表一类型，也列入少数不是从唐代才有的旧词，如“阿谁”“恶少”“半臂”之类。

就词素相加（也就是词素安放的位置）的繁复性说：上面所列的共有八组三十九型，每种型都有它不能不那样结合的道理，并且结合得都很紧，拆不开，删不掉，标志性也非常强。

在三十九型中间，仅有第一组的（名名甲），第二组的（名动），第六组的（副形），和第七第八两组各型为例外，其余都是用偏正式造成的。根据初步统计：曾在《唐语林》中出现的口语词，主谓式最少，似乎仅有“命通”一词；补充式也不过仅有“放过、追还”等三四个词；联合式如“碾硙”等词，约在一百个左右；支配式如“失火、压角、放榜”等词，为数稍多，也不过一百五十个左右；都比不上偏正式的词，它约有四百五十个左右，成为唐人造词的主要方式。

当然偏正式的造词方法是由来已久的，《左传》就有“夫已氏”“未亡人”“东道主”等词，但它们都只有三个音节，到四音节就往往加一“之”字，例如“迁延之役”“拜赐之师”，五个字似乎只有“延州来季子”这个词。《世说新语》也是三四个音节为多，都不加“之”字，例如“礼法人”“逆风家”“强口马”“折角如意”都是。到《唐语林》，三音节以上的词多起来了，要连结合很紧的词组说，竟有增多到五个音节的，在语法的地位都等于一个词，在意义上也有强度的排他作用，并且一律不加“之”字，也不加“底”字。

总之，唐代事物的繁复增加了造词方式的繁复。因为它主要的在于表现事物，所以最多的是名词；因为它还用基本词做中心成分，所以最多的是偏正式；既是偏正式，在基础上就不能不是双音节；如果再来一个修饰或限制，使偏正式得到大量利用，就不能不是多音节。从先秦以至魏晋，论造词方式的多样化都远不能和唐代相此。这正是中古汉语在构词法上一大发展，也说明荀子所谓“单不足以喻则兼”（《荀子·正名》）的科学性，而偏正式更是它的独特性成就之一。

至于上列第七第八两组，则是标志着汉语前后缀的次第形成的。

前缀的“阿”和“老”，都不始于唐代。到唐时，加“阿”的比较成熟，加“老”的还不多见。

后缀的“儿”和“头”，在《唐语林》中没有见到，怕还没有形成后缀，至少还没有成熟。

“家”在唐时已有“州家”“使家”“军家”等词，韩文和《通鉴》中都曾出现过[①]；这些都是缀在名词后面的。《语林》中更有动词加后缀变成名词的，如“作家”是；缀于名词后者也有，如“专家”是。

后缀的“子”，有缀在名后者，由来最古，《唐语林》中所见也最多。缀在形后者，在晋朝就有庾亮自称“老子”的前例，《语林》中仅有“冷子”和“邓子”。“冷子”是夏日所用的轻纱，“邓子”不得其解，暂且放在这儿。缀在动后的，有“兜子、注子”。第二节所举的“茶拓子”似乎是最初出现的一种类型，是唐代新兴的构词方式。

所有以上各种新词的构成，连前缀后缀的方式也不例外，都是为词的复音化服务的。而《唐语林》恰在无意中介绍了这个发展的动象。

①见韩愈赠张功曹诗，又见《通鉴》第249卷胡三省注。

四、新词标志时代特征

无论在词汇史的某一阶段，总会有某一类题材的词汇发展得特别快，这一类题材的词汇，它正是标志着该阶段的社会面貌与时代特征的东西。

斯大林在著作中就很强调词汇的敏感性。契科巴瓦在所著的《语言学概论》中这样地写道："语言的词汇直接反映并敏锐地响应社会生活中和日常生活中发生的变化，因为新事物、新现象应该有个称号，以便在交际和思想交流的过程中能够称呼它。"[①]契科巴瓦作这样的阐释，在研究唐代口语新词的创造上使我们感到更亲切，更能说明这种事实。的确，在发展中的唐代社会，正需要有许多表白新事物新现象的称号，人们才好称呼它。

现在请略谈哪些是唐代社会的新事物、新现象。

历史告诉我们，唐帝国——尤其是初唐是中世纪的东方强国。由于太宗、高宗、武后三朝君主都对外扩张，一时声威远被，文化交流。一方面，国际贸易的商船远通波斯大食，一方面，国内工商业也急速发展。而在均田制的措施下，兵后的农业生产也普遍地到得恢复与提高，以致公私仓廪皆有余粮，形成了开元末年（740）的全盛时代。官僚地主，自始就通过庄园制的土地占有形态对农民进行剥削，均田制破坏后，凡丧失了土地的农民都沦为庄园地主的佃客和雇工，这就更有利于剥削者的进行兼并和奴役。又因庄园地主都拥有农业和家庭手工业的生产资料——如碾硙、蔬果、林木、盐茶及种种手工业的作坊，因而封建经济就更形发展，地主的物质享受就更见豪华，寄生于豪家的杂流人物也就形形色色，不一其类。科场本是原有的士大夫集团和新兴的有钱无势的寒族为了参加政权而进行角逐的文艺阵地，这里面有他们的文化生活，也有他们的社会关系，在当时也留下许多遗闻轶事来[②]。

所有这些，就是对唐代社会面貌起决定作用的一些重大事实。这些事

①A.C.契科巴瓦著，周嘉桂、高名凯译：《语言学概论》第1编，高等教育出版社1954年版，第74页。

②以上均据尚钺著《中国历史纲要》，人民出版社1954年版。

实，就为敏感的汉语词汇提供了主要的题材，从而迫使当时的语言词汇必须既多且快地有所补充。

那么，有智慧有需要的唐代社会的组成员，他们究竟是怎样地给这些新事物、新现象以一定的称号呢？

问题很简单，唯一的途径只有造词。

在第二节，我们已经罗列了许多新造的词，并且在词素累积上看到了它的繁复性，尤其是偏正结构居第一位，证实了这种结构是制造新词的有效手段。现在，我们还可以再看看它是怎样用一定的词素来产生许多新词的。举现代汉语为例，“人民”是一个词，作为词素来说，它能滋生出“人民教师”“人民邮电”“人民公社”等等的新词来。“人民”是公用的词素，而“教师”“邮电”“公社”则为条件词素。这样，就能体现出新的时代特征。唐代新词中，有一部分正是用这个方法造成的。分别来说，公用词素有一般性，和公用词素相结合的条件词素有区别性。事实上，一个词素可以做甲类词的公用词素，又可以做乙类词的条件词素，它们的关系是依不同的对立面而转移的。今举唐词“番人”为例：

番人｛番将、番长、番客……
　　　音声人、相扑人、长入人……

“番人”这个上偏下正式的合成词。如果站在“番将、番长、番客”这一边说，“番”是公用词素，“人、将、长、客”，是条件词素；如果站在“音声人、相扑人、长入人”这一边说，“人”又成为公用词素，而“番、音声、相扑、长入”为条件词素。单就“番人”说，“番”字直接体现唐帝国的时代特征，固然是最有标志作用，就是“人”字，也能靠它组合各种面貌的词素来体现这个时代特征。这种造词方法很简易，又能多产，它和第三节词素相积的办法，同为唐代增加的主要途径，值得我们注视的。

下面分五个类型，每一类型都举出在《唐语林》中所看到的那些用公用词素造出的新词。这当然不能看见滋生的全量，但也粗略地可以看到唐代的社会面貌，更具体地表现了新事物的繁富和昌盛，因而肯定了这一种造词方式的实际性。五种类型列举如下：

第一，反映唐帝国和封建君主的体统、规制、声威和场面的新词，它们的公用词素是“宫、内、国、官、衙、胡、番、獠”等，在《语林》中出现的有下列的一些词：

宫娃 宫婢 内人 内廷 内样 国舅 国婚 国师
官园 官租 官妓 官街 官健 官人 官猪 官绝
当衙 坐衙 南衙 商胡 舞胡 胡僧 胡头 番人
番将 番长 番客 獠奴 獠面

第二，反映官僚地主占有物质财富和使用人及其豪华生活的新词，公用词素是“钱、庄、奴、衣、食、茶、酒、盘、水、样、场、楼”等，在《语林》中出现的有下列的一些词：

料钱 事例钱 庄园 庄产 庄租 奴才 奴兵 油衣 衩衣 银泥衣 地衣 小青衣 食单 食盘 茶末 茶牀 酒船 酒星 酒监 酒录事 祭盘　食盘 水递 水碾硙 内样 仆射样 俗样 举场 斋场 毬场 彩楼 看街楼

第三，反映士大夫科场生活及其社会关系的新词。这一类在李肇《国史补》和王定保《唐摭言》两部书中是很丰富的，《唐语林》所载的也很多，全民性不大，但本节意在标志时代特征又不宜漏却，现在单拣用公用词素造成的几组词，那就是“榜、头、房、同、辈”等等：

上榜 排榜 出榜 放榜 状头 敕头 解头 棚头
同房 小房 远房 同门 同年 同房 前辈 先辈

第四，反映社会各阶层活动人物或者是某些活动事实的新词，公用词素有“客、师、家、人、儿、汉、打、作”等等，《唐语林》中有下面一些词出现：

朝客 番客 相师 猎师 国师 本师 小师 师姨 师娘 囊家 军家 亲家 山人 选人 部人 平人 内人 番人 音声人 相扑人 长入人 义儿 健

儿 乞索儿 阿奶儿 多事汉 田舍汉 打场 打毬 打毼毲 打曲 打围 作生日 作亲情

第五，反映各种生产活动和商品交换的人或场所的新词。这一类在《唐语林》中出现的很少，其故在于执笔者都是士大夫知识分子，对一般市民和劳动人民接触不多、关心不够。因此，《唐语林》中的新词也就不够真正地反映唐代社会的全貌，这是本书（谓《唐语林》）关于反映面不够的一个弱点。就仅有的材料说，这第五类词用公用词素造成的有“匠”“行”“铺”三个词素：

齿鞋匠 马行 粉铺 星货铺

以上在五类中发现了三十六个公用词素，就《唐语林》说，一共产生了一百十六个新词。实际上，公用词素固然不止三十六个，即以三十六个公用词素所产生的新词说，也是远不止此的。

还有词根和词缀相结合的合成词，词缀这个“虚词素”反是公用词素，产量之多，为五类中的各种公用词素所不及。即如“词根缀子”这个造词方式，存唐时就产生了“獠子、藤椅子、攞耳帽子、昆仑奴子、冷子、茶拓子……”这许许多多的新的名词，反映了各方面的事物。正由于词缀“子”有较大的适应面，所以现在就不能机械地列在五类中的哪一类里，举一于此，可例其余。总之，上面所拣出来的词素可以称为“多产词素”，在标志新的事物方面，是完成了很大的任务的了。

根据上面的举例，无可置疑，许多历史上重大的新题材，在唐代的全面语言中都能有合用的词，代表前所未有的新概念，这就是唐代共同语词汇发展的途径之一，采用了这个途径，是和唐代人民对复音词的需要分不开的。制造复音词，必须利用偏正式构词法，这在第三节中已获得证明，如果把许多偏正结构的词综合观察，就能发见本节所举的“公用词素”这件事实。自然，在唐代以前也不是就没有这种构词法的，但到唐代似乎运用得更广泛，这就形成一种造词系统。它的最大的用处，在于能起标志作用，使得新词与新词之间，既有分别性，又有共同性，这无疑的是唐代全民语言在造词上的空前跃进。

还有两个问题必须回答，那就是：（1）上面所拣出的词是否都是口语词？（2）又是否都是新词？

这是颇难处理的一桩公案。本论文第一节曾经写下了几项标准，这标准当然是假定的。一个词是不是当时的口语词，因为时代悬隔，往往不易判定。上举新词中，我们舍弃了“便殿、凉殿、口敕、墨敕、胡雕、比盘、同僚、庄吏”等等，不把它列在各类里，正是怕它们没有全民性，老百姓口中说不出的缘故。尽管是这样，恐怕删之未尽的还不少。至于像“庄园、庄产、庄租、料钱、事例钱、举场、斋场”等，就现代说其词已死，就当时说，很有可能是“全民通称，不关雅俗”，写下来固然无根据，删去不写同样也没有一定要删的根据，因此就权且放在里头，以便向读者请教。

至于一个词是不是当时的新词，依笔者在拣词标准中所定，只要在唐代是口语词就收进来，本来是不必问它是否起于唐代的。但本节着重在谈新词，要求应当此较严格。笔者删去“胡床、胡饼、家人、酒令、法师、道场、贫道、布衣”等词，不列在相同的词素下，正是因为它们在唐以前的载籍中早就存在。至于“国师、健儿、先辈”等词，唐时已有新意义，所以就不因《汉书》和《世说新语》已有这三个词而不列入。不过，这只是说明笔者有这一点斟酌而已。一个词在语言史中应该属于哪一个年代层，没有又全面又深入的探索是很不容易判定的。

以上两点，是关于本节举例标准的补充说明。

五、口语虚词的重点探索

本节所提出的虚词是广义的，和老一辈人所谓“虚字”差不多，内容包括指示代词、能愿动词、副词、介词、连词，共五类。此外还有趋向动词和时态助词，从前也叫虚字，但我们认为这和构形法有关，留在第六节再行研究。

这儿所要研究的虚词，不一定都是唐代新造的。实词（尤其是名词）可以大量生造，用来反映某时代的特征；虚词的发展，多半是有原词做基础，慢慢地转变出来的。有的是音形的变迁，有的是职能的分化，不联系句法（这已经属于语法范畴）就看不出。《唐语林》为我们留下许多的适例，是很可宝贵的。我对于探究口语虚词的方法，就是把《唐语林》中一个个的虚词拣出来，用原字为纲，下面罗列例句，再看它在例句中的位置，初步地判别它的种种语法职能。因为这些虚词，大都不是从唐代才有（即使有也很少），论文中就有的援引《世说新语》上的虚词做说明，用来显示发展中的线索。还有必须交代的，就是本篇的研究对象专限于《唐语林》一书，凡是《唐语林》中不曾出现的虚词，或者是《唐语林》中的例句还不够全面表示某些虚词的种种职能的时候，本节虽间有说明，不等于全面负担补充说明的任务。

现在有重点地选出几个虚词，逐字列举，并分析它们所应隶属的词类：

(一)此、者、岂过

这三个词都是“这”的另一种书面形式。

“此”字用作指示代词，从古已然。《世说新语》凡是近指的都写作“此”：《唐语林》也是这样，只有卷六写唐德宗的话是纯口语，才有“者獠奴”的“者”出现。我疑心《唐语林》中凡有“此”的各条，论书写形式是“此”，论实际的口语音节已经是“者”，不过到《上清传》的作者或者和他同时期的作者，才改用“者”来代表实际语音罢了。郭忠恕的《佩觽》上面，曾列举当时不合规范的写法，其中有“迎这之这（原注，鱼变翻）为者回”的一条，那就是说，“这”字本读鱼变切，本义是“迎”，现在却用“这回”代替“者回”了。郭忠恕是五代时人，可以约略地知道废“者”用“这”在什么时代。

清代钱熙祚为《唐语林》作《校勘记》，根据齐之鸾残本添了几条，有一条载唐太宗时文德皇后说的话，又有“岂过”字样：

> 岂过魏征，每廷辱我，常不自得。

这“岂过”一词，应该就是“这个”的最初写法。虽则校勘记上说“《大唐新语》无二字”，但残本既有，就留下了不可忽视的初型。唐人《目连变文》屡用“此个”，例如“此个名何地狱”“此个名为真道场”之类，这“此个”就是《唐语林》上的“岂过”，也就是五代以后的“这个”。《世说新语》时代，“个”的上面只能用数词，“此”字是放不上的，“此个”连用，自唐代始。

（二）那、尔、若

现代汉语中，“这、那”是两个不同方面的指示代词，“这”是近指，“那”是远指。但古时候不是这样，就以《世说新语》而言，它是用“那”表疑问，用“尔”表指示的。前者例如“当尔时（=当那个时候），觉一座无人”（豪爽），后者例如“我若不为此，卿辈亦那得（那得=哪能够）坐谈？”（排调）；这样，《世说新语》的“那”却等于现代的“哪”，“尔”字等于现代的“那”了。①

《唐语林》中也有“那、尔、若”三个词，例句如下：

（1）路十终须与他那一官。（卷三）

（2）他那个李揆争肯到此。（卷四）

（3）其实不尔。

（4）若尔，未可与之。

（5）油衣若为得不漏。（以上卷一）

例（1）至例（4）说明这一事实：唐代“那”“尔”并用，都表指示。“那”字在此处不表疑问，它又不等于现代的“哪”了。原来在魏晋时表疑问的“那”（=哪），唐时却用它的双声字表示，那就是“油衣若为得不漏”的“若”。“若为”就是“哪样做”。由于书写形式变换，就不免叫人迷惑，其实音变是主要的原因。现代汉语又不用“若”而用，“那”，一个“那”兼司指示和疑问，于是把后者加上口旁，替它们分工了。

①用近人唐钺说，见所著《国故新探》补订版（商务印书馆1933年），第167页。

（三）须

“须”在《世说新语》是动词，与“需要”同义。如《方正篇》“卿亦复须耶”是说对方需酒喝。“王修龄若饥自当就谢仁祖索食，不须陶胡奴米”，这“须”字也作“需要”解。但如《赏誉》（下）“陛下不须牵颉比”，这个“不须”乃是“不必”或“不要”，它已由动词弱化而为能愿动词了。《世说》中这样用的还比较少，在《唐语林》的对话里，这种职能就变成主要的职能。《语林》中如下列的一些例句都有“须”：

（1）殿是吾所造，何须诡疑是炀帝？

（2）小客更不须令来。

（3）须当挫之。（以上卷一）

（4）不须，虞世南在此。

（5）此事须柳侍御裁之。

（5）有切事须借侍御为之。

（7）沈三兄诗须还他第一。（以上卷二）

（8）路十终须与他那一官。（卷三）

（9）须针百会方止。（卷五）

（10）今欲启事，郎须到堂前方敢言。

（11）我任使窦参方称意次，须教我枉杀却。

（12）茶须缓火炙活火煎。

就“须”字在各例句中的地位说，只有例（5）是动词，但与例（6）相比，则例（5）还隐然有省去的“借”字在。例（11）“须”字有“却”字意，这是副词。此外各条都可作“要、应、必”等字解，都是能愿动词，这就显示了唐代“须”字的发展方向。

（四）要、用

“要”作副词用很晚，《世说新语》中似仅有“卿试掷地要作金石声”一处，看下面从《唐语林》中摘出的例句，就显见“要”字在用途上有变迁，也有分化。例句如下：

（1）健即大健，要是未解思量；

（2）公要何官，去家稳便。（以上卷一）

（3）朕每与节度观察刺史语，要知所有州郡风俗物产。

（4）要与卿款曲。（以上卷二）

（5）此应是要赏物。

（6）今七遍已得，何要满十遍？

（7）但甘棠之义，非要笏也。（以上卷三）

（8）不用般石，且来听书。（卷四）

（9）阿瞒赢处多，大哥亦不用拗挹。（卷五）

（10）也用到处出头出脑。（卷七）

例（1）的“要”应该是副词，例（2）例（5）诸“要”字都用为动词，其余论语义也是动词，并且没有虚化，但按照句中的地位说，则下面还有主要动词，它就退居于辅佐的地位，成为能愿动词了。最后三例的“用”字，都和作能愿动词的“要”字职能相同，也是《世说新语》所未有。

（五）合

合字本是动词，在《世说新语》里还不作虚词用，凡应该用“合”的都用“当”。到唐代，合字虚化了，并且得到了前所未有的发展，它的职能是充当能愿动词。下面所举《唐语林》中例句，足够说明，作动词用的句子不具引。

（1）德舆不合有子弟犯赃。（卷一）

（2）圣意如此，微臣便合得罪。（卷二）

（3）臣只合决，不合奏。

（4）不为此拗木枕错失，不合更在座矣。

(5) 方清斋，岂合观此事？(以上卷三)

(6) 王龟父为大僚，岂不自合有官？(卷七)

和“合”字语义相近的还有“应”字，例如“树上人应是陆贽使来”(《唐语林》卷六)，这样用法不始于唐，《世说》文学篇就有“应是我辈语”句，直到唐代，“应”字还是和下面的“是”相结合。

(六)亦、也

这两个同义不同形的副词，分别占据了不同的时代层。《世说新语》只见“亦”字，例如“此中亦难得眠处”(《雅量》)，“吾亦不惜余年”(《贤媛》)，“卿才如此，亦复作劫耶”(《自新》)，其意义职能都和古书上的“亦”字相同，《唐语林》中，一般也都用“亦”，例如“早登科弟，亦有声名”(卷六)，但这乃是文言句子，如遇到纯口语的对话，就不用“亦”而用“也”，仅有一处用“亦”。例句如下：

(1) 与亦得。(卷一)

(2) 打也得，不打也得。(卷三)

(3) 著青把笏，也请料钱。

(4) 若在军门，一百也决。(以上卷四)

(5) 何言弟子，饶你和尚也；(卷五)

(6) 也用到处出头出脑。(卷七)

这儿有几个说明：第一，“亦”变成“也”是为的适应口语中声调的转化，但“亦”的读书音还照旧，如果把口语的语音书面化，就不得不借用“也”字，这个转化可以暂时假定在唐代。第二，“与亦得”，据《封氏闻见记》，下面还有“不与亦得”四个字，译成今语，就是“与也可，不与也可”，和例(2)的句法是一样的。第三，例(5)的“也”字，下面还有话没有说出口。全句的意思该是这样：“莫说是雪山和尚弟子，即使是和尚本人来，我也是不布施的。”可是杜悰说到“也”就缩住了。“也”字虽在句尾，可是它并非助词，它下面还该有省略号。

(七)浑、总

这两个副词，都是从唐代才有的。

“浑”字是从“还”字转化来的。陶潜《读山海经》其一：“时还读我书。”是“还”字用作副词之例。《世说新语》中也有“还欲使其佳”（《言语》）的句子，但不常见，大都是当用“还”作副词的，却用“可得复”或“颇复”等等的说法来表达。到唐时，副词“还”的音形转变为“浑”，又一变而与都”同义。

“总”字作副词用，也是《世说新语》所无，世说中常用的是“都”字，到唐代，又不用“都”而用“总”。例句如下：

(1) 卿浑未晓。(卷三)

(2) 总未，依前怕他。(卷二)

(3) 今日局席，两个座头总是李益。(卷四)

以上句中的“浑”和“总”，都作“都”字解。

(八)把

“把”字从有实在意义的动词一变而成处置式句子的介词，正是从唐代才有的语言现象，《唐语林》中只有一例，那就是：

汝向忙闹时把堂印将（=拿）去，又何辞焉？

这是用“把”字把宾语提前的句式，它已经完全虚化。据王力先生的研究结果：“处置式的产生大约在第七世纪到第八世纪之间。到中晚唐以后，‘把’字用于处置式的情况更加普遍起来。”[①]《唐语林》中说这句话的李程，正是中唐时人。

被动式的“被”字，由来已久，它不是唐代新兴的介词。《语林》中例句

①王力：《汉语史稿》（中），中华书局1980年版，第413页。

虽多，本论文却无提出必要。

（九）即、则

“即”和“则”都是连词，语音很相近，《史记》中的偶句，“即”和“则”也往往互用。《唐语林》中“即”字已成口语中通用的连词，例句列下：

（1）天子读何书即好？

（2）道得个语，居即易也。（以上卷二）

（3）鸡猪鱼蒜，逢著则吃；生老病死，时至则行。

（4）可向外相扑了，即与赏令去。（以上卷三）

（5）对曰：“诺即不敢，新授宣州广德县令。”（卷四）

（6）药方即不如东家王供奉。

（7）真者不得，假者即得。（以上卷六）

（8）怨即不怨，见即无端。（卷七）

上举各例句中的“即”和“则”，在汉时就是一个词的两种书写形式，所以一般都和现代汉语的“就”或“就是”相近。但如例（7）例（8）等句的“即”字，却只能换用“则”字，假如换个“就”字就不成话，这说明唐代口语用“即”代“则”，也继承了“则”的原有的种种含义。例（5）“诺即不敢”，似乎是当时用于一定场面的敬语，不敢强解，以待知者。

上列几个词，在唐代都是正在发展中的口语虚词，由于举例仅限于一部分，自然不足以代表口语虚词的全量，但它忠实地为我们留下这一些语言事实，还是有可供参考的价值的。还有一些常见的虚词，如“与、为、但”之类，大都是继承前一代的用法，没有时代性，所以不列。

六、口语词的构形问题

《苏联大百科全书》“汉语”条，曾说现代汉语里的“动词，是变化形式比较发展的唯一词类”。王力先生因此并谈到古代汉语也有表示时态的迹象，所举的也是动词，但他不曾就下断语。他说："关于古代汉语有无形态这一个问题，我想需要长期研究才能解决。"[①]王力先生的这种态度是忠于学问的负责态度。

我又查王力先生的《汉语史稿》"语法的发展"章，他谈到构形法的问题，是提出"了"和"着"在唐时逐渐虚化这一事实的[②]。这两个在《中学汉语课本》里都叫作"时态助词"，只说动词加上这些，可以表示一些附加的意义，而并没有使用"形态"这个名词。但课本既把它们放在"动词的变化"节，这就说明这些都是属于狭义形态的性质了。

根据《唐语林》所供给的资料来拣出唐代口语词的时态助词，有的已经形成，有的正在形成中，总之可以这样说："了、却（讫）"是口语中表示完成态的时态助词，"着"是口语中表示进行态的时态助词。

（一）"了"和"却（讫）"

《唐语林》中的"了"，用法并不一样。例如"汝最了事"的"了"，乃是动词，"此小事，不打了"的"了"，乃是句终的助词，都与形态无关。属于形态的"了"，在《唐语林》中仅两处出现，那就是：

（1）此应是要赏物，可向外相扑了，即与赏物令去。（卷三）

（2）著他了也。（卷六）

例（1）的"了"表相扑的完成态，但例（2）的"了"又不紧贴在动词"著"的后面，中间还有宾语"他"隔着，正说明这时候"了"的附着性不强，所以构形问题还不够成熟。至于"却"和"了"相比，第一是出现较多，第二是附着性强。第三是在表示时态方面也有较高的强度。例如：

（1）韦澳不可犯，且与送钱纳却。（卷三）

（2）汝殊未，我打却三竖柜也。（卷五）

（3）我脱却伊绿衫，便与紫著。

①见所著《关于汉语有无词类的问题》，《北京大学学报》1955年第2期。

②王力：《汉语史稿》（中），中华书局1980年版，第304—311页。

(4) 我任使窦参方称意次，须教我枉杀却。(以上卷六)

再看同时代的书面语，也说明这个词尾确已形成：

(5) 切于了却身事。(《唐摭言》八)

(6) 但吃却，待我作宰相，与你取状头。(《唐摭言》十一)

(7) 卷却诗书上钓船。(《敦煌曲子诗集》)

(8) 阿娘乘此功德，转却狗身，退却狗皮，挂于树上。(《目连变文》)

这是不足诧异的。从《世说》中就有“举却阿堵物”(《规箴》)那样先见的用法，到唐代，就由承袭下来而进一步普遍化。到宋代，“了”的构形达到成熟，不过用“却”的还有。到现代汉语的动词词尾中，就但见“了”而不见“却”了。此外《唐语林》中还有用作动词，例如“名已上榜，不可却也”，或是用作副词，例如“既而张却请不换”，这些当然不是形态助词。

还有一个“讫”，这个字本身就表完结[①]，可能与“却”无关，也可能是由于声音相近而通用。《唐语林》中有两个例句，都用“讫”表完结：

(1) 臣打五千杖讫。(卷五)

(2) 选人名衔谨领讫。(卷六)

例(1)的“讫”对动词没有附着性，例(2)是书面(公牍)中语，和现在的“查讫”“两讫”相似，严格地说，都不够作表形态的举例用。附记于此，留待更多的证明。

(二)著(箸、着)

依《世说新语》所启示，“著”在词汇意义上代表了许多概念：

(1) 法师今日，如箸弊絮在荆棘中，触地挂阂。(《排调》)

(2) 桓车骑不好箸新衣。(《贤媛》)

① 《说文》：“讫，止也。”

（3）未知一生当箸几量屐（《雅量》）

（4）蓝田爱念文度，虽长大．犹抱箸鄰上。（《方正》）

（5）可掷箸门外。（《方正》）

（6）上人箸百尺楼上，儋梯将去。（《黜免》）

（7）常自带绛棉绳，箸腰中。（《规箴》）

（8）辄合饭箸两颊边。（《德行》）

（9）埋玉树箸土中，使人情何能已已？（《伤逝》）

（10）闻寿有奇香之气，是外国所贡，一箸人则历月不歇。（《惑溺》）

（11）此手那可使箸贼？（《雅量》）

例（1）至例（3）的“箸”，可解为“穿”，例（4）至例（9）的“箸”，可解为“置”，例（10）的“箸”可解为“粘”，例（11）的“箸”可解为“遭”，四义实由一义出，那就是“附着”的意思。这些都是动词。

到了唐代，就《唐语林》说，有“著”的句子仅有六处：

（1）卿知著紫由来否？（卷二）

（2）我脱却伊绿衫，便与紫著。（卷六）

（3）著他了也。（同上）

（4）著（原注，直略反），去也！（卷八）

（5）“欲与打著？”上曰：“此小事，不打了。”（卷二）

（6）鸡猪鱼蒜，逢著则吃。（卷三）

例（1）例（2）的“著”，承《世说》中“穿”义，例（3）的“著”承《世说》中“遭”义，这些都是动词。例（4）的“著”，是用来写出呵斥的声音，是语气词，也可以写作“咄”。以上都与时态无关。例（5）的“著”，是全句的助词，表请示义①，也不关时态。只有例（6）的“著”，它紧贴动词之

①吕叔湘先生曾有一文，专论“殿句之著”，他说“著者祈使之辞”，极是，见《汉语语法论文集》，科学出版社1954年版，第6—11页。

后表进行态，说明这时候它已经开始虚化，不过例证仅此一条，可见它和“了”一样，在构形方面都没有十分成熟。

此外还有“来”“去”两个词，当用在动词后面表示动向的时候，也产生一些附加意义，汉语课本称它为“趋向动词”。“来”字虚化很早，《世说新语》有“今日与谢孝剧谈一出来”（《文学》）、“君何足复受人寄载来”（《文学》）等句。这些句中的“来”，似是煞句的助词，也略有一点附加意义，总之例证不多，在仅有的例句中，黏着性也不强，可见其时尚未形成。《唐语林》的时代就显然不同，“来”和“去”在对话中都取得了一定位置，形成一定的形态作用。它在句中，可以直接地放在动词的后面：

（1）随流者不必报来！（卷四）

（2）兔子死阑干，将来挂竹竿。（卷三）

（3）扶出来田舍齁齁地。（卷四）

（4）叱琴者曰：“待诏出去！”（卷四，依《羯鼓录》增“去”字）

（5）汝向忙闹中把堂印将去。（卷六）

也可以像下面各句，把“来”和“去”都放在动宾结构的后面：

（6）速令花奴将羯鼓来！（卷四，下同）

（7）戏问将乳母来否？

（8）叩头大王，已后更莫抛人来也！（卷六，下同）

（9）我弥（们）当家没处得卢皮遐来。

（10）此是不解事仆射，欲将牒来！（卷三）

（11）汝可就李璲宅却唤使来！（卷一）

（12）无何神尧打朕家事罗诃去。（卷四）

这已经充分证明，唐代口语中趋向动词“来”和“去”的构形作用恰已完成。

七、结束语

《唐语林》的编者并没有想到要对当时全民语言发生一点影响的用心。它只是士大夫们的随笔，一点也不负担提升某一种方言土语为共同语或者是对当时的语言材料有所选择或规范化的任务。可是这部书是由五十处来源汇辑而成，那些原作者为了反映真实的语言现象，也就是为了体现对话者真实的语气和感情，终于不能不把活的口语也就是符合于当时的语法组织的口语夹用在自己的文言的记载中，因为文言只是士大夫们用惯了的书面语的工具，遇到这种摹仿的语言不能胜任的时候，就无法不借重活语言了。

本论文研究的动机，正是由于偶然地看到《唐语林》中含有这些有用的东西，因而就从汉语史的角度着想，试图投下一点探勘的工作，检视结果，觉得《唐语林》实能帮助我们知道中古汉语的许多事实：

它启示我们，唐代造词的主要任务正如斯大林所云，在于反映新事物，因此新词中名词最多。造词的群众利用基本词的构词能力，很自然地选用了递增式的偏正结构。在词素相加的造词技巧上，显示了全民的智慧，也显示了《世说新语》所未有的繁复性。

它又启示我们，这些生创的口语词，充分反映了唐代社会的经济面貌与文化生活，以这些大量的词投入唐代的部族语言中，就为全部族语言增加了前所未有的新质，意义明确，表达无碍。

它又启示我们，在新的语言情况下，名词大量复音化，动词、形容词则还是单音居多。但动词本身职能转化和形态变化都有划时代的发展。

它又启示我们，如果离开词汇意义，观察词在句中的语法现象，那么唐代的口语动词中，就有开始虚化的事实。例如“要”和“用”的转化为能愿动词；“合”的转化为副词，“把”的转化为介词；在代词和副词中，又有因变音以至换形的事实，例如“此”写伊“者”，“那”（哪）写作“若”，“亦”写作“也”，“还”写作“浑”。拿《世说新语》来比照，显然看出发展的线索来。

它又启示我们，有封建王朝的“禁中语”，有士大夫的“颖语、隐语、讹语”，有非士大夫的“胥徒走卒语”“查语”，而“散乐”也有自己的行业语，这些只能“自相通晓”，而不能人人通晓，因此都没有全民性，惟有尽人能解的“质词”有全民性。

以上就是从笔者有限的水平所能探索得来的这点成果，这点结论。

从来封建文人对于书面语上的口语词，大体上抱着两种态度：

其一是史官，他们嫌原来的口语太俗，在修史时往往任意改窜，最要不得的是宋代的宋祁，他修《新唐书》，为了“力求简古，往往大减神情”①，前人对他的批评也就很多。司马光撰《资治通鉴》，改窜旧本以至失真处，由我看来，亦复不少。

其二是词章家，他们不从语源方面根究真实的语义，只要在字面上觉得新隽，就把它拈用到诗赋中。例如“阿堵、宁馨”之类，其实往往是驴唇不对马嘴。这样，许多前代的口语词，在唐代竟降为诗赋的奴婢。

只有用科学方法，实事求是地把唐代口语词搞个清楚，才能有精确的鉴别能力，扫清了中古汉语研究道路上的尘埃，我重视《唐语林》书中有关语言的材料，其动机正在于此。

很遗憾，我的研究工夫还很粗略，并没有就这书所有的口语词，逐个深入地做好考释或疏证的工作，写出《唐语林》的口语词汇来。更由于我专取王谠这书做研究对象，所得的结论仅仅是《唐语林》一书的研究成果。此外附带地细看一遍，想从比较上看到传承演变的痕迹的，仅限于《世说新语》一书。因此，我这篇研究成品，尽管做起来很方便，然而成品的广度和深度都是非常不够的。即使专就《唐语林》所提供的词汇史料看这个成品，由于掌握和分析不够而产生了错误的推论也是一定难免的。我恳切地希望得到语言学专家的严格指正！②

1958年8月15日，安徽师院

（原载《安徽师范学院学报》1959年第1期）

①鲁迅《稗边小缀》中语，见《唐宋传奇集》，文学古籍刊行社1956年版，第362页。

②本稿在草创时，承王健庵先生领导的语言学教研组诸同志提出修订意见，最近又承宛敏灏先生审阅全文，陈安明先生细看构词和语法部分，都有纠正的地方，除逐加修改外，谨此致谢！

修辞学体系要由破到立

时代在跃进着，新的形势经常要教师写出它所需要的新教材。即以中文系“现代汉语”的修辞部分来说，通过我院这次的教学检查，笔者就深深地有这样的感觉。

我系这一学期的修辞课，是用的1959年7月第五次改写的“现代汉语修辞编”做教材的。虽然那一次的改写比较彻底，但是这部教材仍然没有以毛主席的语言理论为体系，来建立红色的修辞学，同时，也受了《修辞学发凡》的影响，在某些地方偏于保守，毛病很不少。

第一，对待毛主席的精湛的理论和典范的语言，熟视无睹，竟和其它语言材料等量齐观。

远在1951年，在《人民日报》发表的《正确地使用祖国语言，为语言的纯洁和健康而斗争》的那篇社论中，就曾经一再指出：“毛泽东同志和鲁迅先生是使用这种活泼、丰富、优美的语言（指我国的现代语言——引者）的模范。”“毛泽东同志和鲁迅先生都是精于造句的大师。”事实上，正如社论所说：“在他们的著作中，表现了我国现代语的最熟练和最精确的用法，并给了我们在语言方面许多重要的指示。”现在拣重要的说吧：（一）毛主席曾经指出：“一切工作干部也都是宣传家。”①他肯定了干部讲话是为了宣传，为了革命，这就正确解决了修辞应为谁服务的问题，充分发挥了语言是工具和武器的修辞作用。（二）毛主席曾对工作干部写文章，提出了准确性、鲜明性、生动性的三个要求，包括了从逻辑到词章的全部要点，这就具体地揭示了修辞

①见《毛泽东选集》第二卷《反对党八股》的报告。

工作上的基本条件和新文风的基本特征。（三）毛主席在1938年为六中全会作报告，就曾要求共产党员不要“离开中国特点来谈马克思主义”，要求废止洋八股，“代之以新鲜活泼的、为中国老百姓所喜闻乐见的中国作风和中国气派”。在1942年，又在《反对党八股》的报告中，要求干部下苦功学习人民群众的语言。这一指示，是联系民族特点、联系实际生活的重要原则，讲修辞时是必须贯彻的。（四）毛主席曾经反对“长到四五十个字一句”的句法，创造出多样化的句式，尤其是长句化短的句式，这些固然涉及语法，同时也正是为修辞服务。（五）毛主席曾经反对“不生动、不形象”的文章，要求工人刊物“多载些生动的文字。切记死板、老套，令人看不懂、没味道、不起劲”①。他自己的文章，正是他的政治思想和语言艺术高度统一的天才创造，就修辞方式说，包含了许多有用的辞格和他发展了的辞格。

毛主席在语言运用上的指示并不止此。但是就拿上面所引述的五点来说，已经能够说明，我们的革命领袖和语言大师毛主席的语言理论是最精湛的，同时他的语言艺术又是卓越的，而我们却视而不见，不从毛主席的理论和实践切实钻研，理出一套既丰富又完整的修辞体系来，而仅在教材中枝枝节节地、不分主次地引用和举例。

第二，有为修辞而修辞的形式主义倾向。

1959年的改写本，是1958年初中课本“汉语”第六册“修辞”部分所用的体系。我对《发凡》作者通过十余年的探讨曾给中国修辞学创造了比较深广的内容体系，是颇为佩服的，所以未改写前的修辞讲义，很像它的节写本。后来才渐渐感到《发凡》作者这部书没有政治挂帅，不合社会主义需要。他在《发凡》第十篇里曾经批判严复、林纾、吴汝纶等人故意求雅是“隔离社会”，对当时语言科学的研究上有一定的进步作用，但是，他对修辞现象“积十余年勤求探讨之身”，主要的还在“辞格”的处理和举例上。这一部分也就是修辞方式的部分，《发凡》作者做得很切密；切密是好的，但由于在研究和著述中，似乎不会以服务于无产阶级政治斗争的思想做指导思想，这样，其结果就会脱离政治、脱离群众，就会和资产阶级形式主义的修辞学

①以上分见《中国农村的社会主义高潮》按语及《毛泽东选集》第二卷《中国工人发刊词》。

没有多大区别。我们但看《发凡》上面“辞格”部分占全书的大半，一些有用的辞格和纵巧逗趣、玩物丧志的辞格并存不废，推勘入微的说法和琐屑称引的论据并存不废，思想性正确的例子和副作用很坏的例子并存不废。这样，即使是作者有意地把那些可以不写进去的东西当作反面教材用，我们也很难明白，作者为什么让他们和平共处，全无批判？并且在这部书里，虽说是“以语言为本位”，可是古今杂陈，人民群众所喜闻乐见的同时又是表现劳动人民生活的活语言，并没有占到更多篇幅，得到应当有的地位。正因为有这些情况，正确的立场、观点还没有真正体现在这部著作里，而另一方面，这部书从1932年出版起，中间虽然重印过许多次，可是《发凡》作者说过，“大体上还是仍原书之旧”。事实上最近的《发凡》是在1957年重版的，可是它里面的立场观点并不能看出它是1957年当有的立场观点。这样，大中学校的语文教师衣钵相传，大中学校的修辞讲义辗转抄写，其势必至于把《发凡》作者独到的见解和还待商量的部分全面流行，其影响之大，可想而知。在今天要想完成修辞教学的革命任务，要为祖国的社会主义建设培养出大批的具有无产阶级立场观点和毛泽东文风的语文教师和文化干部，必须在编写教材时换个体系，精简辞格，多采新例，才能适应时代的需要。

内在的资产阶级思想痕迹一望而知，瞒不过人。也就是说，《发凡》的旧框框，隐然还在支配着。例如改写本已经不用消极修辞和积极修辞做体系，可是还受辞格中心论的影响，在辞格章推重积极修辞，并且大量引用《发凡》上的话，“境界”“意境”“底子”“面子”一切难于理解的词语也络绎纸上，显示艺术挂帅，技巧领先。对端正学习态度的话虽然也说到，可是相形之下，政治却作了陪客。又如在《总说》部分，我单纯地把修辞的意义理解为调整语言的事，并且着重地放在修辞方式上，对修辞学的建立，也大量引用《发凡》，专就修辞方式这一点津津乐道。说到为什么学习修辞，许多人受形式主义理论的影响，偏重在掌握表达方式（也就是辞格），说这样对作品就可以理解更透，欣赏更深，这一系列的思想观点是不难看到的：辞格就是修辞，修辞就是技巧，一切都是方式上的事。人们进行修辞，就是为修辞而修辞。

第三，从内容到形式，都体现不出马克思列宁主义的新文风。

修辞教材的使用语言，理想上应该是符合新文风的要求的。可是这部书跟这个要求相差太远。

首先是烦琐。例如《总说》章有一节讲修辞学的内容，我罗列了《修辞学发凡》《修辞概要》这两种著作和“俄语修辞课”、初中“汉语”第六册修辞编这两种教本的编排体系，整整地写了两千字，说明这部教材编排体系的用意所在，其实徒充篇幅，全无必要。按其性质，都只能是《凡例》中的话而不应该是教材中的话。

其次是迂回。这也可以说，就是繁琐的另一种表现形式。例如论词的语言风格，我先谈《发凡》上的“辞趣”，其实这一段的论述是多余的。论篇章的层次，我先撇开古代诗文和经义的布局——“起、承、转、合”和“冒、原、讲、证、结”，其实这样的撇笔对青年们是不需要的。谈词义会受上下文的约束而生新义，说：“胡以鲁在他所著《国语学草创》中称为‘关系上包晕之感’。谁包晕它呢？那就是一定的上下文了。”这些，或者是自古证今，或者以它书证本书，其实，多绕了这个弯子，学生就要多接触一次不必要的概念，甚至要为理解造成困难，这是资产阶级文人在表达上炫才的坏文风。不必要的引用旧论点，以《发凡》为最多，这也可见《发凡》的影响之大。

又其次是玄妙、晦涩。这本书在使用语言上，还有玄之又玄、很难理解的说法。我习非成是，在检查时往往忽视，参加“会诊”的青年教师都能为我一一指出。例如所谓“修辞上的现实主义”，所谓“浪漫与现实的结合体”，所谓“词汇的词和修辞的词”，不一而足。他们说：“绕来绕去，搞得神秘奥秘，似是而非，念起来拗口，理解起来费劲，仿佛不知道里面有多大学问似的。”这是一针见血的话。

总之，由于不会真正以毛主席修辞理论（包括对文风的要求）为指导思想，所以就出现了上面所说的一些不良现象。毛主席教导我们写东西，要“禁绝一切空话”。烦琐、迂回、玄妙、晦涩，都是空话，一切讲义都不应有这些毛病。修辞教材应体现文风，更不容许有这些毛病。

第四，举例时，没有教育观点。

例句应起的积极作用无由发挥，新时代的教育方针也无由通过举例来贯彻。

这部书的例句，就来源说，解放前比解放后的多，解放后的又是以五七年前的占大多数。毛主席著作中的语句，用作例子的也不多。一般都是陈陈相因，病句更多从吕叔湘、朱德熙的《语法修辞讲话》中抄来，语句不新鲜，意义内容也有过时的感觉。尤其是没有注意到例句的思想性，以至单纯地流于形式主义。即使是从典范作家的东西中选出，但由于它不是祖国今天面貌的反映，或者由于脱离上下文，孤零零的摘出某一句话，它就往往给青年以坏的印象，起不了政治思想上的教育作用。例如鲁迅先生《纪念刘和珍君》一文中有“惨象已使我目不忍视了，流言尤使我耳不忍闻”这两句话，用来作为对偶句的例子，语言形式上是可以的，论意义内容和写作背景，在今天就需要考虑。又如“富人一席酒，穷汉半年粮”“富人四季穿衣，穷人衣穿四季”，都是映衬格的好例子，论来源又是人民群众的谚语，似乎可用，但在祖国建设社会主义的今天，剥削现象已不存在，这样的例句也就不宜采用。这都是思想上没有问题的句子，但由于反映旧时代，描写阴暗面，在读者眼中没有正面的积极印象，所以就都不能选充范句。教材既然要根除形式主义，举例是教材的重要成分，它能使理论具象化，犹如画龙点睛一般，就更不应专取形式主义，不讲意义内容，不谈教育作用。至于突如其来的句子，情调低沉、景象阴暗的句子，在这本书里也或多或少地存在者。

我觉得《发凡》作者的举例，也颇有值得商量之处。他征引很博：经史子集、小说笔记、诗话文论以及佛衣的《百喻经》、基督教的《旧约全书》，无所不有，甚至八股文的“制丛话”、包含低级趣味的“何典”，国外资产阶级学者坷罗倔伦、师辟伯的学说……都会引用，并且一般都没有批判。他在“回文”格影印了苏蕙的《璇玑图》，说：“回文实在是难能而并不怎么可贵的东西。不过它是中国语言文字的可能性——词序方面一种有意的尝试，其成就如何，也像意大利未来派自由语运动似地，颇可供我们借鉴。”语意不甚明显。下面又引用苏轼的“神智体”诗，那简直是文章游戏。陈先生写道：“这种神智体诗，现今民间也还有流传，而且还带有为难人的性质。”对这样的格式要得要不得，作者也未下短语。还有些有用的辞格，在陈先生举例之下，也只能是纵巧的产物，玩欣的对象。即以“拈连”这个辞格而言，《发凡》中举例，有五个都是旧体诗词，其中有两个是“重门不锁相思梦，随意达天涯”（赵令时），“一夜东风，枕边吹散愁多少”（曾允元）。“锁”是用来锁门的，作者却说到锁梦的问题；“风”是吹那些可以吹动的东西的，作者却说它也能吹愁。这只有四体不勤的先生们闲得无聊，才能有这些想入非非的说法。再看毛主席和《人民日报》社论的文章里，经常拈用阶级敌人用过的语汇，反戈一击，就打中了敌方的要害。这也是“拈连”，为什么不可以通过举例，扩大和提高它的用途呢？

以上就是我在这次教学检查中，通过自我检查和集体检查相结合的方式，总结出来的根本性的四个缺点。

毛主席《在延安文艺座谈会上讲话》早经说过：“我们既反对政治观点错误的艺术品，也反对只有正确的政治观点而没有艺术力量的所谓标语口号式的倾向。”我们必须对上一个分句多加体会。修辞上所使用的正是艺术语言，没有正确的政治观点是首先应当反对的。“标语口号式的倾向”固然不合要求，脱离政治、崇尚技巧的形式主义倾向，其流弊就更难想象。《发凡》的体系我虽未继续采用，《发凡》上的论点和论据，则还散见我这部书的字里行间。这样就不能不是一面自破，一面也把《发凡》中不应该因袭的部分，提出我今天的看法，这儿还不等于专为《发凡》而作的“书评”。“汉语”课本的体系虽然比较全面，可是，它同样地没有突出了领袖正确的语言指示和伟大的典范作用。并且，由于照顾初中学生的接受能力，风格没有设立专章，我们采用它的体系，那么，党的改进文风的号召，也就无法在全书中加以贯彻。根据党对这次教学检查的指示，结合我们的检查结果，我们决定把这部修辞教材扔掉，用集体的力量，一边抓体系，一边搜例句，向编写毛泽东思想挂帅的修辞学教材进军！（待续）

1960年4月30日

（原载《合肥师范学院学报》1960年第3期）

汉语小记三篇

一、古文今译和今文古译

在文字叙述中，对古代的书面语加以改动，并不是不可以的。为了语意显豁，为了更能接近口语，如果参用“今译”的方式，换几个字，甚或添几个字，转可以使读者更能明白原来的意思。司马迁作《史记》就是这样做的。例如他写《五帝本纪》，原材料是《尚书》，可是《尚书》的字句很难懂。司马迁曾从孔安国问“故”（“故”就是字的古义），就用孔安国的解说，把原文改动了一些。像《尧典》的“允厘百工，庶绩咸熙”，司马迁就写作“信饬百官，众功皆兴”；《尧典》的“肆觐太后”，司马迁就写作“遂见东方君长”。又如，他写十二诸侯的“世家”，不能不取材于《左传》，而《左传》也多古字古言，他曾读孔壁古文，又和世传“左氏学”的贾嘉（贾谊的孙子）做朋友，所以《齐世家》就把《左传》“诛履于徒人费”写作“鞭主履者茀”（“茀”“费”古通），把“齐大非吾耦”写作“郑小齐大，非我敌”。所有这些，都是处处从当时的读者着想。现在有许多人翻译《诗经》《楚辞》以及《文心雕龙》，都是这个传统优点的扩大应用，这是值得欢迎的事。

可是，鲁迅说得对：“中国的文学家，是颇有爱改别人文章的脾气的。”[①]他举《淮南王歌》为例：荀悦的《前汉纪》是这样：“一尺布，暖童童；一斗粟，饱蓬蓬。兄弟两人不相容。”鲁迅认为，这“是本来面目”。可是班固作

①鲁迅：《门外文谈》，陕西人民出版社1973年版，第21页。

《汉书》，却写成这样的句子："一尺布，尚可缝；一斗粟，尚可舂。兄弟二人，不能相容。"同一歌谣，荀悦尊重口语，班固改动口语，究竟是哪个对？我想都能做出正确的解答的。这应该叫做"今文古译"了。

鲁迅是反对这样的作风的。他在《稗边小缀》中曾说："明钞原本《说郛》一百卷，虽多脱误，而《迷楼记》实佳。以其尚存俗字，如'你'字之类，刻本则大率改为'尔'或'汝'矣。"接着，他用谴责的笔调说："世之雅人，憎恶口语，每当纂录校刊，虽故书雅记，间亦施以改定，俾弥益雅正。宋修《唐书》，于当时恒言，亦力求简古，往往大减神情，甚或莫明本意……"[①]看了这一段话，"雅人"们的用心迂谬，以及他们带来的损害——削弱语言的真实性，导致阅读古籍的困难，可算都说个痛快。这儿还可以举王闿运修《湘潭县志》为例：他在这部志书的《地理志》中，把湘潭的民谣"落雨一锅糟，天晴一把刀"缩成"雨糟，晴刀"（黎锦熙在跟友人通信中说过），这为了力求简古，竟写得几乎令人不得其解，还有什么"神情"可言？

我们写文章还有"力求简古"的现象。毛主席在《合作社的政治工作》的按语中郑重指出："我们的许多同志，在写文章的时候，十分爱好党八股……爱好一种半文言半白话的体裁，有时废话连篇，有时又尽量简古，好像他们是立志要让读者受苦似的。"[②]我们应时时以毛主席的这段话警戒自己，肃清"简古"的这一种党八股的作风，认真学习群众语言，树立生动活泼、新鲜有力的新文风。

二、善用方言俗语是杜诗特点之一

元人房皞有诗云："后学为诗务斗奇，诗家奇病最难医；欲知子美高人处，只把寻常话作诗。"（《读杜诗》）这话是很有道理的。可是杨万里曾举出"白摧朽骨龙虎死，黑入太阴雷雨垂"两句，认为也是"杜子美诗体"[③]，

①鲁迅：《鲁迅全集》编年版第5卷（1927—1928），人民文学出版社2014年版，第172页。

②毛泽东：《毛泽东选集》第五卷，人民出版社1997年版，第248页。

③杨万里：《杨万里诗文集》（下），江西人民出版社2006年版，第1794页。

这两句就是奇语，不是“寻常话”。我觉得杨、房两家的观点都有些不够全面，应以宋祁在《新唐书》本传中所用的“千汇万状”四字，最能概括诗人不拘一格而又无所不有的伟大成就。即如诗中常会见到方言俗语成分，也正是“千汇万状”的一种体现。我对房皞的重视寻常话感到很有道理，其故也在于此。

现在，我们试图摆脱成说，略谈杜诗在这方面的成就：

第一，宋人葛常之在《韵语阳秋》中说杜甫用俗字是为了“更可映带益妍”[①]，诚然，“忠义堂”上有柴大官人也有李逵，这李逵是会令人感到粗朴可爱的。可是就这点作用说，唐人中并不止于杜甫。如张谓的“家无阿堵物，门有宁馨儿”（失题），他用“阿堵”“宁馨”，就从字面色泽出发的。其实，“阿堵”犹言“那个”，“宁馨”犹言“这般”，诚如庄季裕《鸡肋编》所云，它们“皆不指一物一事”[②]。如果把这两句翻成现代汉语，就是“家中没有那个东西，门里却有这个孩儿”，那简直不成话。杜甫就不是那样。姑且就拿副词说吧：像“野航恰受两三人”（《南邻》）的“恰”（等于“刚”），“相逢苦觉人情好”（《戏赠阌乡秦少府短歌》）的“苦”（等于《世说新语》的“酷”），“鹅鸭宜长数，柴荆莫浪开”（《遣弟检校草堂》）的“浪”（等于“乱”），“老去诗篇浑漫与”（《江上值水如海势聊短述》）的“浑”（等于“完全”）和“漫”（等于“胡乱”），都是当时通行的口语词。他绝不是拈用前代方言，一味地追求好看，而是在重视表达的意义下，准确地驱遣语言，所以语义分明，字字有着。

第二，胡震亨在《唐音癸签》里说：“文章穷于用古，矫而用俗。”[③]如果用来概括杜诗，这两句话就显得不恰当。杜甫用方言俗语入诗，绝不是“矫”，而是为着有利于表达。他在夔州赠从孙杜崇简的诗，就有“吾宗老孙子，质朴古人风”之句，这儿的“子”字读轻音，显示对崇简很亲热；又有用“儿”的，例如“鹅儿黄似酒”（《舟前小鹅儿》），这“儿”字也是爱称

①转引自胡震亨《唐音癸签》，上海古籍出版社1981年版，第105页。

②上海古籍出版社编：《历代笔记小说大观宋元笔记小说大观》（4），上海古籍出版社，2007年版，第4043页。

③胡震亨：《唐音癸签》，上海古籍出版社1981年版，第66页。

的表示。《少年行》说："马上谁家白面郎，临阶下马坐人床。"如果写作"坐吾床"，就写不出少年的粗豪，更写不出胡床主人对这位不速之客的反感。这"人"字恰是活语言。又如"秋天不肯明"（《客夜》）、"江平不肯流"（《陪王使君泛江》）这两句中的"肯"字，用得都很有情致；活的语言，连自然现象也变成活的了。总之，杜诗使用语言是没有什么"矫"字可言的。一到"矫"就不自然，而老杜正是为了自然才使用方言俗语。

第三，刘禹锡做重阳诗不敢用"餻"（糕）字，因为经书里没有这个字。胡震亨说，这个字在《隋书》中见过的，只要有，就可用，不必一定在经书上有过。这话只有一半对：用字不限于经书已有，是对的；还要抱定要有出处，这就未免太拘。杜甫"读书破万卷"（《奉赠韦左丞丈二十二韵》），他的储词当然丰富，但我们绝不可以泥定前人所谓"无一字无来历"之说。下字只要是不生造，那就是"有来历"。就杜诗用词说，比如"心孔""灯花""鞴马""费心"，今天还在口语中流行；"百丈"（牵船的竹缆）、"最能"（水手）、"市暨"（市井泊船处）、"土铛"（瓦锅），当时就是川黔的常语；"安隐"就是"安稳"，"可怜"又作"可念"，在《世说新语》和晋帖、韩文中都有例证。所有这些，都可以说是有"来历"的。又如"读书难字过"的"过"字，似乎有些难懂，其实，刘崇远《金华子杂编》载段成式把他不识碑文中两字这件事说成"成式读之不不过"，正可解决这个问题，那就是说，他读书遇到难字都识得了。"过"字正是当时的口语，一点儿也不是生造。这可以说明，对杜诗说，"来历"应包括书本上和口头上两个方面。杜甫不生造，是合乎用词的原则的。

今年是诗人诞生一千二百五十周年，我谨写此短文志庆。至于胪列杜诗的语言材料加以考释，只有另写专篇，就不是这篇小记所能包括的了。

三、方言词语的可贵

汉语中的方言词语，凡是文字学家、语言学家、历史学家、民俗学家，都非常重视。前两种专家的成绩较丰，成书也较富。研究目的，大抵皆在充实训诂，沟通古今，属于声音文字方面的居多，这当然不能忽视它的作用。

但是仅仅作这样的估价，还远不能符合它们所以可贵的全量。

以我们极其粗浅的探究来说，方言词语不但可以印证古音，稽合古义，其中还保存着方块字中很少出现过的单词、连绵字和合成词。至于历史故实、民间俗尚，属于上述后两种研究范围的语言材料，可以进一步做寻根究底的工作的，在不同的地区，也都有大量存在的一笔遗产。可以说，方言词语天地之大，比十三经还要超过几百倍几千倍。近代研究方言词语的人，大都偏重书本材料，对它用了相当大的疏证之功；至于闾里中常见习闻的直接材料，反而相对地显得重视不足。这样，学者们虽然开口就会称道扬雄，但很可惜，他们所重视的仅仅局限在《方言》这本书上，而很少重视扬雄所以能著成这本书的重要原因。假如是这样，那就有许多非常可贵的超语文的有用材料归于舍弃。从方言词语的本身说，不免有“知之未尽”之憾。

下面暂用最粗略的二分法，把未经过或很少经过学者在书面语中提到过的方言词语，用（一）语言痕迹；（二）社会资料来分别归类，并分别说明可贵所在。

第一，属于语言痕迹的。

人们的言语活动，其中包含着语音、基本词、常用词等等，都有在听者耳边留下的印象——痕迹。这些，过去写古文的知识分子是不要它的了，只有宋元以后的话本小说稍稍存录，但也很少。其实，它所包含的有用的研究资料是可以直接掘发的。

就语音说，例如“涎”古读叙连切（xián），普通话也这样读，但书本上“垂涎”的“涎”误读“延”；我的故乡口语，说到“黏涎”，读得却同普通话读音一样。“玄奘”的“奘”，一般读不准；但故乡呼长兄曰“老奘”，其音为zhàng，而大徐本《说文》正作徂朗切。

就基本词说，古代基本词“道”，其义为“说”，现在都用“说”不用“道”了。可是口语中用“道”作词素，还保存着原来的语义。像“道好”“道喜”“道歉”“道乏”，真是不一而足。在熟语中也有，例如“道三不着两”“说不醒，道不改”等等。

就一些合成词——也可能是单纯词（连绵字）说，口语中有很多写不出正字来的，我们不难想到，它们的来源已经非常古老了，只可记音，不可附会。例如故乡把缺点叫“推板”，把笨重叫“狼亢”，把向人卖弄叫“蒯厕”，把便于携带叫“丢秋”，把瑟缩恐怖的情状叫“叶结”。这一类的词普遍流行，可是却说不出它们是怎样构成的。

当然，口语词中也有不少可以写出正字来的，其中联合式如“讹错”“盘算”“利爽”“淹缠”“素净”“憨厚”；偏正式如“少豪”“旅力”；动宾式如“拿大”“撇清”“抽心”“起哄”等等，很多可以提升到民族共同语里边去。它们有社会根源，又有表现力量，首先是作家应该多加注意的。

再就词缀说，“子”“头”“儿”之类已被写到语法书中，不消再举了。此外也还有些字可以做为词缀看的，“当”字就很有这个资格。从“勾当”说起，我就疑心它是带有词缀的动词，这个当然还有待细考语源。至于金元戏曲中所见，如“问当”“记当”“对当”“打当”“觑当”……竟那么多。视同词缀，该是没有疑义吧？故乡用作动词的，有“打当”“倒当”“合当”；用作形容词的，又有“顺当”“便当”“一当”；用作名词的，也有“行当”“家当”“名当”（名堂）等等。这些都是下一字读轻声，但却不是词性的标志。如果把古今这类的词都聚在一块儿，审查它们的资格，是可以引出构成它们一套系统的规则来的。

由此可见，口语中真乃无所不包。

还有大批修辞性的造词，如“飞灾”“过瘾”“鱼苗”“烂价”之类，也都是群众智慧的体现。

第二，属于社会材料的。

方言词语的本身，常会隐含着一定的历史故事，研究起来，也是非常有趣的。例如为人解纷叫“做兰亭”，王羲之所书的《兰亭集序》原有伪本，“做”指伪造而言。旧社会为人解纷，只在息争而已，对两方面讲的不一定都是真话，所以叫做“做兰亭”。又如故乡的人，当互问原籍时，常会说“洪武赶散”四字，这儿包括明太祖强迁江南富户的一桩史事，“赶散”二字，正是愤怒的表示。又如方言成语中有“做尸做鬼”的说法。上古“立尸以祭”，“尸”是活人做的，但也代表已死的人，故曰“做尸做鬼”，用来指代那些用假话应付一下的事。老百姓的口中绝不是不谈历史的，随时注意一下，就会发现一些残存的故实。

至于熟语中被保存的乡土史料，那就更多了。例如故乡说某人某事太无可取，叫做“不成周二大爷”，这“周二大爷”必有其人，不过埋没草间，不知其详罢了。又如“还是亏的老邓亨”，此则姓名俱全，大概也是“乡里善人”。又如形容老一套，叫做“一忏摩诃萨”。这是指的旧社会富人家中念经拜忏的事，和尚口中总不离“摩诃萨”这几个字的。还有故乡讥某人说话絮烦，叫做“频伽鸟”。这个语源从佛经中来，西方有鸟叫“迦陵频伽”；老百姓可能从《变文》《宝卷》中听来的。

此外还有一些用典的合成词。往往尽人会用，但是出典不传，需要疏解。例如“上当”，人只知当作“受骗”用而已，不知它正是用“上当铺”这件事，隐寓“受骗”的意思。又如“受比”，故乡把这个词代表生计艰窘，其实也是用典。旧时州县衙门限期叫差役抓人，五天一比，抓不到就要挨打，出典在此。又如“包园”，故乡用作最后归一人包办完事之意，其实乃是指的一个果树园当果熟时，被一家买主全园包买的事。像这一类带典故的方言词，也是不胜枚举的。

汉语的方言词语，如上面所剖析，其含量之多，组织之美，渊源之广，都是可惊的。如果集合人力，下一番功夫搜集和整理，不独是上举各类型，还应包括大量的熟语、谚语、歇后语等，其卷帙，其内容，一定要比《方言》《尔雅》还要丰富十倍。

方言词语的可贵，略见予此。

（原分三篇载于《合肥师范学院学报》1962年第1期、第2期，以及《秋怀室杂文》中，编者将三篇合为一篇）

北音南渐论证

上

我国古时，帝王宅京，皆在黄河流域，故北方之音，古代之官话也。自五胡乱华，驱中原之人入于江左，而河淮南北，间杂夷言，昔人谓声音之变自此始。然《周易》《毛诗》，无异古代韵书；今以亭林顾氏所著书求之，二周古音犹然可得。韵除韵部外，其最易迁忒者无过于平、上、去、入四声。顾氏之言曰："《诗三百篇》中……其入与入为韵者，什之七；入与平、上、去为韵者，什之三。以其什之七，而知古人未尝无入声也；以其什之三，而知入声可转为三声也。"[①]愚谓前者犹后人作诗，其韵脚四声不相混；后者如后人填词，其韵脚平仄常通押。要之，古代北方之音，原有入声，则固有其确证矣。然五方之言，或有或无，万难相一。故隋陆法言《切韵》序曰："秦、陇则去声为入，梁、益则平声似去。"[②]盖是时江左四声之论，已为学士所遵用；以此衡量河北方音，犹有出入，故陆氏云然。在未有韵书以前，汉人语及方音，虽亦有音小、音大之殊（《淮南子》），短言、长言之别（何休《公羊注》），兼而论之，亦即平仄之异称。汉人字书，一义而平仄异字，若关东曰迎，关西曰逆，其例尤多，不可胜纪。特平仄虽具而人不自觉。自有《切韵》诸书出世，然后四声之辨皎然易明，断然而不可杂。以四声为权度，

①顾炎武：《音学五书》，中华书局1982年版，第43页。

②陆法言：《切韵序》，《宋本广韵》，中国书店1982年版，第2页下。

而五方不齐之数乃诵于口而可识。由是而北方之音，偏全、浊清，乃亦可得而指矣。

尝谓北方之音，四声虽具，而考诸载藉，入声之字，常有变为平读之势。秦之“大索”，西汉亦有其事，而史官记之，则曰“闭城门大搜”矣。《史记》高帝诏词有“待诸侯来而定约束”之语；《汉书》记之，则变“约束”为“要束”矣。此皆在北人读入声难，读平声易，故遣字则遂弃入声之“索”而用平声之“搜”，弃入声之“约”而用平声之“要”。又有即用其字而变其读者，《汉书·李陵传》：“径万里兮度沙漠，为君将兮奋匈奴。”“漠”本入声，此则平读而与“奴”为韵矣。《后汉书·窦武传》：“嚼复嚼，今年尚可后年硗。”嚼，本入声，此亦平读而与“硗”为韵矣。此等非有意与旧音为异，盖北人之音势如此。若以《左氏》《公羊》两传异文勘之，则其为例犹显而可征。原《左氏》兼采诸国记事，《公羊》专主齐言。前者音杂楚、夏，不能归一；后者汉初北音之代表也。兹专举二传经文之异以见一斑。《左氏》隐元年，“公及邾仪父盟于蔑。”“蔑”，入声也；《公羊》作“眛”，则“蔑”之去声。二年“纪裂繻来逆女”，“裂”，入声也；《公羊》作“履”，则“裂”之上声。文十二年“秦伯使术来聘”，“术”入声也；《公羊》作“遂”，则“术”之去声。昭六年“叔孙婼如齐莅盟”，“婼”，入声也；《公羊》作“舍”，则“婼”之上声。十五年“吴子夷末卒”，“末”，入声也；《公羊》作“眛”，则“末”之去声。哀四年“亳社灾”，“亳”，入声也；《公羊》作“蒲社”，“蒲”则“亳”之平声。缘《左氏》会集史文，《公羊》则口说所寄。因口之所习，不求正字即书其音，亦理势之必然也。

当秦、汉之际，北音既已有变入为平之趋势，五胡乱华，北方又受鲜卑语系之侵入，方音之变，自益不免。然观《切韵》序所云，则秦、陇犹有入声；度其虽异旧贯，然未至如今日之甚。章太炎云：“在昔北音，本与南音相近。造切韵者，多是北人，而所定音切，与今世北人脣吻所发大异其趣。司马温公作《指掌图》，亦非今之北音也。自汴都覆亡，骤经金、元之乱，异种杂居北方，音韵已非华夏之旧。既失故步，反目正音为南音。”[①]谓汴宋北音

①上海人民出版社编，章念驰编订：《章太炎全集·演讲集（上）》，上海人民出版社2015年版，第266页。

犹非与南音相远也。余按声音之变，皆始自口语，而读书正音随之。《切韵》及《指掌图》所定音切，虽曰四声宛具，未失故步；而里巷口语，必有不能仍与韵书符合者。今即以汴京方音为例，杨家麟《史余萃览》有一条云：杭州之音，与汴相似。“盖初皆汴人，扈宋南渡，遂家焉……如呼‘玉’为‘玉’（音御），呼‘一撒’为‘一（音倚）撒’，呼‘百零香’为‘百（音摆）零香’，兹皆汴音也……教谕张杰尝戏曰：高宗南渡，止带一‘百（音摆）’字过来，亦是谓也。”家麟清人，其书系聚敛而作，意此条必钞自宋人笔记者也[①]。其所举汴音三例，皆读入声为平声，宋时北方口语，大略可见。夫其唇吻既不能为短促之入声，则其读书自难强使合辙。宋时以诗赋取士，诗赋对仗而外，平仄为急。东坡《徐州上皇帝书》有云：“京东、西，河北，河东，陕西五路，盖自古豪杰之场……然欲使治声律，与吴、楚、闽、蜀之人争得失于毫厘之间，则彼有不仕而已。”[②]盖北宋中叶，已不能执已死之韵书，以北音入律。东坡虽未明言北人不能为入声，而玩其所云，此意图在其中矣。至于里巷口语，乱入读书正音，究在何时，则太炎所推，归于汴都亡后，金、元杂居，逆计当未甚相远。元周德清《中原音韵》无入声，但有平、上、去三声；陶宗仪《辍耕录》亦有“今中州之韵，入声似平，又可作去声”[③]之语，是其证也。自是以后，北人读书，咸以知四声为首务，虽口不能发，心必识之。崔述《考信后录》谓：“述五岁始授《论语》，每一字旁，（先君）必硃书平、上、去、入字，不使误于方音。”[④]言外困难可以想见，此犹告朔之羊，空存其礼。必以发音便利为归，则入声已成古音，仅少数识字求仕进者知之，然且只能暗记于纸上，而不能吻合于口中。自元以来，大抵然矣。

余世家淮阴，淮阴声纽韵部，大都与江淮为近，此当为专篇明之，今姑从省。以四声言：淮阴之人皆能言之；淮阴之北为沭阳，西北为泗阳，此二县之人亦皆能言之。二县之西为宿迁，则仅能为平、上、去而四声不完。故

①编者按：煦侯先生认为上引例证系杨家麟抄自宋人笔记，编者未寻到，但此条见明代郎瑛《七修类稿》，上海书店出版社2001年版，第277页。

②苏轼：《苏东坡全集》（4），北京燕山出版社2009年版，第1911页。

③陶宗仪：《南村辍耕录》，上海古籍出版社2012年版，第48页。

④顾颉刚编：《崔东壁遗书》第9册，亚东图书馆1936年版，第12页。

就江苏言，惟旧日之徐州府属无入声。然而时至今日，淮阴方言中已杂有多少变入为平、或变入为上去之北音成分在内？甚至淮阴之读书正音中，此等北音亦间出诸口。又非特淮阴为然，即淮阴以南直至江域，亦颇有之。准以上诸例，迹其迁变，信有步步南渐之势。特是恒人习而不察，以为固然；或方言如斯，急切不明其孰为正字，无从比较，因亦置之。余以蒙固，粗闻音理，寒暑休假，好从乡人展问风土，每触异音，必究本末，所得滋多，渐得条贯。抗战兵起，余避兵移风村舍，索居无俚，而于此事颇多新获。小窗多明，因更准以旧得旧证，助成吾说。淮土音变之例，则于下篇择而识之。

下

（一）下列诸入声字，北人不能读，别制一字，或以他字代之。此别制之字及所代之字，皆为平声或上、去声，而淮阴等县所渐及，亦承其读：

薄——药韵。《曲礼》：“帷薄之外不趋。”注：“帘也。”俗称织芦为藩以蔽内外者亦曰薄。北音读为平声，以“芭”字代之。淮阴谓织薄之工曰“芭匠”，谓芦藩为“芭障子”，并沿北读。

角——觉韵。本兽角义，因谓物之有芒角者亦曰角。北俗以面裹馅，煮而食之，曰“水角子”。方言读角为平声，因制“饺”字。淮阴承之，又名馄饨曰“小饺子”。

察——黠韵。《说文》：“覆审也。”北人治官书，读察如茶，因书“查”字代之。今“盘查”“调查”诸语通行全国，淮阴亦然。

漉——屋韵。《广雅》：“渗也。”后世漉酒使清，本是此字。北俗读为入声，因制“滤”字，而此土承之。

服——屋韵。《曲礼》：“医不三世，不服其药。”故亦谓药一剂为一服。北音读服如副，因以“副”字代之。淮阴买药，饮片为剂，丸散称副。

僻——陌韵。陋也。后世谓地不当冲亦曰僻。淮阴谓僻陬曰“背道”；语及于僻，则曰“其地甚背”。以背代僻，必沿北读。

劫——洽韵。《儒行》：“劫之以众”。注：“胁也。”凡以威势胁人，使之不敢不然者曰劫。北音读劫如乞加切，因别制“掳”字。淮阴口语沿之，官中文告亦有“不得掳买掳卖”字样。

凿——药韵。《说文》：“穿木也。”又所穿之孔亦曰凿。《楚辞》：“圆凿而方枘。”吾友范耕研曰：“王注凿音漕。与吾邑称榫眼为槽子正合。”按凿为入声，当在屈、宋古音之后。北人不能入读，因读为漕，无心乃与古音合，又以“槽”字代之。

捉——觉韵。《说文》：“搤也。”后世谓官家捕人曰捉。“捉将官里去”，宋人语也。北人不能入读，代以“抓”字，此土因之。又《说文》：“捉，持也。”北音于此义则读去声。《石头记》小说有“擈”字，是其别制者也。此土口语亦然，而“擈”字不甚行用。

（二）下列诸入声字，北人不能读，读为平声或去声。淮阴等县为所渐及，亦承其读。

贼——职韵。《书》：“寇贼奸宄。”北音读贼为子颓切，淮阴口语如之。淮彥有曰：“正月雷，遍地贼。”

捋——曷韵。《说文》：“取易也。”后世凡握而取之皆曰捋，如谓采桑曰“捋桑”是。又“捋虎须”“捋牛尾”，皆以盈握为义者也。北音平读，则如“驴”之阴平声。淮阴口语如之。

剥——觉韵。《周官》太宰注：“革曰剥。”盖去皮之事。北语谓剥皮如“巴皮”，淮阴口语有承之者。

蓿——屋韵。苜蓿，西域草名，以饲天马者。今国中处处有之，淮阴产者，茎高花紫，多以饲牛。北音读宿如“须”，蓿字亦然，而淮阴承之。乍闻其声，似谓麦须，其实苜蓿也。

博——药韵。本作“簙”，局戏也。古书或假博字为之，至今赌博为常用连语。北音读博如“波”。淮阴口语或入或平。如谓行筹多寡为“赌什么波”，则沿北读者也。

约——药韵。《说文》：“缠束也。”此字西汉已读如“要”，安世《房中歌》“治本约”句，与“耀”为韵是也。或即作“要”，《汉书》“约束”皆作“要束”是也。淮阴书正音，约为入声；口语谓以麻索编藩者为“要子”，则去声。

豁——曷韵。《说文》：“通谷也。”韩文“头童齿豁”，谓齿缺处空大之貌。淮阴口语谓齿缺为“豁牙”，唇缺为“豁嘴”，驮粮而豁鼻之驴曰“豁鼻驴”，诸豁字皆读平声，盖沿北音。

压——洽韵。《左传》：“栋折榱崩，侨将压焉。”北音读如“亚”，淮阴口语或承其读。

酪——药韵。《广雅》：“浆也。”北音读如“涝”。淮阴厨供，谓取山楂肉，烂而为汤，曰“查糕涝”，人多不得其字，其实“涝”即“酪”也。又市中乞儿唱“莲花落”者，俗呼为“梨花闹”，亦沿北读而失其本字。

活——曷韵。《孟子》：“民非水火不生活。”淮俗谓家人作苦曰“做生活”。“活”读如“何”，盖北人之音。

匹——质韵。《公羊传》：“匹马只轮无反者。”注：“一马也。”淮人沿北音，谓匹如“批”。惟十丈为匹则仍入读。

插——洽韵。《说文》：“刺内也。”淮阴口语有读如产去声者，盖沿北读。

录——沃韵。《汉书·隽不疑传》：“录囚徒。”注：“力具反。”故亦作“虑囚”。今北音犹然，与古音合。淮人读书从入声，口语谓钞写文字曰：“虑下来”，则为去声。

肉——屋韵。《说文》：“在物曰肉，在人曰肌。”元曲《西厢记》与“究”为韵，北音读去声，此时已然。今淮语皆沿其读。又，“褥”字亦同。

弱——药韵。身不强也。淮语读如“瓤”，以入为平，当是北音所渐。

墼——锡韵。瓴之未烧者。曰“土墼”，读如“基”。盖北音读入为平，而此土承之。又抟炭待烧曰“炭墼”，其读亦同。

刮——黠韵。《周官》有刮摩之工。韩文：“刮垢磨光。”今淮阴口语读如“夸”之阳平，盖是北音。

玉——屋韵。石之美者。此字自汴宋已读如“御”，今江淮间虽读书亦然矣。

乏——洽韵。今淮阴读书正音与“泛”同，盖承北读。惟口语谓三日病为“劳乏”，犹从入声。

匣——洽韵。《史记·刺客传》：“秦地图匣。”今淮语徇北音，读匣为平声，如读“拜匣”，皆如“拜瑕”是。又，偏旁小书有《玉匣记》者，比土读“玉匣”，皆如“御瑕”。

跃——药韵。《左传》：“距跃三百。”疏：“跃是举身向上之言。”今淮阴多读如“曜”，盖北音也。

（三）下列诸字，北音有缓读为二者，淮阴等县亦承用之。

股——犹分也。缓读则为“骨都”。淮语谓一分为“一骨都”，殆沿北读。

鼓——谓张之也。缓读为“骨都”。淮语谓鼓唇不语曰“嘴骨都”。

匾——编柳为之，以承粮囷者。缓读则为“不浪”，淮语有然。

坑——坎也。古音如“亢”，缓读之为“克郎”。淮语凡地势窊下处皆云然。

块——土块也。缓读为“可拉”。淮语谓田间有块曰“泥可拉”。

彆——《诗经·采薇》疏：“弓戾也。”缓读则为“拨剌”。淮语谓左手持箸者为“左彆子”，亦曰“左拨剌”。

角——室隅也。缓读则为“格拉”。淮语谓室中幽蔽之处曰“背格拉”。北人小说或作“旮旯”“角落”并同。

警——精敏之谓。缓读则为“积伶”。北语云然，淮阴亦习用之。

毂——辐所凑也。缓读则为“骨路”，淮语谓车轮曰“车骨路”。

聒——语杂而嚣也。缓读则为“瓜拉”，或“瓜瓜拉拉”。淮语习闻之。

（四）下列诸名词，北音有急读为一者，淮阴等县亦承用之。

琉璃——北俗急读为一，音如“料”。淮语称土制玻璃器曰“料货”，本此。

叔母——北俗急读为一，制“婶”字以代之，见张耒《明道杂志》。淮阴土语皆呼“婶”，无称“叔母”者。

侄儿——北俗急读为一，音如“嗟”之阳平，未制字。淮阴土语有用之者。

古之诸例，非周非遍，冥搜所得，且当举隅。又所摭但以今时习闻者为限，未遑博稽宋、元院本及诸说部，求其推迁之迹。即以所闻者言，又多局于百里之境。若综观江淮，证发必多。谋食鲜暇，未能广也。深冀方音专家，不吝指瑕，更为启益，俾南渐之音，真成条贯，斯学之幸，岂有涯哉！

（民国）三十年五月十日草成，三十六年四月二十三日补正

（原载《国文月刊》1947年第59期）

芜湖音与北京音的声韵对应关系研究

引　言

一、本论文的题目,原为“芜湖市语音与北京音的对应规律”。后来由于时间和力量不够,仅调查了声和韵方面，入声字和调类、调值，都不曾进行调查。因此，在教研组开会讨论前，就改成现在所用的题目，并征得出席诸先生的同意。为了适应这个题目的要求，全文分为声母、韵母、结论等三个部分。声母和韵母，着重在突出地描写芜湖市方音特征所在，尽量找出对应关系，但也注意它的例外现象。在谈到对应关系时，也约略地谈了一些古今音变的痕迹，以期在方音特点上有所证明。但所谈者大都是显著的，便于说明。结论则以总结本论文的要点为主。

二、本论文原为作者和范耕研先生在一九五五年十二月六日共同认定，并获得领导同意而进行研究的。诸如商订工作计划、约定发音合作人、在发音时记下几个合作人事前曾经取得一致的发音等等，基本上都已做到。一九五六年四月，范先生患血栓塞重症，不能继续参加。从这年六月起，作者在科学基础深感薄弱的情况下独力进行，并扩大调查面，就原来阙疑及脱漏部分加以询访和记音，于这年九月三日完成初稿。经教研组于一九五七年一月二七日开会讨论，事后又经作者汇集讨论中所得来的修正意见进行改写，成为现在的稿子。因为对作品要负有接受批评的责任，所以在范先生还未能使用脑力共同商讨的今天，暂由执笔者单独署名。

三、本论文所用例字，以《三千五百字表》为主。其中删省一些口语中很难用到的如“敉”“潸”等文言词和北方农业生产如“耪”“垧”等专用词，但也补充一些地方性的如“赭”“滁”等字和古典文学中习见的“儒”“逊”等字。[①]凡是补充的例字，都在字的下边加点为记。声韵相同的同声符字，有时用一个字为代表。例如用“丁”字兼为钉、叮、顶、订的代表字是。但如“良”和“娘”两个字，北京音并不是同声母字，当然就不能适用这种办法。

四、因为修正后的《汉语拼音方案》还没有正式公布，所有的音符，暂用原草案的拼音字母标音。有几个字限于印刷条件，采“代用式”的写法。又如古桓欢、先天等韵的字，芜湖音仍守旧读，非拼音字母所能显示，则兼用国际音标注音方式，加〔〕为记。至于同一音类间的细微差别，我们采取宽式标音，就没有制造新的符号。

五、有些字在芜湖是具有文白两种发音的，如“家、敲、咸”等字，书面语是浅腭、齐齿，口语则是深腭、开口，我们着重方音特征，就记下口语音。又有些字，一般只在书面上看到，如“儒、逊”之类，我们就从老一辈知识分子口中记下音来。如果老辈中间又有异读，我们就记下其中的一种发音，而用小注记下另一种念法。又有一些古疑母字，芜湖音中不尽保存，说明口语中有两种念法，我们就一并记载下来。

六、在范耕研先生未病前，曾选定了胡晓媛、汪灿如、程荣选等三位女同学为发音合作人。范先生患病后，为了某些发音在当时没有记得真切，在一九五六年七月对原合作人进行补查。在同年八月，作者在黄山休养，又就本院芜湖籍的化学系主任张定荣先生请教一些属于日母和恒欢韵的常用字和次常用字的读法。回芜湖后，又向自家助理炊事的芜湖女童刘其美，用谈话法将必须了解的n、l两母字分混情况得到比较适当的归纳。当我系审查前，就是用上项材料写成初稿的。经教研组诸先生提供宝贵意见后，作者又就其中还欠明晰的部分，有重点地制成若干表格，请教中文系芜湖籍教师濮之珍先生，并承介绍芜湖老辈唐道三、李鸿杰两位先生。在他们发音中，有的对

①还有应作为音系基础字而《三千五百字表》所未列入者，如擤、拽等字，本文也酌量补列。

于某些音的分混状态得到解决，有的加强原查的正确性，也补充了某些字和补充例字的念法。

七、芜湖本是皖南大埠，近江一带五方杂处，语音变动很大。安师位置在芜湖的北郊，就这调查所联系到的合作人说，也大致可以代表东门和北门一带地区的语音。作者是江苏人，芜湖东北一带方音，和扬州、镇江等地有不少的共同点，在调查时也就感到审音的方便。南乡和繁昌、南陵接壤，《芜湖县志》载南乡方言特详。本论文所引用，都是取其有共同性的。建议将来实行普查时，南乡方言应作为独特的调查点。

八、安徽文献中有关方言的资料是丰富的。前人努力的成果，《安徽通志·方言考》[①]搜集略备，《芜湖县志》（民国八年修）也有方言门，作者从中得到的启示都很大。《芜湖县志》说："凡语言为一方所独有，并无故实可征者，尤为真正之方言。"[②]"无故实可征"，就是古书中没有现成语句可相印证，而人民口中却有这样说法。这些语音现象，非连带调查方言词汇绝不能全盘挖出。例如《县志》所载"'明日'，读如'门儿格'""称长辈曰'你南格'""'惊讶'之词曰'格什敢'"，这在非知识分子口中，真是随时可以听到，论方音材料，应具有头等价值。但一遇到知识分子，他们就都不肯这样讲了。作者限于科学水平，也限于劳动时间，接触面不可能过广；虽曾扩大联系，其意图仅在填补一些空白点。抱憾之余，对于本省将来要进行的大规模方言调查，期待的心情，自然百倍的殷切。

九、本论文仓促写出，成品粗略，内容又未包括声调部分。即单就声和韵两部分说，作者虽怀实事求是之心，仍旧不敢自谓已经成熟。万一有些参考价值，那应归功于许多合作人（包括原查和历次的补查）和本系本教研组同人——如张涤华系主任、王健庵组主任、杨长礼先生等——的启发和帮助。在修改期中，又承杨长礼和孟庆惠两位先生就个别的审音和记音等方面重为审订。总之，作者从开始调查研究到今天，始终是一个反复学习的过程，除郑重地向以上诸位同志敬致谢意而外，也希望在发表后更能得到广大读者的指正!

①寿县方勇撰，民国二十四年铅印本。

②（清）梁启让等修，陈春华等纂《芜湖县志·地理·方言》，嘉庆十二年修。

一、声母部分

北京市辅音二十二个，在组成音节的时候，除ng（兀）外，都有充当声母的资格。芜湖市包含ng在内，都能充当声母。

现在将声母分为六个组，依类探究它们之间的规律。

第一，唇音的b（ㄅ）p（ㄆ）m（ㄇ）f（ㄈ）

这四个辅音，芜湖人都能发出。由于在芜湖音里，b、P、m、f都能和e（ㄜ）相拼，不像北京音这四个声母的名称都还带着ㄛ做附加韵（如玻、坡、摸、佛），因此，就更能读出它们的本音。

b、p、m、f的发音部位和发音方法，都和北京音完全相同，只有m，在读“米”的时候（mi），i变成舌尖高元音（见下），m受i的牵引，除阻慢一些，双唇紧闭的时间长一些，可是这并不影响这个声母发音的正确性。

在广大的唇音音节里，只有个别的词或字，在背景音用b做声母，在芜湖却用p做声母。举例如下：

例字	北京音	芜湖音
捕	bu	pu
爆（爆竹）	bau	pau
绊	ban	pan
鄙庇彼	bi	pi
鳔[①]	biau	piau

这只是大同中的小异，并且只有这么几个，不许类推。可是这里面也包含着这样一种规律，那就是：（1）北京音唇音声母里头的不送气音，在芜湖也是不送气音，但是少数的词或字，却被读成送气音；（2）唇音声母中只有不送气的被读成送气的，没有送气的被读成不送气的。

第二，舌尖音的d（ㄉ）t（ㄊ）n（ㄋ）l（ㄌ）

①凡为《三千五百字表》所未收的字，都在该字下施小圆点为记，后仿此。

这四个辅音，在芜湖音里都有。d、t读的很准，一般没有相混的情形。下面几个词（或字），北京音用d拼，芜湖音用t拼，这只是极少数：

例字	北京音	芜湖音
叨蹈	dau	tau
缔隄	di	ti
滇	dian	〔thie〕
囤	dun	ten

所有在唇音里说到的两条规律，在此处也完全适用，并且也只有这么几个，不许类推。

芜湖音n、l分混的情形，相当复杂的。这两个字音，芜湖人都能读得出，可是哪个字读成n，哪个字读l，在芜湖却又自成体系，不和北京音系完全相同。其中有把北京音的n、l都成n的，有把北京音的n、l都读成l的。现成分别读在下面：

（一）把北京音的n和l都读成n的：

例字	北京音n	北京音l	芜湖音
乃奶耐奈	nai		nai
来赖癞		lai	nai
难南男	nan		nan
兰蓝懒岚婪		lan	nan
嫩	nen		nen
你	ni		ni
尼霓腻	ni		ni
离梨李里利厉荔励隶丽		li	ni
鸟尿	niau		niau
疗了料		liau	
妞牛	niu		niu
溜流留刘柳绺		liu	niu

年黏碾念	nian		nie
连怜联廉脸练恋敛		lian	nie
邻林临懔		lin	nin
娘酿	niang		niang
良凉量梁雨亮		liang	niang
宁	ning		nin
铃陵灵领令另吝		ling	nin
女	ny		ny
驴吕虑（屡偻）	ly		ny（lou）

（二）把北京音的n和l都读成l的：

例字	北京音n	北京音l	芜湖音
拿那纳	na		la
拉		la	la
内	nei		lei
雷累泪类		lei	lei
挠	nau		lau
劳牢老		lau	lau
楼漏		lou	lou
囊	nang		lan
廊朗浪		lang	lan
能	neng	len	
冷楞（稜）		leng	len（nin）
轮		lung	len
奴	nu		lu
卢路卤鲁虏		lu	lu
挪糯（懦）	nuo		luo（lu）
罗裸螺		luo	luo
暖	nuang		lon

滦卵乱		luang	lon
农弄	nung		lung
隆龙		lung	lung

现在综合起来，可以得到这样的规律：①

（一）n和1这两个辅音，在芜湖音系中都是存在的。

（二）凡是齐齿呼（i）或是撮口呼（y）的音，无论它的声母在北京是n是l，芜湖音都成n起头。开口呼的ai（乃来）an（难兰）en（嫩），也是用n起头的。

（三）凡是开口呼（a、c）或合口呼（u）的音，无论它的声母在北京是n是l，芜湖音都读成l起头。

n和l的分别，从切韵以来就存在的。守温三十六母中，也有“泥”代表n，“来”代表l。泥母称为舌头音，来母称为半舌音。北京语音中这两类字，分别得非常清楚。芜湖语系中虽然保存了不少古代的语音，可是就泥、来两系说，北京人却是古音的保存者。

第三，舌根音的g（ㄍ）k（ㄎ）ng（ㄤ）h（ㄏ）

这四个辅音，在北京音系里ng不做声母用，只做附声韵尾用。其余g、k、h三个子音都有资格充当声母。芜湖音系里，这四个辅音都能充当声母，并且芜湖人也都能发出正确的音。

g和k的关系，也正如唇音的b和p，舌尖音的d和t，有极少数字在北京音本来是不送气音，在芜湖却读成送气音。表列如下：

例字	北京音	芜湖音
溉概	gai	kai
刽跪	guei	kuei

又有本来是用h做声母的，而在芜湖音却是由h变成k。

①这个规律除直接通过记音进行分析得出外，也受下列两种资料的启发：①前历史语言研究所所制《中国方言表》安徽地区的特征；②董少文《语言常识》第112页谈绩溪方言部分。

环　　huan　　kuan

这和“溃”字有huei和kuei两种读音，轨道正同。这些都是舌根与软腭之间的辅音，是有变读的可能性的。

ng（兀）在北京音系里不作声母用，芜湖语音中的零声母字，绝大多数是用纯元音（母音）起头的，但也有用舌根鼻音ng起头的，因此ng在芜湖就取得声母的资格。

例如下面几个字：

例字	北京音	芜湖一般读法	芜湖的又读
矮艾爱碍埃	ai	ai	ngai
傲袄熬奥	au	au	ngau
藕偶呕	ou	ou	ngou
安庵按暗岸	an	an	ngan
骯昂	ang	ang	ngan

在零声母的字里，安、恩、暗、蔼、爱等字，都属于三十六母中的影母。咬、傲、艾、岸、卧、额等字，属于三十六母中的疑母。“影”是喉音，“疑”是舌根音。用国际音标注音，喉音是ʔ，舌根音是ŋ，本来是有区别的。可是我们读“岸”“暗”“爱”“艾”都认为同音字，那就是影疑不分，都变成零声母字。

在芜湖，也有和皖南一带相同的特征，就是疑母的开口呼仍旧保存其舌根音，并且连影母的开口呼也变为舌根音。北方语音“疑”并于“影”，皖南一带，却正相反，它是“影”并于“疑”。因比，它们就从零声母而变为用ng做声母。就“影”母说，它已经变了。就“疑”母说，北方话虽然从明朝起，老早就失去了发音的ng。可是芜湖人的口中，还局部存在着。[1]

这些情形，矫正很容易，只要避开又读，服从一般就行。

h在北京音用来起头的字，在芜湖没有例外，也都用它起头。

①注意：这仅仅是局部，并且这局部的字还不完全用浊母ng开头，它们都有“又读”。

总起来说，g、k、h起头的字，在芜湖语中比北京多些。例如“拣、敲、衔”，在北京是j、q、x起头的，在芜湖口语中却变成用g、k、h起头了。关于这些，留在j、q、x里再谈。

第四，舌面音的j（ㄐ）q（ㄑ）X（ㄒ）

这三个辅音，芜湖人都能发得很正确。

本来，在北京属于用j、q、X起头的字，在芜湖语音里，百分之九十以上也是用j、q、x起头的。北京音的舌面音专拼齐齿（i）撮口（y），在芜湖语音里也不例外。问题在于这三个子音，它的前身本是g、k、h，有许多字在北京音里已属j、q、x，可是在芜湖还是用g、k、h开头，并且不拼齐齿，简直就是开口呼。甚至有一二例外，竟用g、k、h来拼齐齿的。下面所列，就限于这一类：在北京读舌面，在芜湖读舌根的字。

（一）北京音是j，芜湖音是g的：

例字	北京音	芜湖音	附注
今	jin	gen	口语中“如今”叫“儿根”[①]
颈	jing	gen	
家	jia	ga	
茭窖觉	jiau	gau	
搅较（较秤）			
拣间	jian	gan	
豇讲虹	jiang	gan	口语“格什敢”即“这么讲”
秸街疥芥	jie	gai	

（二）北京音是q，芜湖音是k的：

例字	北京音	芜湖音
卡	qia	ka
敲	qiau	kau

①见《芜湖县志》，下文所引亦同。

铅嵌	qian	kan
去	qy	ki

（三）北京音是x，芜湖音是h的：

例字	北京音	芜湖音	附 注
下	xia	ha	口语中如"吃下下""等一下子"
鞋蟹薤	xie	hai	
馅咸衔苋	xian	han	
巷项	xiang	han	

上面的规则是相当整齐的，简单地说，就是把北京的舌面读成舌根，又去掉本来的齐齿呼，变成开口呼，去掉本来的撮口呼，变成齐齿呼。这和北京的家、求、闲，到广州话里就变成嘎、叩、寒，很相像。

不过京广两地的对应关系是全面的，而京芜两地则仅限上述的几个字有异同，其他京芜一致，就无所谓对应而言，这是一。就在这一部分字里，他们和北京音不同，也多半限于口语里，如果写成书面，例如天下的"下"，国家的"家"，推敲的"敲"，上面所说的这些读音。就不存在，这是二。因此，芜湖人学习普通话，对这些极个别的分歧现象，是不难矫正的。

这个现象，也可以从古今音演变中求得证明。三十六母中的见、溪、晓三母，本来是读如g、k、h的，j、q、x是从见、溪、晓分化出来。g、k、h是深腭，j、q、x是浅腭。据近人研究结果，元人的中原音韵已有j、q、x之音。可是皖南是保存古音的一座仓库。不独徽州各属是重点所在，芜湖有许多字，也是改浅腭为深腭，改为齐齿为开口的。即以家、敲、城三个字而言，广韵：家古牙切、敲古交切，咸胡谗切，也都是深腭而并浅腭。一句话，芜湖语音中，见、溪、晓的古本音，并不会完全变读。它是深腭和浅腭同时存在的。

还有几个字，北京音都用x做声母，而在芜湖则用j、q或S做声母。这些都不能成为一般性的规律，但字数很少，所以硬记也不难。例如：

例字	北京音	芜湖音
械	Xie	jie
纤挦	xian	〔thie〕
详祥	Xiang	qian
徐	xy	qy
逊	Xyn	sen

第五，舌尖后音的zh（ㄓ）、Ch（ㄔ）、Sh（ㄕ）r（ㄖ）和舌尖前音的z（ㄗ）c（ㄘ）S（ㄙ）

这一组的辅音，在不同的方言区学习普通话，一般都非常重视的。就下江官话说，人们发Z、C、S的音都无问题，至于舌尖比它靠后一点的Zh、Ch、Sh，则未必都能念得准。r母也比较难正确。可是芜湖人对于这四个舌尖后音，都能念得出，也就是说，在他们说的话里（或咬的字里），的确有这几个音素存在的。现在所要注意的，是芜湖语音里虽能发出Zh、Ch、Sh、r四个音素，可是它仅限于一部分的存在的。其中r母的字虽和北京音相同的较多，可是也有例外。

先就卷舌的Zh、Ch、Sh和不卷舌的Z、C、S说。

按照北京音用这六个声母起头的音节来和芜湖语音逐一比对，就能发现三种不同的情况：第一，有些字不问北京音是否卷舌，芜湖都念成不卷舌音；第二，有些字，它是卷舌音或者是不卷舌音，芜湖的音类全然相同，但某些音节在韵的方面有了改变；第三，有几个音节情况复杂，使它的同音字有了分化，因而声韵有了改变。

现在就以上列三种情况，为下面举例说明的次序。

第一是收韵同而发音不同的字，一齐倒向不卷舌的一边，变成同音字，如下例：

收韵	例字一 （用Zh、Ch、Sh拼的）	例字二 （用Z、C、S拼的）	芜湖倒向哪一边
i	知痴诗	姿疵私	姿疵私

ai	斋豺筛	灾才腮	灾才腮
ou	州臭收	邹凑搜	邹凑搜
en	枕抻申	怎参森	怎参森
ang	章昌商	赃仓桑	赃仓桑（收an）
eng	征成生	增层僧	增层僧（收en）

第二是不论卷舌不卷舌都和北京音一致，但韵的方面有部分改变，其中可分三类。

甲类，在韵母au前的声母，北京音具备卷舌与不卷舌两组，芜湖音和北京音完全相同：

收韵	北京音用zh、ch、sh拼的字	北京音用z、c、s拼的字	芜湖读法
au	招抄稍	遭操骚	声韵全同

乙类，在不同的韵母前，某些在北京音只有卷舌一组的声母，某些只有不卷舌一租的声母，芜湖读法都和北京音相同：

收韵	北京音用zh、ch、Sh拼的字	北京音用z、c、s拼的字	芜湖读法
a	渣叉沙	——	声韵全同
ua	抓一耍	——	"
uo	——	左搓梭	"
uai	拽揣摔[1]	——	"
uang	装疮双	——	"
ung	忠充一	宗匆松	"

丙类，在某些含有介音u的音节中，北京音具备卷舌与不卷舌两组，后者在芜湖音不是u而是e，声母与北京音同：

①拽，中国大辞典编纂处编《同音字典》有这个字，见该书五十年代出版社1955年版，第503页。

收韵	北京音用zh、ch、Sh拼的字	北京音用z、c、s拼的字	芜湖读法
ui	追吹谁	嘴崔随	后者ui变为ei
un	准春顺	尊村孙	后者un变为en

以上三类，芜湖音都和北京音同声母。甲乙两类并且也同韵母，丙类韵素有变动。

第三是情况复杂的某些音节，必须详加剖析。就北京说，是看芜湖怎样分化的；就芜湖说，是看北京怎样合流的。现在按照收韵的不同，分四类进行分析。

甲类，跟e相拼的，只有卷舌音的三个声母。芜湖市声母不变，但韵母有了儿化：

例字	北京音	芜湖音
者赭遮	Zhe	Zher
车扯	Che	Cher
赊蛇舍奢赦社射舍	She	Sher（后五字唇稍圆）

乙类，跟an相拼的，卷舌音和不卷舌音都有。芜湖音把卷舌的分成“儿化”和“不卷舌”两小类；北京音不卷舌的，芜湖也不卷舌。例如：

音节	芜湖儿化部分	芜湖不卷舌部分	京芜相同的不卷舌音
Zhan	毡展战粘占沾（zher）	盏斩绽栈站暂蘸（Zan）	
Zan			攒赞（Zan）
Chan	蝉缠禅谄（Cher）	搀馋谗产铲阐忏（Can）	
Can			餐参残惭蚕惨（Can）
Shan	羶闪陕扇善膳擅（Sher）	山舢删（san）	
San			三伞散（San）

丙类，跟u相拼的，也是卷舌音与不卷舌音都有。在芜湖，凡是用卷舌香拼的，多数变成舌面音的撮口呼；少数仍然收u，但变成不卷舌音。北京不卷舌的，芜湖音也不卷舌。例如：

音节	芜湖读舌面音的	芜湖读成不卷舌的	京芜同为不卷舌的
Zhu	朱猪煮主住著铸（jy）	助（zu）	
Zu			租祖组阻（zu）
Chu	除滁厨躇储处杵（qy）	初刍锄楚础（cu）	
Cu			粗醋（cu）
Shu	舒输书署戍庶树恕竖（xy）	疏梳蔬数漱（su）	
	殊（y）（文殊）		
	署鼠黍（qy）		
Su			苏酥素诉溯塑（su）

丁类，跟uan相拼的，也是卷舌音与不卷舌音都有。在芜湖，不卷舌音多在韵尾有了儿化，也有少数不儿化。北京音不卷舌的，芜湖也不卷舌，但uan变为on。例如：

音节	芜湖儿化部分	芜湖不儿化部分	芜湖改收on部分
Zhuan	专砖传篆（zher）	撰赚（Zhuan）	
Zuan			钻攥（zon）
Chuan	川穿船椽喘串（Cher）		
Cuan			窜篡（Con）
Shuan		拴栓闩〔Shuan）	
Suan			酸算蒜（Son）

以上都是舌尖后音和舌尖前音在京芜语音间的分歧现象，可算是声母中最繁复的一类。归纳起来，得出下面的几个要点：

（一）Zh、Ch、Sh自成音节如知痴诗，后面含有舌尖后元音［ʅ］，必须卷舌，芜湖音常向舌尖前元音［ɿ］倒去。

（二）卷舌音收a（渣类）收au（招类）收ua（抓类）收uai（拽类）收uang（装类）收ung（忠类）和收ui（追类）收un（准类）等韵，芜湖音也是卷舌，这说明开（a）合（u）两呼的音节，在芜湖多能发出卷舌的正音。[1]

（三）不卷舌音收ui（嘴类）收un（拿类）的音节，芜湖变ui为ei，变un为en，这些都是三十六母中精系合口的字，江淮音系中大都不作合口读。

（四）卷舌音收e韵的音节，很容易成儿化韵。《县志》说过："至凡舌音等字，则连卷其舌以出之。"正是指芜湖音的赭、车、赊等字而言。

（五）卷舌音和an相拼的音节，在芜湖有了分化：毡、蝉、羶等字都卷舌，有儿化韵；盏、搀、山等字不卷舌，也不儿化。前者是元人《中原音韵》中廉纤、先天两韵的字，后者则是寒山韵的字，都在芜湖语音中分别保存着。

（六）卷舌音收u韵的音节，在芜湖分为收y的舌面音和收u的不卷舌音两组。前者如朱、除、舒（收y），属知系及照系的章昌船类；后者如助、初、疏（收u），属照系的庄初崇生类。其中Shu一个音节，除xy（舒）而外，又有jy（殊）和qy（暑鼠黍），共有三组，都收y。所有这些撮口呼，古音皆属照系的鱼虞韵，北京早变成合口，而芜湖仍守旧读；听起来竟和见、溪、晓变成浅腭的居、区、虚一样（也可说相混）。

（七）卷舌音收uan韵的音节，与上面第五点轨道正同。儿化的专、川，等于那里的毡、蝉；不儿化也不卷舌的赚、拴，等于那里的盏、山。不卷舌的钻、窜、酸；皆属精系合口呼，江淮音系照例不作合口读，改读桓欢韵。

以上Zh、Ch、Sh和Z、C、S六个声母的京芜对应关系大略是这样[2]，以下再谈r（ㄖ）母。

r母的字，在芜湖是多半和北京音一样的，少数失去了r，变成零声母，一般都用y开头，也有变成舌韵母er的。列举如下：

例字	北京音	芜湖音
如儒乳汝	ru	y
绒容荣融	rung	yng

①凡收ng的字（如装、忠），也都能发出卷舌的音。章昌商不收ang而收an，征成生不收eng而收en，就都变成不卷舌了。

②但zh、ch、sh开头的音节，其中虽有些在芜湖也卷舌，可是比标准音还有些距离。

惹	re	er

此外，这七个声母，除了在卷舌和不卷舌之间有出入外，还有在塞擦音与擦音之间，送气与不送气之间，也有部分的字，与北京音有出入，甚至还有读成舌面音的。这些都是个别现象，不成一般性的规律，列举如下：

例字	北京音	芜湖音	例字	北京音	芜湖音
稚滞弛	zhi	ci	瞅	chou	ciou
肫	zhen	jyu	徂殂	chu	zu
杼	zhu	xy	纯醇（唇）	chun	sun（xyn）
渚	zhu[①]	du	伸	shen	cen
撞	shuang	cuang	殊（特殊）	shu	chu
翅	chi	zi	瑞	rui	sui[②]
颤	chan	zon	攒	zan	con
伥	chang	cian	骤	zou	cou
辰晨	chen	sen	昨	zuo	co
寺	si	zi			

第六，关于北京语音零声母的字

在上文第三节曾举出许多不拿高元音起头的，也就是在北京音为开口呼的，如傲岸艾等字，在芜湖读成用ng起头。现在，再举一些北京音中含高元音i起头的复合音，在芜湖，有的变成开口呼的，有的变成用n开头的。今顺次列举如下：

例字	北京音	芜湖音	例字	北京音	芜湖音
鸦哑	ja	a	吟凝	jin、ning	nin
崖	ja	ai	验砚研	jan	[nie]
咬凹	jau	au	仰	jaug	niang
淹眼雁	an	an			

①渚是知母的字，北京音用zh开头，与古音合。

②古音日母音有摩擦，芜湖读s开头，是古音。

岩癌	jan	ai
硬	jing	en

这些都是古疑母字。疑母中如傲岸艾等字，芜湖保存旧读，我们用ng冠首，已见全文。另外有些齐齿呼的字，北京音里久与影母相混，如疑母的崖，影母的鸦哑，北京都读Ia；芜湖都读开口，原属疑母的，也不加ng。又有吟凝验砚研仰等字，北京音仅凝字归并泥娘，其它一概变零声母；芜湖这几个字都和泥娘归并，用n母开头。,

此外，又有北京音中用高元音y起头的几个旧喻母字，芜湖混入日母，用r开头，例如下：

例字	北京音	芜湖音
用庸勇	yng	rung

还有一些北京音中零声母字，也是用高元音i、u、y起头的复合音，因为芜湖读法和北京音有出入，以至复合音的主要母音有变动。这类很多，我们都放在韵母里来研究。

二、韵母部分

北京市元音六个，复合音二十八个，在组成音节的时候，都有充当韵母的资格。

其中有两个单韵母（e、i），两个复合音（ie、ye），在芜湖虽能发出这个音，而方言中却不大用到，甚至没有。

另外又有两个复合音（eng、ing），芜湖人很难读得准；方言中也没有这几个音。

为了便于说明，特将韵母分为三大类，依次探究芜湖语音的特殊性：第一是单韵母，第二是复合音，第三是介音。

（一）单韵母

单韵母有e（ㄜ）i（丨）两个，芜湖人都能读得出，但在语音中却呈现着分歧现象。

e

先谈e母，在注音字母中，本来是由ㄛ（o）母分化出来的。在北京语音中，下列用e自成音节的字，和它的上面有g、k、h做声母的字，在芜湖都收o韵：

例字	北京音	芜湖音
俄讹阿	e	o
哥个	ge	go
科可课	ke	ko
禾河贺	he	ho

北京音也有收o韵的，却又变成合口呼。还有用d、t、n、l、g、h和Z、C、S做声母的，也是合口呼。在芜湖音都是开口，不需有u夹在中间：

例字	北京音	芜湖音
我卧窝倭	uo	o
多朵惰舵	duo	do
拖驼公椭唾	tuo	to
挪糯	nuo	no
罗螺裸	luo	lo
锅果过	guo	go
祸货火伙	huo	ho
左坐做（昨）	zuo	zo（co）
搓挫错	cuo	co
梭簑所锁	suo	so

真正和北京音一致的，只有双唇音的几个字：

例字	北京音	芜湖音

玻播簸	bo	bo
坡婆叵破	po	po
摸模磨	mo	mo

钱玄同说："国语（按指北京音）中压根儿就没有o这韵母。"这几个字所以和o相拼，只是因为子音是唇音，"大可把下面的圆唇元音ㄨ（u）略去"。[①]所以除了唇音做声母以外，其他各音都要和uo拼。

还有个别的字，北京音收au收ou收u，在芜湖音也收o：

例字	北京音	芜湖音
贸茂	mau	mo
剖	pou	po
某谋牟	mou	mo
模母亩募（牡　）	mu	mo（mung）

总之，北京音除了象声字的"呵""喔""哦"而外，没有单独用o母自成音节的字；除了唇音的"玻""坡""摸"几个字而外，也没有直接和o母相拼的字。有的就是e或uo。芜湖音则凡是收e收uo的字，一律收o，这就是一条规律。至于和u有关的"贸""剖""某""母"等字，芜湖音也收o，这是个别情况，需要硬记的。

据近代音韵学者研究的结果，广韵"歌""戈"韵本来都是开口呼，它的收音和ɑ相近，是后元音。读成o是后来的事。从元朝的《中原音韵》到明朝的《洪武正韵》，都还读o。明末金尼阁的西儒耳目资，还标"歌"为Ko，标"戈"为Kuo。清初渐渐又变为开口，凡歌戈两韵中字，属于舌齿者如多、罗、左、妥、坐都收uo，属于喉牙者如果、祸也收uo，属于喉牙的何、歌、戈、和则收e。芜湖保持未变开口呼以前的读法，凡属"果"摄的字一概读o。

此外，"效"摄的剖、母、茂、贸、募，"流"摄的谋、牟等字，含有u

①钱玄同：《关于国语罗马字字母的选用及其他》，《新生周刊》1927年第1卷8期。

或o的音素在内的，芜湖音一概收o。

至于单谈北京音收e的字，如车遮韵中的赭、车、赊……，芜湖音都收er，前在声母部分已经指出。这是古麻韵中照穿一系的变读，曲家早已看到，把麻韵分为家麻和车遮两部（从周德清《中原音韵》开始）。而单就车遮部说，精系的嗟些，又和照系的遮蛇不同，这些都让在下面ie、ye节作综合的论述。

总之，明了古今音的体系，对矫正地方音是有帮助的。

i

再谈i母，芜湖音中用i母自成音节的字，基本上和北京音相同，但更要带些摩擦。

至于用声母和i相拼的字，真正符合i母的北京音值的实在很少。绝大多数用i作韵母的字，都读成舌尖前元音的I（帀）。有一小部分用i作韵母的字则读成ei（乁）。只有“你”字读ni，和北京音同，那是绝无仅有的事。

I是Zh、Ch、Sh、R、Z、C、S七个子所含的音素，其音值，在Z、C、S后面的是［ʅ］，在Zh、Ch、Sh、r后面的是［ɿ］。在芜湖，读i成I，它只有一个音值［ʅ］。例如“米”字，北京音是mi，芜湖音是mI。北京除阻很快，芜湖受I的影响，舌尖不能赶快离开齿龈，有摩擦音，唇形也显出用力的样子，除阻就慢一些。

现在将各种声母和i相拼的字，根据芜湖读法，分别写出。让芜湖地区的人好向北京音看齐。

用b、P和i相拼的字，在芜湖分成两支，一支收I，一支收ei。兹分别列举如下：

例字	北京音	芜湖收I的	芜湖收ei的
比（彼庇鄙）	bi	bI（pI）	
篦蔽避闭痹	bi	bei	
批坯皮脾痞屁	pi	pI	
譬	pi		pei

用m、d、t、l和i相拼的字，芜湖皆收I。例如下：

例字	北京音	芜湖音
米迷（谜）	mi	mI（mei）
低底第地递	di	dI
提梯题啼体替屉	ti	tI
离里利厉丽礼隶荔	li	nI

用n和i相拼的字，在芜湖，有读成零声母的，有读成I的，仅有一个“你”字读ni，合乎北京语音。分举如下：

例字	北京	芜湖（一）	芜湖（二）	芜湖（三）
拟蔫	ni、nian	ji、[jie]		
尼霓腻	ni	nI		
你	ni			ni

还有用j、q、X和i相拼的字，芜湖的读音和北京的读音是一致的。因为它们本是摩擦音，是不会读成舌尖前音的。

古音齐微灰三韵的字，后世韵书没有分得清楚。元朝周德清在《中原音韵》里，立“齐微”韵，内中还包含着i和ei二音。《洪武正韵》才把收i的归入“齐”韵，把收ei的归入“微”韵，这是非常合乎事实的。清樊腾凤《五方元音》的分部虽有现实性，但他把i和ei都入“地”部，这一点就很不合理。到注音字母才又分出i（丨）和ei（乀）来，分别收拼北京音中属于i和ei的字。

但是，由于古今音变在各地方不能像刀切的那样整齐，所以篦、蔽、避、譬等字，在北京收i，在芜湖收ei。这在b、p两声母起头的字里，实例尽多，b和p也有出入之处。

另外，我们还得到董少文同志的启发，知道芜湖、绩溪等地，常把i母读成I（帀）。这个I，本有舌尖前和舌尖后的两个音值。据董少文同志的研究，芜湖等处把i读成I的音值，专以舌尖前元音，也就是在Z、C、S三个子音中

所含的舌尖前元音为限。(详见前文)[①]

这样的情形是确实存在的。我们已经晓得，江苏的扬州、镇江等处，读“米”作mI不作mi，读“弟”是作dI不作di的。在安徽，皖南的旧宁国府属和旧太平府属，这样的读法，也比较普遍。在音韵书上，似乎还没有人研究到这个问题。我怀疑在帮滂并明和端透定泥来各系中，韵母i读成I，是一直从古代汉语传下来的读音。其理由所在，我想暂作下面的假设：

(1) 芜湖读i母的摩擦音相当强，夜、野等字也不读ie而读i，爹、姐等字不收ie而收i。说明这地区读i是半元音，舌头喜欢和口腔上部黏着。

(2) 根据声母部分研究结果，参照近人考定古声类的启示，疑母的齐齿和泥娘归并之后，如吟、砚、仰等字，是以标y做声母为适宜的。“娘”母是黏腭，“泥”母是微击腭（说本江永《音学辨微》）。芜湖有这个辅音，说明这地区的发音有舌上音的习惯。而i又是半元音，与这个习惯就更接近。

总之，一种特有的音素绝不是孤立存在的。据上面所述，在韵母和声母方面，已经约略地找出芜湖音读i成I的语音因素来。如有可能，我们还想从记载中找出它的传统关系来。

至于n和i相拼的“拟”“薷”等字，在芜湖变为零声母，这是北方语系中疑母痕迹的残留（当然，是归并于泥娘的疑母）。北京音去之未尽，而芜湖音中却已经摆脱了。

(二)复合音

在复合音中，芜湖音的特征表现在：1.以n与ng为韵尾的复合音中；2.ie和ye两个复合音中。

1.n和ng

在以n与ng为韵尾的复合音中，芜湖语音的表现比较繁复。主要原因就是由于这个ng音缀在单韵母之后，舌根上升，小舌下垂，在芜湖地区是比较困难的。芜湖人并不是不能发ng音。当用ng做声母时，如矮（ngai）袄（ngau）藕（ngou）之类，他们读起来毫不困难。可是用ng作复合音的韵尾，要求用舌根音收，不爆发，在芜湖就往往会变成别的声音。ang（尢）好

①参李荣（董少文）《语音常识》，文化体育出版社1955年版，第64页。

些，yng（ㄩㄥ）、ung（ㄨㄥ）也基本正确，eng（ㄥ）、ing（丨ㄥ）两个复合音就和en（ㄣ）、in（丨ㄣ）分不清楚了。

an（ㄢ）

以n做韵尾的音节，如an（ㄢ）、en（ㄣ）、in（丨ㄣ）、yn（ㄩㄣ），芜湖的读音都和北京音是一致的。惟有an韵稍有问题，原因在于北京an韵的字，在芜湖就不全是an韵的字。

北京语音的an韵字，在芜湖分入四种不同的韵：

（1）仍收an韵（ㄢ）。

（2）不收an韵而收on韵。

（3）不收an韵而收〔ie〕韵。

（4）不收an韵而收er韵。

这并不是由一个分化成四个，乃是三个各有来历，在芜湖并不会打乱。在北京却早就并成一韵了。

下列各音节，在北京音系都收an韵，芜湖音也收an韵：

例字	北京音	芜湖音
反番凡烦樊犯泛	fan	fan
丹单担旦蛋淡	dan	dan
难男南	nan	nan
兰蓝懒览	lan	lan
干甘赶敢坩干赣	gan	gan
看刊堪勘砍坎	kan	kan
寒韩含函罕喊汗旱汉憾	han	han
闩拴	suan	suan
赞攒	zan	zan
参餐残惭蚕灿惨	can	can
三散伞	san	san

又有一个字，北京音不收an，芜湖音却收an：

杉	sha	san

下列各音节，在北京音系收an韵，芜湖音则收on韵：

例字	北京音	芜湖音
端短段断	duan	don
湍团抟	tuan	ton
暖	nuan	non
峦卵乱	luan	lon
宽款	kuan	kon
软阮	ruan	ron
钻攥	zuan	zon
篡窜	cuan	con
酸蒜算	suan	son

下列各音节，在北京音系收an韵，芜湖音则收〔ie〕韵①：

扁便边贬卞辨变遍	bian	〔pie〕
片偏篇骈骗徧	pian	〔phie〕
眠棉免冕面麺	mian	〔mie〕
颠典店点甸佃靛奠电垫	dian	〔tie〕
天添田填恬甜殄	tian	〔thie〕
年拈粘碾念捻	nian	〔nie〕

（蔫为例外，见上）

通过以上例字的说明，我们知道：（1）凡是北京音的唇齿音、舌尖音（除t）、舌根音、舌尖前音的开口呼，北京是an，芜湖也是an。（2）凡是北京语音的舌尖音、舌尖前音和舌根音的k，舌尖后音的r，它们的合口呼，北

① “e”鼻化。

京是an，芜湖都是on。(3) 凡是北京语音中双唇音的b、p、m，舌尖音的d、t、n，它们的齐齿呼，北京音是an，芜湖都是〔ie〕。

以上这些都是几乎没有例外，它们的规律性是很强的。

下列每个音节所属的字，在北京是同音。在芜湖则分属两个音节：一个是an，一个是on。兹分别列举如下：

音节	京芜同收an的字	北京收an芜湖收on的字
ban	板班颁瘢板爿扮办瓣绊	般搬半伴拌
pan	攀盼襻	潘盘蟠判泮叛
man	蛮曼漫慢谩	瞒蔓馒满
tan	炭滩弹檀谈坦歎	贪探[①]
guan	鳏关惯	官棺冠观管绾贯灌罐
huan	寰还缳幻宦患豢	欢桓浣缓奂
ran	然	染
uan	弯顽挽晚万蔓	宛丸完玩刓皖

下列各音节所属的字，在北京是同音，在芜湖则分属两个音节，一个是an，一个是er，其详已见声母部分，兹但举代表字为例：

音节	京芜同收an韵的字	北京收an芜湖收er的字
zhan	盏斩站等字	毡展战等字
chan	搀馋产等字	蝉缠谄等字
shan	山删等字	羶闪善等字
zhuan	赚撰等字	专转篆等字
chuan		川喘串等字
shuan	拴栓闩等字[②]	

以上两个类型，都是在北京为同一音节，在芜湖分属两个音节（但Chuan只有收er的字，Shuan只有收an的字），这并不是规律性不强，在声

①贪探二字，又读tan。

②北京音疝字读shan，芜湖读shuan。

母部分已经说过，收an者属寒山韵，收on者属桓欢韵，收er者属廉纤韵和先天韵。既有语言史可稽，就是规律。[①]

比较复杂的是j、q、x和an相拼，中间有i或y的时候。基本上是an变成〔ie〕，最小部分去了〔i〕，声母变成g、k、h。这在前面已经说过。其它i和y互为出入，也是有的。综合举例如下：

音节	芜湖大部分收〔ie〕的字	芜湖最小部分的分歧
jian	坚简件等	拣（gan）茧毽〔tɕye〕
jyan	捐卷眷等	
qian	千钱浅等	嵌铅（kan）
quan	圈拳劝等	券〔tɕye〕
xian	先闲险现等	苋馅咸衔（han）纤挦〔tɕhie〕 鲜仙籼弦（ɕye）涎〔ie〕
xyan	宣悬选揎等	轩（ɕie）

以上最小部分的分歧不外三类：一是声母守深腭旧音，齐齿变开口，如拣、嵌、苋，已见声母部分“舌面音”节；二是声母在舌面音范围内有出入，如券、纤、挦，而收韵无变动；三是韵母在介音范内有出入，或齐齿变撮口如茧、鲜，或撮口变齐齿如轩，而声母无变动。还有一个涎字，芜湖音变成零声母。这些，除第一类外，无论大部分和最小部分，收音向国际音标〔ie〕方向发展，还是肯定的。

总的说来，an韵的多样化，是可以用语音史来说明的。远的不讲，单从元朝周德清的《中原音韵》说起，现在的an韵就有寒山、监咸、桓欢、廉纤、先天五个来源。到明末，毕拱辰作《韵略汇通》，为了北音已没有闭口韵（指监咸、廉纤），将前三韵并为山寒，后两韵并为先全。到清初樊腾凤作《五方元音》，更依北音实际情况，统统为天韵，这“天”就是注音字母的ㄢ，拼音字母的an。

可是在芜湖语音中，“班、般、辨”三类的字，仍旧分别代表了寒山、桓

①关于an音在芜湖的分化情况，作者得到赵荫棠先生《中原音韵研究》的启发很大，特记于此。

欢、先天三种不同的收韵；而廉纤和先天中的“毡、蝉、羶”和“专、川”五类字，它们的收音却是卷舌的er。这就说明：北京音系虽然日趋于归并，芜湖却还是守着《中原音韵》时代，甚至可能还在《中原音韵》以前的系统。像卷舌韵的几类字，在声类中都属照系；在韵部中，毡、蝉、羶和专、川，都集中在仙、猕、线三目，占、闪等字，则集中在盐、琰、艳三目。既然很有规律，一定是来源很古。还有一个“涎”，北京读Xian而芜湖读〔ie〕，《汉书·艺文志》的“漫羡”，“羡”就音“延”，可见这一个地方音也有渊源可溯了。

现在要纠正an韵中方音和标准音的偏差，只需遵守下列的原则：

(1) 收an的仍然收an，如干、寒。

(2) 收on的改为收uan，如欢、团。

(3) 收er的也改为收uan，如毡、蝉、羶、专、川。

(4) 收〔ie〕的改为收ian，如先、前。

(5) 收〔ye〕的改为收yan，如元、宣。

(6) j、q、x各系个别收韵分歧状态，分别矫正，其例不备举。

总而言之，芜湖音中应属an韵的还是向an集中。

ang（ㄤ）

上面说过，芜湖人读以ng为韵尾的音比较困难。就ang说，读出并不难，可是口的开度比an大，最后又须收音于ng，芜湖人有些读不来。因此，ang和an就相混了。因此，缸、竿都读成竿，帮、班都读成班，康、堪都读成堪，也就是说，收ang的字变成收an的字。这个问题不大，只需把口的开度放大些，最后舌腹和软腭靠近一下，就完全是ang韵了。

此外，还有在jiang和xiang两个音节里，有个别的字读成g和h的开口呼。例如豇、虹、讲读成gan，项、巷读成han，前文已经举过，不须再谈。

yng（ㄩㄥ）和ung（ㄨㄥ）

芜湖语音的yng韵，也有个别的几个字倒向yn。即如：

例字	北京音	芜湖音
永泳咏	yng	yn
窘迥	jyng	jyn
琼	qyng	qyn

又有极个别的字，北京收ng韵，芜湖读成un韵或yn韵，例如：

例字	北京音	芜湖音
横	hng	hun
顷倾	qieng	qyn

这些都没有普遍性，可是硬记了也还不难。

en（ㄣ）、in（丨ㄣ）和eng（ㄥ）、ing（丨ㄥ）

在芜湖的音系里，un（ㄨㄣ）和ung（ㄨㄥ）、yn（ㄩㄣ）和yng（ㄩㄥ）的区别是显然的，没有相混的可能。

下面两排的字，上排代表un（ㄨㄣ），下排代表ung（ㄨㄥ），读法略有不同，芜湖人学习北京语音，对此等可说毫无困难。

un（ㄨㄣ）　　温墩吞轮滚昆婚准春润尊村孙

ung（ㄨㄥ）　　翁冬通隆巩空烘肿舂戎崇葱松

下面两排的字，上排代表yn（ㄩㄣ），下排代表yng（ㄩㄥ），芜湖人读起来，也显示出有很大的区别，所以也不生对应的问题。

yn（ㄩㄣ）　　晕均群熏

yng（ㄩㄥ）　　壅窘穷兄

本节所要扼要举出的，就是en（ㄣ）和eng（ㄥ），in（丨ㄣ）和ing（丨ㄥ），在这两个不全然相同的音系里，芜湖人就都倒在en和in的一边，读不出它们的区别来。

还需要交代一下，就是唇音四个声母和en、eng相拼，芜湖语音是能读出区别的。例如：

en（ㄣ）　　奔笨、喷盆、门闷、分愤

eng（ㄥ）　　　　崩蹦、烹朋、蒙梦[1]、风奉

除了这些唇音字而外，芜湖人读en和eng或in和ing拼成的字，就会全倒向n的一边。下面的例子，我们可以分组对照着看：

	音节	例字	北京音	芜湖音
d	den	撙（把线撙断了）[2]	den	den
	deng	登等戥	deng	den
T	——	——	——	——
	Teng	疼腾滕	teng	ten
n	nen	嫩	nen	nen
	neng	能（脓））	neng	len（nung）
l	len	——	——	——
	leng	崚楞冷（稜）	leng	len（nin）
g	gen	根跟亘	gen	gen
	geng	更庚耕羹耿	geng	gen
K	ken	肯垦	ken	ken
	keng	坑铿	keng	ken
h	hen	痕狠恨	hen	hen
	heng	亨恒衡（横）	heng	hen（hun）

①盟，芜湖读min音，为本音节的例外。

②《同音字典》有这个字，见该书1955年版，114页。

Zh	Zhen	珍诊贞真臻砧针斟枕箴振阵	zhen	zhen
	Zheng	正争蒸征拯整郑证	zheng	zhen
ch	chen	臣陈尘橙沉忱趁称衬（辰晨）	chen	cen（sen）
	cheng	称（名称）瞠撑蛏丞承成呈乘澄惩逞骋秤	cheng	cen
sh	Shen	申身深参神甚哂沈审肾慎（渗）		
			shen	sen（can）
	sheng	升生甥胜声绳省盛乘（车乘）剩圣		
r	ren	人仁任刃（稔）	ren	ren（sen）
	reng	扔仍	reng	ren
z	zen	怎谮	zen	zen
	zeng	曾憎增赠	zeng	zen
c	cen	参（参差）岑	cen	cen
	ceng	曾层	ceng	cen
s	sen	森	sen	sen
	seng	僧	seng	sen

以下还有in（丨ㄣ）和ing（丨ㄥ）自成音节的字，和用in和ing做韵母的字，芜湖语音中也分辨不出，大都倒向n的一边：

i	in	因殷音阴寅淫垠银龈尹引	in	in
	ing	英赢蝇影颖映应（迎硬）	ing	in（nin、en）

b	bin	宾彬	bin	bin
	bing	冰并兵丙秉屏饼禀并病	bing	bin
p	pin	拼姘贫频品牝聘	pin	pin
	ping	民娉平屏瓶凭苹（苹果）	ping	pin
m	min	民闽皿敏闵黾	min	min
	ming	名明螟鸣命	ming	min
d	din	——	——	——
	ding	丁鼎定	ding	din
t	tin	——	——	——
	ting	汀听廷亭	ting	tin
N	nin	您（芜湖没有）	nin	——
	ning	宁凝佞	ning	nin
L	Lin	鄰林临凛廪吝蔺（赁）	Lin	nin（ren）
	Ling	令另陵灵岭	Ling	nin
J	Jin	巾斤筋今金禁津尽浸堇紧锦近劲晋进	in	jin
	Jing	京泾茎经荆兢惊旌菁睛精景井竟敬竞静净	jing	jin
q	qin	钦亲芹勤衾琴禽秦（侵）	qin	qin（jin）
	qing	卿轻青擎庆磬（倾）	qing	qin（qyn）

X	Xin	欣馨歆辛新心衅信	xin	xin
	Xing	兴星行刑形省杏幸性姓	xing	Xin

关于en和eng、in和ing的区别，北京音是符合古韵的分部的。大体上说，en、in属于真、交、元、侵，eug、ing属于庚、青、蒸。有韵书的帮助，可以解决韵尾的问题。还有一个方法，那就是看汉字的声符来决定这个字是收n还是收ng。例如已知“平”字读ping，则“怦”“苹”“评”等字一定也是ping而不是pin。但这并不完全可靠。例如“并”字读bing，可是“拼”“姘”等字并不是ping而是pin。

本节和上一节读“帮”成“班”的理由是相同的。芜湖语音习惯，既是收n比收ng便利，所以读eng往往变成en，读ing往往变成in。ng和n都是鼻音韵尾，我国音韵家称为阳声，ng读成n，正是阳声旁转规则的体现。再一转，连n也没有了，就变为阳声，这叫做对转。

现在拼音字母既以北京音为拼写对象，这两种阳声的复合音就可以保障它的存在，并且各有明确的分野，减少同音字过多的坏作用，是符合语尝为社会服务的要求的。

2.ie（丨せ）和ye（ㄩせ）

这两个复合音，通过了e的变读，代表せ的齐撮两呼。せ没有自成音节的时候，在北京音里只有ie和ye。

可是在芜湖，ie的分歧现象很明显。和北京音对照，相同的极少，有的变韵，有的声韵都变。下面是ie在芜湖的分化情况：

例字	北京音	芜湖音
也	ie	ie
爷野冶衣	ie	i
耶琊	ie	ia
爹	die	di
皆介界戒届解	jie	jie
姐借	jie	ji

街秸疥芥	jie	gai
且	qie	cei
茄	qie	qyi
偕谐	xie	xie
携斜邪写泻	xie	xi
卸谢榭	xie	sei
鞋蟹薤	xie	hai
械	Xie	yai

下面又是ye在芜湖的分歧读法：

例字	北京音	芜湖音
瘸	qye	qyi
靴	Xye	Xyi

古麻韵的音值本是a，可是有一部分端精照系和影系的字，它们的音值是ɨa。例如车、遮、赊、者、也、姐、夜、谢等字，收韵都不是a，《中原音韵》就另立一个车遮韵。还有古歌韵的靴，它的韵值是ɨwâ，《中原音韵》也一并放在车遮韵中。这是ie和ye的来源。到《洪武正韵》就推翻平水韵，立遮韵，这和周德清都有正视现实的意义的。①

看前面举例，又可以明白芜湖的车遮并不是北京的车遮。收ie的，多数已变成了收i了，再不就改收ai（声母间有变更，如改j为g；改X为h，那又是一回事）。完全和北京相同的，只有也、偕这几个字。收ye的，也变成收yi。

以上所说ie和ye，如遮、车、赊等字并不包括在内，这一部分的字，在北京是开口呼的Zhe、che、she，在芜湖它们的后面拖个r，详见前文。

下面的图解，说明歌部的分化：

①古音音值据王力所制韵表，详见《汉语音韵学》，中华书局1956年版，第583页。

歌、戈、麻——歌戈、家麻

　　　　　　└车遮——收e（如车遮），芜湖音收er。

　　　　　　　　　　收ie（如也夜姐谢），芜湖音收i、收ai、极少收ie。

　　　　　　　　　　收ye(如靴)，芜湖音收yi。

(三)介音

i、u、y三个韵母，除却有时候做主要母音而外，一般是作介音用的。在芜湖音和北京音的对照下，最有规律的是芜湖在某种结构的情况里会失去i、或者是失去u。

当声母jqx在芜湖语音中变成g、k、h的时候，就失去了中间介音i而成开口呼。而简与茧，先与仙，宣与轩，它们之间也不外i换成y或是y换成i的出入，这些都已在声母部分分别举例。

还有，r母和y母里头，如绒、容、荣、融，芜湖音失去了u，变为撮口，用、庸、勇加上了u，变为合口，这些在声母部分也都列举过。r母有闷、润两个字，本系合口，芜湖也失去u，变为开口，但声母并没有变动。

还有，Z、C、S三个声母和ui或un的两个复合音相拼的时候，芜湖音一定失去u而变成开口呼。这比j、q、x的齐变为g、k、h的开口更有规律性。前文已经说过，此处还有详列的必要：

ui〔ㄨㄟ）变为ei（ㄟ）的，例如：

例字	北京音	芜湖音
咀最罪醉	Zui	Zei
催脆粹翠	Cui	Cei
尿虽绥随祟遂碎岁穗	Sui	Sei

un（ㄨㄣ）变为en（ㄣ）的，例如：

尊	Zun	Zen
村皴存寸	Cun	Cen
孙飧笋损榫	Sun	Sen

还有，d、t、l三个声母和ui或un的两个复合音相拼，芜湖音也会失去u而变成开口呼。它们的规律性也很强，也有详列的必要。ui（ㄨㄟ）变为ei（ㄟ）的，例如：

堆兑对（队）	dui	dei（di）
推退蜕	tui	tei

un（ㄨㄣ）变为en（ㄣ）的，例如：

敦蹲顿趸钝盾	dun	den
吞屯褪	tun	ten
论轮仑	lun	len

总之，芜湖在介音方面的变动是极其有限的，并且它仅仅限于舌尖（d、t、n、l）舌尖前（z、c、s）和舌面（j、q、x）三个发音部位。这说明舌头的进退足以造成一定程度的变动。若拿芜湖和皖中的桐城、皖北的临泉等县相比，就更可见出，芜湖的变动程度是很小的了。

至于在北京音中本无介音，而芜湖音中却加上介音的，如稜、盟、脓、横、疝等字，都是个别现象，不成对应关系，已分别用括号或脚注注明在各该音节中，不再详列。

上面所列，如果想从古今音变迁中找出对应关系，则当推舌音为最有规律性。它们本来都是合口呼而变为开口呼的。

这里面有舌尖音，如灰韵的对、退、累，魂韵的顿、屯、遁、论。

又有舌尖前音，如灰韵的最、催、醉，祭韵的脆、岁，纸韵的咀、随，魂韵的尊、村、孙，谆韵的遵、皴、轮。

它们在广韵里都是有u的，北京音什九相同，而芜湖读这些字，都失去了u，而变成开口呼。

在上面列举的各个音节里，“累”这个音节，包含雷、馁、儡、内、累等字，北京音从明末就失去了u（西儒耳目资还有u，不足据）。芜湖读这些字，只要n、l分明就行，不需要再加u。还有古谆韵的竣、旬、皴、迅、俊等字，北京音也早失去u，改为撮口呼；芜湖的演变情况和北京一样，也不需再改为u。还有一个“吞”字，在古痕韵本是开口呼，而北京读合口，芜湖音反与古音相合。

所以在这一项特征中，芜湖人倘要利用古音的系统，改读北京音，必须注意这些例外，上面说“北京音什九相同”，就是这个意思。

三、结论

以上所写的，就是现代芜湖方音在声和韵的某些方面不同于北京音的总的情况。笔者已经说过，由于自己的科学水平与劳动时间都很有限，不可能做到全面和深入。对于字音的记录和整理，也就难于依照方言调查的应有过程，利用卡片等工具，做到十分精细的地步。笔者仅希望在京芜语音对应关系上，多少能有点参考价值；对芜湖人民学习北京音，多少能指出应该注意的重点。将来普查之后，自有十分精确的芜湖音系可做准绳，那是毫无疑问的事。

现在试将芜湖市方音在声韵两方面的特征作一结算。笔者以为，这次调查，一方面要把地方音和标准音的对应关系找出来，一方面还要将它们不同之点，和古音系统相对照，再把古今音演变的关系找出来。因为京芜语音不同，不仅是南北之差，也有古今之差在里面。下面归纳得来的语音特征，是企图对二者都有所说明的。

列举的次序：先声母，后韵母。声母以中国科学院语言研究所《方言调查字表》排定的三十六母次第为准，韵母以周德清《中原音韵》十九部为序；二者之中，又都把有关特征的地方写下来：

第一，声母方面的特征

（一）泥（n）来（l）二母的字，北京音韵有区别。芜湖音齐撮入泥，开合入来，有规则地分别倒向两方面，也充分证明声韵相关的道理。

（二）凡精系（z、c、s）合口呼的字，如止摄的嘴、崔、随，臻摄的尊、村、孙，北京音都有介音u，而芜湖这些音节都失去u。

（三）精系和照系的字，前者北京音不卷舌（z、c、s），后者卷舌（zh、

ch、sh)。芜湖音都因收韵不同而自成系统：或倒向不卷舌，或二者各具不同的条件，都有规律可循。

（四）知系虽早与照系合流为zh、ch、sh，但芜湖音中猪、诛、除、厨等知系的字，都和照系的章昌船书类的字为同音字，不和庄初崇生类的字同音。

（五）照系收u的音节，原属章昌船书类的枢、舒等字，芜湖音变为j、q、x收y，与精系的趋、胥及晓系的区、吁为同音字；原属庄初崇生类的梳、数等字还收u，但又与精系的模韵字苏诉为同音字。这种情况，一方面，证明陈澧从照系字中分为两类的正确，一方面，也见出芜湖音系本有所承。

（六）日（r）喻（y）两母有互流情况：日母混喻的，如儒、乳；喻母混日的，如庸、勇。

（七）见溪晓系的字，北京音早由深腭变为浅腭，由开口变为齐齿（j、q、x)。芜湖音大致和北京音相同，只有一部分在口语中保存旧读。见溪系的细音和精系的细音——如丘与秋、九与酒，皆无区别，也就是不分尖团，和北京音相同。[①]

（八）疑母的字，一部分是傲、岸等字都保存旧读（ng—)；如凝、验等字则归并泥娘（n)；大部分如咬、雁等字则变成零声母，可是他们还保持古音的开口呼。在整个疑母字里，芜湖音往往一个字有两种读法，说明向标准音集中的容易。

第二，韵母方面的特征

（一）江阳部（ang）齐齿呼的字，如江、阳等都收ian，不收iang；开口合口的字，如冈、光等都收an，不收ang。

（二）齐微部蟹开三四等帮端各系的字，如皮、地等，其收音都不是点腭而是粘腭；是收l，不是收i。

（三）鱼模部日系的合口呼，如儒、乳等都读y，变成零声母；照系合口呼的字也收y，用jqx开头，和见溪晓收y的字为同音字。

（四）真文部和庚青部的字，北京音有收n和收ng的区别，芜湖都收n。侵寻部本为闭口韵，北京音早收n不收m，芜湖也是这样。

①也有人这样说：芜湖音本来也分尖团。但现在中年以下的人，他们的发音都已经不分尖团。

（五）寒山、监咸两部，芜湖音都收an，和北京音一样。监咸部仅有个别的字与桓欢合流。

（六）桓欢、先天两部的字音，都非常突出，一点不和寒山部相混。这三部是芜湖音系中古韵方面大量存在的地方。

（七）歌戈部的字音都收o，没有例外。

（八）车遮部照系的字，如车、遮、赊，都收er不收e；廉纤、先天两部一部分照系的字，如毡、蝉、羶等，都收er不收an。这些以卷舌韵作收的儿化音，很可能久已存在。

（九）车遮部精系和喻母的字，大部收i，极少数收ia。皆来部见系和匣母的字，小部分收ie[①]，大部分收ai。它们在北京音都收ie。

（十）车遮部群母的瘸、晓母的靴，都收yi，不收ye。

以上都就重点说，不成规律的例外现象，大抵都分别在正文中附带说到，或者在不同的对照表中用括号标出，这里不再赘列。

1957年3月17日修正稿写毕

（原载《安徽师院学报》1957年第1期）

①例如hai，它的音制是（xɛ）。

高中国文教学刍言

一

国文教法，愚于民国十一年以前客授扬州，曾与侪辈著论及之，命曰述教。去扬以后，说而不休，继之以再，文繁不杀，都约十余万言。中所商度，若自动重于讲授也，专书重于单篇也，札记重于课作也，诸暗合于时贤之所云者，颇亦不乏。然而时至今日，吾乃不敢轻言教学矣；岂惟不敢言，吾乃深觉今之学者，强半皆自信之勇过于从前，而敬教劝学，温故知新，其恳款信循之诚，每有不及曩时之处。吾尝静思：学文之事，致力于平时者有二，曰识字，曰积理；收功于临事者二，曰行文，曰演说。以吾所闻，各校师范毕业生，有写一便札不能无别字者；有授一课文，音训歧误，致外界以一推万，失其信仰者。甚有在校之日，作文札记，故事应之，春蚓秋蛇，漫不可识；其师稍致批语，乃或竟加批其后，还以诘其师者。然则前述四事中，后胜于前，独演说而已。是故以昔时之所商讨，与今日之所见闻，虽短长相覆，终病目的之难副；而夙所张皇部署，规模营度，或竟同于纸上之谈兵。故曰不敢言也。

固也，人之作事，有由嗜好，有由职业。为嗜好而为，本于中发之诚，安而行之，其势易；为职业而为，萌于利他之爱，勉而企之，其势逆。吾侪操是业者，孰敢谓分限之内，吾责已尽而不可以更加？苟或未然，则为法受恶，不得而辞焉。然而在教言教，为师亦良难矣！食俸无殊，而役心为甚；

又屈于生计之鞭，多则形劳，少则不给，此为根本问题，当别论之。即以每周为生徒点治文字言，其先意承志，细针密缕，有百苦而无一乐，生人迈往之性，摧挫以尽；正不知过去生中，以何冤牵，而食此报？使有一二慰情之事，凡所施为，举无捍格，则大苦之后，未尝不有回味之余甘。然安可易冀哉？要之，效虽不齐，此理终在。爰本年来所待商质于同人者，稍疏其略；旧之所撰，概弗征引。愿同人有以教之也!

二

请先论读文与读书。中学教授单篇范文，昔曾疑之，以为法格徒存，含义终少，益人有限。旧时为制举文者，能熟于法即可，无取博观，故以能读多篇为已足；今世为学主智，积理为亟，文章工具耳，苟能为之，无取多篇。但在初年级，单篇尚有相当之价值耳：（一）字句章篇，秩序谨严，可明文法；（二）论说叙记，规格殊异，可辨文体；（三）抑扬讽诵，印象深固，可熟文机。所取于范文者如此。若在高年级，则困难乃益甚矣。习见之篇，视同土苴，教师劳于选事，犹不必得全体之信循。益人之性情，万有不齐：高明者悦其春华，沉潜者揽其秋实。旷观文林，兼者实寡。中学高年生，以性尚之殊，思想之异，造诣之不同，分化之迹，日以显著；故一篇之授，能共欣赏者无几人焉。夫范文与专书有别：书以省览为功，文以讽读为事。今周授一篇，而读之者甚鲜，于是生徒之上课，同于帝王之御经筵，讲官既退，此课便了，日复一日，讲义山积，而于读文之初旨固无与也。重以学分因年而减，他科与年俱增，于是高年级国文，益恍兮惚兮，若亡若存，如唐之治边，但羁縻勿绝而已。

吾尝思其故，而知高中国文，受病有二因：一由选文未有标的，一由读书未能侧重。夫选文未易言也，一学年中，不过五六十篇，则篇篇必当有其所负之使命在；譬之一选举区，烟户以万，今拔其数人，则此数人者，必各有其所代表之职业在也。处今制度之下，既未可全废范文，则高中三学年中，当各立一鹄以为重心。既有重心，则教学有定趋，日力无虚縻矣：此选文有标的之说也。夫牖知析理，非书不克；诗有别才，酒有别肠，惟学则以累积为功。初中重模仿，资于范文；高中尚储峙，取于专书。当初中而倡博览，则茫然不得致力之途，在高中而犹主范文，则索然易生厌倦之思。故读书时间，当于课内次第增加；其比例宜照（民国）十九年国文学科研究会之规定，第一年为三之一，第二年国文读书各半，第三年为三之二；此读书宜侧重之说也。吾校自今岁暑间，以十余人之心力，编成国文教本若干卷。其于高中，每学年各立目标：第一年为各种文章体裁示范，第二年在代表各家作风，第三年为中国名著示例。标揭既异，抉择自不得不精，他日全书即成，效必可观。且第三年为名著举例，其于生徒读书，又有甚大之助力，盖无异读一名著提要也。惟读书当侧重一节，其义非数言所可举，请得备而论之。

三

今论读书，当区为三事：一曰当读何书；二曰如何读法；三曰如何考核。

教育部于所颁课程标准，厘学生所读之书为二，曰精读书，曰略读书，而未尝析举其目，且未尝一揭其例。故叩槃扪烛，任人揣索；鼓瑟击缶，不必同声；此亦至有趣之事也。吾校于精读书，旧曾议定数种（详萧征万先生所撰《三年来之国文教学》），而亦不尽据依。愚尝私与诸生言，以为“精读书中，《左传》《史记》《孟子》《庄子》四书，总不可少。盖《左》《史》为述事之典型，《孟》《庄》乃说理之模范；且《左》《孟》平正，可以植其根本，《史》《庄》奇矫，可以观其变化。熟此四书，基础斯立”。顷者征万先生倡编学生阅读丛书，分人担任，先出七种，每种一学期读讫，亦用集团编制之法，并附研究题，为札记之助。七种者：曰《论》《孟》，曰《左》《史》，曰《老》《庄》，曰《诗》《骚》，曰诗词，曰说部，曰诗文评。窃心许之，以为约而居要，莫善于此。此编若成，则精读之书无问题矣。

至略读书，其规定较精读书为难。校定者凡六十种，亦见《三年来之国文教学》篇中。吾前授师一甲组国文，又约之得二十五种，不尽在校定六十种之内，非能允当，示例而已。此二十五种，包孕六类：

（一）通论学术门径者——有《四库全书提要叙笺注》《经子解题》《清代

学术概论》三种。

（二）叙次文学历史者——有《五十年来之中国文学》《白话文学史》《中国小说史略》《宋元戏曲史》四种。

（三）纵论古今文学者——有《曾文正公日记》《涵芬楼文谈》《中学以上作文教学法》《中国文学研究》《给志在文艺者》《新文学概论》《文艺论ABC》七种。

（四）涵养文学趣味，或资讽咏者——有《古诗源》《杜苏诗精华》《词选》《世说新语》《陶庵梦忆》五种。

（五）启导常识，并资楷则者——有《乙丑重编饮冰室集》《胡适文选》二种。

（六）直接或间接启示文学家之修养及性格者——有《东坡志林》《袁简斋尺牍》《陶渊明》《李杜研究》四种。

右六类者，独缺小说，以不胜举也。吾以为略读书之用，即在各适其性，以济专读之缺点，理不当有所拘囿。前为一年级初从事计，约举其例，以示正则而已。

次言读法，自以自行寻究为是。故愚于规约中每命之曰："精读书由教者分周预定程限，列表宣示，学者应遵限次第阅读；其请假者，并应将所缺篇第，补读完竣。有待商度处，则互相讨论以定然否。"然就事实言，每课读书，往往不能完全自动，而以讲解责之教者。故精读时间，类与范文无甚异点。因之进程迟缓，与依限完工有限。此非必悉由学者惮于工作，苟且怀安，盖亦书本选用未善有以致之。学生工具书不备，选用之本，待问孔多，既已问不胜问，则不如安坐静听，以耳代目，转能豁然所读之内容。再就教者言，疑问纷起，答不胜答，则亦不如竟体重宣，庶几无一夫不获之憾。此虽有悖教学原理，要亦无可如何之事。将来阅读丛书编成，此弊或者可免；即不然，亦必可用轮流报告之式，以所注比坊本为详也。略读书内容较浅，且选择一任学生之自由，不读之弊，自无由生。

次言考核，则札记之法，精读书最宜采用者矣。愚于上学年中，师二师一甲皆试行之；两级之可观者，各十余卷；其余虽未精善，亦无不作者，颇堪自慰。大抵学期之始，所定精读书籍已到，则由教者按实际时间，排定程限，印发全体。学者于课后遵限札记，每月一缴。其札记方法，胪而举之，可七八种；然就中学实际言之，则可行者有二种，表之如下：

札记方法
- 命题
- 自制
  - 纲要式——每篇要旨分项节述
  - 述评式——融贯大体并抒心得

愚前于师二曾用命题之法，每次预出八题，任学者择取其二。如《孟子·梁惠王篇》之八题曰：“齐桓晋文章表解；条列孟子五对梁王之论旨；条举孟子经济主张；由孟子所得齐宣王之政象何如；孟子保民政策，试具体举出之；孟子之外交政策何如；由《梁惠王篇》所得国家社会之现象；孟子之民权思想，试条举所论各点而证明之。”一时作者，颇多精心结撰之卷；虽舍难就易，间有不免，要亦不足为病也。吾以为命题总以有选择者为宜，作文如是，札记亦宜然。至《孟子》而外，愚于《诗经》《世说新语》亦尝之行，然成绩逊于《孟子》，不备述焉。

至自制之法，易见学生组织天才；就中述评式，尤高材生之所擅手，由是再能参证群书，便可侪于著作之林。然不善为者，空言发挥，冗散不当理要，则适足使其心思浮散，亦难期于有益。故愚于札记，类取纲要式，以此为最低限度，俾学者读一篇后，综其要旨作一度之总复习。此法在读者为易制，在览者为易评，故教学两方，俱饶便利。但照此式札记，万语千言，约以数行，甚不足以侈观览而见卓异，其为缺憾，独此而已。故愚每有但书曰：“其有自行参证他书，或发挥所见者，亦得附书。”盖以此为救济云。

精读书考核方法如此。至略读书，亦每月报告一次，所报告者，仅书名及所读节目二点；能兼作该书提要，则为教者之希望，不必其皆然也。报告之法，初系印成读书调查表，命学生粘于作文簿后，四周一填，半年一易。今改用附带报告之法，即于每次精读札记之本，接写略读书之起讫或其要领，期于简便。度易奉行而已。

四

终论课后处理问题。昔时各校不读专书，课后处理，限于作文。然而敲字呕心，直言贾怨，发卷迟无以慰作者，进程缓又无以谢父兄；而且残灯永夜，劳神于之乎者也之间，文人命促，多由于此，为之者已不胜其况瘁之情——今添课专书，则考核必有待于札记，一之已甚，乃继以再。如彼孤树，乃逢双斧。真有若吾乡枚叔所云：“虽有金石之坚，犹将销铄而挺解也。”（枚乘《七发》）夫亦可畏也已——况在现行制度之下，制禄以时，任教以力，国文与他科较，处境虽劣，无术可以解免之乎？吾尝思制节之方，期收补救之益；不敢自秘，愿广诸同人，共臻遐寿——

（一）略减作文次数：凡当缴札记之周，如适与作文凑合，则不作文。

（二）限定命题范围：凡每次出题，皆不使过宽，学者既炼心思，教者亦省删治。

顾此二法，吾皆思及之而未尝行。于第一法，本校曾提案于省校国文学科会议联合会，时各校多未尝行札记，既未感课后处理之猥多，因之未尝注意讨论。在本校方面，高中两周一作，久著为令，谁皆不欲自我而坏。于第二法，吾于本学期曾出一题曰《辽事痛言》，学者不善制驭意思，颇有游骑无归，以至连篇累牍者。举一于此，他题可知。顾吾所以纵论及此者，在使今日尸教育之责者，当知高中读书，既重于范文；则札记之重要，不下于作文。苟不为教者解决课后处理之困难，虽日言精读若干，略读若干，犹为高调也。又况即使无读书与札记时，国文教师——尤推专任国文不杂他科之教师，其处理工作本繁重乎？

（原载《扬中校刊》第五十九期•教学专号，1931年12月1日）

怎样教高中国文

一

近几年来，关于中学国文的教学，的确是显然地有不少进步了！就政府说：有种种课程标准，什么选材的目标，单篇的精读，专书的精读和略读，读书笔记的制作，以及种种练习的方法，工具书的开列，乃至毕业最低程度，都一条一条地写在和公文书有同样价值的小册子的里面。就出版界说：自《国文百日通》《作文题目五千个》一类富于幽默气氛的书名，以至教育学者拉长了面孔所写出的，如《中学国文教学概要》一类头头是道的教学书。而本省教职员会，又时常有国文学科研究会等会议的召集。我敢肯定地下个断语，现在国文的教学，无疑是渐趋于有办法之途了。

薄劣而愚妄的我，在十年前曾为主张及陈述课外读书和读书札记。而私选一书，做负弩先驱的一员末将。其时与我同写这本书的有范耕研先生等人；对这本书表示赞同，而现在仍然服务省校的，也并非没有。再看教育部所规定那些法令般的课程标准，也不少有与此书相同之处。照情理说，我们可以自慰了。然而，我仍在愁，我仍在发怔，我私自揣度，以为虽有这定型化的课程标准，又有那些荼火似的《国文教学概要》一类的出版物，然而“徒法不能以自行”，究竟实施之际有无困难，这还是一个疑问。

不是我太欠乐观，可用事实来证明本来，整个的国文教学，就学生说：有关于收入的，如范文和专书的精读了，有关于支出的，如作文和精读的笔记。这是国文教学的两根柱子，缺一不行。我一向在实施和言论上，都是主张专书重于范文的，札记重于作文的。记得（民国）十九年在扬中开国文学科研究会时候，我有《高中学生应厉行札记减少作文次数案》。徐公美先生，有《扩充读书时间案》。我的提案，无庸重复的写出了。公美的提案，我差不多句句赞成，现在把它抄在下面：

> 作文的取材，在读书和阅世，其理尽人皆知；但中学生在求学时代，阅世的机会，既苦无多，因此不得不偏重读书方面。
>
> 可是据实地调查，教授范文时间，在国文学科中恒占多数。勿论教师所选范文，在思想形式上，是否足为模范。即令皆由精选，教师的嗜好，未必于学生吻合；且合于甲生者，又未必合于乙生，已有不能普遍之弊。尤其可虑者，则学生束书不读，专恃范文为取材的渊薮途径既狭，思力日以梏亡。此种教学，似有改良的必要。现在各校区于教学时间内，画出精读书籍的时间，但每周仅占一时，语其成绩，亦殊有限。鄙意今后宜尽量缩减范文，移其时间为读书之用。其法：每学期开始时，教师先就学生所纳之费，为选适宜之书籍若干种，然后第其程度，量其日力，规定彼此轮换之时间。大率每学期每人，至少须选读四种以上，并自选受诵之文十五首。其札记及默写等事，均于课内督行之，以杜抄袭及搁置不读之弊。如是施行可获三利：一，养成学生自学的习惯；二，教材与各人兴趣适合；三，学生出少资而读多书……

这样说，公美先生也是主张专书重于范文的，并且范文“宜尽量缩减”，札记要“于课内督行”。这与教育部课程标准的精神，非但不相悖，而且有更进一步的主张。

但是，这样百道并进的办法，在从前可行，在此刻却有点为难了！从前人教一级，课外时间优裕，可以给你一个从容不迫的机会，去指导读书，批阅札记；原有的范文和作文，可以并行不悖。我十年前在省立第八中学任课的时候，便是这样教法。那时候印出来的札记成绩，现在家笥里还可以检出。可是现在呢？因为生活程度的增进，使你不得不由一级而兼教两级或三级了。三级非精力过人的，决不能干，所以教两级的是常态。本来教学国文，在先天的地位就极劣。试看现在虽教两级，而提高待遇的呼声还是不绝于耳。在这样不能兼顾并且不容非议的情态之下，要想对于单篇精读、专书精读、作文练习、札记考查，这四样上合部章而下符理想的重要工作，件件都一无缺憾的担负起来，恐怕有点困难吧！或者简直是做不到！

二

这样，有了事实上的论据，我可以说：札记的实施怕是不可能的了。假如你为理想所役使，要作文和札记并行，这自然是对的。可是非减少作文次数不行。而一般人的眼光，以为作文次数，是万不可减的；甚至官厅方面的考核，也以一学期作文次数的多寡，定国文教师的殿最。所以前文所举四项重要的工作，便只能限于单篇精读、专书精读和作文练习的三种；至于谈到专书精读的考核，除去命题试验而外，要想督促学生们自动地探讨研究，做一番分条析理甚至融会参证的功夫，都不为时间所许的了。

再谈专书精读，因为现在学生读物的贫乏，连自动阅读也难做到，所以这“精”字也就难副其实。就专书自身说：凡是值得精读的，一定是整部的名著；而这整部的名著，有百分之九十几，都是文言文。内容未必怎样宏深，怎样的不可理会，可是那些故训雅词，古言古事，尽管有许、郑的注疏，钱、王的考证，卢、阮的校勘，乃至清末几位学者所加详细不过的新集注；其结果由学生自行阅读，还是一个莫名其妙。外边书局里，也曾出过不少的如“学生国学丛书”一类的读物，在理应该“待用无遗”，及至拿来用用，学生依然要求教师一字一句剖析给他们听。且不讲古经古子，其中有万万非浅见寡闻的后生或能了解。就以清代或当代的撰述而论：章学诚《文史通义》，文字可算不深，而学生所能一览便懂其八九的，只有《古文十弊》一类的不甚重要的篇目，像《诗教》《书教》……那样体大思精的议论，足以窥见著者的史学的部分，怕一句也看不下去。又如梁启超的《清代学术概论》，文字真算通俗得很了，而梁先生下笔的时候，不自觉地用了许多雅词，一页之中，也要撞到十几处。所以因为学生文言程度的浅化，阅读古书，也就成了疑问。因之各校奉行部定标准，关于自动阅书一层，究竟这个“动”字，是那方面动的？也就更成了甚大的疑问了。

我在民国二十年冬间，为《扬中校刊》撰了《高中国文教学刍言》一篇论文，对于学生专书精读，是这样的据实报告：

……然就事实言：每课读书，往往不能完全自动，而以讲解责之教者。故精读时间，类与范文无甚异点……此非必悉由学者惮于工作，苟且怀安，盖亦书本选用未善有以致之。学生工具书不备，选用之本，待问孔多，既已问不胜问，则不如安坐静听，以耳代目，转能豁然所读之内容。再就教者言：疑问纷起，答不胜答，则亦不如竟体重宣，庶几无一夫不获之憾。此虽有悖教学原理，要亦无可如何之事。

这里面所说的，可谓得其大端，如果委曲言之，还不止于此。大凡一件事情，说来十分好听的，行之也就十分困难。学生在国文课内，分一两个钟头读点专书，理由正大，效力宏深，本是一件极好的事。可是要想达到精读的目的，这里面必要的条件也就颇不简单，撮要说说，例如：

（一）选择读物，要如“为姑设馔”一样的适应学生的需要。

（二）排定进程，要如“五年计划”一样的具备整个的设计。

（三）支配分量，要适合一学期之用。

（四）附加注释，要设身处地，尽力减少了解的困难。

条件具备了，自然使得学生不感过多，也不感过少；不感过深，也不感过浅；不至太难，也不至太易。这样就非有一定的读物，像教科书一类的适应程度不可。现在既没有整个的设计，又没有良好的读物供我们采择，只要是“名著”，拿过去就用，那就无怪乎“疑问纷起”，要“竟体重宣”了。因为那些“名著”的作者，他们本没有想到现在的高中学生，要借重他们的大著做精读之用，所以浅深多寡，枘凿不投。我们既有专书精读的规定，那就得根据学生程度、时代思潮、阅读时数等，加上一番改造的工作。如其不然，教师依学生的请求，照本讲授，以免多数学生有“夹生”的流弊，这是理所当然，谁能否认呢？

三

札记和读书，在现在的情况之下不易做到理想的地步，可算有事实的证明了。那么，教学上比较可以做得来，而且靠他增进效率的，只有单篇精读和作文了。

现在先谈单篇精读。这单篇精读，是教育部课程标准所定的名词；要翻成通常的话头，就是“范文”了。范文是学生们领受知识和欣赏文艺的直接渊源。可是关系尽管大，而在高中学生看来，却是平淡的很。我在《高中国文教学刍言》里头，曾经这样的说着：

> ……若在高年级，则困难乃益甚矣。习见之篇，视同土苴，教师劳于选事，犹不必得全体之信循。……夫范文与专书有别：书以省览为功，文以讽读为事。今周授一篇，而读之者甚鲜，于是生徒之上课，同于帝王之御经筵，讲官既退，此课便了，日复一日，讲义山积，而于读文之初旨固无与也。重以学分因年而减，他科与年俱增，于是高年级国文，益恍兮惚兮，若亡若存，如唐之治边，但羁縻勿绝而已。

我于是进一步推究他的原因，断定是由于“选文未有标准的”之故。我说：

> 夫选文未易言也，一学年中，不过五六十篇，则篇篇必当有其所负之使命在；譬之一选举区，烟户以万，今拔其数人，则此数人者，必各有其所代表之职业在也。处今制度之下，既未可全废范文，则高中三学年中，当各立一鹄以为重心。既有重心，则教学有定趋，日力无虚糜矣。

不过这“标准”要怎样的定法呢？说到这里，我要有一段补充的陈述。当民国二十年夏间，我在扬州中学，曾经和十余位担任国文的同人，共同编辑《中学国文教本》十二册，让归南京书店发行。前六册是初中用的，此处可以不谈。后六册是高中三学年所用，其中每一学年，都略略的有点简单的目标：第一年，为各种文章体裁示范；第二年，在代表各家作风；第三年，为中国名著示例。这样一来，高中范文，便由散沙似的东西而形成意义化了。在第一年里，凡是重要的文体，就是未被时代所摒弃的文体，选定若干类，每类各取数式，所有古体变为今体，韵文变为散文，整齐的变为解放的，都在同类几种式样中间看出他的演变的痕迹，以求切合实际的需要。在第二年，文家虽然是很多，但是我们于“每派取其初祖，不尚繁博”。这样也就有限了。所以编方特具的风气——如永嘉四灵之类不选，或者一时壇坫甚盛，而在现代无可留意的如明时前后七子之类也不选。而排列的方法，又是由流溯源的。我们觉得这样编次，有两种好处：一则以最近为立脚点，是由已知入未知；二则先浅后深，也极合于学生程度。推溯的最高点，到汉朝为止。因为再上便要取材经、子两类，这样便入于第三年名著示例的范围了。所谓名著示例，是选定要籍三十种，每种选出篇数不等，大约至多三篇，至少一篇，分配在本书第五册和第六册里。经部，从《毛诗》到《礼记》；史部，从《四史》到《文史通义》；子部，从《荀子》到《颜氏家训》；集部，从《楚辞》到《元曲选》。这样有秩序的选授，不啻做一部《名著提要》给他们读，不但文章都是篇篇可诵，就从学术的立场上说，也有门径可寻了。这便是我们十余人编辑国文教本的一点“作意”。我们为便利计，就把新编的教本叫“南京本”。

现在呢？“南京本”是快要出全了。教育部最近公布高级中学课程标准。里面的国文部分，约略是这样的规定——第一学年，以文章体裁为主，注重特征及作法；第二学年，以文学源流为主，注重派别及流变；第三学年，以学术思想为主，注重时代背景及影响。嚇！这不是又与我们的主张“若合符节”了吗？

四

话虽这样说着，可是从我们原编的人看来，这部书还距离理想的教本甚远。我以为理想的教本，除去上面的优点要尽量保存外，至少有四样值得改进：

第一，要落低范文的深度。“南京本”高中部分，第一年便有《文选序》

《说文解字序》之类，现在看来，实在有点太成人化了。第二年以时代为顺序，由浅入深，其中虽有几篇硬性文字，但间隔的软性文字，如诗歌、词、曲、小说一类也还不少。第三年以书为纲，看来已觉板重，而且《史》《汉》之类，篇幅又长，假使其中没有调节，一定会觉得枯燥。所以再编国文教本的时候，第一年要大大的落低，第二、三年，也要注意教材性质的调节。

第二，要扩大附篇的用处。“南京本”除正课而外，每一个集团之后，往往选出若干篇和本集团相关的文字，以便自习，叫做“附篇”。这附篇是帮助学生充量地明白课文的价值和他的特征及时代性等等。如果选择精善，可抵上一部挺好的略读书。不过“南京本”的附篇，离精善的程度还早哩。理想的教本，他的附篇，应该巧妙地而且自然地与课文取得联络和补充。南京本每一集团，并不皆有附篇；理想的教本，每一集团至少有一篇附篇。教者并且要把附篇责令学生自行阅读，分别用笔或口头报告内容。

第三，要增加平点和插图。平点的用处，可以启发学生领会的能力，增加学生欣赏的程度，使一篇平滑的书面，一字字从纸上凸聚起来。所谓平，就是采取名大家精当的评语，写在后面，肤泛和玄妙的不要；所谓点，就是在文章的精彩地方，加点或加圈。大概欣赏文字，不出两类：一是紧要话头，一是体面话头（所谓佳句）。我以为紧要话头宜用排点，而体面话头可用排圈。至于插图，除作家的画像或手迹可以插入外，最要紧的是地图，如《通鉴·赤壁之战》，如《来南录》，如《庐山游记》……都非图不明的。

第四，要增加考证。这一项是我近来觉到坊间图文教本里面，注释多半不大注意，好像对于这点不甚负责似的。有现成的注子，扳过来就钞；吃紧的地方，如果人家没有注好，他一个字也没有。这“南京本”自然也不免有疏漏的所在。我以为选编教本，虽不配称为著作，但其中也有所谓章句之学，训诂之学，及考证之学。标点符号和平点，就是章句之学。单字的音义，就是训诂之学。章句的重要，前文已说过了。训诂是人所共知，不须详说。惟有考证群书，使得所讲课文的事实方面，周详委备，涣然冰释，而无丝毫的遗憾留在里头。这一层在当代教本中，除王伯祥君为开明书店所编的参考书，略有这点意味而外，还没见过第二部书。我以为搜罗事实，注明来历，一来在了解方面得绝大的辅助，二来暗示学生以考证的精神，这实在是一种绝对有益的工作。

以上四项里头，我近来尤其注重考证。读柳宗元《驳复雠议》，如果参考《新唐书·张琇传》，事实就格外明白；读张溥《五人墓碑记》，如果参考《明史·周顺昌传》，和《痛史》里头所收的种种笔记，以及《碧血录》一类的书，蓼州之冤就明白到十二分，不但《五人传》一类的记载，可以做直接参考的资料而已。由此类推，乃至苏东坡《前赤壁赋》"客有吹洞箫者"吹箫的是何人？范文正《岳阳楼记》，为什么那样针砭张梦得？方苞《左忠毅公逸事》"宗老涂山"，涂山究竟是什么人？如果教本里能有详细的考证，讲起来岂不格外亲切？听起来岂不格外有趣？虽然是读一篇而所收的不只一篇之用，岂不是比较单就空文做种种形式上的推敲更为有益？

上来所讲的三种目标，四样改进，就是我对理想中的高中国文教本所认为必不可少的基本条件。我很为学生们盼望这样的教本早点出世！我以为现在新出版物，往往不甚合用，他的毛病就在急遽苟且——自然我们从前所编的也不是例外——如果能有几位好学深思的人，费点功夫，用点力量，去仔细地参考编纂，不会没有好教本可用的。又如果有两种以上优良的教本，不妨量其教材深浅程度，分甲乙丙等种，并行于世，任人采用。

五

末了，我要谈到学生作文。高中的学生，在旧标准里面的毕业最低限度，以能做通畅的白话文而了解文言文为止。这样所要求于学生的还不甚奢。新标准未定毕业最低限度，而在目标里面，有能作浅近通畅的文言的规定——大意如此，原文待查——像这样，文言的练习，就万不可忽视了。

我以为高中作文，先求稳妥，既稳即当求其能长。有一做即长而却不甚稳，这样无妨；有非常稳适，而却不能长，这实在深可注意！所以长而不稳，仅算小疵；稳而不长，斯为大病。

其次，学生作文，无论誊写和造句，实在有点不如前几班的那样不苟了。誊写的字体，大都不免潦草；别字错出，更寻常之事。造句呢！不但是文言文不甚修辞；便是白话文，也漫无检点地拖拖沓沓写在纸上。往往造出空前的长句子，甚至两三行才把一句写完，细按之，还不过是那么一点意思。我觉得这两样是学生极易矫正的弊病，而犯者却最多，所以也不得不特别提出。

此外，我对于作文想说的话，在前数年所写的《师范国文述教》当中已详细地说过了。总之中学作文，不外应注意两件问题：（一）文词工拙问题；（二）识见高下问题。对第一项可用修饰、补充、减缩三种方法，在可能范围内替学生斧削。还有遇着同一事项，有两篇以上的记载时候，可以教学生自行比较《史通》之《烦省》《点烦》两篇。举例极多，用不着说的了。此外的例子，也尽不少。即如常读的《左忠毅公逸事》，末般有“每寒夜起立，振衣裳，甲上冰霜迸落，锵然有声”几句精彩的句子，任何人读过，都知欣赏。我们再拿《甲申朝事小记》当中《桐城事记》一篇，记这样事实，却写了三十八个字，而且冗拙非常。这样一比较，桐城文章的修洁，得了有力的证明了。对第二项，除却指导学生读书而外，别无他途，此处也就不再陈说了。

最后，我做这篇论文，实在不能与题目适合；因为凡是从前说过，我不愿重复地说出，这样便挂一漏万了。这篇的宗旨，就为鉴于目前状况之下的国文教师，要想挑起课程标准上所认为教师应做的范围内的重担子。一来是时间所不许，二来也缺乏适当的读物，在种种障碍未曾解除以前，教师可做的工作，不过如此。这样总比“虚应故事，貌似神非”的要切实得多了。

民国二二年一月二二日草于扬州中学南楼

后 记

右为去年一月呵冻所书，顷承《江苏教育》编者约为撰文，爰索还改定数处，以尽商榷之雅。一年以来，教厅颁《进度表》，松中诸先生依之以撰《当代国文》，本省各校翕然共循，文中所称之“南京本”已为陈迹。今后国文教师之责，即在本实验所得，将此书——当代本——及于学者之甘苦、利钝罗缕陈述，使官定教材益臻精善。作循者用力始，所得有限，故文中不以及也。又作者之愚，窃读厅颁《国文进度表》，似不如照《英文进度表》，但定每学期之纲要如体裁之类。至于遵此纲要以编教本，则任诸公众如是，则可得两三种精善相若而浅深微异之书。在官厅审定之下，并行于世，庶几采用者益与教师兴趣及学者程度相符，而免扞格之弊。附书于此，以俟论正

（民国）二十三年五月一日，张须识

（原载《江苏教育》1935 年第 5–6 期）

高中三年级国文教材补充问题

一

部颁《高级中学国文课程标准》第三项《教材大纲》，于选文精读各年皆分别规定。其第三年文言文，规定以学术思想为纲，而授以代表作品。又于第四项《实施方法概要》中，规定第三学年对于学术思想文之讲授，应注意其时代背景及影响。公布以来，坊间或教育机构编定教本，皆遵照标准，以选教材。其间最详备者，原原本本，俨如一部《国学概要》。查现行制度，选科既废，已无此项学程。今以此代之，学生读完之后，足以理解圣哲思想之一斑，于学识未始无补。然材料过趋实在，学生皆在青年，理智不若感情之丰富，学习心理，殊病扞格，故继续讲授，不免如魏文侯之“听古乐而思卧”。于是实施方面，发生困难，因有困难，遂生种种不同之主张。此等主张，刊物上虽少论及，而与同道相语，则献疑颇多。今愿以此问题，供诸研讨，而进求其补苴之方法。

夫就教育部规定之意言之，三年级授学术文字，有未可攻难者。此非主张国故之论，欲中学生如何如何。吾请但就高三之实际需要言之。学生在校学文言文，高一高二，皆取易于诵法者，其示范之点，多不在知识而在文字。换言之，即外形之摹仿较多，而内容之充实犹欠。故每次作文，优于记叙描摹，而拙于研究讨论。现在各校作文，类取多题制，学生虽甚优者，不敢作论说，其故可知也。然是时学生，年齿既长，理解力日富，其需要知识之欲望，亦与日俱增。单篇小文，实无以启其灵明。故高三在理论上之标准，其教材亦宜多加论说，俾得稍树其学识之基石，兼以悟得思想之条理与发表之方式。此在教育观点上言，乃属当然之事。今教育部规定以学术思想为纲，虽未明言为中国之学术思想，而本科既为国文，则自以本国圣哲思想为当然之注脚。应时选授，以浚其神智，以增其能力，谁曰不宜？吾前为扬中普三撰文，曾有一段示三年级当注意之点，亦足与此论相发，兹附录之：

> 案教育部所定中学《课程标准》，普三国文，应授学术思想之文字……取譬于物，则此前两年之所讨究讽诵，皆属文章家言，所谓春悦其华也。今兹所授，则为学问家言，所谓秋登其实也。学生在校，年齿既增，渐历人事，执简缀文，自贵言之有物。若纯任天事，不务博观，则但能清浅而不能宏深，能空灵而不能实在，虚车之喻，良可深思……神州立国，千圣相继。其学术思想，布在方策……人之德慧术智，无所启则郁而不通。及夫参稽往说，渟畜者深，则足以具众理而应万事。孟子曰："舜之居深山之中，与木石居，与鹿豕游，其所以异于深山之人者几？希及其闻一善言，见一善行，若决江河，沛然莫之能御也。"（《孟子·尽心上》）是知浅见寡闻，虽大圣不能自殊于庸众，故曰"不学无术"。作文又其小焉者耳！

凡此皆可谓部颁标准之拥护论也。然任教此级者，其议论乃不尽如是，兹请略举其说。盖学习效率，系于兴味。儒先学说，能益人而不能感人。今整年皆讲国故，教者既日钻故纸，同于说经；学者亦如行沙漠，不得甘井。趣味日以萧索，苦痛因以滋多。其最大原因，即青年头脑，尚不耐为幽深枯燥之学。故谈具体之故实，则莫不愿闻；演抽象之名理，则人皆思睡。学生如此，教师自更苦痛，此一说也。高三国文，虽取古今学术思想以为教材，而其势不能如真授"国学概要"之该备。徒取其便于讲授者，杂取若干。语思想，万不足代表各家之全；而在国文教材中，则又似专门化。顾此失彼，牵制极多；挂一漏万，亦复奚为？此又一说也。学术文字，宜课堂讲授，不宜课后讽读。学生在高三时期，为文未必不需摹仿。今去平易之作，而令其日与高文典册为缘，其中一部分学生，必感相悬过远，而生躐等之叹。于是上课形成官样文章，教学两方俨如两橛，不能桴鼓相应。此又一说也。第一种可谓之兴味论，第二种可谓之本体论，第三种可谓之程度论。吾与同道中人语及，其有意见者，殆不外此三种意见。而此三种者，亦皆有其实际之论据。于是推行《标准》之际，乃发生绝大之暗礁。此真注意教育上实际问题者所宜共同研究者也。

二

欲研究前章所列诸说之有价值与否，当先除去极少数教师感情用事之议论。盖教师授一般普通文字，其经验既富，且曾经讲授之熟篇亦多，得心应手，真可行所无事。今在三年级忽改讲学术文字，虽非困难，不无烦重，则不满于此种办法，理亦宜然。且人亦有能有不能，故愈长于此者，愈绌于彼。而今之国文一科，为教师者几需万能，以一持万，其何能淑？夫既非其所长，则不满于此种办法，更当然之事矣。要之此等可暂置勿论。其三种意见之中，吾谓本体论最少价值，兴味论与程度论必须留意。

在本体论者，诮国文教材中兼选学术文字，似专门而非专门，不无顾此失彼，挂一漏万之失。斯说也，似是而非之言也。夫中学国文本非哲学讲座，或学术史讲座，何取乎全？何伤乎不专门？今但着眼于国学本体，而不着眼于科目性质，则开一高三篇目，必须《六经》无缺，九流俱有，乃至晋、唐内典，宋、明语录，无一不备。试问以如许材料，在国文课中如何消得？从前文家，好张门面，动谓“文必宗经”；革命前某大书店出版《国文教科书》，犹以《易·乾·文言》《书·无逸》入选。以今观之，所谓摆架子而已。教书乃实际工作，岂摆架子之事？至若谈空说有，谈心论性，苟无自得之言，更非照本宣扬所能理会。以此等材料编入教本，直成魔道，虽全何益哉？故余前为《高中国文》撰《说明》云：“中国圣哲思想，大含细入，布在经、子及《学案》诸书。兹所选录，不过欲学生于学文之顷，稍窥户牖，与专究哲学之钩深致远者不同。故经籍不录《易经》，诸子不录《老子》。他如隋、唐佛典，宋、明语录，诸有待于深究，故亦不复麻列。”此物此志也。尝谓教育部《课程标准》，于高中第三年有此规定，不知累多少教本编辑者走不通之路，坊间所出新课本，于第三年皆费不少工夫，自目录观之，色色俱备，一施实用，便生扞格。盖编辑之际，只顾就教部原题为之对策；对策愈饱满自愈佳，而忘却实施者乃教师与中学生也。或曰："从前以童年而尽读《五经》，乃寻常事；今在中学，藉国文以树其根本，似无不可。"曰：从前则可，今则事实有不能矣。且从前以经书为文之根本，今一般文字，尚平易不尚典重，则不必强学生以必习。若云教训，则又道德上事，不尽关于国文矣。

至兴味论、程度论，其立说之根据有足重视者，请得而分论之。盖中学生之听受功课，愈具体者愈乐闻，愈抽象者愈厌听。而同一抽象之文，又喜其醒快者，而厌其沉闷者与纠缠者。今有四篇于此：其一《晋书·阮籍传》，其一《孟子》之《齐桓》《晋文》章，其一《论衡自叙》，其一《韩非子·难势》。学生于一学期次第听讲，他日比较其兴味，则《阮籍传》最能得学生欢迎；《孟子》虽说理之文，然甚醒快，亦耐听；至《论衡》则厌其沉闷，《难势》则病其纠缠，不为学生之所喜矣。盖理论幽玄，往往愈讲愈不得明瞭。教师而更不善提挈，则上课更堕苦趣。吾生平讲书，不欲一味注重兴趣，使学者渐丧其沉着静细之精神。然学生年力，则极所注意。中学生读学术思想之文，犹成人之读内典。成人读内典，能了解者千不一二。则知中学生读学术思想之文，其不生兴味乃当然之事矣。

程度论者之所云，在事实上更宜顾及。盖学生在初中时，全作白话；高中始稍习文言。而高一高二两年之中，仅能将记事文或说明文弄得明白。至论说文，尚有待于高三一年之讲究。且此项论说文，为会考与升学考试必需，不仅在文体方面见其重要。故高三一年中，必不能抛弃模范文字。今学术文全重知识之灌输，是以通才视高三学生。殊不知高三时代，尚有大多数之学生需要诵习与摹仿也。其需要如是，则自觉日讲学术文为不亲切。其结果，所知者日多，所能者如故，是皆待学生太高之过。此义与兴味说亦至有关系。兴味固攸关年龄，然若文事已优，则听讲当易明瞭。今文言在已通未通之间，理论文字且不能做，则程度悬绝，兴味何由而生哉？且学术文皆汗漫，罕可诵读。故学生除听讲，及预备月考工作外，与课本邈不相亲，又必然之事也。

三

今欲救济高三专讲学术文之缺点，最好由教育部将高中《课程标准》为部分的修正。不佞以为此标准中“文言文……以学术思想为纲，而授以代表作品”数语，尚能修正为：第三年文言文，以古今学术思想为纲，而授以代表作品，尤多授近代论说，足以增益学识浚发思想者。其文字及内容之深度，并应顾及学生之理解能力。

私谓实际困难可减去不少。现在教育部虽未修正，以本省言，教厅第二次编订之《进度表》，已稍顾及此种困难，所选材料，已觉轻松易读。但此项困难，未能全部解决。不佞平昔主张，一方面认定中学生年级渐高，学术思想断不可不加输灌；他方面则兴味论者与程度论者之言，亦皆事实上不容忽视之点。故愿向初三及高一高二教师建议，凡学生专做白话，于文言全不练习者，宜个别令其兼做文言，庶几至高中三年级时，了解力与发展力，皆视目前高三学生为高。同时高三国文，必当有补充之举，又无疑也。

高三补充读本，以浅近之议论文为主固已，然究当选何等人文字？将任学生之自择读本耶？是不可也。坊间绝少适用之补充读本，尤少专为高三而设之补充读本。坊间所有，惟《广注古文观止》,《（言文对照）东莱博议》之类。此等书籍，学生苟无指导，极好购读。然其流弊实非常巨大。盖《古文观止》，专为学八股者而设，以整饬浏亮华采为正鹄，而无沉着痛快之发挥。外形虽便诵法，而空廓庸熟，终身受病。其中仅有五分之一，读之无害。然此等铮铮之选，课本中亦略见之矣。至吕祖谦之《左氏博议》，专为畅生徒笔势而作，其内容亦较有意思。然宋儒好以苛理缚人。此点即不宜于论古。而吕氏此篇，强半虚拟，借事明道之作最多。此种忽视主题之论说，足以浮滑学生之思力；一题入手，但逞高论，而是否针对本题，则不顾也。故读《博议》者，其用笔虽甚健举而著论则不能明切，徒为无关本文之大言而已。大凡有故而作者，其见地深切，其论事皆设身处地，而得其当然之故。若专为童子习作而制之《课徒稿》，则所重在笔而不在义，当时虽应试所必需，过数百年，其中见地多半空泛陈腐，其文即不适用矣。故若以选择之事委之学生，则其流弊有不可胜言者。

其次，将仍本一二年级所授之文言而继续进程耶？是亦有待商度者。盖一二年级所选者，皆文字雅洁篇幅简短法度谨严之古文辞。此等文章，如小小庭园，泉石毕具，凡所修整，皆须技巧。以观美言，使人欣赏而留连；以实用言，犹不若三间茅屋工程之易，包容之众。盖格调文字，本非可资适用。课堂讲授，取其耐讲，生徒听受，取其便读。以规模体制，短而易得也。若夫高三课外补充，则标准又稍不同。高三国文，如仍从事于格调文，则将望其为小古文家，其行文但讲义法，非为发表。如是指导，将生不能发表之流弊。方今时事日亟，有用青年，岂宜令其闭户学文？就一二年级继续进程，亦不可也。

窃谓高三补充之教材，当求其文体之解放，以适合今日之所需。此项补充，当以近人文字为主。近人中又当以梁启超一派之文字为中心。启超少年之文，专尚铺排，不甚宜学。中年之后，文字最佳，而坊间习见者，但有壬寅癸卯之《饮冰室稿》，可见世间无真知梁氏者。梁氏之文既成一派，近年与梁氏相近者，如王国维、吴芳吉、陈茹玄、吕思勉、缪凤林、胡政之诸君，亦皆义精词畅，足范来学。顷正与同人搜集诸家之文言，精选一集，为高三补充之用。此等文章，皆有下列三点之长：（一）浅近；（二）流利；（三）有内容。

此三端者，实为国难期中高中毕业生作文所当具之条件。凡前人讲求古雅、峭拔、含蓄、烹炼……种种表面之技巧，而条理不能明白，意思不能充畅，今皆视为古董，青年虽知欣赏，而决不以此为范畴。至于补充读本指导时间，则高中每周本有阅读指导一小时，每周发教材一二篇，以一小时供指点之用，其事足敷。盖文字不深，无需讲授也。

（原载《江苏教育》1935年第10期）

中等教科西洋史述教

一

著者曰：我自有生，未尝一窥东西教育之成书，而偶然厕于教授之末，诚哉其甚妄！特是我于年来此项生活之所经历，加以观察，思夫中等学校之教科，其能必学者之重视而成功最易见者，莫若数学、英文，其次国文，亦尚差能保其本有之尊信。历史一科，则教者嚬蹙而道之，学者亦嚬蹙而道之，盖太史公所谓“博而寡要，劳而少功”（《史记·太史公自序》）者，斯科之确赞也。

虽然，其嚬蹙也，又岂无故而然哉？语其原因，难以条举矣，其最要者盖有二端：

第一，本体：历史之见轻学者，其病固当求之自身。以我观之，教本之不善，乃症结之所在也。夫以如烟如海之史事，汰繁存要，辑为一书，原非易事——然又何尝不可能者！今之教科书，则往往不然。其于教材也，一例求详，举一时代之典章文物兴亡隆替，洪纤毕陈，而学者之能否毕受不问也。夫在编者之意，未尝不谓此皆荦荦大端，载笔为书，情难割爱；然事事皆认为重要，即事事俱相消而为不重要，而扼要之部分转隐。尤剧之弊，学生虽读终一卷之书，而一时代之精神不能述于口，其上下关键处，更不能指为何事。果若是，学校亦何贵有历史也。夫一科之讲授，固赖学者有天赋之能力，亦恃教材有相当之兴味。今之教科书，百事俱有，而事事不详，殆犹簿记；教者照本宣扬，学者亦安得而不掩卷欲睡？不当详者无论矣；其当详者，教者亦限于时间，忽忽读过，曾不能对此教材，稍加研讨。即如讲希腊文化，自然以现世主义为此时代思潮之出发点；至于文学建筑诸端，则惟当举其特征，数言了之；非不重之也，例证难举，领会不易，故其势不得不有详略也。然如今之教本，于此时代文化，则附于兴亡史之末，而别以专节详之，列举名大家，都凡数十人，解释乡贯履历，已须费若干时，遑论此中之要点乎哉？以是原因，学者不得不上课其名，敷衍其实；考试其名，要求范围其实；及格其名，一无所知其实。非学者之惰也，乃其教本如是，不得不然也。又其甚者，主校者矜慕虚称，于西洋史采用原本，其中材料，大都随著者国籍而有所偏详，不适我国教科之用；又全书浩侈，累年不能毕其业，记忆绝艰，而效益实鲜；其西文程度甚稚者，译解已费多时，则研究史事更无机会。与其号是科为西洋史，无宁称曰外国语为确合也。

且采用坊间教本——无论为原本与否——非特学者为无益也，而教者亦有甚难者。教者亦人耳，非能于俗之所谓“三教九流，古今中外，靡不通晓”也。既不能一一通晓，则势必不能不出于参考；参考而得，其所言必不能洞中理要而无滞，无可疑也。夫如是亦奚必一一求详者？即让一步，教者于所谓“三教九流，古今中外，靡不通晓”；然徒夸渊博，亦非学者所能领受；即尽能领受，而知识皆断烂之余，不能成系统的观念，亦何益者？是故欲免此弊，非打破事事求备之教科书，而别编侧重要点之讲义不为功。

第二事实：历史之见轻学者，又有事实上原因焉：一曰升学无关，二曰出校可教。前者为中学生普通心理，后者为师范生普通心理。盖升学大学专门，需试验历史者绝少；“常识测试”，晚近稍稍行之，而尤未普及于各校。故中学之设是科也，多有以此为点缀品者，相轻之空气弥漫乎校中，教者虽以希罗多德（Herodotus）辈当之，亦难课功，徒增生徒之讥哂而已。见轻之故，教者固亦少分其责，而要之无关升学，实为主因。其在师范，虽或可致力，然教本固国文也，无难解之字句，学者听讲固善，不听亦不必即不能教人。其同辈相谓每曰：“前届某甲某乙，渠在校未尝治史也，而今任历史教员于高等小学矣；非惟胜任，且人望咸归之也。”此种心理，渐成通性，于是历史一科，乃成缀旒，教者学者，两受其病，究其病，究其病根，皆在置重将来之实利，而忽视当前之常识；而教本又从而促其如此，则“劳而少功”亦复奚怪？“黄金虚牝”之语，犹未足以喻学校设立此科之损失也。

若此二者，其果无救济之良法乎？著者担任是科，就前此心潮之变化，而对是科略存数种见解，今虽成过去，无妨剖述以志吾过。（一）一般眼光既以此为点缀品，虽有愿力，无从逆挽，且亦太痴；（二）我竭力讲授尽职焉耳，彼之注意与否，非与我事，诚不必妄思更张。不知尔俸尔禄，出于省民之脂膏，如谓无法救济，则先不当贸然就职。既从事焉，而又虚与委蛇，不能彻底以事改造，此大不可也。彼学生者，以是科为不足轻重，乃限于程度，感于通说，不足责也。若为教师者，对于己所担任之教科，而亦自侪于不足轻重之列，始则学生以其便于敷衍而欢迎之，继乃玩视之，终则岸然不听而弃掷之矣。于斯时也，教师之上课，有如机械，自发其音而自听之；学生则百科杂陈，小说横几，耳语目笑；其究也，虽求机械之从容发音而不可得，于是始悔前此之敷衍过甚不亦晚乎？此皆强半经验之谈，非故为臆说以诋人也。

然则当如何而可哉？曰：凡百事业，皆当慎始，我意教学历史之初，当先示历史之要义以定其趋，次则订立讲习之规约以俾其循。著者之担任西洋史也，自以植根太浅，惧不克荷其职，故开课之始，即编《自序》以明旨趣，使学者咸知鹄的之所在，而各俛焉以尽其力，故一时学者颇呈朝气。《自序》中文字繁赘，兹节举其数段：

> 编者曰：予自燥发，乃及今兹：足之所践，不能越乎乡国；目之所窥，不能出乎仓沮。今奋笔伸纸，高语六合之中瀛海以外，坐耗糈廪，作祸楮墨，不其妄欤！虽然百二十国之宝书，予则未遑涉览；而历史界说，固尝闻诸魁伦之绪论矣。以予所闻，历史之为学，有要义三，由广趋狭，以成今日教科之历史。语其大凡，则事实，一也；人类社会之事实，二也；人类社会进化之事实，三也……
>
> 由是观之：所谓历史者，非为蠉飞蠕动之属作异物志也，非为隆准日角之流制传家谱也。夫民至相群而成国，则国之安危隆替消长，必与其种姓之衰旺荣辱，有不可解脱之关系矣。是故苟有关系，吾述之且致

详焉；其无关系，则彼之为之者，虽自以为轰轰烈烈，其能占吾斯编位置之尺寸哉？又在人无关系，而在我宜视为有关系者，吾亦大书特书，以耸吾国民之视听焉。斯固历史之公义也。

若此者，诚不必即为确论，而学者研究之动机，已殊有勃发之象；于是著者乃仿法家言，订立《讲习规约》若干条，示教学之程序。著者之教学方法前后数变，故《规约》亦随之而不同。最后担任省立第六师范第十届一年级西洋史，其《规约》之所定者如左：

江苏省立第六师范学校第十届本科一年级历史讲习规约

第一条：本约包括本级西洋史全部教学事项。

第二条：本科教材，分左列二种：

甲、世界重要思想及兵争；

乙、国际近事。

第三条：前条甲种教材，首由教者演述某项史实，每次依教室席次指定人人轮流笔录；教者核其详略，参互订正，题名付印，即作为本科讲义，散发全体，令各自复习，并讨论之。

第四条：乙种教材，系专就最近要闻择尤讲演，由教者自编讲义，于每次讲毕时散发研究。

第五条：乙种教材，于第一、第四、第八、第十、第十四、第十八各周讲演之。

第六条：临时试验，依学校另表所定时间举行；其试验内容，以甲种教材限，并以讲义所列诸习题为试验标准。

第七条：本约自宣布日实行。

《规约》之初布也，见者每致疑焉，以为此特花样翻新，其实固无关宏旨。顾著者之意，则别有在。盖轻视历史，此自学者末流之失；为教师者，苟无自重之态度，而事事以得过且过为怀，岂惟学者无由尊信，后患将不堪置想。譬之一国疲敝之余，非有峻法，无以震动齐民之耳目；诸葛公之治蜀，王景略之相秦，胥此志也。故《规约》宣布之后，学者不能作额外之要求，教者亦不敢为任情之逸豫焉；此其为效有必然者。

二

请更语教材。教材之宜精选，此义人人知之，而其原理则详之者少。著者在六师所已授者，率为初级中学同等程度，其已得之原理则有三焉：即简单的，兴味的，衔贯的，是也。夫古今之事，孰非重要，以简单为标倡，诚哉其甚陋浅。特是师范前期——或初中——年光有限，苟以详尽为事，每项必穷其枝叶，则时间虚縻，害一；学生不知何项为重要，一味强记，转遗要点，害二。简单为教，苟标准不误，连贯有法，则一卷授毕，而不啻全史在胸矣。兴味一语，今之君子犹或非也，谓兴味由研究而生，而不当以兴味为教。吾意不然。盖以研究而生兴味，至少当有二种情形：一曰天性相近；一曰所入者深。中等学校之教历史，义取常识，则天性未必皆近；时间有限，则所入未能即深。于此时也，苟无引人入胜之方，而欲使其欣悦领受，以求合乎预期之轨辙，不可能也。至于教材自身，其前后尤有衔贯关系。撷其精彩之点，而遗其前后衔贯之情，则每一节目，劈空掉下，莫识其端，变迁之迹不可知，而乃同于小说平话。虽娓娓可听，何足取哉！

原理既明，请更述教材之区分，及其编次之法：

（一）教材之区分：教材有二种：曰甲种教材，曰乙种教材。前者上节所述之要义，自远而近，择要讲述，成例也；后者则专采国际近事，每学期以五六次为率，创例也。前者之要目，选定于学年之初；后者有活动性质，当于临讲前数日求之，故教者颇形劬苦，然有不可不授者存。盖历史之用，知今不让于知古。近今事实，虽不患无报章可以阅读，然片絮零绘，不成系统，即使注意，亦涉茫昧。又况四方多故，大陆诸邦，衣裳兵车之会，时有所闻。若循先古后今之例，必至一部将终，始闻梗概；而尔时教材充塞，往往书不尽言，言不尽意；且过时乃授，又深难餍乎学者周知四国之心。故乙种教材，有不得不于平时插授者此也。

至乙种教材之内容，大率以二事为标：其一最近；其二最要。而每次择讲一种问题，若不稍为追叙，则无以竟端委，故开讲之始，恒有补笔。又事绪万端，所历则久暂不一，故或一篇而孕有多项，或一项逐次赓授，举无定则；前途“衔贯”之原理，亦不尽拘墟，而要之以事情为准。著者前此授之乙种教材，若《近东风云》，若《洛桑和会》，若《鲁尔事件》，若《苏维埃》……往往一事项而连授两次或三次焉。

（二）教材之编次：此专就甲种教材言之也。著者对于历史教本，反对蝉联的，而赞成其单立的，以为无论何项问题或事实，总以自为起讫为佳。明知史局万变，互相倚伏，无有已时；譬如流水，其势不能抽刀而断。然于最短时间，授蕃变之史，洲分国别，其类已繁；使无分擘明晰之片段，则读者必至如入阿房建章，万户千门，莫知所届，虽复甚详，其又奚益？昔袁机仲倡《纪事本末》体，而识者许入良史之班，岂有他哉？便读者耳。吾谓授西洋史而用自为起讫之法，其益有三：(1) 标揭大端，概念易得；(2) 详所当详，冗事可剪；(3) 每单元终了，即授新教材，能唤起其精神上之注意。但此与乙种教材异：乙种为活动的，临时择可授者授之；此则选事精粗，关系甚大，故学年开始，即必慎选而配置焉。兹将最近授讫之第十届本科一年级甲种教材，列而出之，以见编次之旨，兼求是于大方之家。著者欲以兴味为教，故每次标目，主乎隽新；第阅者或未尽喻，用旁注其内容焉。目次如左：

一、世界谷仓（埃及 美索不达米亚附）

二、城市国（希腊）

三、三个学者（苏格拉底师弟）

四、空前大帝国（罗马）

五、钱崇（三雄政治 奥古士都）

六、救世主（耶稣基督）

七、森林中之天骄（日耳曼）

八、霸王传教（天方）

九、十字军

十、浮槎客（航海发见）

十一、新人及新教（但底 马丁路德）

十二、帝王劫（大宪章 无血革命）

十三、自由钟与断头台（美国独立 法国革命）

十四、欧北二豪（大彼得 腓特烈威廉）

十五、十九周之新产儿（门罗主义 新希腊 新罗马［意大利］）

十六、铁血宰相上（普奥之战 普法之战）

十七、铁血宰相下（柏林条约 三国同盟 三国协议）

十八、大复仇（世界大战）

十九、新五霸（巴黎和会）

二十、天下太平（国际联盟）

二十一、五五三（太平洋会议）

二十二、和平梦（世界近局）

右目凡二十二项，其次数所以疏者有故：第一，教材除甲种而外，尚有乙种，年可十次，不在所举之列；第二，此学生第一学期，因校中举行十周纪念，停授多时，原订项目不能授毕，故每有变通合并之事也。

三

至于教学定序，则著者所最不赞成者，先发讲义也。采购课本之弊，第一节已述其凡，兹可无述。即编授讲义，著者亦不主先发。往者承乏八中，尝试编讲义，随堂散发，知文字为学者所共解，虑无以必其注意，乃故以严净之笔，为简括之文，而授时则随文引申，凡讲义所未详者，于授时详焉。此在尔时，未尝非维持教师秩序之一道；顾由今思之，实乃大误。故著者于《讲义自序》中校正之曰："……盖坊本纂自他人，自我观之，未必中度，发挥引申，原不可少。讲义则书史罗列，任我爬搜，欲详欲略，杼轴在腕；苟以厘少为善，则何必引申？欲颠末具备，则奚事严净？是之为教，乃类盾矛。且引申发挥，必赖笔录；而讲义接于目，补充入于耳，视听互用，瞀乱以生，讹脱必多，时间可惜，他日对卷，又往往不能毕解……"此皆体验真切之谈也。

不先发讲义，然则究当如何施教？是当分三节目为之：一曰演述，二曰讨论，三曰试验：

第一，演述：每一单元之始，教者先就已所准备之底本，从事宣讲于听众。斯时学生除一笔一簿外，外国地图，亦得取置其旁，余无他物。教师发言：于外表宜朗澈其音，舒缓其度，郑重其容；于内容尤贵庄述而杂以微谐之材料。盖音不朗澈，无以贯注全班；度不舒缓，无以便利录者；容不郑重，无以博听众之凭信。又史之为科，易涉干燥，故于其中谐闻逸话，不可不兼取以润色之。例如埃及拜物，乃有神牛；鸠曼土风，或传火判；科伦布之初发，饯者殆如送丧；诺曼底之始封，吻者肥而仆地；大彼得奋剪于都市；迦太基截发于围城……撫而述之，何伤于史？况注意加强，则记忆必固，且定以辅助听讲之效用哉！又每年初讲演时，必有讲题之宣布，其中名目，亦雅求隽新，不厌生造。明明罗马内讧也，而标以“钱祟”；明明发见航路也，而标以“浮槎客”；明明国际联合会也，而标以“天下太平”。此犹已过去之年级如此也，至本学年所为，则胆乃更大，所标者直同章回小说。例如“逞雄心波斯王渡海”“堕名城罗马大开疆”；又如“满堂露刃恺撒死权”“及门受金耶稣殉道”……每易讲题，众大欢悦，而固无损于是科也。演述时附带之事，则有传观图片——凡名人肖像，古代器物，历史上之名迹，鲜不力搜以饷听者。其有关地理者，简则绘图于黑板，稍繁则使自检地图，或绘图印发，务使明悉，兼牢记忆。或亦裨助之一道耳。

第二，讨论：演述既毕，教者收集笔录，参互订正，题名印发，是为讲义；既散发后，乃开讨论之幕。每次讲义，必附讨论题于末。例如“罗马大帝国”之后，则讨论侵略主义有无价值与今后避免之之道；“欧北二豪”讲毕，则讨论俄人出海计划；“大复仇”讲毕，则讨论此次战祸触发之故。其中无十分困难之题，无不可解答之虑，每届此时，群言棼起。教师俟学生抒见既毕，则为整理而板书焉；所未及言者，更补充而附记于板末。故虽以空谈，实收厥益。讨论之末，遇他著有足相发明者，又必搜题而节述其大旨；此类材料尤繁，不可殚书。学生于听讲时间，端默无为，一室之内，惟教者张翕其吻，上下其音；在讨论时间，则发言者众，大有处士横议之概。吾以为此除受益尽而外，尚有三善：一曰伸其怀抱；二曰宣其湮郁；三曰增教室中协和之度。彼拘拘于教室秩序，而故板其面孔，若岌岌焉惟恐失皋比之尊严者，盖皆未之思也。

第三，试验：试验于一学期中，凡举行两次，皆依校定之时日为之。今教育家或主废去试验，吾亦于理论上赞成其主张；然如不能做到，则莫如以切实简易为主。今之学校，虽曰认真，而要求范围之事，度尚不能尽免。若平时坚持试验之说，而临事忽重违学生之意而予以范围，则试验之用即同于零。转不如免去试验之为直截了当也。故欲收其效，必贵切要；而切要之方，莫逾于简易。简易云者，预为习题数则为每次讲义之末，以便其平时之温览；能自行默答本题无误，则他日由本题分化之题，亦决不至不能答出。彼学生者，有此习题以保障并减少其试验之危险性，则临事更安有要求之可以发生？不省去许多轇葛乎哉？夫试验非以窘苦学生，实亦由教育之点出发而来，其收效不在试验之数十分钟，而实收于试前温习之顷。预示习题，何伤于教？观著者所任之级，其每次试验成绩，颇不甚恶，盖斯法之微效也。至于试题宜明确，勿浑沦；所问内容，不数语可答为准；所命之数，十个以内为准。斯又著者所可附陈者也。

（原载《中华教育界》1923年第6期）

附录：张煦侯生平资料

张煦侯传略

张氏之先，出于安徽桐城。先祖世杰移家江苏淮阴（清河县）王家营，传七世孙至张煦侯先生。

张煦侯，名震南，笔名张须，书斋名秋怀室、唐风庐。一八九五年（清光绪二十一年）生于淮阴（清河县）西南洪泽湖畔。稍长，读四书五经，塾师率以奖励为教，不事箠卜。初次为文，师以《颍考叔论》为题。煦侯文成后，被塾师傅示乡里，谓“十一龄有此识力，诚不多见”。故先生少时在乡里既有“神童”之誉。

先生年十三，从湖滩移居王家营，就傅氏读二年。十五岁时，入南京中等专业学堂预科。时有所作，先生自云：虚有架落，而无实在。但师生却频频赞许。一九一二年入江苏法政专科学校，因当时他校皆未开办，是不得已而入之。故先生无心法政，喜对仗，谈平仄。每有成文，同学恒赞不绝口，争相抄诵。三年卒业，回乡后于淮阴第六师范授法制经济。一年之后，又至上海一商号作管理员，仅数日因疾归，间隔二年。此二年中，先生最喜桐城古文，落笔稍易以前形貌而尚朴实。最后半年，先生馆淮阴县城徐家，为之助理省志征访事。其时厅中藏书三四十橱，如《说文解字》《皇清经解》，以及汉魏丛书、舆地丛书、二十四史、各省方志之类。先生爱不释手，终日诵之，始有考据之兴趣。其时为文，先生自谦曰：“患有意摹古，而意牵于词，色彩亦不纯一。”

先生年二十五南游广陵（扬州），授第八中学国文。其时先生得力好友有二。一为范君耕研，一是王君绳之。范君治朴学，旁广中深，若不可及。其为学宗旨，立于“敛华就实”。张先生从而学之，隐意“明尊为友，暗奉为师”。张先生性本恬静，无意进取，自是日与文字为缘，和学生共办周刊杂志多种。夜长籁寂，钢笔入纸之声铿然，而先生洒然不知其倦。睢宁人王君绳之一日以“多读书勿务外”与先生言。先生退而语人曰：“学无根底者，闻之真如清夜击钟，冷水浇背。”由于先生悉心从事诸子书，而思力锐近。

一九三二年夏，先生于王家营住宅邻舍购进三间砖墙草顶房，作为书斋，题名“秋怀室”。时苏北学界名流，受业门生及至亲好友，恒乐聚秋怀室，纵论今古文史，转而诗词和唱。先生好学不倦，诲人不倦，待容不倦，展现一代学者旺盛风貌。

一九三九年二月，淮阴沦陷。先生携家五口，从王家营避湖滩客庄，结草为庐，效唐人高风，命曰“唐风庐”。先生曾书《漫成》，以自明其意：“自我住湖村，三年常杜门。秋风吹不破，矮屋有余温。牖黑心常昼，颜衰笔尚存。残生亦何幸，吟诵杂鸡豚。”其时我年方十五，有缘受业门墙，曾作一篇《唐风庐记》，中有“先生疏食饮水，读书其中。虽日无车马辐辏于门，然海内之士，凡旅经湖滨者，恒访谒先生于庐；青年后生之问学者，出入门下，殆无虚日”。先生阅后批云：称道良得区区私心措意之处，但稍有溢量。惟不敢承也。

先生“林居六载，风雨其晦”，于避兵与把笔的矛盾中，戮力攻阅。在距敌前哨十二华里的唐风庐中，草成十余万言的史学专著《通鉴学》。论证稿当成一家言。不仅揭示了司马温公严谨治史。并对《资治通鉴》全书作全面探讨分析。一九四六年由上海开明书店出版发行。一九五三、一九五八年台湾两次重印，一九六二年香港亦曾再出版；一九八一年安徽教育出版社修订再版，送参莫斯科国际书展。对在近代有影响的学者曹聚仁先生在《中国学术思想史随笔》第九部分“扬学”开端有较高评价。他说有人问我：“在新中国，研究国故、国学的，有没有像钱穆博通的人?”钱先生大笑回答：“且不说冯友兰、顾颉刚等，他们都在北京、上海继续他们的研究。即如江苏张须的《通鉴学》等，都有了新的境界。”可见此书在学术界影响深远。

一九三六年，先生在《国文月刊》发表论文有《先秦两汉文论》《魏晋隋唐文论》《宋元明清文论》《近代文论》《北音南渐论证》《散文发展与变易》

六篇专论。一九三七年发表《释〈史记〉中“论”字[①]》。一九三八年发表《欧阳修与散文中兴》。一九三八年《国文月刊》总六十九期发表的《论诗教[②]》一文，为该期领篇。

一九四八年，夏丏[③]尊先生纪念基金会，在《国文月刊》发表“启事”将募集基金的息金作为奖金，“赠于任教在十年以上具有优良成绩的国文教师”。先生是受奖两人中的第一人。可见先生教学实绩显著，科研成果累累。

抗战胜利，先后先后转教于省立扬州中学、上海震旦大学、徐州江苏学院、安徽师范学院等院校。一九六二年五月，先生在报纸副刊辟《肥边琐谈》，撰文三十二篇。一九八〇年，《秋怀室杂文》，由安徽人民出版社出版。

先生为文，曾自谓：“近左氏，长大又好《文选》，故数十年前笔近华腴，句尚铿锵。其后稍诵桐城，喜其雅深而中无实际，益成肤廓，又以后稍稍读先秦书，乃得拯救一二。”苏北名士徐英美谓张先生文有奇气，吴次藩谓其文从容有度。安徽师大张涤华教授谓先生“对历代史实掌故，极为熟悉，谈起来原原本本，如数家珍……使读者在从容涵泳之中，既接受了多方面的知识，又得到了精神上的享受，毫无沉闷的感觉”。安徽省委宣传部部长戴岳先生谓：“煦侯早年名望所系，倾心欧苏。一手摇曳多姿的散文，于其著作中还不难一睹光彩。”

张先生的一生著述丰厚，已出版的有《国史通略》《通鉴总序笺》《通鉴学》《万季野与明史》《秋怀室杂文》《中等学校实用应用文》；未出版的著作有《四史读记》《清政十论》《秦共通论》《秋怀实文编》《尊疑室杂文》《听春集》。另有诗词集《秋怀室诗集》《补蹉跎诗词抄》《鸣盛集》，还有1950年至1968年所写的日记十一本，计八十五万余字。（许琦）

（原载《淮安历史文化研究》2009年第4期）

①编者按：“字”，原文为“著”。
②编者按：“教”，原文为“歌”。
③编者按：“丏”，原文为“马”。

文史名家张煦侯

1939年，一个风和日暖的日子，雅静简朴的“唐风庐”，掩映在绿树环抱之中，庭院深深。一个中等身材，着灰布长衫，面容清癯，眉宇轩昂的人，手持拐杖，伫立院中。他就是深受淮阴民众钦佩的著名学者、文史名家张煦侯先生。

张煦侯，1895年诞生在淮阴县王营镇的一个晚清秀才家庭，幼读私塾，弱冠之年考入江苏法政专门学校，毕业后遂以青春年华投入文史教学，先后教于淮阴师范学校和扬州中学。他基底坚实，英才卓荦，短时间内便被公认为居于苏北文史教学的首席。李更生、朱德轩、徐公美等苏北教育界的名流都很赏识他，与他深有交往。

煦侯患有“寒湿”，屡屡发病，甚为痛苦，而他不以为然。教学之余，便潜心于文史研究著述。他曾利用寒暑假日，“周行乡县间，访前代湮没遗迹，与耆旧之珍闻懿行，而尤留意于生民疾苦，地方应兴革诸大端”，七易寒暑，编著出20万字的《淮阴风土记》，给家乡人民奉献了一幅精致的20世纪30年代淮阴县邑自然风情画。《王家营志》《国史通略》《泗口考》《淮阴沿革补述》等一本本、一篇篇凝聚着他心血的著述，也纷纷问世，赢得了方家的普遍赞誉。

1937年，日本发动侵华战争。是年9月，扬州中学被迫解散，煦侯赋闲家居。1939年初，日寇侵蚀到淮阴大地。就在王营即将沦陷之际，先生抱定不事日伪的意念，毅然弃家，和婶母妻儿，顶着呼吼北风，似漆夜色，匆匆赶往洪泽湖畔的张庄避难。他和泥垒墙，结草为庐，并效唐人高风，欣然将茅屋题名为“唐风庐”，自督自励。

失教，对于以教育为业的他，是何等残酷；无书，对于迷醉文史研究著述的他，又是多么不幸。路漫漫，何以行？一阵暖风拂煦，他心头一振，眼睛也莹然发亮，仿佛倏忽间想到了什么。他急速找出刻刀，在拐杖上刻下三行小字：

唐风庐刻铭

不思不行慎坡平

不至不止忘远途

字体飘逸，一笔不苟，表明了他处世为人和治学的严谨态度。是后，他开始了《通鉴学》的著述。

1940年中秋的一天，煦侯正伏案疾书，哒哒的马蹄声传来，一行人来到庐前。其中有淮泗县县长张辑五，联络站站长党若平。辑五告诉先生：淮泗县委为了培养革命人才，决定在曹嘴（现在泗阳县境内）创办淮泗中学，拟请先生任教。“好，应该，我一定去！”煦侯连连颔首赞许。张辑五注视着张煦侯先生那奇气郁结的浓眉，深邃执着的目光，观墙壁上贴着一副“室有藏书纷华非慕，门承清德静俭为师”的对联，顿增一股敬慕之心。

不久以后，人们常常看到，庄前小路上，振鬃奋蹄的大红马匆匆驰来，又匆匆奔去，而策马扬鞭的正是张煦侯先生。由于唐风庐距曹嘴数十里之遥，张辑五派人、派马，每周接送先生到校上课。先生精心传授知识，告诫学生“一车之薪，不若一粒之金”“虚誉害人，胜于鸩毒”，深受学生敬重。

转忽5年过去。1945年元旦，一名新四军战士策马来到张庄，送来一封信。煦侯小心拆开，一札红色的名片跃入眼帘，陈毅的、粟裕的、谭震林的……当地军政领导同志热忱向他贺祝新年。他将这叠珍贵的名片，长久地贴在胸前，心头仿佛有一轮红日，冉冉升起。

是年春天，洪泽湖畔，姹紫嫣红，暗香浮动。3月15日，是张煦侯先生值得骄傲和纪念的日子，他终于圈定了《通鉴学》的最后一个句号，完成了“林居六载，风雨其晦。沉吟放歌之外，独于此书”的著述。《通鉴学》析论透辟，充满明慧识见，发前人未发，成一家之言，是张煦侯先生学术成就的一个新的里程碑。而他在《五十自序》中却写道："余教弟子寡术，事亲多憾，溺浮誉而不知，处士林而无实"，真乃虚怀若谷的谦谦君子。

月缺月圆，草枯草荣。八年离乱，抗战胜利。暮商时节，煦侯接到扬州中学复学的通知，离庐在即。入夜，月色澄明，白云流动。煦侯流连院中，眷恋这写下他人生历史闪光篇章的"唐风庐"，内心宛如一泓湖水，涛飞浪卷，而溢出的却是潸然而下的泪花。"自我居湖村，三年常闭门。秋风吹不破，老屋有余温。牖黑心常昼，颜衰笔尚存。残生亦何幸，吟咏杂鸡豚。"吟的情真，咏的意切。哦，"唐风庐"，主人对你含着多少深情？

"马思边草拳毛动，雕盼青云睡眼开。"1948年，煦侯进入大学文史教学讲坛，由中学教员升为大学教授，更是如鱼得水，徐州、上海、芜湖、合肥都印下了他的教迹。真可谓头白行千里，桃李遍天下。

张煦侯先生的成就，其轨迹是一对双向涌动的平行线：一条是文史教学，执教50年，成绩斐然；一条是文史著述，苦心孤诣，书林有名。《通鉴学》自1946年出版以来，多次再版，并被选送到莫斯科国际图书博览会展出，在国内外史学界有较大的影响。最近，《淮阴风土记》在台湾重印后，反响强烈，在台乡亲将之"视同珍璧"，奉为"渴念家乡之精神食粮"。

1968年，张煦侯先生不幸与淮阴人民永别。"不思不行慎坡平，不至不止忘远迩。"他的这一铭言，永远为家乡的人民所记取。（尤坚）

（原载赵为民等编《淮阴》，江苏人民出版社1991年版）

文史学家张煦侯先生事略

张震南，字煦侯，笔名张须，书斋名秋怀室，江苏淮阴县淮阴区王营镇人，生于1895年。1968年卒于安徽合肥师范学院。

煦侯自1916年毕业于江苏省法政专门学校，遂以其青春年华投入中学文史教学，1948年进入大学文史教学讲坛。他执教文史五十年，并从事文史著述，辛劳一生，成绩斐然。

一代文史学者如煦侯，竟于"文化大革命"中含冤死去，藏书和手稿也损失殆尽。而今，冤屈是平反了，但要收拾零落了的篇章却是难得。比如为知者所关注的《秦典》，这是煦侯若干年来从事研讨和编写的一部别开生面的历史著作，生前没有完成，如今可见的只有其《通论篇》三、四百字手稿，此外则莫知所终。再如《秋怀室札记》，有好几十本，大约是从1922年起，绵延几十年的读书笔记，以蝇头小楷书于一般大小、竖行线装本上的耕耘劳绩，如今是一本也没有了。《国史通略》《通志总序笺》《淮阴风土记》《王家营志》《中学国文述教》，以及曾经由商务印书馆印行、畅销多年的《中等学校应用文》等出版物，还有发表于《东方杂志》《甲寅周刊》《国文月刊》等处的专论文章，如《万季野与明史》等篇，现在都是很难找到了的。为煦侯早年名望所系，倾心欧苏，一手摇曳多姿的散文，于其著作中还不难一睹光彩，可是为知者欣赏的单篇散文，现在是一篇也不见了。《通鉴学》是其历史专著，于抗日战争期间失业居家生活中成书问世，1946年由上海开明书店出版，全国解放以后，香港、台湾两地各有多次再版，1982年，安徽人民出版社付印出书，两年来已印行三版，幸为文史界所重视。

煦侯的文史著作是和他的文史教学相联系的。《国史通略》和《应用文》是直教学讲义加工而来。(晚年在合肥师范学院所写的《现代汉语修辞》以及《文心雕龙》等讲义，当然同样存在这种可能性。)《淮阴风土记》和《王家营志》是利用寒暑假回家联络走访而编写的；《通志总序笺》是教学之余清理《秋怀室札记》而获致的。《中学国文述教》是在暑假中，约来同事范耕研、王绳之等一起总结教学经验而成书的。

《通鉴学》稍有不同。这是“在抗日战争时期，避难于淮北苏皖边区洪泽湖东岸，距敌人前哨不过二十华里的一个小村子里，就行箧中仅有的材料，在避兵和把笔两种极难统一的矛盾情况下写出来的”(《通鉴学》再版自序)。1937年9月，江苏省立扬州中学解散，张煦侯失业家居。1939年2月，淮阴沦陷，他一家五口离开王营故居，来到洪泽湖边的客庄上，垒了三间土墙茅屋住下，“林居六载，风雨其晦”，也就是避难了。说到行箧，不用提那在扬州的藏书，就连在王营的也势难带下来，因为没处放它。《通鉴学》写作仅有的材料是可想而知的了。论写作环境，有避兵和把笔的矛盾，特别是为生活操劳一生的母亲，此时正卧病在床，须得亲奉汤药，后来又为母亲的病故举丧，精神上物质上的负担是沉重的。对于完成一份独立之研究并且写出书来，达到当时所仅见的史学价值的水平，这不仅需要克服现实上的种种艰难，戮力攻关，还在于他原已具备了充实的基础，早有积累。他“三十教于淮，始买得涞水本书，退则诵之”。这部《资治通鉴》影印线装本，是于淮阴师范讲中国史时买得，他“退则诵之”，并把有关资料和读书心得随时写在他的《秋怀室札记》里。此时，书没带来，《札记》却是带来了。于是就在困顿之中，对它进行综合整理，使之系统化、理论化，“写为七章，以《通鉴学》署其端”。全书七章，从《编年史之回顾》起，而终至于《通鉴之得失与编年史之改造》，论证精当，成一家言，不仅揭示了《资治通鉴》的作者谨严的治史态度，而且对本书作了较全面的探讨和分析。张煦侯编著《通鉴学》的目的，主要仍在于为广大青年阅读史部书籍，提供辅助性的读物。

煦侯文史教学的经历，在江苏省立扬州中学先后十一年，在淮阴师范先后八年，蝉联淮扬两地共十九年。此间，他精力充沛，开拓也宽，不仅居于苏北文史教学的首席，而且已经显露为苏北文史研究的星座之一。1953年，他受聘安徽师范学院，担任现代汉语教学和该院中文系函授教研室主任，至1965年病后退休，又十二年，“他对历代的史实，掌故极为熟习，谈起来原原本本，如数家珍……专治语言文字之学，特别是对修辞学，用力最多，钻研也最深；他诗文兼擅，博涉多通，口头表达能力也强，长于取誉取证，只寥寥数语，就把问题讲得清楚深透，又富于风趣”。“学生和教师们都尊敬他，认为他是‘经师’又是‘人师’，公认他为‘红色老人’。”张涤华教授的如上评价，虽是针对煦侯来皖讲学以后而言，但煦侯在交接辗转于淮扬两地之间的十九年中，自亦不难取此公认。他在淮阴师范讲中国历史，每节课都挤满过来旁听的学生，又皆唏嘘不绝，效果强烈；讲应用文，则被迫从班级教室移到学校礼堂上课，还是挤得满满的，轰动一时。在扬州中学讲西洋文，课堂反响也是一样。他在淮扬两校担任的主课是国文教学，课堂反映也好，批改作文及时而且功力服人，小楷流利工整，着人好感，为同事中所少见，为生徒所崇敬。煦侯以宿疾“寒湿”大发作而住进医院前后十五次，每次都要相当时日才能康复，又每次要求提前回校上课，为职业道德所鞭策。担任两个班级的语文，对于他来说是负担过重了，一旦发病，总是尽量坚持，不愿离校住院。曾有过这样的事情，在他住院以后，两班学生自愿集资，由级长做代表进院看望，同时把现款送到医院，以补助医疗费用来表示心愿。因为提前回校不得通过，他还是背着大家把两班作文卷子改好，回校第一课发到学生手上，真叫他们惊讶和感动。

煦侯故居今已不在。原址坐落在王营镇老大街西侧，堂屋三间，锅屋一间，都是芦柴笆子墙、草顶，还有芦柴笆子院墙，后院有小块园地。母亲管家有方，妻子和孩子，雇老妈子，全靠他的月薪一百五十元生活。1922年夏天，从邻居家买进三间砖墙草顶房子做他的书房，题名为“秋怀室”。当时苏北教育界名流，如李更生、朱德轩、徐公美、范耕研、王绳之、孙雨霆等，至亲好友和受业门徒，都乐于到秋怀室作客，每个寒暑假都会有深情厚谊的聚会高潮，纵谈古今文史，诗词唱和，热情横溢。受业门徒此际登门请教是每天皆有，书信来往更多，总是在文史范围。煦侯是好学不倦，好客不倦，诲人不倦，待人不倦。在他执教淮扬时期，正展现着一代学者旺盛期的风貌。

煦侯自幼进私塾，熟读四书五经，在准备科举考试中，辛亥革命发生，即以弱冠之年进法政学校，两年毕业后，遂以文史教员为他的终身职业。他为人纯朴敦厚，记性极好。小时在私塾里，就被认为可以过目成诵。对古代典籍看得多，记得也多，而且勤于做读书札记，早有人誉他为“活辞典”。高兴了还能讲《水浒》《三国》，如同背书一般。他喜欢音乐。高兴时能把当时流行的儿童歌剧如《葡萄仙子》《麻雀和小孩》一唱到底，以致老朋友也要惊异，说他有音乐天才。抗战期间，当我敌后抗日民主政权沿着洪泽湖边开辟地区，近到煦侯住处，他遂应淮泗中学之请，到校上课，再应淮泗县参议会之约，为县参议员，直至地区恶化为止。究竟是机缘，一代学者而带上政治色彩便是从这里开始的。而正式取得政治身份则是在受聘安徽之后，他担任过芜湖市政协委员，合肥市人大代表，1958年在合肥师范学院成为中国民主同盟的成员。（戴岳）

（原载《淮阴文史资料》第二辑，1984年）

编后记

十多年前的一天，在业师祖保泉先生书房里聊天，先生说道："早年曾在安徽师大中文系工作过的老师中，有一位名煦侯的先生学问做得好，书教得也生动。你有空可以将其论著汇编汇编，做点研究。"四年前，文学院院长泰松教授打来电话，说到学院拟编辑在学院工作过的先生们的学术文库，希望我编辑祖先生的论文集，同时又问："你知道不知道曾在中文系工作过的张煦侯先生？我们正在找人编辑这位先生的集子。"于是，我便向泰松院长报告了祖先生与我谈及煦侯先生的事，当下亦接受了编辑任务。四年来，工作之余便忙于编辑两位先生的学术文集，其中《祖保泉诗文理论研究论集》于前年由安徽师范大学出版社出版，去年便开始集中整理张煦侯先生的论文。

张煦侯（1895—1968），名震南，以字行，笔名张须，书斋名秋怀室、唐风庐，晚署井窗。据《淮阴市志·张煦侯传略》、许琦《张煦侯传略》、戴岳《文史学家张煦侯》、尤坚《文史名家张煦侯》、王卫华《学品高古张震南》等资料，"张氏之先，出自安徽桐城；移家江苏淮阴（清河县）王家营，传七世孙至张煦侯先生"（许琦《张煦侯传略》）。可知，煦侯先生最喜桐城古文，行文亦得桐城散文之深邃，且晚年执教合肥师范学院、安徽师范学院（均系安徽师范大学的前身），并卒于此，似乎有着某种的因缘关系。在校勘整理煦侯先生论著中，印象至深者有三：一曰博学，其平生问学涉及哲学、文学、史学、语言学、训诂学、教育学等诸多领域。二曰通变，行文上，由文言文至白话文，由注重实证的学院体到"言能达意，足矣"的散文体；认识上，由基于国学的传统文化价值观到与时俱进的新理论、新思想，直至晚年以马克思列宁主义、毛泽东思想作为学术研究的价值指引。三曰传道，煦侯先生除了在上海某商号作过数日管理员，教师则是其终身的职业，从中学到大学，“传道授业解惑”的工作不仅呈现于课堂内外，还成为其治学、思考、撰文的突出内容。于是，我们看到，他的文章多与同时的教学内容、教育对象相关联，抑或就是教育实践的提炼与升华。可以说，煦侯先生堪为师者与学者合一之楷模。本次编辑煦侯先生论文选集，即遵循了先生治学博学、通变、传道等方面的特点。

为了便于读者进一步了解煦侯先生职业生涯及其学术人生，兹依据前列煦侯先生生平资料及其他相关文献，简编其学术年表如下：

清光绪二十一年（1895）：生于江苏淮阴县王营镇骡马街。稍长，读四书五经。

光绪三十一年（1905）：应塾师傅氏命题，撰《颍考叔论》一文，得到师“十一龄有此识力，诚不多见”之誉。

宣统元年（1909）：入南京中等专业学堂预科学习。

民国元年（1912）：入江苏法政专科学校学习。

民国五年（1916）：从江苏法政专科学校卒业，入淮阴第六师范授法制经济等。后编有《西洋史谈》教材。

民国八年（1919）：任职扬州第八中学，教授国文，获交范耕研、王绳之二位好友。

民国十二年（1923）：与王范矩、范耕研、李荃等编《中学国文述教》由孚尹社出版发行。发表《中等教科西洋史述教》（《中华教育界》1923年第6期）。

民国十三年（1924）：夏，撰《天论》二千余文（张煦侯《致章士钊》）。发表《云和县风俗一般》（《晨报副刊》1924第201期）、《学生界刊行定期出版物宜用“级番编辑制”》（《中华教育界》1924第9期）等文。

民国十四年（1925）：撰有《王营兵祸记》一文，以及《江苏淮阴王营镇乙丑兵灾报告书》（见政协淮阴市委员会文史资料研究委员会《淮阴文史资料》第6辑，第180页）等文。与王范矩、范耕研、李荃合著《中学国文述教》由商务印书馆出版。

民国十六年（1927）：编著《师范国文述教》由商务印书馆出版发行。编辑《中等学校适用应用文》由商务印书馆出版发行（按：此书被选为全国中学通用教材，故多次再版，至1935年已达第七版）。

民国十七年（1928）：撰《李更生先生事略》等文。

民国十九年（1930）：专著《国史通略》由中华书局出版。发表散文《含泪的苦笑》（天津《大公报·小公园》1930年1月21日）等作品。

民国二十年（1931）：发表《高中国文教学刍言》（民国二十年冬《扬州校刊》）等文。冬，《王家营志》书成稿。此年至1933年，以“江苏省立扬州中学国文分科会议”成员之一，参编《新学制中学国文教科书高中国文》教材，分6册由南京书店依次出版。

民国二十一年（1932）：于王家营住宅邻舍购进三间砖墙草顶房，作为书斋，题名“秋怀室”，“时苏北学界名流，受业门生及至亲好友，恒乐聚秋怀室，纵论今古文史，转而诗词”（许琦《张煦侯传略》）。

民国二十二年（1933）：《王家营志》六卷铅印本问世。与范绍曾合编《李更生先生言行录》由扬州胜业印刷社代印发行，其中收煦侯先生《八中校长之李更生先生》《成志初中校长之李更生先生》《李更生先生事略》等文。

民国三十三（1934）：专著《通志总序笺》由商务出版社出版。发表《怎样教高中国文》（《江苏教育》1934年第5-6期）等文。

民国二十四年（1935）：一月三日，《泗口考》完稿。发表《研究国学之途径》（《国光杂志》1935年第九、十、十一、十二期，署名支昂子）、《高中三年级国文教材补充问题》（《江苏教育》1935年第10期）等文。

民国二十五年（1936）：发表《研究国学之途径（续）》（1936年第十三、十四、十五、十六期，署名支昂子）、《万季野与明史》（《东方杂志》1936年第14号）、《张巡之精神生活》（《江苏教育》1936年第9期）、《国文教学研究报告》（《江苏教育》1936年第7期，合作）等文。编撰成《淮阴风土记》，铅印本，署“秋怀室主人编”。案：该书倡议于民国十八年（1929），初拟名《淮阴地理读本》，得到黄少玖、范耕研等数十人人响应，后更定书名《淮阴风土记》。初稿完成，由煦侯先生统稿润色，分上、下两卷分别于民国二十五年七月与二十六年一月付梓印行[1]。民国二十六年（1937）：发表《上行公牍》（《广播周报》1937年第133期）等文。

民国二十八年（1939）：淮阴沦陷。先生携家五口，从王家营避湖滩客庄，结草为庐，效唐人高风，命曰“唐风庐”。（许琦《张煦侯传略》）

民国二十九年（1940）：苏北淮泗中学创办，煦侯先生应中共淮阴县委张辑五之邀任教于此，后又任淮泗县抗日民主政府参议员。

民国三十五年（1946）：先生于唐风庐“林居六载，风雨其晦”中，撰成《通鉴学》，由上海开明书店出版发行。

民国三十六年（1947）：发表《先秦两汉文论》《魏晋隋唐文论》《宋元明清文》《近代文论》《北音南渐论证》《散文之发展与变易》（分别载于《国文月刊》1947年第51、53、55、56、59、62期）等文。

民国三十七年（1948）：发表《释〈史记〉中“论”字》（《国文月刊》1948年第64期）、《论诗教》（《国文月刊》1948年第69期）等文。获“夏丏尊先生纪念基金会”奖（两人之首）（见《国文月刊》第69期“启事”）。

1949年：至上海徐汇中学任教。发表《欧阳修与散文中兴》（《国文月刊》1949年第76期）等文。

1953年：任教于安徽师范学院（之前在上海震旦大学、徐州江苏学院等高校任教）。

1957年：发表《芜湖音与北京音的声韵对应关系研究》（《安徽师院学报》1957年第1期）等文。

1958年：编成《现代汉语文字编》（安徽师范学院函授部）等教材。

1959年：发表《〈唐语林〉中的口语成分》（《安徽师范学院学报》1959年第1期）、《从“炼话”中学习人民修辞》（《合肥师范学院学报》1959年第2期）等文。编成《现代汉语词汇编》（安徽师范学院函授部）等教材。

1960年：发表《关于成语》《〈人生识字糊涂始〉的分析》（分别刊于《学语文》1960年第1、2期）、《论群众造词》（《合肥师院学报》1960年第1期）、《修辞学体系要由破到立》（《合肥师范学院学报》1960第3期）等文。

---

① 参见徐复、季文通主编：《江苏旧方志提要》，江苏古籍出版社1993年版，第529页。

编成《文字简论》《现代汉语修辞》等教材（合肥师范学院内部印行）。

1961年：发表《“风格”考原》（《中国语文》1961年第10-11期合刊）、《成语四论》（《安徽日报》12月1日第3版）、《是“两堕”还是“雨堕”?》（《文汇报》1961年9月28日）等文。

1962年：5月至10月，在《合肥晚报》副刊辟《肥边琐谈》,撰文39篇（少数几篇刊于《安徽日报》等）。发表《刘勰建立了章句的理论体系》（《江淮学刊》1962年第1期，创刊号）、《古文今译与今文古译》（《合肥师范学院学报》1962年第1期）、《善用方言俗语是杜诗特点之一》（《合肥师院学报》1962年第2期）、《试论刘勰的语言风格》（《合肥师范学院学报》1962年第3期）、《读吴孟复先生〈杜甫《过洞庭湖》诗辨伪〉私记》（《合肥师范学院学报》1962年第8期）等文。参编《更生斋选集》本年冬铅排线装本发行，撰《前言》，书中收先生《周仲穆烈士纪念碑文》（1960年6月10日写）一文。

1965年：退休。在安徽师范大学工作期间，还编有《现代汉语修辞》以及《文心雕龙讲义》等讲义。

1968年：“文革”中因《淝边谈屑》而罹罪，卒于合肥师范学院。生前任合肥师范学院中文系语言教研室副主任，合肥师范学院函授部中文教研室主任。在安徽任教期间，先后被选为芜湖市政协委员和合肥市人大代表，并加入中国民主同盟。

煦侯先生卒后，其遗作陆续问世数篇。如《储词、辨词、用词（上）》《储词、辨词、用词（下）》（《安徽教育》1979年第8、9期）、《秋怀室杂文》1980年由安徽人民出版社出版，等等。除上述所列，煦侯先生尚有多部著作未能出版，据相关资料，大致有《四史读记》《清政十论》《秦典通论》《修辞的基本功举要》《秋怀实文编》《听春集》《秋怀室诗集》《补蹉跎诗词抄》《鸣盛集》，以及1950年至1968年所写的日记十一本，计八十五万余字（许琦《张煦侯传略》等）。另，编者在整理过程中，发现煦侯先生自己提到的文章还有《大苏文拾遗自序》（见《宋明清文论》）、《书袁枚书鲁亮侪事后》（见《宋明清文论》）、《在〈世说〉和〈唐语林〉中出现的单音动词》（见《〈唐语林〉中的口语成分》）、《〈通鉴〉窜改口语词考》（见《〈唐语林〉中的口语成分》）等文。

煦侯先生的道德文章，颇受世人关注。仅编者所查，就有许琦《张煦侯传略》、戴岳《文史学家张煦侯》、尤坚《文史名家张煦侯》、王卫华《学品高古张震南》、钱冬生《怀念张煦侯先生》等多篇关乎其生平传略方面的文章。同时，像荀德麟《王家营志·前言》、张涤华《秋怀室杂文序》等煦侯先生著作序跋，亦是深入解读其学术人生的重要资料。另外，张诚诚《长才未尽大著犹存——解读张震南〈师范国文述教〉》、金仁义《简论张须〈通鉴学〉的学术成就》《论张须〈通鉴学〉的史学方法》、张志强《张煦侯教材编撰思想探析》等，则是对其学术成就的专门评述。

无论是回忆文章、传记资料，还是著述序跋、书评，人们在谈及煦侯先生人品、学品时，流露出的多是敬佩之情。陈海澄《病榻梦影》一文回忆早年对煦侯先生的印象："淮阴张震南（煦侯）读书过目成诵，早岁即以神童噪于里门，为文汪洋浩瀚，并世鲜有匹敌。"①思想史研究家曹聚仁在讨论"扬学"一文的开篇，针对"在新中国，研究国故、国学的，有没有像钱穆博通的人"之问，他听了大笑道："且不说冯友兰、冯沅君、陆侃如、顾颉刚，他们都在北京、上海继续他们的研究，即如张须的《通鉴学》等，都有了新的境界……"②语言学家张涤华谈及他对煦侯先生的印象时说："张先生来皖之前，我就读过他的一些著作，很佩服他的文章学术。""张先生绝不是仅仅以文笔见长，他的最值得我们学习的地方，就在于他一贯地勤勤恳恳……学生和教师们都很尊敬他，认为他既是'经师'，又是'人师'，称他为'煦老'，公认他为'红色老人'。"③

前文已述，编者在整理煦侯先生著述中，深感其博学、通变及传道的学术人生的特点，尤其是其治学的精神与方法，置于今日，不仅仅是具有启示意义，而且可堪为当今年轻学者读书治学的榜样。兹列举数言，以揭编者所言不虚：

---

①中国人民政治协商会议江苏省盐城市委员会文史资料研究委员会：《盐城文史资料选辑》第10辑，1991年，第162页。

②曹聚仁：《中国学术思想史随笔》，北京：生活·读书·新知三联书店2005年版，第305页。

③张涤华：《秋怀室杂文序》，张涤华《张涤华文集》第3集，安徽师范大学出版社2011年版，第229、228页。

其一，知识分子当以精神生活为主。煦侯先生在《张巡之精神生活》一文中说："士之所贵者，在其一身所自具之精神生活，苟无精神生活，则物质之奴隶而已。"在列举孔子"一箪食，一瓢饮，在陋巷，人不堪其忧，回也不改其乐"（《论语·雍也》）、庄子"其嗜欲深者其天机浅"等语之后，感慨云："若此者，皆独行君子之精神生活，虽历百世，而闻风可悦者也。"可以说，他本人就是一名追求精神生活的践行者。抗战期间，淮阴沦陷，其筑草屋，雅称唐风庐，于"林居六载，风雨其晦"中，凭借平日所写之札记，撰成《通鉴学》力作，实在令人敬佩。中国古人治学在尊重经世致用的同时，亦重"君子为己之学"，强调自我内在精神的充实、圆融，且视为所获幸福感的一大体征。煦侯先生在《研究国学之途径》一文中，高度评价了以程朱、陆王为两大支别的宋明哲学，认为这两支"共专明心性，汉学家或议其空疏。然我国纯正哲学，实成立于斯时"；"学者能用科学方法，为之爬梳使成系统固善。即不能，亦可借儒先之学说，使内在生活得所存养。此学者真正享受处，未可轻弃也。"好一句——"此学者真正享受处"，着实能点醒抑或唤起多少有治学理想而无读书愉悦感的现代"学者"们！

其二，中国学人当读国学经典。煦侯先生喜谈治学方法，每每论及此话题，均指出这要"视学者之目的何如而定"，而学习经典之目的，又无非"有取备常识者，有志在深究者"两种。在他看来，"一国人民，于其先哲思想之结晶，本有领受传嬗之责任，况其在社会中，又具有强大之潜势力者哉！基此理由，虽无意国学者，亦应会读重要经籍数种，方无愧为中国学人。"（《研究国学之途径》）当今，我国正处在中华优秀传统文化的传承与创新的征程中，面对着新媒体日新月异的革新以及在信息传播中所发挥的作用日渐扩大，很多人均认识到并极力推动新媒体传承中华文化经典的工作。然而，实际情况是，这其中很大一部分人面对国学宝藏时可谓心有余而力不足。至此，再观煦侯先生"读重要经籍数种，方无愧为中国学人"的话，其现实意义可见一斑。"取备常识者"传承国学经典之责任尚且此，那么"有志在深究者"，就更应该掌握研读国学重要经籍的方法。对此，煦侯先生有言："无论读《经》之意向如何，苟志在深究，则必当先知治《经》之方法。治《经》方法不可不知者七端：一曰知纲领，二曰明家法，三曰熟文法，四曰通小学，五曰求真本，六曰宗汉学，七曰求旁证。”（《研究国学之途径》）兹特别拈出，以示推广！

其三，为人为学当求索宏通之境。在《研究国学之途径》一文中，煦侯先生自言：“吾人为学，识解贵乎宏通。”否则，“若囿于一家之见，将是丹非素，妄生主奴；以此自守，固拘墟已甚；以此施事，亦无所折衷。”由治学延伸到为人做事，均旨在强调“宏通”的重要性。随着年龄的增长，吾人对宏通二字的体会也渐趋丰富了许多：宏通，是一种着眼于整体，给予观者系统思维的眼光；宏通，是一种消解个人中心主义，犹如庄子所言“吾丧我”之后的心境；宏通，亦是一种赋予彼此公平，求索真相，获得真理的生命态度……对此，煦侯先生的阐释尤为深刻，如谈到研究哲学时说，“第一当知西洋哲学之大凡，然后可用其门类条理，以整中国思想”，然“惟应注意者，东西根本思想，并不全同。今虽接触，而能融合脱化与否，仍是一问题。治斯学者，万勿以为人所有者，我皆具足，牵引比附，致两失真相”（《研究国学之途径》）。在其他文章中，煦侯先生亦多次批评那种“我皆具足”的盲目自大的心理，认为这是对“宏通”境界的最大戕害。一方面，“自西化输来，夏声沉歇。骛新之士，竟谓固有之学，如尘羹土饭，不足复观”；另一方面，“耳食之儒，则又谓西洋学问，皆我所久具。今赞西学，无异道失而求诸野”。对此，煦侯先生指出：“兵家之说：‘知此知彼，为百胜之根。’学问亦然。”“不知彼，则不免固陋自甘。不知己，则我之所有者，其较胜于人者几何？其不逮人而必须乞诸其邻者几何？举不能知，斯其缺憾为何如哉！”（《研究国学之途径》）

其四，教学当呵护学生的知识兴味与沉着静细之精神。煦侯先生执掌杏坛五十余载，积累了丰富的教学经验。据相关回忆文章，其课堂教学深受学生欢迎。戴岳在《文史学家张煦侯》一文中，说到煦侯先生在中学教学的情形：“他在淮阴师范讲中国历史，每节课都挤满过来旁听的学生，又皆唏嘘不绝，效果强烈；讲应用文，则被迫从班级教室移到学校礼堂上课，还是挤得满满的，轰动一时……功力服人，小楷流利工整，着人好感……”张涤华先生则谈到煦侯先生在安徽师大授课的效果：“他对历代的史实，掌故极为熟习，谈起来原原本本，如数家珍……专治语言文字之学，特别是对修辞学，用力最多，钻研也最深；他诗文兼擅，博涉多通，口头表达能力也强，长于取誉取证，只寥寥数语，就把问题讲得清楚深透，又富于风趣。”（《秋怀室杂文序》）编者身为教师，对此钦羡不已。故此次编辑煦侯先生论文集，特地收录了他在国文教学方面的研究文章。其中，很多观点或经验值得学习、推广。譬如，他在《高中三年级国文教材补充问题》一文说到自己的教学心得：“吾生平讲书，不欲一味注重兴趣，使学者渐丧其沉着静细之精神。然学生年力，则极所注意。中学生读学术思想之文，犹成人之读内典。成人读内典，能了解者千不一二。则知中学生读学术思想之文，其不生兴味乃当然之事矣。”此话说的教学对象是高中生，今日读来，面对高校部分教师一味迎合学生“兴趣”而不顾及学生沉着静细精神的培育，抑或是一味将抽象之思想以枯燥之方式传授给学生的现象，无疑具有针砭作用。而与此同时，对当今大学生的学习方法也有启示意义，如何在满足自己的兴味的同时，而又能养成沉着静细之精神，当是现代学子们需要认真考虑的。又如，“我一向在实施和言论上，都是主张专书重于范文的，札记重于作文的”（《怎样教高中国文》）、“考核，则札记之法，精读书最宜采用者矣”（《高中国文教学刍言》），等等，对当前的教材编写、课程考核之方法的改革具有重要的借鉴意义。

从辑录、校对到补充注释，断断续续，历时近两年，即将付梓，内心可谓感激与缺憾并存。文艺学博士、安庆师范大学文学院教师汪倩，文艺学博士生、安徽师范大学新传学院教师徐丽娜，文学院美学研究生张晨琪，新传学院戏剧与影视学研究生赵梦颖、李萍、胡晓菲等做了大量的文字输入及校对工作，在此表示感谢。同时，也感谢安徽师大文学院领导对我的信任，将此任务交给我。如今想来，此本论文选集，并没有涉及煦侯先生的专书，从而只是从一个侧面反映了先生的学术成就。这不能不说是一种缺憾。编者相信，不久将来，或许有先生的文集或全集问世，以弥补这份缺憾。

杨柏岭初稿于文津花园沫合斋

2018年3月12日